DCプランナー

（企業年金総合プランナー）

合格対策テキスト

年金問題研究会 編著

JN063265

経営企画出版

はじめに

　「DCプランナー（企業年金総合プランナー）」とは、わが国の確定拠出年金制度導入に伴って誕生した年金と老後資産づくりに関する総合的な資格である。日本商工会議所と一般社団法人金融財政事情研究会が共催している。

　確定拠出年金（DC）の登場は、わが国の企業年金制度、賃金制度、個人の資産形成の世紀的ともいえる転換を象徴している。それまでの企業年金では、給与と勤続年数に応じた支給を受けられるのが原則で、年金資産の運用責任は企業側が負っていた。しかし、1990年代以降の運用環境や企業業績の悪化に加え、雇用意識・雇用制度の変化も要因となり、自分の資産は自分でつくるという「自己責任原則による運用」が時代の趨勢となってきた。

　確定拠出年金制度は、自己責任原則による老後資産づくりの支援を目的としたものだが、円滑な普及・定着にはこれまでにないスキルを持った専門家が大量に必要となる。DCプランナーはこうした要請に応える専門家であるが、単に確定拠出年金だけの専門家ではない。企業年金と公的年金、さらに個人年金も含む総合的な年金と老後資産づくりの専門家である。

　認定資格のうち、2級はDCプランナーの基本となる資格である。本書は、DCプランナー認定試験2級を目指す受験者のためのテキストとして年金問題研究会のメンバーを中心に執筆されたものである。出題傾向を独自に分析し、主催者公表のガイドライン（出題範囲）に合わせた内容となっている。

　なお、よりいっそうの効果をあげるために、本書とともに姉妹書である『DCプランナー2級合格対策問題集』で問題演習を行うことをお勧めする。

2024年6月

年金問題研究会

※ DCプランナー認定試験は2020年度をもって会場による一斉試験を終了し、2021年度からはCBT方式（コンピュータによる通年実施方式）の試験に変更になった

本書の使い方

　本書は、Part1からPart3までの3部構成になっており、DCプランナー資格の概要、DCプランナー認定試験2級の受験手続き、2級用学習テキスト、法令条文が網羅された内容となっている。

《Part1》DCプランナーの概要と学習のポイント

　DCプランナーとはどんな資格で、2級試験とはどんな試験なのかを必要事項を網羅し、かつ簡単に紹介している。資格の位置づけ、ガイドライン（出題範囲）、受験手続きから合格後のことまでを受験の流れに沿って説明している。受験前後の手続きなどの確認にも利用してほしい。

　2級に関する過去の試験データ（受験者数、合格率、配点等）とデータ分析は、学習の重点や到達レベル目標の参考にしてほしい。2021年度からは試験方法が変更になったが、目安を知るには役立つ。出題項目は少し入れ替えがあったが多くは同じ項目が引き継がれており、主催者によれば難易度等は同等になるように調整されるとしている。

　出題傾向と学習のポイントでは、分野別に過去の2級試験の特徴と学習の重点、効果的な学習法などを示してある。この方針を取り入れてPart2を学習するとより効果が上がるはずである。

《Part2》2級試験の分野別対策テキスト

　Part1の学習のポイントの内容を踏まえて学習することが基本であるが、不得意分野の克服、再受験の確認など受験者の事情に合わせて活用してもらえばよい。初めての受験者は、ひととおり全体を通して読んでほしい。

　構成は、主催者から公表されているDCプランナー認定試験2級のガイドラインによる出題範囲の分野、テーマ、項目にほぼ準拠した形式になっているので学習が進めやすい。ただし、必要なものについては一部、ガイドライン以外の内容も含まれている。

　各項目の冒頭には、「理解のためのキーポイント」として重要事項をワン

ポイントでまとめてあるので、この部分を頭に入れて本文を読み進めるとよい。また、この部分をコピーしてカード化すると、通勤時間を利用した理解のチェックに利用できる。

「知って得する補足知識」は、本文を補足する知識や例外事項などであり、本文の理解を助けるような内容になっている。本文と対比させて読むと理解しやすい。

B分野については特に、Part3の法令条文と対比しながら学習することが非常に大切である。法律の学習は条文に当たることが必須で、理解が格段に深まる。試験では、条文の内容がそのまま出題されることも多い。Part2の本文中にも必要に応じて条文を示してある。

なお、Part2は姉妹書である『DCプランナー2級合格対策問題集』と併せて活用すると効果的である。

《Part3》確定拠出年金法関連条文

確定拠出年金法の具体的指針である通知（法令解釈）の条文が収められた資料集である。学習のうえでは、法律条文は単なる資料ではなく、積極的に活用することで理解が深まる。条文には、直近および前回の改正個所に下線を引いて示してあるので重点的に確認していただきたい。また、必要に応じてPart2の内容と照らし合わせてほしい。さらに、本書収録以外にも、確定拠出年金法の対応条文確認に加え、確定拠出年金法施行令、確定拠出年金法施行規則、確定給付企業年金法は重要法令なので目を通しておく必要がある。

なお、確定拠出年金法も含めて法改正があるので、常に最新の内容を確認しておいてほしい。また、厚生労働省のホームページに掲載されている「法令解釈」「確定拠出年金Q&A」などの指針からも出題されることがあるので、チェックしておいてほしい。

法令等は次ページの厚生労働省のホームページで見ることができる。また、総務省によるe-GOV法令検索も便利である。

〈厚生労働省の法令検索〉

https://www.mhlw.go.jp/hourei/

〈法令解釈（平成13年8月21日年発第213号）〉

https://www.mhlw.go.jp/content/000677933.pdf（2022.10.1現在）

〈確定拠出年金Q&A〉

https://www.mhlw.go.jp/content/000653917.pdf（2024.2.1現在）

◆本書で用いた法令名等の略称表記

本書では、主な法令名等を以下のように略称表記している。

法…………確定拠出年金法

施行令………確定拠出年金法施行令

施行規則……確定拠出年金法施行規則

法令解釈……平成13年8月21日年発第213号「確定拠出年金法並びに
これに基づく政令及び省令について（法令解釈）」

Q＆A………確定拠出年金Q&A

確給法………確定給付企業年金法

国年法………国民年金法

厚年法………厚生年金保険法

◆目　次◆

Part3　資料（法令条文）　*373*

Part 1

DCプランナー
認定制度とは

1. DCプランナーに期待される役割とは

■確定拠出年金とDCプランナー（企業年金総合プランナー）

　21世紀に入った年に、わが国の企業年金の体系も根本的に変わった。2001（平13）年6月に確定給付企業年金法と確定拠出年金法が相次いで成立したからだ。確定拠出年金は同年10月1日から導入可能となり、従来の確定給付型の企業年金は確定給付企業年金法の施行により、翌2002年4月1日から再編された。

　企業年金には、確定給付型（DBプラン：Defined Benefit Plan）と確定拠出型（DCプラン：Defined Contribution Plan）がある。確定拠出年金（いわゆる「日本版401k」）は、わが国に初めて導入された本格的な確定拠出型の企業年金である。

　適格退職年金や厚生年金基金など従来の確定給付型の企業年金は、掛金の拠出から運用、支給に至るまで企業の責任で実施することから、従業員自身は受け身の立場であった。しかし、確定拠出年金では加入者（従業員）自身が主役となる。

　確定拠出年金は、「加入者が自分自身で運用商品を選択し、自ら直接運用し、運用結果が受給額となる」という点に最大の特徴がある。十分な成果を上げるためには、制度の仕組みはもちろん、投資やライフプランなどの一定の知識を加入者自身が持っていることが必要となる。

　そのため、加入者にこうした知識を与えるとともに、導入企業へのアドバイス、広く社会に制度を認知させるための活動など確定拠出年金をわが国に円滑に普及させるための人材（確定拠出年金の専門家）が求められることになった（図表1-1）。DCプランナーは、こうしたニーズに応える確定拠出年金制度を軸とした総合的な年金と老後資産づくりの専門家資格の1つで、日本商工会議所（日商）と一般社団法人金融財政事情研究会（金財）が共同で

図表1-1　確定拠出年金の専門家に求められる役割

わが国における確定拠出年金制度の円滑な普及

・加入者に対する投資教育（投資やリスクに関する基礎知識、資金計画など）

・企業に対するアドバイス（制度の説明、制度設計、既存制度からの移行など）

・社会的な制度の普及・啓蒙活動（講演、執筆、研究発表など）

主催し、2001（平13）年9月より認定試験を実施している。主催者側では、「確定拠出年金制度の円滑な導入をバックアップし、現行の年金制度および新たな確定拠出年金制度、投資に関する基礎知識、ライフプランニングについての知識を持ち、適切な情報提供・アドバイスができる人材の育成」を目的としてあげている。

■既存の有資格者には新たなビジネス展開の可能性が広がる

　DCプランナーのニーズは、今後ますます広がってくることが予想される。確定拠出年金では、加入者の投資教育が不可欠であるから、投資教育のための人材が大量に必要となる。また、制度を導入する企業側にも制度設計や既存制度からの移行などのコンサルティングニーズが生まれる。特に、加入者への投資教育は、これまで行われていたような金融商品の説明とは大きく異なり、人材も非常に不足している。

　一方、DCプランナーの役割は、FP（ファイナンシャル・プランナー）、社会保険労務士、税理士、中小企業診断士といった既存資格と重なっている部分がある。そのため、FPなら年金制度部分の知識、社会保険労務士なら投資やライフプランの知識を補完すれば資格を取りやすい。既存資格＋DCプランナー資格ということで強みとなり、ビジネスの幅が広がる。

　その他、金融機関職員、企業の経営者・福利厚生担当者、自分の資産の運用スキルを高めたいと考えている個人、金融機関への就職を目指す学生にも、資格取得が役に立つ。

2. DCプランナー認定制度の仕組み

■認定試験は通年実施、資格は２級と１級の２段階

　DCプランナー（企業年金総合プランナー）認定制度の運営は、「認定試験」（2021〈令3〉年9月から年1回の会場試験がネット試験〈CBT方式〉による通年実施に変更）と既存資格者に対する「資格更新認定」（資格の有効期間は２年）の２つが柱となっている（図表1-2）。

　認定試験は、２級（基準レベル）、１級（指導者レベル）となっている。主催者から示されている級別の到達レベルの基準は、次のとおりである。

> ・２級→確定拠出年金やその他の年金制度全般に関する基本的事項を理解し、金融商品や投資等に関する一般的な知識を有し、確定拠出年金の加入者・受給者、確定拠出年金制度を実施する企業の福利厚生担当者などに対し説明できるレベル
> ・１級→確定拠出年金やその他の年金制度全般、および金融商品、投資等に関する専門的な知識を有し、企業に対しては現行退職給付制度の特徴と問題点を把握のうえ、確定拠出年金を基軸とした適切な施策を構築でき、また、加入者等の個人に対しては確定拠出年金の加入者教育の実施および老後を見据えた資産形成およびその前提となる生活設計の提案ができるレベル

　２級は、DCプランナーとして基本となるレベルの資格である。確定拠出年金の加入者からの一般的な問い合わせや導入企業の担当者に基本的な説明ができるレベルが想定されている。企業の福利厚生部門の担当者が取得すれば、社内の初歩的な加入者教育のインストラクターは十分できるレベルである。また、金融機関や企業の総務・人事関係の部門への就職を目指す学生が

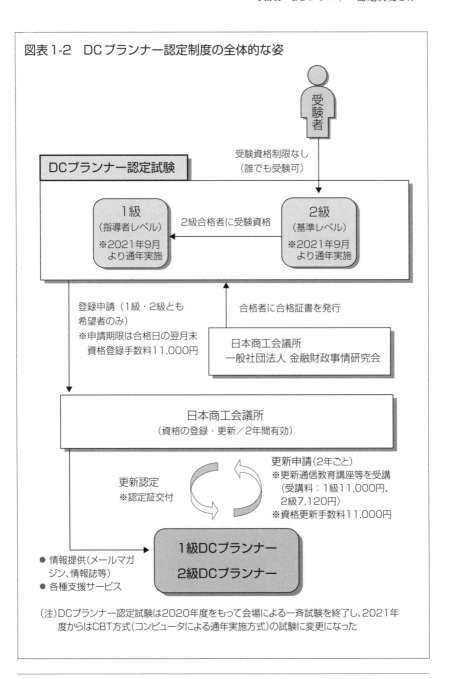

図表1-2 DCプランナー認定制度の全体的な姿

受験者

受験資格制限なし
（誰でも受験可）

DCプランナー認定試験

1級
（指導者レベル）

※2021年9月
より通年実施

2級合格者に受験資格

2級
（基準レベル）

※2021年9月
より通年実施

登録申請（1級・2級とも
希望者のみ）
※申請期限は合格日の翌月末
資格登録手数料11,000円

合格者に合格証書を発行

日本商工会議所
一般社団法人 金融財政事情研究会

日本商工会議所
（資格の登録・更新／2年間有効）

更新認定
※認定証交付

更新申請（2年ごと）
※更新通信教育講座等を受講
（受講料：1級11,000円、
2級7,120円）
※資格更新手数料11,000円

● 情報提供(メールマガ
ジン、情報誌等)
● 各種支援サービス

1級DCプランナー
2級DCプランナー

（注）DCプランナー認定試験は2020年度をもって会場による一斉試験を終了し、2021年
度からはCBT方式（コンピュータによる通年実施方式）の試験に変更になった

チャレンジするのにも適している。なお、2級に合格しないと1級の受験資格が得られない。

　1級は、本格的なプロとしてのレベルで、確定拠出年金に関するセミナーの講師や高度な加入者教育のインストラクターができる。導入企業に対しても確定拠出年金の制度設計のコンサルティングができ、個人に対しては、老後資金づくりの具体的な設計を手伝うことができる。

　認定制度全体では、2級である程度の量的な資格者の確保を図り、1級で指導者レベルの資格者を養成していくことがねらいとなっている。

■認定試験合格者は資格登録によってDCプランナーとなる

　認定試験の合格者には、日商会頭・金財理事長名で合格証書が発行される。合格者がDCプランナーとなるには、日商に資格登録をしなければならない。認定試験に合格しても、資格登録しないと名刺等に表記ができずDCプランナーを名乗ることはできない。資格登録自体は任意であるが、登録期限を過ぎると登録できなくなるので注意が必要である。

　登録手続きは、合格日の属する月の翌月末までに行わなければならない。登録手続きの方法は、インターネット申請または郵送申請となる。認定試験に合格するとDCプランナー認定試験のマイページ（受験申込み時に設定）に「登録案内」が表示されるので、同案内記載のURLからインターネット申請、または書類をダウンロードして郵送申請のいずれかで登録申請を行う。

　資格登録には、資格登録手数料も必要である。手数料の金額は1級・2級とも税込み11,000円であり、資格登録手数料以外に年会費等の負担はない。

　日商は、資格登録申請があるとDCプランナーとして認定し登録する。資格名称は、「1級DCプランナー（企業年金総合プランナー）」と「2級DCプランナー（企業年金総合プランナー）」の2種類がある。資格登録者には、日商より認定証（カード）が発行される。資格の有効期間は1級・2級とも2年間である。

　なお、資格登録を行うと日商からの情報提供などのサービスが受けられる。合格日翌月末の資格登録期限を過ぎてしまった場合、登録を希望するときは

もう一度、認定試験を受け直して合格しなければならない。

　2級合格者の場合、資格登録しなくても1級の受験資格は有効なので1級に合格すれば、1級の資格登録をすることができる。

　2024（令6）年1月末現在、資格登録者数は4,606名（1級2,294名、2級2,312名）となっている。

■資格登録者は情報提供などのサポートを受けられる

　1級・2級の合格者が資格登録し、資格登録者（DCプランナー）になると各種のサポートが受けられる。基本となるのはインターネットによるメールマガジン（月2回）と紙媒体の情報誌『企業年金総合プランナー』（年2回）による情報提供である。その他にも日商ホームページ内の「DCプランナー専用サイト」など各種支援サービスがある。

■2年目の年度末ごとに資格を更新する

　資格登録をすることによってDCプランナーとなり、情報提供や各種の支援サービスを受けることができる。ただし、資格の有効期間は2年間なので、2年ごとに資格を更新しなければならない。資格更新の際には、資格更新通信教育講座等を受講する必要があるので、資格を取得した後も、継続的に知識や能力の維持・向上が図られる仕組みとなっている。

図表1-3　DCプランナー認定資格の有効期間

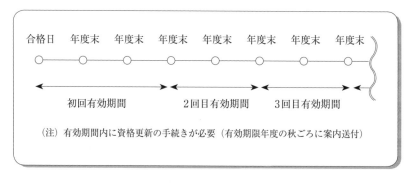

合格日　年度末　年度末　年度末　年度末　年度末　年度末　年度末

初回有効期間　　2回目有効期間　　3回目有効期間

（注）有効期間内に資格更新の手続きが必要（有効期限年度の秋ごろに案内送付）

DCプランナーの資格の有効期間は2年間だが、図表1-3のように年度末（3月31日）が期限となる。合格日からの起算ではなく、年度末を起算日とする。そのため、初回だけは合格日から最初の年度末の分だけ有効期間が長くなる。2回目以降は、2年目ごとの年度末が資格の有効期限となる。

　2級の資格登録者が2級の資格有効期間内に1級に合格し資格登録した場合は、1級の有効期間に切り替わる。新たに、1級合格年度の年度末から2年後の年度末が1級の初回資格有効期限となる。

■資格更新のためには資格更新通信教育講座等の受講が必要となる

DCプランナーの資格更新手続きは、資格の有効期間内に行わなければならない。

　資格更新手続きは図表1-4のような流れで行われる。更新手続きの案内は、有効期限年度の秋ごろに資格更新対象者に案内を郵送するほか、ホームペー

図表1-4　DCプランナー資格更新手続きの流れ

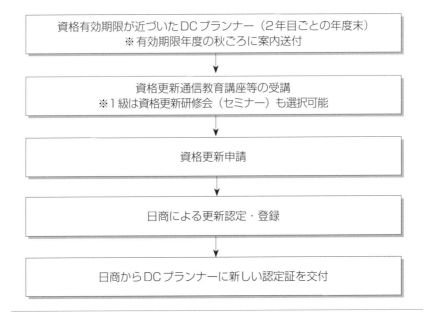

ジ等でも案内する。

　更新には、日商・金財が定める資格更新通信教育講座の受講（1級は資格更新研修会〈セミナー〉の選択も可能）を必要とする。資格更新通信教育講座の受講料は、1級11,000円、2級7,120円（いずれも税込）となっている。

　更新講座の内容は、資格登録もしくは前回資格更新後2年度間の経済情勢や年金制度の変化、最新情報の提供と確認であり、DCプランナーの能力レベルの維持・向上に必須なものとなっている。

　資格更新通信教育講座等を修了後、資格更新手数料（1級・2級とも税込11,000円）の支払いと資格更新の申請を行う。資格更新申請を受け付けると日商では更新を認定し、新しい認定証を交付する。

　なお、海外赴任、病気療養などやむをえない事情があると認められる場合は、資格更新に関する手続きを保留することができるので、該当する場合は日商に相談してほしい。

3. DCプランナー認定試験の実施要領

■受験は通年可能で受験日の３カ月前から予約できる

　DCプランナー認定試験の受験要項は、次ページの図表1-5のとおりである。2021（令3）年度から従来の年１回の会場一斉試験からCBT方式と呼ばれる試験会場でパソコンを使用して行う通年試験に変更になった。

　CBT方式とは、受験者自身が希望する受験日時と試験会場を指定（申込み）し、試験会場に設置されたパソコンを操作して解答する試験である。試験結果は終了後すぐに通知される。通年実施の試験なので不合格の場合、約１週間後から（受験日の翌日起算で６日目以降）すぐに再受験も可能となっている。

　２級は特に受験資格に制限がないので誰でも受験可能だが、１級は２級合格者（旧制度合格者含む）だけに受験資格がある。受験申込み（予約）は、受験者自身が金財のホームページから手続きする。郵送による申込みはできない。予約は受験日の属する月の３カ月前の月初から受験日の３日前までの好きな時期にできる。３日前までであれば予約（日時、会場）の変更やキャンセルもできる。ただし、キャンセルの場合は受験料は返金されるがキャンセル料（1,100円）がかかる。また、受験可能期間が設けられており、受験可能期間は、「受験申込日の３日後から、当初受験申込日の１年後まで」となっている。受験日の変更・キャンセルも受験可能期間内に限られる。なお、団体申込みの場合は、団体専用の申込みページから申し込むことで（団体申込み用の「とりまとめID」と「申込用パスワード」が必要）、人事担当等が職員の受験状況等を管理できる。

■ウェブ上にマイページを作成して受験予約をする

　個人で受験申込みする場合は、金財ホームページアクセス後、まずCBT試験用のマイページを作成する。マイページの作成時にはログインIDとパスワ

図表1-5　DCプランナー認定試験の受験要項

	2級	1級
試験実施時期	通年	
受験資格	特に制限なし（年齢・学歴などに関係なく誰でも受験可）	2級合格者 ※資格登録の有無は問わない
受験申込方法	金財ホームページにアクセスし、CBT試験のマイページを作成して受験者登録し、受験申込みを行う。マイページ作成後の手順は以下のとおり ①受験者自身が「受験希望日時」「受験会場（テストセンター）」を予約 　＊予約できる期間は受験日の月の3カ月前の月初から受験日の3日前まで（例：10月10日の受験希望の場合、7月1日から10月7日） ②受験料の支払方法を選択（団体申込みは団体一括支払いの方法もある） 　＊支払方法は2つ（「クレジットカード」「コンビニエンスストアまたは銀行ATM〈Pay-easy〉」） 　＊支払いは、クレジットカードは予約画面で可能、その他は指定の期日までに支払う ③登録Eメールアドレスに予約完了通知 　＊通知内容（申込内容、支払手続き、試験会場等） 　＊予約確認、変更、キャンセルはマイページの予約画面から可能（変更、キャンセルは受験日3日前まで可能） 　※団体申込みは、団体登録、団体管理画面の作成等が前提	
受験料（税込）	7,700円	1分野につき5,500円
受験会場	全国350超の会場から選択可能 ※テストセンター（受験会場）はマイページの予約画面で確認できる	
試験実施方法	予約した日時に受験会場に行き、指定されたパソコンブースでパソコン画面上の問題をキーボードとマウスを操作して解答 ※パソコンブースへの荷物持ち込みは原則禁止（ロッカー等へ預ける） ※メモ用紙、筆記用具は貸し出し、電卓は画面上に表示のものを使用	
	全分野（A分野、B分野、C分野）を1回の試験で実施	分野別（A分野、B分野、C分野）に受験し、分野別に合否判定
出題形式と試験時間	四答択一式問題30問、総合問題10題 試験時間120分	四答択一式問題10問、総合問題4題 試験時間90分 ※各分野共通
出題範囲	ガイドラインの項目（p.25図表1-6参照）	
合格基準	100点満点で70点以上	100点満点で70点以上 ※各分野共通
合格発表	試験終了後、その場で合否判定のスコアレポートが渡される	
	合格証書は試験日翌日以降にマイページからPDF形式で出力できる	3種目すべて合格後に1級合格となり、最終試験日翌日以降にマイページからPDF形式で合格証書が出力できる
認定試験に関する問い合わせ先	①申込み・受験について 　受験サポートセンター（03-5209-0553）※受付時間 9:30〜17:30 年末年始を除く ②試験内容について 　一般社団法人金融財政事情研究会　検定センター 　03-3358-0771※土日祝日および年末年始を除く、平日の9:00〜17:00	
参照ホームページ	日商　https://www.kentei.ne.jp/planner 金財　https://www.kinzai.or.jp/dc	

※CBT試験の画面イメージや操作方法は、「受験の流れ」（https://cbt-s.com/examinee/examination/d20.html）にある試験についての紹介動画「試験エンジン」という項目で動画により確認できる

ードの設定を行うが、一度設定して登録すればマイページにログインすることによって、予約確認、変更、キャンセルのほか、再受験、他の試験の受験申込みもできる。

　マイページ作成後の受験予約手続きの手順は、まず、受験種目を選択後、「受験を希望する日時」と「受験会場（テストセンター）」を決めて予約する。テストセンターはマイページの予約画面の会場選択で会場（会場名、所在地、地図が表示）と空きを確認して選択する。全国の都道府県に350カ所超が用意されているので自分の受けやすい場所を選択できる。

　受験日時と会場を選択した後は、受験料の支払方法を選択すれば予約完了となる。支払方法は、①クレジットカード決済、②コンビニエンスストア決済、または銀行ATM（Pay-easy〈ペイジー〉）決済のいずれかを選択できる。クレジットカード決済は予約画面から直接行うが、コンビニエンスストアおよびPay-easyによる支払いは支払期限（申込日から3日後または受験日の2日前のどちらか早い日）までに入金が確認できないと申込みが無効になる。なお、領収書は試験日2日前からマイページ画面に領収書ボタンが表示され、プリントアウトが可能になる。

　予約が完了すると登録したEメールアドレスに予約完了の通知が送信されるので、予約内容（申込内容、支払手続き、試験会場地図等）を確認することができる。また、マイページでも予約内容の確認はできる。受験票は発行されず、受験日当日は本人確認書類の提示が必要となる。

■予約した受験日時に会場に行きパソコン操作によって受験する

　受験日当日は、余裕を持って試験会場に到着するようにする。受付時間は試験開始時刻の30分前から5分前までとなっている。遅刻すると原則受験できなくなる。試験会場に到着したら、以下の手順で受付をする。

---

① 本人確認書類を提示する。本人確認書類は運転免許証やマイナンバーカード、学生証などである。他にも可能な書類がありホームページで確認できるが、不明な場合は事前に問い合わせてほしい

---

②　「受験ログイン情報シート」を受け取る。受験用パソコンを利用するための情報が書かれているが、記載内容を確認する

③　手荷物（携帯電話、電卓を含む）の試験室（パソコンブース）への持ち込みは原則禁止なので、すべて指定のロッカー等に預ける

④　試験中に利用できる筆記用具とメモ用紙（持ち帰りは禁止）を受け取り、試験室に入室する。電卓は試験画面に表示されるものを使う

　試験室に入室したら指定されたブース（席）に着席し、受験ログイン情報シートに記載されているIDとパスワードをテストマシン（パソコン）に入力すれば、受験を開始できる。まず画面上で試験科目を確認してから開始する。

■試験は四答択一問題と総合問題をパソコン画面で解答

　試験は、画面に表示された問題にマウス操作で解答を選択していく。次の問題や前の問題、見直したい問題をマウス操作で自由に表示できるので自分のペースで解答ができる。パソコンのスキルは簡単な入力とマウス操作ができれば問題ない。操作方法で困った場合は、試験監督者に聞くことができる。

　試験会場で筆記用具とメモ用紙が貸し出されるので、必要に応じてメモを取ることができる。計算問題の場合、画面上に表示される電卓（標準電卓と関数電卓が切替えによって利用できる。関数電卓の操作マニュアルは金財のホームページに掲載）を利用できる。

　試験画面に残り時間が常に表示されているので、ペース配分を調整しながら解答を進めることができる。すべてに解答を終えたら試験終了ボタンをクリックすれば終了となる。試験の制限時間が来れば途中でも終了となる。

　なお、CBT試験のパソコン画面のイメージは、受験手続きを案内するホームページ上に「試験エンジン」という動画で紹介されているので、特に初めての受験者はあらかじめ確認しておくとよい（図表1-5の注釈参照）。

　試験は、A分野（年金・退職給付制度等）、B分野（確定拠出年金制度）、C分野（老後資産形成マネジメント）の3分野構成となっている。2級は全分野を網羅した1回の試験、1級は分野別に試験が行われる。

　2級試験の試験時間は120分である。出題形式は、四答択一式問題30問と総合問題10題となっている。四答択一式問題は、変更前のペーパー試験のマークシート解答がそのまま画面上のマウス操作になっただけと考えればよい。総合問題も変更前の応用編の事例問題と基本的に同じだが、事例が10題（変更前5題）となっている。ただし、1題の小問は変更前の3問（3問×5題＝15問）から2問（2問×10題＝20問）の構成に変わっている。また、総合問題では、単純な四答択一式ではなく「適切なものをすべて選びなさい」といった複数選択の小問も出題される。

　なお、変更前は45問（四択30問、応用15問）で試験時間150分だったが、50問（四択30問、総合20問）で120分となったので、時間的余裕は少し厳しくなったと意識してペース配分したほうがよい。

　1級試験の場合は、変更前の1種目（全分野を網羅）試験から分野別（A分野、B分野、C分野）の3種目試験へと大きく変わった。分野ごとに試験があり、各分野とも試験時間は90分、四答択一式問題10問と総合問題4題（小問各3問）となっている。従来より総合問題の比重が高くなっている。総合問題は、変更前に出題されていた記述式はなくなり四答択一式の小問が基本となった。ただし、2級同様、単純な四答択一式ではなく、語句の選択

〈個人型DC（iDeCo）試験で腕試しもひとつのアプローチ〉

　金財では、DCプランナー認定試験とは別に個人型DCを対象とした検定試験も実施している。本試験は、金融機関の担当者等が個人型DCを利用した資産運用・形成のために最低限必要な知識の習得度の検証を目的としたものだが、一般の個人型年金投資教育ツールとしても活用できる。個人型DCに特化しているが、出題範囲はDCプランナー認定試験の出題範囲の一部になっている。DC2級より難易度が低いので、DCプランナー認定試験の腕試しとして活用することもできる。DCプランナー認定試験と同様にCBT方式で通年実施されているので、試験形式を体験しておくのにもよい。詳細は、金財ホームページ（https://www.kinzai.or.jp/kentei/3g2.html）にて確認してほしい。

図表1-6　DCプランナー認定試験2級の出題範囲（ガイドライン）

※金財ホームページ「日商・金財DCプランナー認定試験ガイドライン（1・2級共通）」より

■A分野（年金・退職給付制度等）

《出題の内容と狙い》

　確定拠出年金制度を理解するためには、まず、年金・退職給付制度の全体像を把握し、各制度の内容を理解する必要があります。確定拠出年金が公的年金に上乗せされる制度であるという観点からは、公的年金に関する知識、私的年金の一つであるという観点からは、他の私的年金制度等に関する知識が求められます。確定拠出年金の企業型年金には企業年金としての側面があるため、企業年金およびその起源となる退職一時金との関係、これらの退職給付制度に係る会計上の取扱いである退職給付会計などに関する知識も必要となります。また、確定拠出年金を含めた老後の生活設計を考えるにあたり、各種の社会保険制度の理解も欠かすことはできません。

　DCプランナーは、公正・中立な視点から、年金・退職給付制度等に関する総合的な知識を正確に理解することが求められます。

1．公的年金	(1) 公的年金の概要 (2) 国民年金の仕組み (3) 厚生年金保険の仕組み (4) 被保険者 (5) 保険料 (6) 給付 (7) 税制上の措置
2．企業年金と個人年金	(1) 企業年金の概要 (2) 確定給付企業年金 (3) 中小企業退職金共済 (4) 特定退職金共済 (5) 小規模企業共済 (6) 国民年金基金 (7) 財形年金 (8) 各種個人年金
3．退職給付制度	(1) 企業年金と退職金 (2) 税制上の措置 (3) 退職給付会計
4．中高齢期における社会保険	(1) 健康保険 (2) 雇用保険
5．年金・退職給付制度等の最新の動向	年金・退職給付制度等に関する最新の動向

■B分野（確定拠出年金制度）

《出題の内容と狙い》

　確定拠出年金は他の確定給付型の年金制度とは大きく異なる制度です。まず、加入者や加入を検討する個人、実施企業や導入を検討する企業等に、確定拠出年金の仕組みを説明できる知識が必要です。これに加え、企業型年金の導入を検討する企業等に対しては、既存の退職給付制度からの移行を含む制度設計、導入時および導入後の諸手続等、個人型年金への加入を検討する個人等に対しては、加入時および加入後の諸手続等に関する知識が求められます。また、確定拠出年金制度の運営に関わる運営管理機関、資産管理機関、企業型年金を実施する企業や個人型年金における国民年金基金連合会の役割や行為準則等の知識も不可欠です。

　DCプランナーは、公正・中立な視点から、確定拠出年金制度に関する幅広い知識を正確に理解することが求められます。

1．確定拠出年金の仕組み	(1) 確定拠出年金の概要 (2) 企業型年金の仕組み (3) 個人型年金の仕組み (4) 加入者・運用指図者 (5) 掛金と拠出限度額 (6) 運用 (7) 給付 (8) 離転職時等の資産の移換 (9) 税制上の措置
2．企業型年金の導入および運営	(1) 企業型年金規約 (2) 運営管理機関、資産管理機関の役割と業務 (3) 制度導入および制度設計に係る財務、人事労務面の検討 (4) 導入および運営に係る諸手続 (5) 投資教育・継続教育 (6) 既存の退職給付制度からの移行
3．個人型年金に係る手続等	(1) 国民年金基金連合会の役割と業務 (2) 個人型年金加入者に係る諸手続と実務
4．コンプライアンス	(1) 事業主の責務と行為準則 (2) 運営管理機関・資産管理機関の行為準則 (3) 投資情報提供・運用商品説明上の留意点 (4) 受託者責任
5．確定拠出年金制度の最新の動向	確定拠出年金制度に関する最新の動向

■C分野（老後資産形成マネジメント）

《出題の内容と狙い》
　確定拠出年金を活用して老後資産を形成するためには、加入者のライフプランにあった運用の方法、モニタリング、対応策を適切に理解する必要があり、そのための専門的知識が必要となります。
　また、確定拠出年金を活用するうえで必要になる投資教育を行うには、個々の加入者等のニーズや投資経験、知識レベル等を考慮したうえで、専門的知識を適切にわかりやすく伝える説明能力も求められます。さらに、確定拠出年金制度を含めた老後の生活設計に係る知識にも精通していることが不可欠となります。
　DCプランナーは、公正・中立な視点から、いわゆる投資教育等に関する専門的な知識を正確に理解することが求められます。

1．金融商品の仕組みと特徴	預貯金、信託商品、投資信託、債券、株式、保険商品等の金融商品についての次の事項 (1) 種類・性格または特徴 (2) 価格に影響を与える要因等 (3) 金融商品に関係する法令
2．資産運用の基礎知識・理論	(1) 資産の運用を行うに当たっての留意点 (2) 算術平均と幾何平均 (3) リスクとリターン (4) 長期運用の考え方とその効果 (5) 分散投資の考え方とその効果 (6) ドルコスト平均法 (7) アセットアロケーション (8) 相関係数 (9) 有効フロンティアの考え方
3．運用状況の把握と対応策	(1) 投資指標・投資分析情報 (2) ベンチマーク (3) 格付け・投資信託の評価 (4) パフォーマンス評価 (5) モニタリングと対応策
4．確定拠出年金制度を含めた老後の生活設計	(1) 資産形成に取り組むことの必要性 (2) 老後資産形成の計画や運用目標の考え方 (3) 運用リスクの度合いに応じた資産配分 (4) 老後に必要となる資産の計算
5．老後資産形成マネジメントの最新の動向	老後資産形成マネジメントに関する最新の動向

や複数選択の小問も一部出題される。

　試験の出題範囲は、図表1-6のように主催者側からガイドラインとして公表されている。変更前は1級と2級の範囲が区別されていたが、変更後は共通となった。また、変更前の4分野から3分野に再編された。変更前のD分野（ライフプランニングとリタイアメントプランニング）はA分野とC分野に振り分けられている。

　なお、法令については、特に断りのない限り、試験実施日の年度の7月1日現在施行の法令等に基づくことになっている（2024年度の場合、2024年7月1日）。ただし、非常に重要な改正や大改正の場合は出題されることもあるので、未施行でも成立した法令の概要は押さえておきたい。なお、試験の法令基準日が7月1日であるため、問題の入れ替えも7月に行われる。年金額等の改正は4月に行われるが、問題に反映されるのは7月の受験からであり、4月～6月に受験する場合は注意してほしい。

■7割以上できれば誰でも合格になる

　認定試験の合格基準は、7割以上正解で合格とされている。合格者数の調整などの操作は一切行わないので、7割以上の得点をした人は全員合格となる。2級の場合は、100点満点中70点以上で2級合格となる。

〈スキルアップに活用できる合格後の再受験〉

　DCプランナー認定試験に合格してDCプランナーとなっても、制度改正に対応したり、スキルの維持・向上が求められる。資格登録者は2年ごとの資格更新時には通信教育などの更新研修が義務づけられているが、再受験もスキルアップに活用しやすくなった。通年試験でいつでも受けられるようになったからだ。再受験で不合格になっても一度合格していれば、資格を失うことはない。たとえ1級合格者が2級試験で不合格になっても1級合格の資格はそのまま維持できる。1級の場合は分野別試験なので、苦手分野の強化にも利用できる。なお、再受験で合格しても登録者の資格更新研修が免除されることはない。

　1級の場合は分野別の3種目の試験になるので、各分野ごとに100点満点中70点以上で分野合格する。ただし、1級の合格者となるには3分野すべてに合格しなければならない。試験は全分野を同日に受ける必要はなく、受験する分野の順番も自由である。一度合格した分野は無期限で有効となるので、期間が空いても全分野が合格した時点で1級合格者となる。

　合格発表は、試験終了後にその場ですぐに通知される。合否にかかわらず試験のスコアレポートを受け取って帰宅する。スコアレポートは、総合点と合否判定のほか分野ごと（2級）やテーマごと（1級：ガイドラインの大項目区分）の得点が示されている。さらに、全問の正誤と問題ごとのテーマ（国民年金の任意加入被保険者、運営管理機関の行為準則、投資信託の交付目論見書など）が一覧表で示されるので、自分の実力確認の参考にできる。合格者は、試験日（1級の場合は最後の分野の試験日）の翌日以降に、マイページから合格証書がPDF形式で出力できる。

　不合格（1級の分野不合格も含む）になった場合は、1週間後から（試験日の翌日起算で6日目以降）再受験ができる。予約手続きは初回と同じだが、初回に作成したマイページにログインして行うことができ、新たなマイページを作成する必要はない。

　2級合格者が1級の受験予約をしたり、1級の分野別受験者（合格者または不合格者）が他の分野の受験予約をする場合は1週間の待機は不要で、初回と同じルール（受験日の属する月の3カ月前の月初から受験日の3日前までの希望する時期）で既存のマイページから予約できる。

4. 認定試験2級の受験者の動向と実施状況

■認定試験2級の受験者平均点は6割以上、合格率は40％前後

　認定試験2級の実施状況は図表1-7のようになっている。2020（令2）年度（第26回）までは、年1回の会場ペーパー試験だった。2021（令3）年度からは通年試験に変わりデータ比較はできなくなったが、難易度や合格の目安としては参考になるだろう。主催者も、変更前の試験難易度と同等になるように調整するとしている。

　最後の会場試験の第26回から第17回まで過去10回の実績では、受験者数の平均は2,138人、平均点は67.6点、平均合格率は50.7％となっている。毎回のばらつきを考慮すれば、平均点は65点前後、合格率は40％前後とみてよい。

　2021年度からは通年試験となった。過去3年間（2021年度は7カ月）のデータでは、受験者数は再受験者も含まれるなど単純比較はできないが、会場試験のときとあまり変わらないように見える。ただ、受験時期、受験回数などが柔軟になったことで、今後、受験者の増加は期待できる。

図表1-7　2級の受験者数と合格者の状況（過去8回）

		第22回			第23回			第24回		
		団体	個人	合計	団体	個人	合計	団体	個人	合計
申込者数		1,293	1,708	3,001	1,307	2,073	3,380	1,169	1,753	2,922
受験者数		1,128	1,371	2,499	1,126	1,677	2,803	1,002	1,436	2,438
（受験率）		(87.2)	(80.3)	(83.3)	(86.2)	(80.9)	(82.9)	(85.7)	(81.9)	(83.4)
合格者数		358	603	961	420	831	1,251	373	634	1,007
（合格率）		(31.7)	(44.0)	(38.5)	(37.3)	(49.6)	(44.6)	(37.2)	(44.2)	(41.3)
平均点		59.6点	64.8点	62.5点	62.3点	67.0点	65.0点	63.7点	65.5点	64.7点
分野別 平均点	分野A	14.0点	15.8点	15.0点	14.6点	16.3点	15.6点	16.9点	17.7点	17.3点
	（配点）	（29点）			（29点）			（31点）		
	分野B	18.1点	19.2点	18.7点	24.6点	26.5点	25.7点	20.0点	20.8点	20.5点
	（配点）	（27点）			（37点）			（34点）		
	分野C	13.3点	14.3点	13.9点	16.6点	17.1点	16.9点	16.9点	17.1点	17.0点
	（配点）	（24点）			（24点）			（24点）		
	分野D	14.2点	15.4点	14.9点	6.4点	7.0点	6.8点	9.8点	9.9点	9.9点
	（配点）	（20点）			（10点）			（11点）		

（注）　1．団体は金融機関（銀行、保険会社、証券会社）による団体申込者数
　　　　2　個人には金融機関以外の団体申込者数を含む

　合格基準が正答率7割以上であるのに対し、会場試験の受験者の平均点はほぼ毎回6割以上の水準が続いており非常に高い。これは、もう少し頑張れば合格できる受験者が多いということである。通年試験でも同様の傾向になると思われる。合格率は通年試験3年間の実績では約36％とかなり下がった印象があるが、過去の会場試験でも30％を切ったことがある。平均的には40％前後くらいの合格率レベルと考えておけばよいだろう。

　分野別の配点は会場試験のときは、毎回変動しており一定ではないが、分野B（確定拠出年金）の配点が最も高いことが多かった。次に分野A（公的年金、私的年金）と分野C（投資）が高く、分野D（リタイアメントプラン）が低いという傾向がある。分野再編後の通年試験では、旧分野Dの項目はA分野とC分野に配置されたので、A、B、Cの分野別配分は同程度になった。100点満点の内訳は四答択一式問題（A分野20点、B分野20点、C分野20点）、総合問題40点となっている。

　会場試験の平均点からみると分野Cと分野Dが比較的好成績である。これに対し、分野Aと分野Bは得点しにくい傾向がある。分野Dは、配点が低くても得点源になりやすい。特に分野再編後のC分野では、旧分野Dの項目はしっかりと押さえておきたい。分野Cは、比較的パターン化された計算問題が出るので、投資が苦手な人でもそれなりに得点できるようだ。

（人数の単位：人／率：%）

第25回			第26回		
団体	個人	合計	団体	個人	合計
978	1,796	2,774	845	1,565	2,410
811	1,468	2,279	745	1,283	2,028
(82.9)	(81.7)	(82.2)	(88.2)	(82.0)	(84.1)
407	794	1,201	349	720	1,069
(50.2)	(54.1)	(52.7)	(46.8)	(56.1)	(52.7)
67.5点	68.6点	68.2点	66.4点	69.2点	68.1点
16.2点	17.0点	16.7点	13.5点	14.8点	14.3点
(29点)			(26点)		
25.0点	25.4点	25.3点	24.8点	25.9点	25.5点
(34点)			(37点)		
16.6点	16.5点	16.5点	17.3点	17.4点	17.4点
(24点)			(24点)		
9.7点	9.7点	9.7点	10.8点	11.0点	11.0点
(13点)			(13点)		

	2021年度	2022年度
申込者数	2,683	2,971
受験者数（受験率）	2,339（87.2）	2,586（87.0）
合格者数（合格率）	802（34.3）	927（35.8）
	2023年度	
申込者数	2,746	
受験者数（受験率）	2,338（85.1）	
合格者数（合格率）	900（38.5）	

※2021年度は2021年9月〜2022年3月（CBT方式の試験実績）
（出所）　日商ホームページのデータより作成

　分野Bは確定拠出年金の政省令などが細かくなるに従って出題範囲が広がり、分野Aは公的年金が対象となるため、もともと出題範囲が最も広い。分野Aと分野Bは、いかに重点を絞るかと、出ない部分を捨ててどう効率よく学習するかがポイントとなる。再編後のA分野とB分野も同様である。

■受験者数が多く合格率も高い社会保険労務士とFP

　次に、会場試験のときの受験者を職種別にみるとかなりはっきりした傾向が出ている（図表1-8）。特に注目されるのは、社会保険労務士とFP（ファイナンシャル・プランナー）の2つの職種で受験者数が多く、しかも合格率が高いことである。DCプランナーの領域の半分が、これら既存資格と重なっていることが大きく影響しているからだろう。社会保険労務士は投資、FPは年金制度というように自分たちの領域外の部分を補強すればよいので、勉強の効率面からいっても有利である。

　なお、金融機関職員が多いのは、団体受験のほとんどが金融機関によるものとなっているためである。また、受験者の裾野を広げるためにも一般事業会社の総務・人事部門や学生への資格のアピールも重要かと思われる。

■1級受験者の平均合格率はA分野約40％、B分野約47％、C分野約32％

　認定試験2級合格者には1級の受験資格が与えられるが、1級の受験状況

図表1-8　〔参考〕2級受験者の職種別状況（会場試験過去3回）　（単位：人）

職種	第24回		第25回		第26回	
	受験者数	合格者数(合格率)	受験者数	合格者数(合格率)	受験者数	合格者数(合格率)
会社員（金融機関）	1,546	631(40.8%)	1,366	715(52.3%)	1,313	679(51.7%)
会社員(一般事業会社)	311	133(42.8%)	307	162(52.8%)	233	133(57.1%)
税理士・公認会計士	4	2(50.0%)	4	2(50.0%)	4	1(25.0%)
社会保険労務士	31	24(77.4%)	21	19(90.5%)	23	16(69.6%)
FP(ファイナンシャル・プランナー)	54	27(50.0%)	75	49(65.3%)	48	24(50.0%)
年金基金職員	23	13(56.5%)	38	30(78.9%)	11	6(54.5%)
学生	14	4(28.6%)	11	6(54.5%)	14	8(57.1%)
その他・未回答	455	173(38.0%)	457	218(47.7%)	382	202(52.9%)

（注）　複数回答あり　　　　　　　　　　　　　（出所）　日商ホームページのデータより作成

は図表1-9のようになっている。最後の会場試験の第25回から第16回まで過去10回の実績では、受験者数の平均は820人、平均点は122.8点（200点満点、140点で合格）、平均合格率は28.3％となっている。

なお、新制度の1級は分野別試験となったので得意分野から受験できる。通年試験なので受験は従来よりしやすくなった。記述式もなくなった。

通年試験の過去3年間の受験者数の実績は、A分野が平均590人、B分野が平均約556人となっている。C分野は平均639人だが、ばらつきが大きい。合格率は会場試験のときより高い傾向があるが、受けやすい分野から受験できるためと考えられる。なお、C分野は2022年度の合格率が大きく下がっており、受験者数が増えたのは再受験者が多かったためと考えられる。

総合合格者は全分野を受験しない受験者や再受験者などの状況が不明なので、会場試験との比較評価は難しい。今後、どのような傾向が出てくるかによって難易度のレベルが見えてくると思うが、分野ごとの出題傾向や難易度は会場試験の出題内容に準ずるとされていることから、過去問などによる対策も有効だと考えられる。総合合格者数は、今のところ毎年増加している。

図表1-9　1級の受験者数と合格者の状況（過去5回）

実施時期		申込者数	受験者数	合格者数（合格率）	平均点
第24回		1,074人	826人	296人（35.8%）	128.4点
第25回		994人	737人	293人（39.8%）	127.7点
2021年度	A分野	626人	572人	236人（41.3%）	——
	B分野	633人	603人	269人（44.6%）	——
	C分野	496人	472人	191人（40.5%）	——
	総合合格	——	——	151人	
2022年度	A分野	711人	663人	261人（39.4%）	
	B分野	608人	574人	282人（49.1%）	
	C分野	859人	798人	179人（22.4%）	
	総合合格	——	——	173人	
2023年度	A分野	613人	535人	221人（41.3%）	
	B分野	527人	492人	236人（48.0%）	
	C分野	709人	647人	223人（34.5%）	
	総合合格	——	——	207人	

※2021年度は2021年9月〜2022年3月（CBT方式の試験実績）
（出所）日商ホームページのデータより作成

5. 認定試験2級の出題傾向と学習のポイント

■DCプランナー認定試験は3つの分野から出題

DCプランナー認定試験は各級とも、

A分野　年金・退職給付制度等

B分野　確定拠出年金制度

C分野　老後資産形成マネジメント

の3つの分野から出題されることになっており、具体的な出題範囲の項目は金財のガイドライン（p.25図表1-6参照）に示されている。

　2級で出題される問題は、主に四答択一（4つの選択肢から1つを選んで解答する）である。制度変更後は、四答択一式30問、総合問題10題（各小問2問）の構成となっている。総合問題の小問は、四答択一式と「適切（不適切）なものをすべて選びなさい」という形式が交じっている。四答択一式は旧制度の基礎編（30問）、総合問題は応用編（事例5題）に相当する。応用編では各事例3問の小問（四答択一式）という形式だった。

　四答択一式と旧基礎編は30問で同じだが、総合問題は旧応用編（5題×3問＝15問）に比べて10題（10題×2問＝20問）となっている。旧制度の試験時間は150分だったのに対し、新制度120分と短くなっている。そのため、時間的には少し余裕がなくなったと考えられる。

　また、旧2級の試験では、各分野の出題ウエイトが毎回変動しており、分野別に比率が固定されていなかった。新制度のガイドラインでは各分野が5テーマにそろえられ、四答択一式は各分野20点となった。総合問題では分野別の比率は多少変動すると考えておいたほうがよいだろう。

■2級の試験対策は基本をマスターすれば十分合格可能

新制度は難易度のレベルを旧制度に合わせて調整されることになっている

ので、旧制度の過去の傾向から試験対策の検討をしてみる。

　出題内容は、基本を問う素直な問題がほとんどである。なかには難解な問題やひねったような問題もあるが、各種受験向けテキストや問題集で基本をマスターすれば十分合格可能である。なお、新制度では1級と2級の出題範囲が共通となったが、旧1級の出題項目（退職給付会計など）は2級では基本だけを押さえておけば十分である。

　学習の進め方としては、分野別に出題範囲の基本をひととおりテキストで勉強し、練習問題や過去問を繰り返して覚え込むとよい。毎回類題が多いので、過去問の学習が特に有効なのがDCプランナー試験の特徴である。新制度になっても旧制度の過去問学習は引き続き極めて有効だと思われる。ただし、法制度改正は最新のものを確認しておく必要がある。

　分野別に学習のポイントを示すと以下のようになる。

〈A分野は改正動向をしっかり押さえる〉

　A分野（年金・退職給付制度等）の柱は公的年金になるが、内容的には非常に膨大な量となるので、すべてを細かく覚えようとしても無理がある。

　まず、公的年金の基本的な仕組みをしっかり頭に入れることが最も重要である。そのうえで、2004（平16）年以降の改正事項を重点的に確認していくのが学習としては効率的だろう。

　公的年金の改正動向は毎回出題され、しかも比較的細かい知識が要求される。特に直近1年に施行された改正と試験年度4月1日の数字（年金額など）の改定の確認は必須である。2024年4月の年金額改定では、在職老齢年金の停止基準額が48万円から50万円に変更されたので注意したい。その他、重要な改正として2004年の大改正、2011（平23）年（年金確保支援法）、2012年（年金機能強化法）の改正がある。共済年金は新制度では出題範囲から外されたが、2015（平27）年10月施行の被用者年金一元化は、厚生年金と共済年金の比較で改正部分を押さえておいてほしい。

　最近の改正事項として特に重要なのは、2020（令2）年6月5日公布の年金制度改正法である。在職老齢年金（65歳前後の支給停止基準共通化、在職定時改定導入）、繰上げ（減額率の緩和）・繰下げ（上限75歳まで拡大）は引

き続き出題可能性が高い。短時間労働者への厚生年金保険（社会保険）適用拡大は2016（平28）年10月（500人超）から段階的に進んでおり、2022（令4）年10月（従業員100人超）、2024（令6）年10月（50人超）までの時系列で頭に入れておきたい。また、2023（令5）年4月からの繰下げみなし増額制度の導入も内容をよく確認しておきたい。

　その他、公的年金の年金額改定ルールは、賃金変動と物価変動の関係、マクロ経済スライド未調整分のキャリーオーバーなどと合わせて整理しておいてほしい。特に、2023年度は初めて新規裁定者（67歳以下）と既裁定者（68歳以上）の年金額が異なることになったので、仕組みをよく確認してほしい。なお、2024年度の既裁定者のうち68歳については、新規裁定者と年金額が同じなので注意したい。

　私的年金では、国民年金基金の海外居住者の加入、中小企業退職金共済の2016（平28）年4月の改正、小規模企業共済の2016年4月の改正などが重要である。国民年金基金と確定給付企業年金は基本的なルールだけでよいので押さえておきたい。

　2級の退職給付会計は、基本的な仕組み（退職給付債務、退職給付費用など）を確認しておけばよい。健康保険と雇用保険は旧分野Dの1級で主に出題されていたが、2級でも出題範囲になったことで必須となった。基本的な仕組みと改正事項を押さえておけばよい。最近の改正事項として、2022（令4）年1月からの健康保険（傷病手当金の支給期間の通算化、任意継続被保険者制度の変更）の改正がある。また、2017（平29）年1月からの65歳以上の従業員に適用された雇用保険の仕組みを整理しておきたい。

〈B分野は基本チェックと条文の確認〉

　B分野（確定拠出年金制度）は、確定拠出年金制度の導入から給付までの流れに沿って、必要な事項を学習していくとよい。解説の根拠を確定拠出年金法の条文で確認することも大切である。出題は本法だけでなく政省令や通達レベルからも出されるので、主要な項目については、政省令にもあたる必要がある。また、厚生労働省ホームページの「法令解釈」「確定拠出年金

Q&A」などの指針（→p.6）も確認してほしい。

　改正については、「確定拠出年金改正法」（2016〈平28〉年6月3日公布）、「年金制度改正法」（2020〈令2〉年6月5日公布）の2つを重点的に確認しておく必要がある。特に、DCの加入要件、掛金拠出限度額などのように短期間で制度変更があり、従来不可能だったものが可能になったり、可能だったものが不可能になったりしているものがいくつかあるので注意が必要である。2つの改正を時系列で整理することで理解しやすくなるだろう。

　例えば、企業型年金と個人型年金の同時加入は、2016（平28）年12月以前は認められていなかったが、企業型年金規約に定めることにより可能になった。さらに、2022（令4）年10月からは、企業型年金規約の定めも不要となった。また、掛金のルールも短期間でさまざまに変更されている。

　上記の企業型年金と個人型年金の同時加入緩和の内容はよく確認しておきたい。同時加入のための企業型年金規約の定めが不要になったことと企業型年金の掛金を減額する必要がなくなったことがポイントである。また、マッチング拠出制度のある企業型年金加入者が個人型年金とマッチング拠出を選択できるようになったことも大きな変更点である。これらにより、基本的に企業型年金加入者は任意に個人型年金の同時加入ができるようになった。

〈C分野は基本パターンを問題演習で徹底的に繰り返す〉

　C分野（老後資産形成マネジメント）は、投資になじみのない受験者にとっては、とっつきにくい分野であろう。しかし、基本をいくつかに絞ることと計算を問題演習の繰り返しで覚え込むことで学習効果が上がる。コツは、特に計算問題はあれもこれもやろうとせず、割り切って絞り込んだ問題を何度も繰り返すことである。

　計算問題は、一見難しそうだが毎回の出題は基本的な計算の類題が出ているだけなので、いくつかの計算問題のパターンを覚え込んでおけば十分対応できるレベルである。過去問の演習は、計算問題では特に有効である。押さえておきたい計算としては、リスクとリターンの計算、ポートフォリオのリスク計算（2資産間）、シャープ・レシオとインフォメーション・レシオの

計算、終価・現価・年金終価・年金現価を使った計算などが必須である。

　計算問題以外では、リスクとリターンの定義や正規分布の性質、分散投資、投資商品、アセットアロケーションなど項目別にポイントを押さえておく。あまり細部の知識まで深入りせず、ポイントだけをしっかり理解しておくことが大切である。

　旧分野Dの大部分は新制度のC分野に移行された。もともと学習範囲の量も少なく、学習しておけば比較的得点に結びつきやすいので確実に身につけておきたい項目である。

　ここでのポイントは、キャッシュフロー表や資金目標額、年金受取額などを自分で数字を入れながらシミュレーションしてみることである。テキストの事例や問題集などを利用して実際に作業してみるとよい。

　計算問題では、目標積立額、毎年の積立額、退職後の不足資金額、受け取る年金額、税額計算など必要な計算方法を個別にマスターするとともに、これらを組み合わせて手順に沿って解けるようにしておくことが大切である。

　計算に必要な4つの係数（終価係数、現価係数、年金終価係数、年金現価係数）を使った公式、退職所得控除額の計算式などは自在に使いこなせるように問題演習で訓練しておく必要がある。

　また、公的年金関係の税制改正（扶養親族等申告書の提出の有無にかかわらず5％源泉徴収）、所得控除の変更（公的年金等控除120万円→110万円、基礎控除38万円→48万円など）も確認しておきたい。さらに、2024（令6）年1月の相続税関連の改正（相続時精算課税制度に年間110万円の基礎控除新設、暦年贈与の相続税算入が死亡前3年から7年に拡大等）も参考程度に押さえておきたい。

　その他、「簡易生命表」（厚生労働省）、「家計の金融行動に関する世論調査」（金融広報中央委員会）、「ゆとりある老後生活費」（生命保険文化センター）などの調査資料から出題されることもある。さらに、老後資金2,000万円問題が注目されたように、話題になった調査資料もざっと目を通しておくとよい。2022（令4）年4月からの東京証券取引所の市場再編は概要を確認しておけばよいが、特にTOPIXの変更はしっかり押さえておきたい。

Part

2

認定試験2級の
分野別要点整理

1．公的年金

（1）公的年金の概要

●理解のためのキーポイント

❏ わが国の年金には、国が運営主体となる公的年金と、国以外が運営
　主体となる私的年金があり、全体として4階建て構造になっている
❏ 公的年金には、国民皆年金・社会保険方式・賦課方式・物価スライ
　ドなどの特徴がある

■年金制度の全体像

　わが国の年金制度は図表2-1-1のように、国が運営主体となる公的年金と、
国以外が運営主体となる私的年金に大きく分けることができる。さらに、そ
れぞれが二層構造となっているため、全体として4階建て構造になっている。

①公的年金

　公的年金制度は、国民の老齢、障害、死亡に関して、年金給付を行うこと
により社会全体で高齢者等の生活を支え、国民生活の安定を図ることを目的
としている。4階建て構造の1階・2階部分の公的年金には、現役の国民がす
べて加入する国民年金、民間の会社員や公務員などのサラリーマンが加入す
る厚生年金（厚生年金保険）がある。厚生年金保険は被用者年金と呼ばれる
こともある。雇用される者つまりサラリーマンの年金という意味である。

　なお、以前の被用者年金は、民間の会社員が加入する厚生年金保険と公務
員・私立学校教職員が加入する共済年金に分かれていた。しかし、法改正に

図表2-1-1　わが国の年金制度の概観

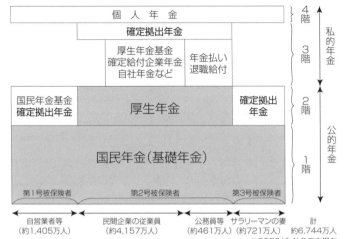

個　人　年　金			4階
確定拠出年金			3階
厚生年金基金 確定給付企業年金 自社年金など	年金払い 退職給付		
国民年金基金 確定拠出年金	厚生年金	確定拠出 年金	2階
国民年金（基礎年金）			1階

（図表内の右側ラベル）私的年金 / 公的年金

第1号被保険者　　　第2号被保険者　　　第3号被保険者

自営業者等　　　民間企業の従業員　　　公務員等　サラリーマンの妻　　計
（約1,405万人）　（約4,157万人）　（約461万人）（約721万人）約6,744万人

（注）　1.　■ 部分は公的年金（強制加入の公的な年金制度）　※2022（令4）年度末現在
　　　　2.　公務員等の共済年金は、被用者年金一元化（平成27年10月1日）後に厚生年
　　　　　金（2階部分）と年金払い退職給付（3階部分の旧職域年金部分）になった

より共済年金を厚生年金に統合する被用者年金一元化が実施され、2015（平27）年10月1日に被用者年金は厚生年金に一元化された。

②私的年金

3階・4階部分の私的年金のうち、3階部分は企業年金である。従来型の確定給付型の企業年金と2002（平14）年4月から実施された確定給付企業年金法による新企業年金、その他の自社年金、さらに新たに導入された確定拠出年金がある。

企業年金とは、わが国の場合、もともと企業が従業員に退職金として支給していたものの一部または全部を、老後の年金として給付することとしたものである。この従来型の企業年金は、将来の年金給付額があらかじめ決められていることから、確定給付型年金（DBプラン：Defined Benefit Plan）と呼ばれている。

これに対して、新しく登場した確定拠出年金（DCプラン：Defined Contribution Plan）では、企業や個人が拠出する掛金は決められているが、

将来給付される年金は、掛金と運用益により事後的に決まる。

4階部分は個人が掛金を負担して任意に加入するもので、個人年金と呼ばれている。生命保険会社・損害保険会社・ゆうちょ銀行・全労済・JAなどが販売する保険型年金や、銀行、証券会社などが販売する貯蓄型年金がある。

■公的年金の特徴

公的年金には次のような特徴がある。

①国民皆年金

日本に住む20歳以上60歳未満の人（在住外国人含む）はすべて公的年金（国民年金）の強制加入者となる（国民皆年金）。これにより安定的な保険集団が構成されている。

②社会保険方式

公的年金は強制加入による保険料を主な財源として年金給付を行う社会保険方式で運営されている。

③賦課方式（現役の保険料で高齢者の年金を給付）

公的年金は、年金給付に必要となる財源をそのときの保険料でまかなうという賦課方式で行われている。これは、現役世代の加入者の保険料で高齢世代の年金給付を行うという世代間扶養の考え方に基づいている。なお、これに対して現役時代に保険料を積み立てて、受給時に年金として給付する方式を積立方式と呼んでいる。

④物価スライドと保険料水準固定方式

公的年金は、物価変動（前年の消費者物価指数）に応じて年金額が自動的に改定されることになっているため、年金の実質価値が維持される仕組みとなっている。しかし、少子高齢化の進行で長期的な財源の維持が難しくなったため、現役世代の保険料水準の上限を決め、その範囲内で給付を行う「保険料水準固定方式」が2004（平16）年の法改正で導入された。

保険料水準の上限は厚生年金保険料で18.3％（労使折半）とされ、改正前の13.58％が2004年10月から引き上げられることになった。2005年以降は毎年9月に改定され2017（平29）年9月に最終的な18.3％に到達して固

定された（なお、旧共済年金制度だった公務員は2018〈平30〉年9月、私立学校教職員は2027〈令9〉年4月に引き上げが完了して18.3％に固定）。

　一方、国民年金保険料は、改正前の月額1万3,300円から月額1万6,900円まで引き上げられた。2005（平17）年4月から毎年280円引き上げ、2017（平29）年4月に月額1万6,900円に到達して、以後は固定された。ただし、厚生年金保険料は料率であるのに対し、国民年金保険料は定額である。そのため、賃金や物価の変動が反映されるので、毎年の保険料も280円ずつ上がるのではない。上限に達した2017年度もデフレを反映して実際の保険料は1万6,490円となった。以後、賃金や物価が上がると実際の保険料額も月額1万6,900円（国民年金保険料の産前産後免除の財源確保で100円上がり、2019〈平31〉年度以降は1万7,000円が固定名目額）より上がっていくことになる。

⑤マクロ経済スライドの導入

　2004年改正では、保険料水準固定方式を維持するために「マクロ経済スライド」という仕組みも同時に導入された（図表2-1-2）。マクロ的にみた給付と負担の変動に応じて収入（上限水準の保険料）の範囲内で給付ができるように給付水準を自動的に調整する仕組みである。

　具体的には、「年金制度を支える現役世代の人数（被保険者数）の減少と平均余命の伸び率分」（スライド調整率）を毎年度の年金額の改定率か

［知って得する補足知識］　所得代替率50％確保が目安

　保険料水準固定方式でいう給付水準の目安は所得代替率50％とされている（2019年実績は61.7％）。ここで使われる所得代替率は、給付時の現役世代（男性）の平均手取り収入に対する年金額（夫婦2人のモデル世帯）の割合である。マクロ経済スライドは所得代替率50％（つまり現役世代の半分）を維持できる給付水準に調整することが目的である。次の財政検証（5年ごとに実施）までに50％を維持できなくなると見込まれるときは、給付と負担の見直し（上限保険料18.3％の引上げなど）を行うこととされている。

図表2-1-2　マクロ経済スライドの仕組み

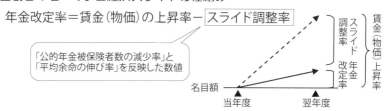

(注)　1. 基準となる上昇率は、原則として新規裁定者は賃金上昇率、既裁定者（ただ
し68歳以降）は物価上昇率を使う

　　　　2. 賃金（物価）の伸びが小さく、スライド調整率が賃金（物価）上昇率より大
きい場合は名目額までのスライド調整とする（年金額は据え置き）

　　　　3. 賃金（物価）の伸びがマイナス（下落）の場合は、スライド調整は行わない
（年金額は賃金〈物価〉の下落率分が下がるだけ）

　　　　4. 法改正により、2018（平30）年度よりスライド調整率の未調整分は翌年度以
降に繰り越されるキャリーオーバー制度が導入された

ら減じることで、給付水準の調整を行うものである。このマクロ経済スラ
イドによる調整は、最終的な保険料水準による負担の範囲内で年金財政が
安定するまでの間（調整期間）、適用されることになっている。

　マクロ経済スライドは、当初2005（平17）年4月から実施（調整期間に
入る）されることになっていたが、デフレが続いて年金額が上がらなかっ
たため10年間発動できなかった。名目下限（前年の名目額を下回らない）
というルールがあるためである。2015（平27）年度に初めて実施されたが、
2016年度から再び発動できず、2024（令6）年度までに5回しか実施され
ていない。

　マクロ経済スライドの実施が遅れると調整期間が長くなり、将来世代の
給付水準が低下するという問題がある。当初は2023年度までの19年間の
調整期間と見込まれていたが、2014（平26）年の財政検証では経済が順調
でも2043年度、さらに2019年の財政検証では2046年度まで延長との見通
しが示されている。

〔キャリーオーバー制度〕

　法改正により2018（平30）年度からはマクロ経済スライドの未調整分を
翌年以降に繰り越せるキャリーオーバー制度が導入された。仕組みは図表

図表2-1-3 マクロ経済スライドのキャリーオーバー制度の仕組み

	賃金(物価)上昇率	スライド調整率	年金改定率	未調整分 ※キャリーオーバー分
初年度	0.8%	0.5%	0.3%	なし
2年度	0.2%	0.3%	0.0%(年金額据置き)	0.1%
3年度	0.5%	0.2%+0.1%	0.2%	なし
4年度	−0.1%	0.3%	−0.1%	0.3%

〔年度別年金改定率の計算方法〕

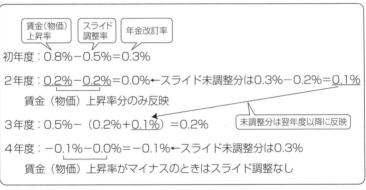

2-1-3のようなイメージになる。

　図表の事例では、２年度にスライド調整率（0.3％）が賃金（物価）上昇率（0.2％）を上回った。このような場合は、賃金（物価）上昇率の分だけスライド調整率が適用されるため、年金改定率は0.0％となり、年金額は据置きとなる。積み残しのスライド調整率0.1％は、未調整分（キャリーオーバー分）として翌年度以降に繰り越されて反映されるので、３年度は当年度の0.2％と合計でスライド調整率は0.3％となる。この事例では次年度に未調整分は解消されるが、もし解消されない場合はさらに翌年度に繰り越されていく。

　４年度のように、賃金（物価）上昇率がマイナス（下落）の場合は、スライド調整自体が行われない。そのため、年金改定率は賃金（物価）の下落率（−0.1％）と同じになり、年金額は下落（0.1％減）する。当年度（４年度）

のスライド調整率0.3％はすべて未調整分として5年度以降に繰り越されていく。

　キャリーオーバーの実例としては、2018年度と19年度に典型的なケースがあった。2018年度のスライド調整率の未調整分0.3％は翌19年度のマクロ経済スライド実施時に、19年度のスライド調整率0.2％と合わせて実施され未調整分が解消された。すなわち、「2019年度の賃金上昇率〈0.6％〉－（19年度のスライド調整率〈0.2％〉＋18年度の未調整分〈0.3％〉）＝0.1％」となり、2019年度の年金額は0.1％アップの改定となった。

〔年金額改定ルールと賃金・物価の関係〕

　年金額の改定は、新規裁定者（65歳～67歳）は現役世代の賃金上昇率、既裁定者（68歳以降）は物価上昇率を基準として行うのが原則である。3年間は新規裁定者として扱うのは、賃金上昇率を直前3年間の平均としているためである。既裁定者の物価上昇率は前年度の消費者物価指数を基準とする。

　しかし、賃金上昇率が物価上昇率より高く、かつどちらもプラスであることを前提としているため、このバランスが崩れたときも含めた年金額改定ルールが図表2-1-4のように定められている。

　考え方としては、賃金変動率（上昇率）が物価変動率（上昇率）より低くなる（下回る）ときは新規裁定者の賃金変動率を基準として改定するということだ。つまり、新規裁定者の年金額が既裁定者よりも不利にならないように調製される仕組みになっている。

　図表の①③④で賃金が物価を下回る場合が出てくる。下回るケースのうち③の場合は、原則どおり改定すると既裁定者は年金額が上がり、新規裁定者は年金額が下がることになる。そのため、どちらも年金額は据置きとされていた。また、④の場合は物価を基準にしたほうが年金額が高くなるため、新規裁定者も物価を基準として年金額を改定していた。

　ここで問題となるのは、物価が賃金を上回る場合に物価に合わせて高い年金額とすると支え手である現役世代の負担を重くすることになる。そこで、法改正により2021（令3）年度からは、賃金変動率が物価変動率を下回る場合にはすべて賃金による改定とすることとなった。

図表2-1-4 賃金・物価の変動率と年金額改定のルール

変動率	比較	年金額改定基準	
①賃金（＋）、物価（＋）	賃金＞物価	新規は賃金、既裁は物価	2023（令5）
	賃金＜物価	新規・既裁とも賃金	2015（平27） 2019（平31） 2020（令2） 2024（令6）
②賃金（＋）、物価（－）		新規は賃金、既裁は物価	
③賃金（－）、物価（＋）		新規・既裁とも賃金 ＊2020年度まで新規・既裁 とも年金額据え置き	2021（令3） ＊2016（平28） 2018（平30）
④賃金（－）、物価（－）	賃金＞物価	新規は賃金、既裁は物価	
	賃金＜物価	新規・既裁とも賃金 ＊2020年度まで新規・既裁 とも物価	2022（令4） ＊2017（平29）

（注）法改正により、2021年4月から賃金変動率が物価変動率を下回る場合は新規・既裁
ともすべて賃金を改定基準とするようになった。そのため、上表の賃金変動率が物
価変動率を下回るケース（灰色部分）はすべて新規・既裁とも賃金による改定となる

〔例外的なルール適用が続いた年金額改定〕

　実際の年金額改定では、前提となる改定ルールではなく図表2-1-4のよう
に物価が賃金を上回る例外的な改定が続いていた。これに、マクロ経済スラ
イドとキャリーオーバーが絡んで、実際の改定を複雑にしている。

　例えば、2021年度は、賃金変動率がマイナス0.1％、物価変動率0.0％、ス
ライド調整率0.1％となった。従来は年金額据置きだったが制度改正により
新規・既裁定者とも賃金変動率が基準となった。そのため、賃金変動率がそ
のまま年金改定率となり、年金額は0.1％減となった。賃金変動率がマイナ
スのためマクロ経済スライドは実施されず、スライド調整率0.1％はそっく
りキャリーオーバー分として2022年度以降に繰り越された。

　2022年度は、賃金変動率がマイナス0.4％、物価変動率がマイナス0.2％、
スライド調整率0.2％となった。賃金・物価ともマイナスで賃金が物価の変
動率を下回るケースのため、新規裁定者・既裁定者とも賃金による改定（年
金額0.4％減）となった。マクロ経済スライドは発動されず、キャリーオー

バーによる2023年度以降へのスライド調整率の繰り越しは前年度分（0.1％）と合わせて0.3％となった。

2023年度は、賃金変動率2.8％、物価変動率2.5％、スライド調整率0.3％となった。賃金・物価ともプラスで賃金が物価の変動率を上回る本来前提とするケースである。そのため、新規裁定者は賃金（2.8％）、既裁定者は物価（2.5％）による改定となり、初めて新規・既裁定者の年金額が異なることになった。ただし、マクロ経済スライド（0.3％）とキャリーオーバー（0.3％）でスライド調整率が0.6％差し引かれ、新規裁定者は2.2％、既裁定者は1.9％の年金額増額となった。また、キャリーオーバーは解消された。

2024年度は、賃金変動率3.1％、物価変動率3.2％、スライド調整率0.4％となった。賃金・物価ともプラスで賃金が物価の変動率を下回るケースである。そのため、新規・既裁定者ともに賃金（3.1％）による改定となった。ただし、マクロ経済スライドによるスライド調整率が0.4％差し引かれ、2.7％の年金額増額となった。なお、既裁定者のうち68歳の者は、前年度額が新規裁定者と同じであるため、新規裁定者と同じ年金額となる。

■公的年金からの給付は老齢、障害、遺族の３種類

公的年金の支給事由は、老齢、障害、死亡の3つであり、給付（支給）はそれぞれ2階建てとなっている。

1階部分として、現役の国民がすべて加入する国民年金から老齢基礎年金、障害基礎年金、遺族基礎年金が給付される。さらに2階部分として、厚生年金から老齢厚生年金、障害厚生年金、遺族厚生年金が上乗せ給付される。

■旧法と新法で公的年金の仕組みが大きく変化

公的年金制度は1986（昭61）年の年金改正で大きく様変わりした。改正前は、会社員等を対象とする厚生年金、公務員等を対象とする共済年金、自営業者等の国民年金とに分かれ、独立していた。

改正後は国民年金がすべての国民に適用され、厚生年金や共済年金の加入者とその被扶養配偶者も国民年金に加入することとなった。併せて、国民年

金は公的年金の土台として「基礎年金」と位置づけられ、厚生年金と共済年金は基礎年金の上乗せ年金とされた。

　この改正を境目に、年金の名称・年金額の計算方法・支給開始年齢・年金間の支給調整などが異なっている。このため1986年3月以前の制度を旧法の制度、4月以降の制度を新法の制度と呼んでいる。

■公的年金制度の歴史

　わが国の公的年金制度は、1875（明8）年の軍人を対象とした恩給制度（財源は全額税金）から始まった。1942（昭17）年には、工場または事業場等に使用される現業男子を対象とする労働者年金制度が創設された。現在の厚生年金保険制度の前身である。この制度は労働者も保険料を負担するという社会保険方式に基づくものであった。

　1961（昭36）年には、共済組合制度や厚生年金保険制度ではカバーされていない自営業者やサラリーマンの妻などを対象とした国民年金が発足し、国民皆年金（すべての国民が公的年金制度に加入すること）が実現した。

　その後、1986（昭61）年には、基礎年金（厚生年金保険・共済年金加入者は国民年金に同時加入となる）が導入された後、1994（平6）年、2000（平12）年改正で支給開始年齢の段階的引き上げ・給付水準の見直し・保険料負担の引き上げなどが行われた。さらに2004（平16）年改正では、保険料水準固定方式・マクロ経済スライド・在職老齢年金制度見直し・離婚時の年金分割導入等が行われた。2015（平27）年10月1日には長年の懸案だった共済年金と厚生年金の一元化が実現し、被用者年金は厚生年金保険に一本化されて現在に至っている。

　老齢年金を受給するための受給資格期間は、最低25年以上が必要だったが、2017（平29）年8月1日からは10年以上に短縮された。パートなど短時間労働者の厚生年金保険加入要件も段階的に緩和（適用拡大）が進んでいる。適用拡大は、まず2016（平28）年10月1日から500人超の企業が対象となり、2022（令4）年10月に100人超、2024（令6）年10月に50人超の企業が対象となっていく。

(2) 国民年金の仕組み

●理解のためのキーポイント

❑国民年金は全国民を加入対象とした公的年金の土台となる年金

❑被保険者の種別は、第1号（自営業者等）、第2号（会社員等）、第3号（専業主婦）の3つと任意加入被保険者がある

❑国民年金から支給されるのは定額の年金が基本となる

■国民年金は基礎年金とも呼ばれ国内の全居住者が対象

国民年金は公的年金の土台と位置づけられ、「基礎年金」と呼ばれている。厚生年金（旧共済年金含む）はその上乗せの年金とされている。国民年金制度の概要は図表2-1-5のとおりである。

国民年金には国内に住所を有する20歳以上60歳未満のすべての人が加入する（国年法7条）。短時間労働者（パートやアルバイトなど）、専業主婦、学生、失業中の人なども加入者（被保険者）となる。国籍は問わないため外国人も加入対象者である。国民年金加入者の被保険者種別は、職業により第1号、第2号、第3号の3つに分けられる。その他、特例的な種別として任意加入被保険者がある。任意加入被保険者は、基本的に第1号被保険者と同じ扱い（保険料など）だが、保険料免除・猶予は適用されない。被保険者種別により公的年金への加入形態や保険料負担方法が異なっている。

■受給資格を満たすことで老齢基礎年金が受けられる

老齢基礎年金を受けるには受給資格を満たすことが必要で、受給資格は保険料を納付した期間（原則10年以上）で判定される。障害基礎年金と遺族基礎年金の受給資格は保険料の納付期間とは関係しない。年金額は定額で、どの種別にも共通である。老齢基礎年金は、保険料納付済期間480カ月（40年）が満額で、480カ月未満の場合は保険料納付済期間に応じた年金額となる。障害基礎年金と遺族基礎年金は老齢基礎年金の満額と同額である。

図表2-1-5　国民年金の概要と制度のポイント

	基本的な内容	補足事項
加入対象	日本国内に住所のある居住者（外国人含む）	海外に住所のある日本国籍の者は任意加入の対象
被保険者の種別	第1号被保険者（自営業者など） 第2号被保険者（会社員や公務員） 第3号被保険者（専業主婦や短時間パート） ※第2号被保険者の被扶養配偶者	任意加入被保険者（下記参照）
年齢	20歳以上60歳未満 ※厚生年金保険被保険者は20歳未満と60歳以上65歳未満も国民年金被保険者（ただし老齢基礎年金には反映されない）	任意加入（国内居住者） ・60歳以上65歳未満（40年に達するまで） ※受給資格（10年）に不足する場合は最大70歳になるまで 任意加入（海外居住者） ・20歳以上65歳未満（40年に達するまで） ※受給資格（10年）に不足する場合は最大70歳になるまで
保険料	定額（2024年度は月額16,980円） ※第1号被保険者は自分で納付 ※第2号被保険者は厚生年金保険料に含まれる ※第3号被保険者は納付不要	免除制度あり ※全額、3/4、半額、1/4の4種類 ※免除の対象は第1号被保険者のみ ※納付猶予制度もあり（学生、50歳未満）
受給資格（老齢基礎年金）	原則10年以上 ※「保険料納付済期間＋保険料免除期間＋合算対象期間」の合計	合算対象期間（カラ期間）とは受給資格だけに反映され、年金額計算には反映されない期間
年金給付（老齢給付）	老齢基礎年金（期間に応じた額） ・2024年度（満額）は年額816,000円（新規裁定者）、813,700円（既裁定者※68歳は新規の額） ・保険料納付済期間40年（480カ月）で満額 ・計算期間は20歳以上60歳未満と任意加入被保険者期間の保険料納付済期間等 ・支給開始年齢は65歳 ・65歳前の繰上げ（1カ月につき0.4%減額）、65歳以降の繰下げ（1カ月につき0.7%増額）もあり	第1号被保険者の独自給付あり（付加年金、寡婦年金、死亡一時金）
年金給付（その他）	障害基礎年金（定額） ・障害等級1級、2級が対象 ・2級は老齢基礎年金の満額と同額、1級は2級の1.25倍 ・子の加算あり 遺族基礎年金（定額） ・受給できるのは、「子」か「子のある配偶者」のみ ・老齢基礎年金の満額と同額 ・子の加算あり	障害・遺族とも原則として保険料納付要件を満たす必要がある ※全期間の3分の1超または直近1年間の保険料未納がないこと ※子とは、18歳年度末（障害児は20歳未満）までが対象

(3) 厚生年金保険の仕組み

●理解のためのキーポイント

❑国民年金との同時加入で上乗せとなる２階部分の年金

❑保険料は月額給与と賞与から定率（18.3％を労使折半）で徴収

❑年金額は平均報酬と加入期間による報酬比例方式で計算する

■厚生年金保険加入者は国民年金も同時加入

　厚生年金は国民年金の上乗せとなる公的年金なので、基本的に厚生年金保険被保険者（加入者）は国民年金にも同時加入（第２号被保険者）していることになる。厚生年金保険制度の概要は図表2-1-6のとおりである。

　厚生年金保険は会社などに在職中が被保険者期間となり、退職すれば20歳以上60歳未満なら国民年金への強制加入となる。保険料は月額給与および賞与から定率（18.3％）で天引きにより徴収される。労使折半なので本人の負担分は半分の9.15％である。そのままの報酬額ではなく標準報酬月額や標準賞与額という額に置き換えて徴収される。厚生年金保険の被保険者期間が１カ月でもあれば受給できるが、国民年金（老齢基礎年金）の受給資格期間（原則10年以上）を満たしていることが前提要件である。

■65歳支給開始に向けて移行中

　老齢厚生年金は65歳支給開始だが、現在は性別と生年月日により段階的に65歳支給開始に移行中である。65歳前に支給される年金は「特別支給の老齢厚生年金」と呼ばれ、移行期間終了後はなくなる。

　年金額は、厚生年金保険の全被保険者期間の平均報酬と被保険者期間（月数）によって計算される報酬比例方式である。障害厚生年金と遺族厚生年金も老齢厚生年金に準じた報酬比例で計算するが、被保険者期間が25年（300カ月）に満たない場合は25年として計算する。また、在職中に老齢厚生年金を受給する場合は、支給調整（減額）を伴う在職老齢年金の受給となる。

図表2-1-6　厚生年金保険の概要と制度のポイント

	基本的な内容	補足事項
加入対象	会社員、公務員、私立学校教職員	被用者(雇われている者)が加入対象 ※要件を満たさない短時間労働者は除く
被保険者の種別	第1号厚生年金被保険者(民間の会社員) 第2号厚生年金被保険者(国家公務員) 第3号厚生年金被保険者(地方公務員) 第4号厚生年金被保険者(私立学校教職員)	第2号～第4号は旧共済年金の加入者
年齢	70歳未満	65歳未満（20歳未満含む）は国民年金に同時加入（第2号被保険者）
加入と脱退	会社（事業所）に入社した日に資格取得（加入）し、退職した翌日に資格喪失（脱退）	加入期間は加入日の月から退職日の翌日の月の前月まで月単位で計算する
保険料	定率（18.3%） ※給与（標準報酬月額）に18.3%を乗じた額（労使折半で負担） ※賞与（標準賞与額）からも別途保険料徴収（保険料率は給与と同じ18.3%）	・標準報酬月額は1等級（88,000円）から32等級（65万円） ・標準賞与額は1,000円未満切り捨てで、1回につき150万円が上限
受給資格（老齢厚生年金）	国民年金（老齢基礎年金）受給資格（原則10年）を満たしたうえで1カ月以上の厚生年金保険被保険者期間があること	国民年金の受給資格が厚生年金の受給資格にもなっている
年金給付（老齢給付）	老齢厚生年金（報酬比例） ・報酬（給与と賞与）の平均と被保険者期間に応じた額 ・加給年金（配偶者や子の加算）あり ・支給開始年齢は65歳 ・65歳前の繰上げ（1カ月につき0.4％減額）、65歳以降の繰下げ（1カ月につき0.7%増額）もあり	・経過措置として「特別支給の老齢厚生年金」（65歳前支給）が段階的に65歳に移行中 　男性：1961（昭36）年4月1日生まれまで 　女性：1966（昭41）年4月1日生まれまで 　※男性の5年遅れで移行 ・在職中に年金が減額（一部または全額の支給停止）される在職老齢年金制度あり
年金給付（その他）	障害厚生年金 ・障害等級1級～3級 ・1級は2級の1.25倍 ・1級と2級は配偶者の加算あり ※障害手当金（3級より軽い障害を対象とした一時金）もあり 遺族厚生年金 ・対象は、配偶者、子、父母、孫、祖父母（妻以外は年齢要件あり） ・死亡した人の老齢厚生年金の4分の3 ・中高齢寡婦加算（妻への加算）あり	・障害・遺族とも年金額計算方法は老齢厚生年金に準ずるが、25年（300カ月）の保障がある ・障害・遺族とも原則として保険料納付要件を満たす必要がある ※全期間の3分の1超または直近1年間の保険料未納がないこと（国民年金の障害・遺族と同じ） ※全期間とは厚生年金保険と国民年金（第1号被保険者）の期間の合計

(4) 被保険者と受給資格

●理解のためのキーポイント

❑自営業者等と専業主婦は20歳以上60歳未満、企業従業員等は65歳未満が国民年金の被保険者の対象となる

❑被保険者期間は資格取得月から喪失日の前月まで月単位で計算する

❑国民年金の受給資格の計算期間と年金額の計算期間は異なる

■国民年金の被保険者は種別により手続きなどが異なる

国民年金は全国民に共通する制度だが、強制加入の被保険者（加入者）は3つの種別によって対象者が区分されている（国年法7条）。また、海外居住者や加入期間不足の者に対する任意加入被保険者の種別もある。被保険者の種別と対象者は図表2-1-7のようになる。

被保険者の種別によって被保険者の資格取得（加入）や資格喪失（脱退）の手続きや保険料の納め方などが異なっている。保険料は第1号被保険者と任意加入被保険者だけが自分で納める手続きが必要となる。

第1号（自営業者等）と第3号（専業主婦）の被保険者期間は20歳以上60歳未満の40年間（480カ月）である。老齢年金（老齢基礎年金）は480カ月が満額となっている。

一方、厚生年金保険被保険者は厚生年金保険被保険者であるとともに国民年金被保険者（第2号）であるが、被保険者期間が他の種別と異なるので注意が必要である。厚生年金保険では70歳未満で被保険者となるが、国民年金被保険者（第2号）との二重加入は原則として65歳未満の期間（20歳未満の期間含む）だけである。

いわゆるサラリーマンの妻といわれる専業主婦（専業主夫も同様）がパートなどで働く場合、働き方や収入によって種別が異なってくる。第3号かどうかは、夫（第2号）の被扶養配偶者であるかどうかで判断できる。被扶養配偶者でなくなれば第1号になり、妻自身が厚生年金保険に加入していれば

図表2-1-7　国民年金の被保険者の種別と対象者

種別		対象者	補足事項
①	第1号 被保険者	自営業者、農林漁業者、学生、短時間労働者（パート、アルバイト等）、失業中の人など ※20歳以上60歳未満（国内居住者）	・短時間労働者は労働時間など一定の要件を満たす場合は、第2号被保険者（厚生年金保険被保険者となる場合）または第3号被保険者（第2号被保険者の被扶養配偶者の場合）となる
②	第2号 被保険者	サラリーマン（民間企業等の従業員、公務員、私立学校教職員） ※原則65歳未満の厚生年金保険被保険者	・65歳以上70歳未満の厚生年金保険被保険者は国民年金被保険者とならない（厚生年金保険のみの被保険者） ※受給資格（原則10年）に不足する場合に限り、65歳以上でも国民年金との同時加入（第2号被保険者）となる
③	第3号 被保険者	専業主婦（第2号被保険者の被扶養配偶者） ※20歳以上60歳未満 ※国内居住者（海外居住でも留学生、海外赴任者への同行、観光等の一時的渡航者などは例外として可）	・専業主婦でも自営業者（第1号被保険者）の配偶者は第1号被保険者となる ・短時間労働者でも第2号被保険者の被扶養配偶者であれば第3号被保険者となる
	任意加入 被保険者	第1号〜第3号に該当しない者 ①国内居住者 ※原則60歳以上65歳未満 ②海外居住者 ※原則20歳以上65歳未満	・被保険者期間が480カ月（40年）に達した時点で脱退（加入終了）となる ・受給資格（原則10年）に不足する場合に限り、最大70歳になるまで加入できる ・基本的には第1号被保険者と同じ扱いだが、保険料免除などの措置はない

第2号となる。

　国民年金からの年金給付に関しては、基本的にどの種別でも同様である。ただし、第2号（会社員等）の老齢基礎年金は20歳以上60歳未満の期間部分だけが年金計算に反映される。障害基礎年金と遺族基礎年金は65歳未満の全期間（20未満含む）のどこであっても適用される。なお、第1号（自営業者等）には、付加年金、寡婦年金、死亡一時金という独自給付がある。

■国民年金の資格取得と資格喪失

　国民年金は以下に該当したときに被保険者となる（資格取得）。

・20歳に達したとき（誕生日の前日）

・海外居住者（20歳以上60歳未満）が国内に住所を有するに至ったとき（当日）

・厚生年金保険の被保険者になったとき（会社等に入社した日）

・第2号被保険者の被扶養配偶者となったとき（当日）

第1号被保険者に該当したときは<u>14日以内</u>に住所地の市区町村に届出をしなければならない。ただし、20歳に達したときは自動的に資格取得となり、本人に通知書が送付されるので届出は不要である。第2号被保険者は入社した事業主（会社等）が届出をする。第3号被保険者は配偶者（第2号被保険者）の勤務先を通じて届出をする。

国民年金は以下に該当したときに被保険者の資格喪失（脱退）となる。

・死亡したとき（翌日）

・第1号被保険者が日本国内に住所を有しなくなったとき（翌日）

・第1号被保険者が60歳に達したとき（誕生日の前日）

・第2号被保険者が65歳に達したとき（誕生日の前日）

・第2号被保険者が20歳未満または60歳以上65歳未満で退職（厚生年金保険被保険者資格喪失）したとき（退職日の翌日）

・第3号被保険者が60歳に達したとき（誕生日の前日）

・第3号被保険者が被扶養配偶者でなくなったとき（翌日）

知って得する補足知識　誕生日の前日が年齢到達日

年金でいう年齢到達日は誕生日ではなく、<u>誕生日の前日</u>となっている。例えば、65歳になった日（65歳到達日）とは65歳の誕生日の前日になる。そのため1日生まれの人は誕生日の月とその年齢に到達した月が異なる。老齢基礎年金は65歳に到達した日に受給権が発生し、翌月分から支給開始となる。6月が誕生月の場合、6月2日から30日までの誕生日であれば7月分から支給開始になるが、6月1日生まれだけは6月分から支給開始となる。つまり、1カ月支給開始が早くなる。なお、年金は受給権の発生日の翌月から支給開始することになっており、障害年金は障害認定日、遺族年金は死亡日が受給権発生日となる。

　なお、20歳以上60歳未満の国内居住者は離転職などの場合、種別変更になるが国民年金の資格喪失にはならない。離転職で第1号被保険者になる場合、本人自身が市区町村に種別変更手続き（種別変更届出）を14日以内に行う必要がある。特に、夫の退職や65歳到達などで妻が第3号被保険者から第1号被保険者になった場合は届出を忘れがちなので注意が必要である。

■国民年金の被保険者期間が受給資格の基本となる

　国民年金から老齢基礎年金を受給するために必要となる加入期間等のことを受給資格期間と呼んでいる（国年法26条）。この受給資格期間は、国民年金だけでなく老齢厚生年金を受給するための要件にもなっている。つまり、国民年金（老齢基礎年金）の受給資格期間は、老齢厚生年金も含めた公的年金の老齢年金の受給資格期間にもなっている。

〔受給資格期間は免除期間・合算対象期間も含めて原則10年〕

　受給資格期間を判定するときの基本は国民年金（第2号被保険者期間も含む）の被保険者期間（加入期間）のうち保険料を納めた期間（保険料納付済期間）である。被保険者期間は、資格取得月（資格所得日の属する月）から資格喪失月の前月までの月単位の計算となる。

　受給資格期間は従来、原則25年以上だったが、2017（平29）年8月1日から法改正により原則10年以上に短縮された。受給資格期間は保険料納付済期間だけでなく「保険料納付済期間＋保険料免除期間＋合算対象期間（カラ期間）」で判定する。具体的には、次の期間を合計して10年以上あれば、老齢基礎年金が受給できる。

1	**保険料納付済期間** 第1号被保険者期間（満額保険料を納付した期間〈産前産後免除期間含む〉のみ）、第2号被保険者期間（20歳以上60歳未満の厚生年金保険〈旧共済含む〉被保険者期間）、第3号被保険者期間の合計期間
2	**保険料免除期間（納付猶予期間含む）** 法定免除期間、申請免除期間（全額免除、一部免除）の合計期間
3	**合算対象期間（「カラ期間」とも呼ばれる）** 受給資格期間としてカウントするが、年金額には反映されない期間

〈代表的なカラ期間〉20歳以上60歳未満の期間に限る

・1986(昭61)年3月以前の専業主婦(現在の第3号被保険者に相当)の期間
・1991（平3）年3月以前の学生（昼間）の期間
・日本人（日本国籍）が海外在住していた期間
※以上は任意加入の対象であり任意加入（保険料納付）していた場合はカラ期間ではな
　く保険料納付済期間となる

　保険料免除は全額免除と一部免除（4分の3、半額、4分の1）があるが受給資格期間としては同じ（全期間反映）となる。保険料免除期間と合算対象期間は第1号被保険者だけに関係してくる。第2号被保険者（厚生年金保険被保険者）は給与天引きで保険料未納は発生せず、第3号被保険者は保険料納付不要なので、ともに全被保険者期間が国民年金の保険料納付済期間となる。

　合算対象期間とは、受給資格期間としてのみカウントされる期間のことである。年金額の計算期間にはならないので「カラ期間」とも呼ばれる。合算対象期間は多くの種類があるが、代表的なものは旧法（1986〈昭61〉年3月以前）の専業主婦（いわゆるサラリーマンの妻）の期間である。新法では第3号被保険者に該当する人だが、旧法ではサラリーマン（会社員や公務員）の妻（配偶者）は国民年金に任意加入となっており、任意加入して保険料を納めていれば保険料納付済期間、任意加入期間に保険料を納めていなかったり任意加入していなかったりすれば合算対象期間となる。

　なお、厚生年金保険（旧共済含む）の20歳未満と60歳以上の被保険者期間はカラ期間の扱いになり、老齢基礎年金の額には反映されない。ただし定額部分の計算方法で定額部分または経過的加算として反映される。

■任意加入制度で受給資格期間や年金額を補える

　国民年金の加入期間は20歳以上60歳未満の40年間となっているが、未納期間や免除期間があるために老齢基礎年金の満額に不足する場合や受給資格期間を満たせない場合も出てくる。このような場合には、60歳以降も国民年金に任意加入して、年金額を増やしたり受給資格期間を満たしたりすることが可能である（国年法附則5条）。任意加入制度を利用できるのは主に次の

ような人である。

・日本国内に住所を有する60歳以上65歳未満の人で、年金の受給資格期間
　が不足するときやその年金額が満額に満たない人

・日本国籍を持っていて海外に住所を有している人（20歳以上65歳未満）

　任意加入は、65歳になるまで可能だが老齢基礎年金が満額となる480カ月
に達した時点で終了となる。また、65歳時点で受給資格期間（10年）に不
足する場合は受給資格を満たすまで（最大70歳になるまで）加入できる。

　任意加入被保険者は自分で保険料を納付することや付加保険料を納付でき
るなど基本的に第1号被保険者と同じ扱いとなる。ただし、任意加入なので
申出を行った日に加入（資格取得）となり、さかのぼって加入することはで
きない。また保険料免除の適用はないなどの違いもある。

■厚生年金保険の適用事業所とは

　公的年金の2階部分にあたる厚生年金保険は、事業所を単位として適用さ
れる。法人（社長のみの1人法人も含む）や国・地方公共団体の事業所、常
時5人以上の従業員が働いている個人事業所では、強制適用事業所として加
入が義務づけられている（厚年法6条）。強制適用事業所以外であっても、
従業員の半数以上の同意を得て事業主が申請して認可された場合には、任意
適用事業所として厚生年金保険が適用される。

　なお、任意適用事業所では、加入者の4分の3以上が希望すれば厚生年金
保険から脱退することができる。

■厚生年金保険への加入者（被保険者）

　厚生年金保険の適用事業所に使用される70歳未満の人は、強制加入者と
なる（厚年法9条）。パートタイマーなどであっても、使用関係の実態に「常
用的な使用関係（正社員の4分の3以上の労働時間・日数であること）」があ
れば強制加入者となる（図表2-1-8）。

　なお、日雇・2カ月以内の期間を定めて使用される人などは適用除外とな
るため、適用事業所で働いていても加入者とはならない。

図表2-1-8　厚生年金保険の加入要件

〔4分の3要件〕

2つの要件を同時に満たす	・正社員の1週間の労働時間の4分の3以上 ・正社員の1カ月の労働日数の4分の3以上

	1週間の勤務時間	1カ月の勤務日数	社会保険
正社員	40時間	22日	加入する
パートA	30時間　○	18日　○	加入する
パートB	24時間　●	18日　○	加入しない
パートC	30時間　○	15日　●	加入しない

○は正社員の4分の3以上　●は正社員の4分の3未満
(注)健康保険と厚生年金保険は社会保険としてセットで適用

〔社会保険の適用拡大〕2017(平29)年4月より労使合意があれば500人以下の企業でも可

・従業員501人以上の企業に適用　・勤務期間が1年以上見込まれる
・週の所定労働時間が20時間以上　・学生(昼間部)は対象外
・月額賃金8.8万円(年収106万円)以上
※2022(令4)年10月からは101人以上(上記要件のうち勤務期間は2カ月超に変更)、2024年10月からは51人以上の企業に拡大

　パートなど短時間労働者の厚生年金保険の適用拡大が段階的に進んでおり、従業員501人以上の企業で図表2-1-8の下の適用拡大の要件に該当する者は、原則的な4分の3要件にかかわらず厚生年金保険被保険者となる。さらに2022(令4)年10月からは101人以上(勤務期間は1年以上から2カ月超に変更)、2024年10月からは51人以上の企業に拡大となる。

〔任意単独被保険者〕適用事業所以外でも個人で加入可能

　強制適用事業所や任意適用事業所になっていない事業所で働く従業員でも、70歳未満であれば、事業主の同意を得て厚生労働大臣の認可を受ければ個人単独で厚生年金保険に加入できる。保険料は事業主と折半となるので事業主の同意がない場合は加入できない。

〔高齢任意加入被保険者〕70歳以降も加入できる

　厚生年金保険の適用事業所に使用される者は、原則として70歳に達したときに被保険者の資格を喪失する。ただし、老齢給付(老齢基礎年金)の受給資格期間を満たしていない者は、受給資格期間を満たすまで任意加入する

ことができる。高齢任意加入は、事業主の同意を必要としないが保険料は全額本人負担となる。ただし、事業主が同意した場合は事業主と折半で負担することができる。(厚年法附則4条の3)

　また、厚生年金保険の適用事業所以外で働く者で、70歳に達したときに老齢給付の受給資格期間を満たしていない場合も、事業主の同意を得て、受給資格期間を満たすまで高齢任意加入ができる。ただし、事業主の同意が必須で保険料も事業主と折半の負担となる。(厚年法附則4条の5)。

■厚生年金保険の被保険者資格の取得・喪失

　厚生年金保険の被保険者資格取得日は入社した日、喪失日は退職日の翌日となる。ただし、在職のまま70歳に到達したときは到達日(誕生日の前日)が喪失日となる。暦月単位でカウントするため、被保険者期間は入社月から資格喪失月の前月までとなる。(厚年法13条、14条、19条)

　厚生年金保険の資格を取得(入社)した月に資格喪失(退職)した場合(同じ月に入社と退職がある場合)、その月は厚生年金保険の被保険者期間には算入されず、国民年金の被保険者期間となる。

■厚生年金を受けるには老齢基礎年金の受給資格期間が必要

　厚生年金保険に1カ月以上被保険者期間があれば、65歳から老齢厚生年金を受給できる。ただし、国民年金(老齢基礎年金)の受給資格期間(原則10年以上)を満たしている必要がある。

　なお、65歳前の「特別支給の老齢厚生年金」(→p.74)を受給するためには、1年以上の厚生年金保険被保険者期間が必要となる。

(5) 保険料

●理解のためのキーポイント

❑国民年金保険料は定額、厚生年金保険料は定率（18.3％、労使折半）

❑第1号被保険者（自営業者等）には保険料免除・猶予、付加保険料、前納・追納などの制度がある

❑第2号被保険者（会社員等）には産前産後、育児休業の期間に厚生年金保険料を免除し、年金額計算に影響しない制度がある

❑保険料（国民年金、厚生年金保険）は全額が社会保険料控除となる

■国民年金保険料は第1号被保険者だけが自分で納める

　第1号被保険者（自営業など）の国民年金保険料は定額制で2024（令6）年度は月額1万6,980円、2025年度は月額1万7,510円である。毎月の保険料は、翌月末日までに納付しなければならない（国年法91条）。

　第2号被保険者は被用者年金（厚生年金保険）全体の厚生年金保険料より国民年金保険料相当分が拠出されるため、また、第3号被保険者も配偶者が加入する被用者年金より国民年金保険料相当分が拠出されるため、自分で国民年金保険料を納付する必要はない。

■第1号被保険者には保険料免除制度がある

　国民年金は、国内に住所を有する20歳以上60歳未満のすべての人が加入対象者であるため、無所得者や低所得者など経済的弱者の中には保険料の納付が困難な人もいる。そこで、第1号被保険者の場合は、一定の条件のもとに保険料が免除または猶予される仕組みがある。

①法定免除と申請免除

　免除には、一定の要件（障害基礎年金を受給している場合など）に該当すれば届出をするだけで全額の保険料が免除となる「法定免除」（国年法89条）と、一定の条件（所得が著しく低い場合など）に該当する人からの免除申請

が承認されることにより保険料（全額または一部）が免除となる「申請免除」（国年法90条、90条の2）がある。免除された期間は受給資格期間にカウントされるが、年金額では全額免除は2分の1（2009〈平21〉年3月以前の期間は「3分の1」。以下同）、4分の3免除は8分の5（2分の1）、半額免除は4分の3（3分の2）、4分の1免除は8分の7（6分の5）として計算される。

　なお、免除された保険料は、免除の承認を受けた日の属する月前10年以内の期間であれば追納することができる。追納した場合にはその期間は保険料納付済期間として扱われる。これに対し、通常の保険料は納付期限から2年を過ぎると納められなくなる。

②産前産後免除（女性の第1号被保険者が対象）

　自営業者の妻や自営業の女性など第1号被保険者の女性が出産したときに国民年金保険料が免除になる制度が2019（平31）年度より創設された。対象になる期間は、出産予定日の前月から4カ月間（多胎妊娠の場合は3カ月前から6カ月間）である。届出は出産予定日の6カ月前から市区町村で受け付ける。出産日が出産予定日とずれても原則として出産予定日が免除期間の基準となるが、出産してから届け出る場合は出産日が基準となる。

　免除期間は保険料が全額免除となり全額が年金額に反映されるので追納の必要はない。希望すれば付加保険料を納めることもできる。また、本人や夫など世帯の収入が多くても所得制限はない。休業を条件とはしていないので免除期間中に働いているかどうかは問われない。

③学生の保険料納付猶予（学生納付特例制度）

　学生については本人の所得が一定以下の場合などには、本人が社会人になってから保険料を納付できるように、申請・承認により保険料納付が猶予される（学生の保険料納付特例）。ただし、この納付特例期間は受給資格期間にはカウントされるが、年金額計算ではまったく反映されない期間となる。なお、追納については法定免除・申請免除と同様10年以内である。

④低所得者に対する国民年金保険料納付猶予制度

　50歳未満の第1号被保険者（学生納付特例制度の対象者を除く）であって、本人及び配偶者の所得が一定の基準（全額免除基準と同額）に該当した

場合は、世帯主の所得にかかわらず、申請により国民年金保険料の納付が猶予される（2025〈令7〉年6月までの時限措置。2016〈平28〉年7月から30歳未満が50歳未満に拡大された）。

　納付猶予制度の納付猶予期間は、年金の受給資格期間には算入されるが、年金額には反映されない期間となる。なお、納付猶予された保険料の追納は10年以内であれば行うことができる。

　⑤免除者・猶予者の障害基礎年金と遺族基礎年金

　保険料免除者（全額免除、一部免除）と保険料納付猶予者（学生納付特例含む）は、障害基礎年金と遺族基礎年金に関しては、満額が支給される。

■国民年金保険料の前納と付加保険料

　国民年金保険料は翌月末が納付期限だが、前納による割引制度がある。前納割引には、早割（当月納付）、6カ月、1年、2年がある。納付方法は現金、クレジットカード、口座振替があり、口座振替による2年前納が最も割引率が高くなっている。早割は口座振替のみでできる。

　その他、第1号被保険者の独自制度として、申請すれば任意で付加保険料を納めることができる。付加保険料（月額400円）は国民年金保険料と一緒に納める。付加保険料を納付した期間は、老齢基礎年金に付加年金が上乗せされる（→p.72）。

■厚生年金保険料の計算基礎となる標準報酬月額

　厚生年金保険料算出等の事務の簡素化・迅速化のために、区切りのよい幅で区分した仮定的報酬（標準報酬月額）を使用して、これに実際の給料をあてはめて計算基礎としている（図表2-1-9）。

　標準報酬月額は8万8,000円から65万円までの32等級がある（厚年法20条）。標準報酬月額の決め方には、資格取得時決定・定時決定・随時決定などがあるが、いったん決定した標準報酬月額は一定期間にわたり使用するため、毎月の給与に増減があっても、そのつど標準報酬月額を見直すことはない。

図表2-1-9　標準報酬月額と厚生年金保険料

等級	月額賃金	標準報酬月額	保険料 18.30%	本人負担分 (9.15%)
1	93,000円未満	88,000円	16,104円	(8,052円)
2	93,000円以上101,000円未満	98,000円	17,934円	(8,967円)
3	101,000円以上107,000円未満	104,000円	19,032円	(9,516円)
…… (略) ……				
30	575,000円以上605,000円未満	590,000円	107,970円	(53,985円)
31	605,000円以上635,000円未満	620,000円	113,460円	(56,730円)
32	635,000円以上	650,000円	118,950円	(59,475円)

■厚生年金保険料は労使折半で負担

　厚生年金保険料は標準報酬月額に保険料率を乗じて、月単位で計算する。保険料率は、2004（平16）年10月から毎年引き上げられてきたが、2017（平29）年9月に1000分の183（18.3％）となって終了した。以後はそのまま固定される（私学共済の終了は2027〈令9〉年4月）。

　保険料は事業主と従業員が折半負担するが、保険料納付義務は事業主にあるため、毎月、事業主が従業員の給与から前月分の保険料を差し引いて事業主負担分と合わせて年金事務所に納付する（厚年法81条、82条）。

〔標準賞与額〕賞与からも保険料を徴収

　2003（平15）年4月以降は総報酬制が導入され、3カ月を超える期間ごと

知って得する補足知識　年金の時効（保険料、給付）

　年金には時効があるが、保険料は2年、年金受給は5年が原則である。国民年金保険料は2年（納付期限が翌月末なので実際には2年1カ月後）を過ぎると納められなくなる。老齢年金などは受給権が発生しても請求しないと5年より前の分は受け取れなくなる（年金時効特例法に該当する場合を除く）。ただし、例外もある。免除や納付猶予による保険料追納は10年前まで可能である（ただし3年目以降は加算額あり）。受給では死亡一時金、脱退一時金など一時金の時効は2年となっている。

に支給される賞与等についても、厚生年金保険料を事業主と従業員で折半負担する（厚年法89条の2）。基準となる賞与等を標準賞与額といい、等級による区分はない。1回につき賞与等の額150万円が上限で、1,000円未満切り捨てである。標準報酬月額・賞与等とも同じ料率（1000分の183）により保険料が計算される。

■産前産後と育児休業期間中は厚生年金保険料が免除

　厚生年金保険に加入する企業従業員等の産前産後休業期間（産前42日〈多胎妊娠の場合は98日〉、産後最大56日）は、社会保険料（健康保険料、厚生年金保険料）が労使とも免除になる。免除期間の年金額計算では、保険料を納めたものとして扱われる。

　また、育児休業期間中等は子が満3歳になるまで社会保険料が労使とも免除になる。免除期間の年金額計算では、保険料を納めたものとして扱われる。

　産後や育児休業後、満3歳未満の子の育児中に職場復帰して出勤している場合、育児のため勤務時間を短縮するなどで標準報酬月額が低下したときは年金額計算上、低下前の標準報酬月額として扱われる。一方で、保険料の徴収は低下した実際の標準報酬月額で差し引かれる。

　なお、育児休業の社会保険料免除期間は、「育児休業を開始した日の属する月から終了日の翌日の前月分まで」（同月内に開始日と終了日の翌日がある場合は免除されない）であるが、2022（令4）年10月からは、「開始日と終了日の翌日が同月内に14日以上ある場合」もその月の社会保険料が免除されるようになった。また、賞与については、月末に育児休業期間中（1日でもよい）であれば、その月に支給された賞与の保険料も免除されるが、2022年10月からは「育児休業を1カ月超（暦日で計算）で取得し、月末が育児休業期間中である場合」に限られることとなった。

(6) 給付

●理解のためのキーポイント

❑老齢基礎年金は期間に応じた定額で、支給開始は65歳

❑国民年金第１号被保険者（自営業者等）には付加年金、寡婦年金、
死亡一時金などの独自給付がある

❑老齢厚生年金は総報酬（月額給与、賞与）の平均と被保険者期間で
年金額が決まる

❑障害基礎年金と遺族基礎年金は期間にかかわらず定額で基本額は老
齢基礎年金の満額と同額

❑障害厚生年金と遺族厚生年金は老齢厚生年金に準じた報酬比例の年
金額だが300カ月（25年）分の保障がある

❑年金の繰上げ受給は0.4％減額、繰下げ受給は0.7％増額

■老齢基礎年金の年金額と支給開始年齢

①年金額は40年加入で満額

国民年金では、保険料納付済期間が40年ある場合に、満額の老齢基礎年
金を受給することができる（国年法27条）。保険料納付済期間が40年に満た
ない場合の年金額は、満たない期間に応じて減額されることになる。また、
一定の事由に該当して保険料が免除された期間についても、一定の割合で減
額されることになる。具体的な計算式は図表2-1-10のとおりである。

②支給開始年齢は早めたり遅らせたりできる

老齢基礎年金は、65歳から受給することができる。ただし、選択により、
60～75歳の間で支給開始時期を１カ月単位で設定することも可能である。

65歳になる前に受給することを「繰上げ受給」（支給側からみて「繰上げ
支給」と呼ばれることもある）といい、60歳から65歳になるまでの間で、
支給開始時期を１カ月単位で自分の意思により選択することができる。

同様に66歳以降に受給することを「繰下げ受給」といい、66歳から75歳

図表2-1-10　老齢基礎年金額の計算

既裁定者(ただし69歳以上)は813,700円　※2024年度の68歳は新規裁定者と同じ816,000円

$$816{,}000円 \times \frac{保険料納付済月数 + \left(\begin{array}{c}保険料\\全額\\免除月数\end{array} \times \frac{1}{2}\right) + \left(\begin{array}{c}保険料\\4分の3\\免除月数\end{array} \times \frac{5}{8}\right) + \left(\begin{array}{c}保険料\\半額\\免除月数\end{array} \times \frac{3}{4}\right) + \left(\begin{array}{c}保険料\\4分の1\\免除月数\end{array} \times \frac{7}{8}\right)}{国民年金加入可能年数 \times 12}$$

(2024(令6)年度)

※2009(平21)年3月までの期間は全額免除3分の1、4分の3免除2分の1、半額免除3分の2、4分の1免除6分の5で計算する

(注) 1. 国民年金加入可能年数は生年月日により25年〜40年。1941(昭16)年4月2日生まれ以降は40年

2. 保険料免除期間には学生納付特例期間、納付猶予期間を含まない

3. 2004(平16)年の改正により、本来の老齢基礎年金の年金額は780,900円に改定率(2024年度は新規裁定者1.045、既裁定者1.042)を乗じた額となっている

4. 2024年度の新規裁定者は2024年度に67歳以下(1957〈S32〉4.2生まれ以降)の者、既裁定者は2024年度に68歳以上(1957〈S32〉4.1生まれ以前)の者

5. 老齢基礎年金の端数処理は、満額が100円未満四捨五入、満額以外は計算結果を1円未満四捨五入

(1952〈昭27〉年4月1日生まれ以前の者は70歳)になるまでの間で、受給開始時期を1カ月単位で選択することができる。

■老齢基礎年金の繰上げ受給は減額以外にも注意

繰上げ受給では、老齢基礎年金を早い時期(60歳以上65歳未満)から受給できる反面、繰上げ(前倒し)の時期が早くなるにつれて1カ月につき0.4%(1962〈昭37〉年4月1日生まれ以前の者は0.5%)刻みの減額がある(国年法附則9条の2)。

減額率は64歳11カ月時0.4%〜60歳時24%である。例えば60歳から繰上げ受給した場合、65歳時から受給し始める場合に比べて、年金額が24%減額される。しかも一度、繰上げ受給を選択すると、取り消し・変更することはできず、減額は65歳以降も続くことになる。

さらに、繰上げ受給では減額以外にも以下のような多くの注意点がある。

・65歳前に障害状態になっても原則として障害年金が受給できなくなる

・65歳前に遺族厚生年金の受給権を得た場合、繰上げ受給の老齢基礎年金との選択になる(併給不可)。65歳からは併給になるが、老齢基礎年金は減

額のままの受給になる

・妻は寡婦年金（→p.73）を受給できなくなる

・任意加入ができなくなる

■老齢基礎年金の繰下げ受給には増額プレミアム

　繰下げ受給では、老齢基礎年金の受給開始時期を 66 歳以降に遅らせるが、65 歳から 1 カ月につき 0.7％刻みの増額がある。注意点は、増額は 65 歳 1 カ月から始まるが、66 歳までは繰下げ受給の請求はできないことである。

　増額率は 65 歳 1 カ月時 0.7％〜75 歳時 84％である。ただし、遺族基礎（厚生）年金や障害基礎（厚生）年金など老齢（退職）以外の年金を受給している場合には、繰下げ受給はできない。（国年法 28 条）

■障害基礎年金を受給するための要件

　ケガや病気のために一定の障害状態になったときに国民年金から障害基礎年金が支給される（国年法 30 条）。受給するための要件は次のとおりである。

　①初診日の要件

　障害の原因となった傷病について初めて医師診療を受けた日（初診日）に 65 歳未満であること。

　②保険料納付の要件

　初診日の前日において、初診日の属する月の前々月までに、国民年金の被保険者期間がある場合（通常は 20 歳からの期間）には、保険料納付済期間と免除期間を合わせて 3 分の 2 以上あること。初診日が 2026（令 8）年 4 月 1 日前にある場合には、初診日に 65 歳未満であれば、初診日の前日において、初診日の属する月の前々月までの 1 年間に、保険料の滞納期間がないことでもよい。

　③障害の程度

　障害認定日（初診日から 1 年 6 カ月を経過した日または 1 年 6 カ月以内に治癒・症状固定した場合はその日）において、1 級または 2 級の障害状態にあること。

図表2-1-11　障害基礎年金額

(2024年度／年額)

障害等級1級	1,020,000円（＝816,000×1.25）＋子の加算額 ＊既裁定者は1,017,125円（＝813,700×1.25）＋子の加算額
障害等級2級	816,000円＋子の加算額 ＊既裁定者は813,700円＋子の加算額

子の加算額 ＊新規・既裁共通	1人目・2人目　各234,800円 3人目以降の子　各　78,300円

※子とは、受給権者が年金受給権取得当時に生計を維持していた子（受給権取得後に結婚や出産で加算対象になった子含む）で、「18歳到達年度末までの子」または「20歳未満で障害等級の1級もしくは2級に該当する障害の状態にある子」をいう

■障害基礎年金額は2級で老齢基礎年金額の満額と同額

障害基礎年金額は、障害等級に応じた金額に子の加算額を合算した額（図表2-1-11）となる（国年法33条、33条の2）。

■事後重症と20歳前に初診日がある場合の障害基礎年金

障害認定日には障害等級に該当しなかったが、その後65歳に達する日の前日までに障害等級に該当したときは、65歳に達する日の前日までの間に請求すれば、事後重症による障害基礎年金が支給される（国年法30条の2）。

20歳前（国民年金加入前）に初診日がある場合にも、次の要件を満たせば障害基礎年金が支給される。ただし、本人に一定以上の所得がある場合には全額または2分の1が支給停止になる。（国年法30条の4）

①初診日の要件……初診日の年齢が20歳前であること

②障害の程度………障害認定日（その日が20歳前のときは20歳に達した日）において、1級または2級の障害状態にあること

■遺族基礎年金を受給するための要件

国民年金加入中の人や年金の受給権者が死亡したときに、一定の遺族に国民年金から遺族基礎年金が支給される。

　受給するためには、死亡した人および遺族について以下の条件を満たすことが必要である（国年法37条）。

①死亡した人の要件（次のいずれかに該当すること）

　　ア．国民年金に加入中の人（被保険者）

　　イ．60歳以上65歳未満で日本国内に住んでいる国民年金の元被保険者

　　ウ．老齢基礎年金の受給権者または受給資格期間を満たした人（どちらも25年以上に限る）

　ただし、ア、イのうち受給資格期間が25年未満に該当するときは、死亡日の前日において次のいずれかの保険料納付要件を満たす必要がある。

・死亡日の属する月の前々月までの被保険者期間内に、国民年金の保険料を納めた期間が3分の2以上あること（保険料免除期間を含む）

・死亡日が2026（令8）年3月31日以前の場合は、死亡日に65歳未満であれば、死亡日の属する月の前々月までの1年間に、保険料の滞納期間がないこと

②遺族の要件（国年法37条の2）

・配偶者：死亡した人の配偶者（妻または夫）であって、18歳到達年度末までの子、または20歳未満で障害等級1級もしくは2級に該当する障害の状態にある子と生計を同じくしていること

・子：死亡した人の子であって、18歳到達年度末までの子、または20歳未満で障害等級の1級もしくは2級に該当する障害の状態にある子で、婚姻をしていない子

┃知って得する補足知識┃　内縁の妻（事実婚）も遺族になれる

　年金の遺族には、婚姻上の妻（配偶者）だけでなく内縁関係の妻も該当する。そのため、遺族基礎年金の対象となる遺族としての妻には事実上の妻（内縁関係）が含まれるが、子には事実上の養子は含まれない。また、被保険者の死亡当時、胎児であった子が生まれた場合には受給対象者となる。

■遺族基礎年金額は老齢基礎年金の満額と同額

遺族基礎年金の額（図表2-1-12）は、死亡した人の加入期間や保険料納付済期間の長短に関係なく、基本額に子の加算額を合算した額となる（国年法38条）。

図表2-1-12　遺族基礎年金の支給額

子のある配偶者の遺族基礎年金額 （2024年度額）

遺　族	基本額	加算額	合計額
子が1人いる配偶者	816,000円 （813,700）	234,800円	1,050,800円 （1,048,500）
子が2人いる配偶者	816,000円 （813,700）	469,600円	1,285,600円 （1,283,300）
子が3人いる配偶者	816,000円 （813,700）	547,900円	1,363,900円 （1,361,600）

（注）カッコ内は69歳以上の配偶者

子のみが受給する場合の遺族基礎年金額 （2024年度額）

遺　族	基本額	加算額	合計額	1人当たりの額
子が1人のとき	816,000円	——	816,000円	816,000円
子が2人のとき	816,000円	234,800円	1,050,800円	525,400円
子が3人のとき	816,000円	313,100円	1,129,100円	376,367円

（注）上下の表とも3人目以降は1人につき78,300円が加算される

■第1号被保険者には独自給付がある

第1号被保険者に対する独自給付として付加年金、寡婦年金および死亡一時金がある。

①付加年金

第1号被保険者が付加保険料を納めることにより、老後に付加年金が上乗せ給付される。概要は次のとおりである。（国年法43条〜48条）

・対象者…………第1号被保険者、任意加入被保険者（保険料免除者〈産前産後免除者等を除く〉、国民年金基金加入者は対象外）

・付加保険料……毎月400円を国民年金保険料に追加

・年金給付………老齢基礎年金に「200円×付加保険料納付月数」（年額）
　　　　　　　　　が上乗せ給付される

・その他…………老齢基礎年金の受給の繰上げ・繰下げをした場合は、付加
　　　　　　　　　年金も連動して繰上げ・繰下げとなる（減額率・増額率も
　　　　　　　　　本体の老齢基礎年金と同じ）

②寡婦年金

　寡婦年金は、国民年金の第１号被保険者（自営業、農業等）である夫が死
亡した場合に、遺族である妻が受給できる年金である（国年法49条〜51条）。
　具体的には、寡婦年金は次のすべての条件に該当することが必要である。

> ・死亡した夫が、死亡日の前月までの第１号被保険者期間に保険料納付済
> 　期間と保険料免除期間とを合算した期間が原則として10年（2017〈平
> 　29〉年８月１日より従来の25年から緩和）以上あること
> ・夫の死亡当時、夫によって生計を維持されており、婚姻関係（事実上
> 　婚姻関係と同様にあるものを含む）が10年以上継続している65歳未満
> 　の妻であること
> ・死亡した夫が、障害基礎年金や老齢基礎年金を受給していないこと
> ・妻が老齢基礎年金を受給（＝繰上げ受給）していないこと

　支給期間は、遺族である妻が60歳から65歳になるまでの５年間で、有期
年金である。また、年金額は、亡くなった夫が受給できるはずであった第１
号被保険者期間の老齢基礎年金の４分の３に相当する額である。

③死亡一時金

　死亡一時金は、国民年金の第１号被保険者としての保険料納付済期間の月
数と一部免除期間の月数（４分の１免除は４分の３カ月、半額免除は２分の１
カ月、４分の３免除は４分の１カ月で換算）とを合算した月数が36カ月以上
（３年以上）ある場合に、その月数に応じて受給できる一時金である（国年法
52条の２〜６）。次の条件をすべて満たす必要がある。

> ・死亡した人は障害基礎年金または老齢基礎年金を受給したことがない
> ・死亡したとき生計を同じくしていた遺族（配偶者、子、父母、孫、祖

> 父母または兄弟姉妹）がいる
> ・その人の死亡により、遺族基礎年金が受給できない

死亡一時金を受給できる遺族の順位は、①配偶者、②子、③父母、④孫、⑤祖父母、⑥兄弟姉妹の順である。特に年齢制限はない。なお、寡婦年金が受給できるときは、どちらかの選択となる。

■65歳前の老齢厚生年金（特別支給の老齢厚生年金）

老齢厚生年金の支給開始年齢は本来65歳からであるが、現在は65歳前から受給できる経過措置がとられている。これを「65歳前（60歳台前半）の老齢厚生年金」（または「特別支給の老齢厚生年金」）と呼んでいるが、65歳以降の本来の老齢厚生年金と構造が異なっている（図表2-1-13）。

65歳前の老齢厚生年金を受給するには、老齢基礎年金の受給資格期間を満たし、かつ1年以上の厚生年金保険被保険者期間が必要となる。

これに対して65歳以降の本来の老齢厚生年金は、老齢基礎年金の受給資格期間を満たしたうえで、1カ月以上の厚生年金保険被保険者期間があれば受給できる。

年金額は定額部分と報酬比例部分を合計した額である。定額部分とは在職中の給与額に関係なく、生年月日と厚生年金保険の加入月数（被保険者月数）により算出される部分である。報酬比例部分は、在職中の平均標準報酬月額

図表2-1-13　老齢厚生年金の構成

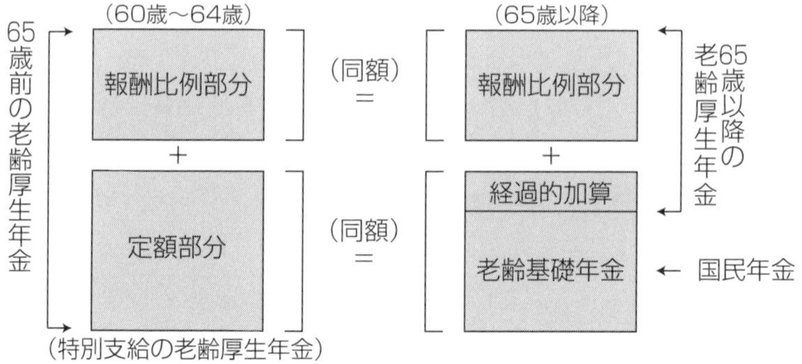

図表2-1-14　老齢厚生年金額の計算

●65歳前の老齢厚生年金額　＝　報酬比例部分　＋　定額部分
（特別支給の老齢厚生年金）　　　　　（1）　　　　　　　（2）

（1）　報酬比例部分＝①＋②

① 総報酬制導入前の被保険者期間分（2003〈平15〉年3月まで）

報酬比例部分＝$\dfrac{平均標準報酬月額}{}$ × 報酬比例部分の乗率 × 被保険者月数
（9.5 〜7.125／1000）

② 総報酬制導入後の被保険者期間分（2003〈平15〉年4月以降）

報酬比例部分＝$\dfrac{平均標準報酬額}{}$ × 報酬比例部分の乗率 × 被保険者月数
（7.308 〜5.481／1000）

（注）従前額保障の場合、報酬比例部分の乗率として、（9.5 〜7.125／1000）は
（10〜7.5／1000）、（7.308 〜5.481／1000）は（7.692 〜5.769／1000）を用い、
さらに物価スライド率等を乗じる。なお、昭和12年度生まれ以降の者は
従前額保障より本来水準のほうが高くなっている

（2）　定額部分

定額部分＝定額単価×定額単価の乗率×被保険者期間の月数
$\binom{新1,701円}{既1,696円}$　（1.875〜1）　　（最高480カ月）

●65歳以降の老齢厚生年金額　＝　報酬比例部分　＋　経過的加算
　　　　　　　　　　　　　　　　　　（1）　　　　　　　（2）

（1）　報酬比例部分

報酬比例部分は65歳前の老齢厚生年金の式と同じ

（2）　経過的加算

経過的加算 ＝ 定額部分 － $\binom{新816,000円}{既813,700円}$ × $\dfrac{昭和36年4月以降で20歳以上60歳未満の厚生年金保険の被保険者期間の月数}{国民年金への加入可能月数}$

（注）1．国民年金加入可能年数は生年月日により25年〜40年。1941（昭16）年4月2日
生まれ以降は40年（480カ月）
　　　2．定額部分から差し引く部分は、老齢基礎年金額の計算式と同じであるが、
厚生年金被保険者期間のうち20歳未満と60歳以上の部分は除かれる（1961〈昭
36〉年4月前は20歳以上であっても除外）

（注）新：新規裁定者（67歳以下）　既：既裁定者（68歳以上）
※2024（令6）年度の場合、既のうち68歳は新と同額

等と被保険者月数により算出される部分である。また、報酬比例部分の年金額の計算は、総報酬制導入前の被保険者期間（2003〈平15〉年3月まで）と総報酬制導入以後の被保険者期間（2003年4月以降）とでは報酬比例部分の乗率等が異なる（図表2-1-14）。

■65歳前の老齢厚生年金の支給開始年齢の段階的引上げ

　1994（平6）年の年金改正により定額部分は、1941（昭16）年4月2日生まれ以降の人については2001（平13）年度から2年ごとに1歳ずつ支給開始年齢が引き上げられている（女性は5年遅れ）。1949（昭24）年4月2日生まれ以降の人は定額部分はなくなる。

　さらに、2000（平12）年の年金改正により、報酬比例部分も、2013（平25）年度から2025（令7）年度にかけて、支給開始年齢が60歳から65歳へ2年ごとに1歳ずつ引き上げられている（女性は5年遅れ）。最終的には1961（昭36）年4月2日生まれ以降の人から65歳前の老齢厚生年金はすべてなくなる。スケジュールは図表2-1-15のとおりである。

■障害者・長期加入者の特例

　厚生年金の障害等級3級以上の障害状態にある人と、厚生年金保険の被保険者期間が44年以上ある人については、65歳前の年金として通常は報酬比例部分しか受給できない場合でも、退職していれば特例により定額部分も受給できる（厚年法附則9条の2、9条の3）。

■加給年金は配偶者や子がいる受給者に加算

　老齢厚生年金の受給権を取得したときに、扶養している配偶者（多くは妻）や子がいる場合に加算されるのが加給年金である。通常は、本来支給の老齢厚生年金の支給が開始される65歳から加算されるが、定額部分が支給される場合は、定額部分の支給開始時点から加算される。

　加給年金の受給には、まず、受給権者（本人）が次のいずれかの条件を満たすことが必要である（厚年法44条）。

図表 2-1-15　厚生年金の支給開始年齢の 65 歳への引上げ

生年月日		支給開始年齢					
男性	女性	60歳	61歳	62歳	63歳	64歳	65歳
昭16.4.1 以前	昭21.4.1 以前	報酬比例部分					老齢厚生年金
		定額部分					老齢基礎年金
昭16.4.2〜 昭18.4.1	昭21.4.2〜 昭23.4.1	報酬比例部分					老齢厚生年金
			定額部分				老齢基礎年金
昭18.4.2〜 昭20.4.1	昭23.4.2〜 昭25.4.1	報酬比例部分					老齢厚生年金
				定額部分			老齢基礎年金
昭20.4.2〜 昭22.4.1	昭25.4.2〜 昭27.4.1	報酬比例部分					老齢厚生年金
					定額部分		老齢基礎年金
昭22.4.2〜 昭24.4.1	昭27.4.2〜 昭29.4.1	報酬比例部分					老齢厚生年金
					定額部分→		老齢基礎年金
昭24.4.2〜 昭28.4.1	昭29.4.2〜 昭33.4.1	報酬比例部分					老齢厚生年金
							老齢基礎年金
昭28.4.2〜 昭30.4.1	昭33.4.2〜 昭35.4.1	報酬比例部分					老齢厚生年金
							老齢基礎年金
昭30.4.2〜 昭32.4.1	昭35.4.2〜 昭37.4.1		報酬比例部分				老齢厚生年金
							老齢基礎年金
昭32.4.2〜 昭34.4.1	昭37.4.2〜 昭39.4.1			報酬比例部分			老齢厚生年金
							老齢基礎年金
昭34.4.2〜 昭36.4.1	昭39.4.2〜 昭41.4.1				報酬比例部分→		老齢厚生年金
							老齢基礎年金
昭36.4.2 以降	昭41.4.2 以降						老齢厚生年金
							老齢基礎年金

（注）1. 公務員等（一元化後の厚生年金期間含む）は男女とも民間の厚生年金の男性と同じスケジュール
2. ▨▨▨ は、2024（令6）年度に60歳または65歳を迎える人のゾーン

・受給権者の厚生年金保険被保険者期間が20年以上あること

・40歳以降（女性の場合は35歳以降）の厚生年金保険被保険者期間が15〜19年以上あること（1951〈昭26〉年4月1日生まれ以前の人のみ）

　次に、受給権を取得したときに、次の条件を満たす配偶者や子が、生計を維持されていることが必要である。

・65歳未満の配偶者（内縁関係も含む）

・18歳到達年度末（18歳に達した後の最初の3月31日）までの子

・障害等級の1級または2級の状態にある20歳未満の子

　加給年金の額は配偶者および2人の子まで1人につき23万4,800円であり、3人目以降の子は1人につき7万8,300円となっている（2024〈令6〉年度）。

　なお、配偶者（受給者が夫である場合は妻）の加給年金には、受給者の生年月日に応じて特別加算額が支給される（図表2-1-16）。

〔加給年金は振替加算に切り替わる〕

　妻（配偶者）が65歳になると、夫（受給者）の加給年金が受給できなくなる。その代わりに、妻が受け始める老齢基礎年金に妻の生年月日に応じた額が加算されるのが、振替加算である（図表2-1-17）。（国年法昭60年附則14条）

■65歳以降の老齢厚生年金

　65歳以降の本来の老齢厚生年金を受給するには、老齢基礎年金の受給資格期間を満たし、かつ1カ月以上の厚生年金保険被保険者期間が必要である。年金額は報酬比例部分と経過的加算の合計額となる。経過的加算とは定額部分と老齢基礎年金（1961〈昭36〉年4月以降で20歳以上60歳未満の厚生年金被保険者期間の月数に相当する部分）との差額をいう（構成・計算は図表2-1-13、図表2-1-14参照）。

■老齢厚生年金の繰下げ受給が復活

　2000（平12）年改正では、60歳台後半の在職老齢年金の導入に伴い、老齢厚生年金の繰下げ受給の仕組みは廃止された。しかし、65歳以降も働く高齢者が、引退年齢に合わせて自分が希望する年齢で年金を受給開始できるよう

図表2-1-16 加給年金額と配偶者の特別加算額 （2024年度）

受給者の生年月日	加給年金額	特別加算額	合計支給額
昭9.4.2 ～昭15.4.1	234,800円	34,700円	269,500円
昭15.4.2～昭16.4.1	234,800円	69,300円	304,100円
昭16.4.2～昭17.4.1	234,800円	104,000円	338,800円
昭17.4.2～昭18.4.1	234,800円	138,600円	373,400円
昭18.4.2以降	234,800円	173,300円	408,100円

（注）生年月日は配偶者（妻）ではなく受給者本人（夫）であることに注意

図表2-1-17 加給年金と振替加算の関係

〈例〉夫（受給者）昭和24年4月2日生まれ～昭和28年4月1日生まれ
　　　妻　夫より2歳年下

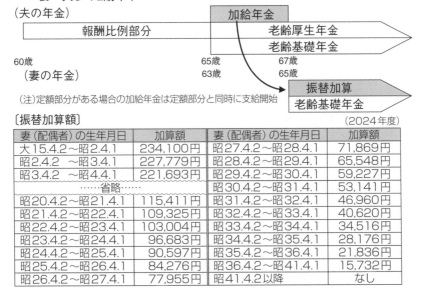

（注）定額部分がある場合の加給年金は定額部分と同時に支給開始

〔振替加算額〕 （2024年度）

妻（配偶者）の生年月日	加算額	妻（配偶者）の生年月日	加算額
大15.4.2～昭2.4.1	234,100円	昭27.4.2～昭28.4.1	71,869円
昭2.4.2 ～昭3.4.1	227,779円	昭28.4.2～昭29.4.1	65,548円
昭3.4.2 ～昭4.4.1	221,693円	昭29.4.2～昭30.4.1	59,227円
……省略……		昭30.4.2～昭31.4.1	53,141円
昭20.4.2～昭21.4.1	115,411円	昭31.4.2～昭32.4.1	46,960円
昭21.4.2～昭22.4.1	109,325円	昭32.4.2～昭33.4.1	40,620円
昭22.4.2～昭23.4.1	103,004円	昭33.4.2～昭34.4.1	34,516円
昭23.4.2～昭24.4.1	96,683円	昭34.4.2～昭35.4.1	28,176円
昭24.4.2～昭25.4.1	90,597円	昭35.4.2～昭36.4.1	21,836円
昭25.4.2～昭26.4.1	84,276円	昭36.4.2～昭41.4.1	15,732円
昭26.4.2～昭27.4.1	77,955円	昭41.4.2以降	なし

に、2007（平19）年4月より65歳以降の老齢厚生年金を繰り下げて受給できる仕組みが新たに導入された（厚年法44条の3）。

　対象者は、次のすべての条件を満たす人となっている。

① 2007（平19）年4月以降に65歳以降の老齢厚生年金の受給権を有する人で、66歳に到達する前に老齢厚生年金の請求をしていなかった人

② 老齢厚生年金の受給権を取得したときに、もしくは取得した日から1年

を経過した日までの間に以下の受給権者となっていない人

・老齢基礎年金、付加年金、障害基礎年金を除く国民年金法による年金たる給付

・退職を事由とするものを除く他の厚生年金保険法による年金たる給付

■70歳以上の被用者に対する老齢厚生年金の支給停止

2007（平19）年4月より、70歳以上の在職者にも在職老齢年金の仕組みが適用されることとなった。対象者は、70歳以上で厚生年金保険の適用事業所に勤務する1937（昭12）年4月2日生まれ以降の人である。さらに、被用者年金一元化に伴い2015（平27）年10月からは1937年4月1日生まれ以前の人も対象となった。

支給停止の仕組みは70歳前の在職老齢年金と同様である（厚年法46条）。ただし、厚生年金保険被保険者とはならないので保険料の徴収はない。

■老齢厚生年金の減額繰上げ制度も始まる

1953（昭28）年4月2日生まれの人が60歳に達し、特別支給老齢厚生年金の報酬比例部分が61歳支給開始になったことにより、2013（平25）年4月から老齢厚生年金も老齢基礎年金と同様に減額を伴った繰上げ支給の制度が始まった。

老齢厚生年金の減額率は、老齢基礎年金と同じで、1カ月繰り上げるごとに0.4%（1962〈昭37〉年4月1日生まれ以前の者は0.5%→p.110）減額される。最終的には、65歳から60歳への5年間（24%減額）が最大になるが、報

知って得する補足知識　繰下げ受給は別々にできる

2007（平19）年4月から導入された老齢厚生年金の繰下げ受給では、老齢基礎年金と同時に、または別々の時期に繰り下げることができる。なお、老齢厚生年金または老齢基礎年金の一方のみを繰下げ受給するという選択も可能である。

図表2-1-18　老齢厚生年金の繰上げ支給の仕組み

〈報酬比例部分が63歳支給開始のケース〉（例）1964（昭39）年4月1日生の女性（減額率0.4％）

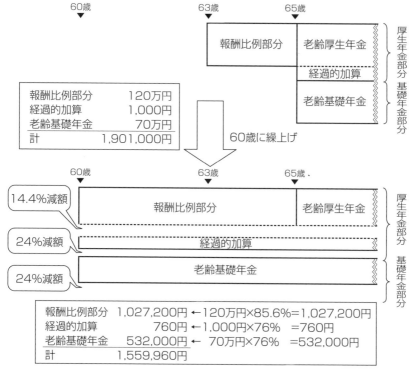

（注）　1．　経過的加算は老齢厚生年金（報酬比例部分）から減額されるが、減額率は老齢
　　　　　基礎年金と同じ減額率になる
　　　2．　法律上の考え方は、特別支給の老齢厚生年金を繰り上げるのではなく、65歳か
　　　　　らの本来の老齢厚生年金を繰り上げることになっているので、実際の計算式は上
　　　　　記とは異なって複雑である。しかし、結果的には特別支給の老齢厚生年金を繰り
　　　　　上げた（報酬比例部分支給開始年齢からの繰上げ）のと同じ金額になる
　　　3．　繰上げ受給しても加給年金は65歳支給開始で減額はない
　　　4．　減額率は１カ月につき0.4％で、1962（昭37）年4月2日生まれ以降の者が対
　　　　　象。改正法施行日の2022（令4）年4月1日時点で60歳以上（1962年4月1日生まれ
　　　　　以前）の者は改正前の１カ月につき0.5％の減額率が適用となる

酬比例部分の移行世代は報酬比例部分支給開始年齢からの繰上げ月数で減額される。

　仕組みの概要は図表2-1-18のとおりであるが、注意しなければならないのは、必ず老齢基礎年金も同時に繰り上げる必要があることである。老齢基礎年金は、65歳からの繰上げしか認められないので減額率が大きくなる。報酬比例部分移行世代は老齢厚生年金と老齢基礎年金の減額率が異なる。

■60歳以降も勤めている場合に支給される在職老齢年金

　60歳以降70歳になるまでの間に在職して厚生年金保険の被保険者になると、老齢厚生年金は、給与額（標準報酬月額等）に応じて減額されたり、全額支給停止になる。このように在職しながら、受給する老齢厚生年金を在職老齢年金と呼んでいる。

　なお、給与額は、賞与（標準賞与額）も含めた総報酬月額相当額になる。総報酬月額相当額は以下の算式により求める。

$$\text{総報酬月額相当額} = \text{その月の標準報酬月額} + \frac{\text{その月以前の1年間}^{※}\text{の標準賞与額の合計額}}{12}$$

※　(例)「その月」が4月の場合、4月から前年5月までの1年間

　在職老齢年金の減額の仕組みは、図表2-1-19のとおりである。

　在職老齢年金の年金額（基本月額）は受給開始時にそれまでの保険料と被保険者期間が反映されて決まる。従来は、65歳時点と70歳時点を除いては在職中に年金額の改定はなく、退職時に在職中の保険料等が反映されて改定されていた。法改正により2022（令4）年4月からは、65歳以上70歳未満の在職老齢年金について在職中でも毎年年金額の改定が行われる在職定時改定が導入された（図表2-1-20）。

　在職定時改定では、受給権発生（65歳）による受給開始後、基準日（毎年9月1日）に前年9月から当年8月までの被保険者期間と保険料を追加し、10月分の年金額から改定される（→p.110）。

図表2-1-19　在職老齢年金の基本的な仕組み

①　基本月額＋総報酬月額相当額　が50万円以下

　　なら年金は全額支給　（2024年度額。毎年改定）

②　基本月額＋総報酬月額相当額　が50万円超

　　なら超えた額の半額が支給停止（以下の計算式）

　　｛（基本月額＋総報酬月額相当額）－50万円｝÷2＝支給停止額

　　（例）基本月額　10万円　総報酬月額相当額　42万円

　　　　　｛（10万円＋42万円）－50万円｝÷2＝1万円（支給停止額）

　　　　　受け取る年金額＝10万円－1万円＝9万円

　（注）1．基本月額とは老齢厚生年金の報酬比例部分の年金月額のことで加給年金（全額支給停止時を除く）、経過的加算、老齢基礎年金は支給停止されず全額支給

　　　　2．70歳以上にも70歳前の仕組みで支給停止があるが、厚生年金保険料は徴収されない

図表2-1-20　在職定時改定による年金額の増額

例

65歳時点の老齢厚生年金額………年額120万円

65歳以降の1年加入分の年金額……年額1.5万円（給与は変わらないとする）

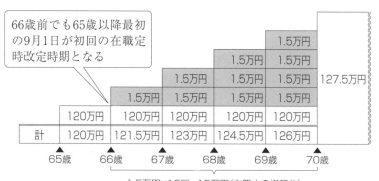

　（注）1．基準日は毎年9月1日なので、初回と最後に反映される年金額は誕生月により異なる

　　　　2．退職した場合は退職時点で退職時改定が行われる

　　　　3．65歳未満の在職老齢年金（繰上げ受給も含む）には、在職定時改定は適用されない（退職時改定のみ）

〔高年齢雇用継続給付〕

　定年退職後も働く場合、雇用保険の加入期間が5年以上あれば60歳以上65歳未満の雇用保険加入者には、雇用保険から高年齢雇用継続給付が支給される（→p.157）。受給できるのは、原則として60歳以降の賃金が60歳時点等の75％未満に下がった場合である。61％以下に下がったときが最大となり、賃金月額（上限あり）の15％が支給される。

　高年齢雇用継続給付には、高年齢雇用継続基本給付金と高年齢再就職給付金があるが、違いはいったん雇用保険の基本手当（失業給付）を受けたかどうかであり、給付内容は同じである。

　なお、在職老齢年金と高年齢雇用継続給付が同時に受けられる場合は、在職老齢年金額が標準報酬月額の最大6％支給停止になる。在職老齢年金の本来の支給停止がある場合は、さらにその分の支給停止も加わる。

■障害厚生年金を受給するための要件

　ケガや病気のために一定の障害状態になったときに厚生年金から障害厚生年金が給付される。受給するための要件は次のとおりである（厚年法47条）。

①初診日の要件

　障害の原因となった傷病について初めて医師の診療を受けた日（初診日）に厚生年金保険の被保険者であること。

②保険料納付の要件

　初診日の前日において初診日の属する月の前々月までに国民年金の被保険者期間がある場合は、保険料納付済期間（厚生年金保険被保険者期間含む）と保険料免除期間を合算した期間が、その被保険者期間の3分の2以上であること。なお、2026（令8）年3月までに初診日のある傷病については、初診日の前日において初診日の属する月の前々月までの1年間のうちに保険料の滞納期間がないことでもよい。

③障害の程度

　障害認定日（原則として治癒や症状が固定した日、または初診日から1年6カ月経過した日）において1級、2級、3級の障害状態であること。

■障害厚生年金の年金額

年金額は障害等級に応じて次のとおりである（厚年法50条）。

・1級　報酬比例部分×1.25＋配偶者加給年金

・2級　報酬比例部分＋配偶者加給年金

・3級　報酬比例部分（2024年度の最低保障額61万3,000円〈既裁は61万300円〉）

報酬比例部分の計算式は、次のようになる。

報酬比例部分＝①＋②

※ただし、被保険者月数が300カ月未満の場合は、「（①＋②）×300÷被保険者月数」

①　総報酬制導入前の被保険者期間分（2003〈平15〉年3月まで）

$$報酬比例部分＝\frac{平均標準}{報酬月額} × \frac{報酬比例部分の乗率}{(7.125／1000)} × 被保険者月数$$

②　総報酬制導入後の被保険者期間分（2003〈平15〉年4月以降）

$$報酬比例部分＝\frac{平均標準}{報酬額} × \frac{報酬比例部分の乗率}{(5.481／1000)} × 被保険者月数$$

■軽い障害には障害手当金を支給

障害等級3級より軽い障害の場合には、障害手当金（一時金）が支給される。金額は物価スライドを除いた報酬比例部分の2年分（2024年度の最低保障額122万4,000円〈既裁は122万600円〉で、3級の最低保障額の2倍）である。（厚年法55条、57条）

■遺族厚生年金を受給するための要件

厚生年金保険加入中の人や厚生年金の受給権者が死亡したときに、一定の遺族に厚生年金保険から遺族厚生年金が給付される。受給には、死亡した人および遺族について以下の要件を満たす必要がある（厚年法58条、59条）。

①死亡した人の要件

次のいずれかに該当すること（ア、イ、ウを短期要件、エを長期要件という）。長期要件にも短期要件にも該当する場合は短期要件とされるが、「別段の申出」をすれば長期要件にもできる（厚年法58条2項）。

ア．厚生年金保険加入中の人（厚生年金保険被保険者）

イ．厚生年金保険加入中に初診日がある傷病がもとで初診日から5年以内
　に死亡した人

ウ．1級、2級の障害厚生年金を受給できる人

エ．老齢厚生年金を受給している人（受給権者）または老齢厚生年金の受
　給資格期間を満たしている人（どちらも25年以上に限る）

ただし、ア、イのうち受給資格期間が25年未満に該当するときは、次の
保険料のいずれかの要件を満たす必要がある（保険料納付要件）。

(1)　死亡日の前日において死亡日の属する月の前々月までの加入期間内に、
　国民年金の保険料を納めた期間が3分の2以上あること（保険料免除期間
　を含む）

(2)　死亡日が2026（令8）年3月31日以前の場合は、死亡日に65歳未満で
　あれば、死亡日の前日において死亡日の属する月の前々月までの1年間に、
　保険料の滞納期間がないこと

②遺族の要件

遺族厚生年金を受給できるのは、死亡した当時、死亡した人によって生計
を維持（年収850万円未満）されていた配偶者、子、父母、孫または祖父母
で、優先順位・条件は図表2-1-21のとおりである。

■若年期の妻に対する遺族厚生年金は5年の有期年金

夫の死亡当時30歳未満で子を有しない妻に対する遺族厚生年金について
は、5年間の有期給付となり、次の場合に失権する（厚年法63条）。30歳以
上の妻の給付は生涯受給できる。

・遺族厚生年金の受給権を取得した当時、30歳未満である妻で、当該遺族厚
　生年金と同一支給事由に基づく遺族基礎年金の受給権を有しない場合は、
　遺族厚生年金の受給権を有した日から5年を経過したとき

・遺族厚生年金と同一支給事由に基づく遺族基礎年金の受給権を有する妻
　で、30歳到達前に当該遺族基礎年金の受給権が消滅（子の死亡等）した場
　合は、当該遺族基礎年金の受給権消滅日から5年を経過したとき

図表2-1-21　遺族厚生年金の遺族の優先順位と要件

優先順位		遺族の条件
第1順位	配偶者または子	①　夫、父母、祖父母の場合は、死亡したときに55歳以上であること。ただし、支給の開始は60歳からである。
第2順位	父母	②　子、孫の場合は、死亡したときに、18歳到達年度末までの間にあるか、または20歳未満で1級または2級の障害の状態にあり、かつ現に婚姻をしていないこと。
第3順位	孫	
第4順位	祖父母	（注）妻には年齢要件はない

図表2-1-22　遺族厚生年金の年金額計算

$$遺族厚生年金＝報酬比例部分（①＋②）× \frac{3}{4}$$

①　総報酬制導入前の被保険者期間分（2003〈平15〉年3月まで）

$$報酬比例部分＝\frac{平均標準報酬月額}{} ×報酬比例部分の乗率×被保険者月数（7.125／1000）$$

②　総報酬制導入後の被保険者期間分（2003〈平15〉年4月以降）

$$報酬比例部分＝\frac{平均標準報酬額}{} ×報酬比例部分の乗率×被保険者月数（5.481／1000）$$

（注）1．長期要件では報酬比例部分の乗率は生年月日に応じて次のとおり
　　　・総報酬制導入前の被保険者期間分　9.5 ～ 7.125／1000
　　　・総報酬制導入後の被保険者期間分　7.308 ～ 5.481／1000
　　　2．短期要件では被保険者月数が300カ月（25年）未満のときは300カ月とみなして次のように計算する
　　　　　遺族厚生年金＝（①＋②）×300÷被保険者月数×3／4

■遺族厚生年金の年金額は老齢厚生年金の４分の３

　年金額は老齢厚生年金の報酬比例部分の４分の３相当額だが、長期要件と短期要件で報酬比例部分の乗率等が異なる（図表2-1-22）（厚年法60条）。

〔妻への中高齢寡婦加算と経過的寡婦加算〕

　遺族厚生年金を受給できる妻（夫は対象外）が、遺族基礎年金を受給できない場合に中高齢寡婦加算が付くことがある。次のどちらかの要件を満たした夫の死亡時に40歳以上の妻に支給される。なお、夫の死亡時に40歳未満でも40歳になった時点で遺族基礎年金の受給権がある妻は中高齢寡婦加算の対象となる（ただし、遺族基礎年金受給中は中高齢寡婦加算は支給停止）。

・夫の在職中の死亡（厚生年金保険被保険者の死亡）

・厚生年金被保険者期間が20年以上ある夫の死亡

　中高齢寡婦加算は年額61万2,000円（2024年度額；老齢基礎年金額〈新規〉の４分の３）で、妻が40歳から64歳まで支給される。また、65歳以降は経過的寡婦加算が生涯支給される。経過的寡婦加算は1927（昭2）年4月1日生まれ以前の妻が年額61万300円で、以後若くなるごとに毎年逓減していき、

┃知って得する補足知識┃　夫が受ける遺族厚生年金

　遺族厚生年金は、夫が受給する場合は60歳になるまで支給停止である。しかし、夫が遺族基礎年金を受給できるときに限り、遺族基礎年金受給中は遺族厚生年金も同時に受けることができる。例えば、夫が55歳のときに厚生年金保険被保険者の妻を亡くし、16歳の子がいたときは、子が18歳年度末まで夫は遺族厚生年金も受給し、その後60歳になるまで支給停止となる。なお、夫が遺族年金を受給するときは収入要件（年収850万円未満）にも注意する必要がある。遺族年金や被扶養者の加算（加給年金など）には生計維持要件が問われる。公的年金でいう生計維持とは健康保険とは異なり、加算や受給の対象者が生計同一で年収850万円未満であることである。なお、未支給年金や死亡一時金の受給者には生計同一だけが問われるので収入要件はない。

生年月日が1955（昭30）年４月２日〜1956年４月１日の妻で２万367円となっている。1956年４月２日生まれ以降の妻には経過的寡婦加算は付かない。

■65歳を境に併給調整の仕組みが変わる

公的年金は１人１年金の原則から、支給事由（老齢、障害、遺族）の異なる年金は併給されない。例えば、老齢基礎年金と老齢厚生年金は「老齢」という同じ支給事由であることから併給される。

そのため、遺族年金を受給していた人が障害年金の受給権も得た場合にはどちらかの選択となる。また、60歳から特別支給の老齢厚生年金を受給していた妻が夫の死亡により遺族厚生年金の受給権を得てもどちらかの選択になる。

こうした併給調整の仕組みは、65歳以降は緩和される例外がいくつかあ

図表2-1-23　65歳以降の遺族年金の併給調整

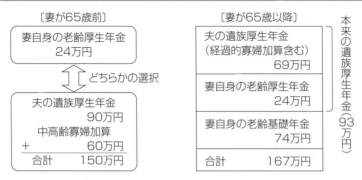

事例
- ●死亡した夫の老齢厚生年金額は年額120万円
  （遺族厚生年金＝120万円×３／４＝90万円）
- ●妻の老齢厚生年金額は年額24万円、老齢基礎年金は74万円
- ●中高齢寡婦加算（年額60万円）、経過的寡婦加算（年額３万円）

〔妻が65歳前〕

妻自身の老齢厚生年金
24万円

どちらかの選択

夫の遺族厚生年金　90万円
中高齢寡婦加算
＋　　　　　　60万円
合計　　　　150万円

〔妻が65歳以降〕

夫の遺族厚生年金
（経過的寡婦加算含む）
69万円

妻自身の老齢厚生年金
24万円

妻自身の老齢基礎年金
74万円

合計　　　167万円

本来の遺族厚生年金（93万円）

（注）65歳以降は「夫の遺族厚生年金（経過的寡婦加算含む）の3分の2＋妻自身の老齢厚生年金の2分の1」のほうが多い場合は、その額が支給される。上記事例で、妻自身の老齢厚生年金が80万円の場合、「62万円＋40万円＝102万円」となる。本来の計算額による遺族厚生年金93万円より多くなるので「102万円−80万円＝22万円」が遺族厚生年金として支給される

る。例えば、「老齢基礎年金＋遺族厚生年金」「障害基礎年金＋（老齢厚生年金または遺族厚生年金）」などの併給が可能となる。

　また、妻自身に特別支給の老齢厚生年金がある場合、65歳前は夫の遺族厚生年金との選択だが、65歳以降はまず自分の老齢厚生年金を受給し、遺族厚生年金との差額部分を上乗せで遺族厚生年金として受給できる（図表2-1-23）。

　夫と妻は逆でも同じだが、一般的には夫の老齢厚生年金の額のほうが多いので遺族厚生年金は全額支給停止になる。また夫の場合は経過的寡婦加算はない。なお、65歳以降の場合、「夫（妻）の遺族厚生年金の3分の2＋妻（夫）自身の老齢厚生年金の2分の1」のほうが本来の計算額（夫の老齢厚生年金の4分の3）より多くなる場合は、こちらの額が遺族厚生年金額となり、妻自身の老齢厚生年金との差額が遺族厚生年金として支給される。

■離婚等をしたときの厚生年金の分割

　近年、中高齢者等の離婚件数の増加などを背景として、離婚時の厚生年金（報酬比例部分）の分割が可能となる仕組みが導入された。2007（平19）年4月からは離婚時の厚生年金の分割（合意分割）が、2008年4月からは離婚時の国民年金第3号被保険者期間についての厚生年金の分割（3号分割）が可能となった。

　具体的内容は次のとおりである（厚年法78条の2、改正後の厚年法78条の13）。なお、分割対象は報酬比例部分のみで、定額部分や老齢基礎年金は分割の対象外である。

① 離婚時の厚生年金の合意分割（2007年4月1日施行）
・離婚日の翌日から2年以内の請求であれば、離婚当事者の合意により、婚姻期間中の夫婦の保険料納付記録の合計の半分を限度に分割できる
・合意がまとまらない場合には、離婚当事者の一方からの求めにより、家庭裁判所が分割割合を決定できる
・2007年4月以降に成立した離婚が対象だが、施行日以前の保険料納付記録も分割の対象となる

②　第3号被保険者期間についての厚生年金の分割（2008年4月1日施行）

・2008（平20）年4月以降の第3号被保険者期間部分の配偶者の厚生年金は、次の場合に夫婦で2分の1に分割する

　ア．夫婦が離婚した場合

　イ．配偶者の所在が長期にわたって明らかでないなど分割することが必要な事情にあると認められる場合

・2008年3月以前の第3号被保険者期間部分の配偶者の厚生年金は分割の対象とならない（2007年ルールでの合意分割は可能）

・第3号被保険者からの請求だけで年金分割が行われ、第2号被保険者（配偶者）の同意は不要

・年金分割による年金改定は請求月の翌月から行われる。過去へ遡及することはない

・請求期限は離婚日の翌日から2年以内

(7) 共済年金の仕組みと被用者年金一元化

●理解のためのキーポイント

❑基本的には厚生年金のルールに合わせるが、共済年金に合わせたり、
経過措置でそれまでのルールを残すものもある

❑加算などの期間要件は共済年金と厚生年金を通算するものとしない
ものがある

❑職域年金は企業年金扱いの年金払い退職給付に衣替えした

■公的年金の2階部分は厚生年金だけになった

2015（平27）年10月1日より共済組合の長期給付（共済年金）は厚生年金となった。それまでの共済年金は主に公務員を対象とした制度で、国家公務員共済組合、地方公務員共済組合、日本私立学校振興・共済事業団（私立学校の教職員が対象）の3つの組合に分かれていた。

共済年金では、老齢年金のことを退職共済年金と呼んでいる。仕組みは民間の厚生年金とほぼ同じであるが、3階部分に職域年金（職域加算、職域部分と呼ばれることもある）という独自給付を持つのが大きな特徴である。職域年金は民間の企業年金に当たるものだが、2階部分と同様に公的年金として扱われていた（図表2-1-24）。

■厚生年金保険に4つの被保険者の種別ができた

厚生年金保険の被保険者は、一元化によって新たに4つの種別に分類された。一元化前の実施機関ごとに区分されたが、従来の制度とのつながりがわかるように呼称が設けられた（図表2-1-25）。

実施事務は、従来の実施機関（日本年金機構、各共済組合）が引き続き行う。従来は共済年金と厚生年金など複数に加入歴がある場合、実施機関ごとに年金請求書を提出する必要があったが、一元化後は複数の制度の加入歴がある人も年金請求書の提出はどこか1カ所の実施機関でよくなった（ワンス

図表2-1-24　一元化による共済年金の支給構成の変化

	［一元化前］		［一元化後］
3階	職域年金	⇒	年金払い退職給付
2階	厚生年金相当額		老齢厚生年金
1階	老齢基礎年金		老齢基礎年金

(注)「厚生年金相当額＋職域年金」が共済年金制度の退職共済年金

図表2-1-25　一元化後の厚生年金保険被保険者の種別と呼称等

一元化前の該当者	種別	呼称	略称
従来の厚生年金保険被保険者	第1号厚生年金被保険者	一般厚年被保険者	一般厚年
国家公務員共済組合の組合員	第2号厚生年金被保険者	国共済厚年被保険者	公務員厚年
地方公務員共済組合の組合員	第3号厚生年金被保険者	地共済厚年被保険者	
私立学校教職員共済制度の加入者	第4号厚生年金被保険者	私学共済厚年被保険者	私学厚年

トップサービス)。ただし、該当する実施機関に提出しなければならない請求書も一部ある。例えば、障害年金の請求書は一元化後も初診日に加入していた実施機関に提出する必要がある。

　ワンストップサービスは、年金相談でも可能になった。一元化後に受給権が発生する複数制度の加入歴の厚生年金については、年金事務所でも共済組合でも相談に応じることになった。

■制度の違いは原則として厚生年金に合わせる

　厚生年金と共済年金はほぼ同じ仕組みであるが、いくつかの制度的差異(制度による違い)もある。一元化後は、制度的差異は原則として厚生年金

┃知って得する補足知識┃ 同じ厚生年金でも支給は別々

　一元化後に支給される年金は厚生年金になるが、今後もそれぞれの実施機関が支給する。例えば、厚生年金保険に5年、共済組合に30年の加入歴があれば5年分は日本年金機構から、30年分は共済組合から支給される。

に合わせることとなった。厚生年金に合わせる主な制度的差異は**図表2-1 26**のとおりである。

　障害年金と遺族年金に求められる保険料納付要件（保険料納付3分の2以上または直近1年の納付）は、共済年金（障害共済年金、遺族共済年金）では求められないのが大きな特徴だった。

　遺族年金では、厚生年金と共済年金の差異が大きい。遺族共済年金では遺族となる夫、父母、祖父母に年齢制限がなく、障害児は20歳を超えても受給することができた。また、未支給年金は、厚生年金では生計同一だけが要件だったのに対し、共済年金は遺族の生計維持が求められていた。一元化後は厚生年金に合わせて遺族の範囲は広がったが、相続人（生計維持は求められないので独立生計の子などでもよい）の受給はできなくなった。

　遺族共済年金の大きなメリットだった転給は廃止された。一元化前にすでに遺族共済年金を受給していても、一元化（2015〈平27〉年10月1日）以降に受給者が死亡すれば次順位者がいても転給はされない。

知って得する補足知識　公務員の再任用制度

　民間企業の定年後の雇用延長と同様に、平成25年度から公務員にも公的年金の支給開始年齢までの再任用制度が導入されている。再任用はフルタイム勤務と短時間勤務があり、フルタイム勤務の場合は共済組合の組合員として厚年被保険者（第2号、第3号）となる。短時間勤務では、民間と同じ4分の3要件（平成28年10月以降は週20時間以上などに変更）を満たせば第1号厚年被保険者（健康保険は「共済組合」）、それ以外は非適用（健康保険は任意継続または国民健康保険）となる。また、再任用職員には退職手当がないため雇用保険（短時間勤務でも民間と同じ週20時間以上などの要件を満たせば該当）に加入する。なお、国家公務員の定年年齢は2023（令5）年度から2年ごとに65歳へ引き上げられることとなった（2023年度61歳→2031年度65歳）。定年年齢引き上げ期間中は暫定再任用（再任用制度と同じ内容）が適用される。

図表2-1-26　厚生年金に合わせる主な制度的差異

事項	一元化前		一元化後
	厚生年金	共済年金	
加入年齢	70歳未満	年齢制限なし（私学共済は70歳未満）	70歳未満
保険料・年金額の算定基礎	標準報酬制（標準報酬月額、標準賞与額）	地共済は手当率制（「基本給×1.25」「期末勤勉手当」）※国共済と私学共済は標準報酬制	標準報酬制
在職老齢年金 ※一元化時点の差異。2022（令4）年4月からは低在老・高在老とも高在老の制度に一本化された ※2024（令6）年度の支給停止調整額（支給停止の基準額）は50万円	65歳前：28万円が支給停止の基準額（低在老）65歳以降：47万円が支給停止の基準額（高在老）※厚年から共済の場合は支給停止なし	共済から共済の場合：28万円が支給停止の基準額（60歳以降の全年齢共通）共済から厚年の場合：47万円が支給停止の基準額（60歳以降の全年齢共通）※共済在職中は職域年金支給停止	65歳前：28万円が支給停止の基準額 65歳以降：47万円が支給停止の基準額 ※2022年4月からは高在老（65歳以降）の制度に一本化
障害年金の在職支給停止	なし	あり（共済在職は低在老、厚年在職は高在老）	なし
障害年金、遺族年金の保険料納付要件	あり	なし	あり
遺族の範囲	配偶者、父母、祖父母、子、孫・夫、父母、祖父母は55歳以上で60歳になるまで支給停止（夫が遺族基礎年金を受給できる場合は支給停止なし）・子、孫は18歳年度末（障害児は20歳未満）まで	配偶者、父母、祖父母、子、孫・夫、父母、祖父母は年齢制限はないが60歳になるまで支給停止（夫が遺族基礎年金を受給できる場合は支給停止なし）・子、孫は18歳年度末（障害児は年齢制限なし）まで	厚生年金の条件に統一
遺族年金の転給	なし	あり	なし
未支給年金の範囲	生計を同じくしていた3親等以内の親族	遺族（生計を維持していた配偶者、子、父母、孫、祖父母）。遺族がいないときは相続人	生計を同じくしていた3親等以内の親族
職域年金	なし	あり	なし

■共済年金に合わせるものもある

　共済年金に合わせる場合は、おおむね一元化前の厚生年金より有利になる。共済年金に合わせる主な制度的差異は**図表2-1-27**のとおりである。

　在職老齢年金の受給者が退職したときは、一元化前の厚生年金では資格喪失日（退職日の翌日）の翌月から在職中の期間が反映されて年金額が改定されていた。そのため、月末退職の場合は資格喪失日が翌月となり退職翌月ではなく翌々月の改定となっていた（**図表2-1-28**）。共済年金に合わせることにより、月末退職でも翌月から年金額が改定されることになった。

　なお、退職改定の変更は在職老齢年金の支給停止解除にも適用される。在職中に一部または全部の年金額が支給停止されていた場合、支給停止が解除されるのは資格喪失日の翌月からだった。そのため、退職日が月末の場合退職した翌月は退職しているにもかかわらず支給停止の年金を受給していた。一元化後は退職日の翌月から支給停止が解除される。

　一元化前の厚生年金保険と国民年金の関係では、同月内に入社と退職がある場合（同月得喪）、厚生年金保険と国民年金の保険料を二重負担していた。つまり厚生年金保険料を負担すれば国民年金第2号被保険者になるにもかかわらず、第1号被保険者としての国民年金保険料も負担する必要があった。しかも資格期間としては厚生年金の資格期間にはなるが、国民年金は変更後の種別（国年法11条の2）となるため第2号被保険者期間にはならず第1号被保険者期間となり、保険料を納めなければ受給資格期間に1カ月の空白が生じることになる。一方、共済年金では共済年金保険料（掛金）は徴収されずに共済年金の資格期間にもならず、国民年金保険料のみ負担して国民年金（第1号被保険者）の資格期間とされていた。

　一元化後は共済年金のルールに統一された。例えば、4月1日に入社した人が4月20日に退職し、国民年金第1号被保険者となった場合、4月は国民年金保険料のみを負担し国民年金第1号被保険者期間となる。

　年金額の端数調整とは、年額と各期支払額との端数調整のことである。年金額自体は年額だが、実際には年6回に分けて支払われる。そのため年額を分割計算するときに1円未満の端数が出る。例えば、2024年度の老齢基礎年

図表2-1-27　共済年金に合わせる主な制度的差異

事項	一元化前		一元化後
	厚生年金	共済年金	
年金額の退職改定	資格喪失日（退職日の翌日）の属する月の翌月から改定	退職日の属する月の翌月から改定	退職日の属する月の翌月から改定
同月得喪の被保険者期間の計算	資格を取得した月に資格を喪失し、同月内に国民年金の資格を取得したときは厚生年金の資格期間とする（保険料は、厚生年金、国民年金とも負担）	資格を取得した月に資格を喪失し、同月内に国民年金の資格を取得したときは国民年金の資格期間とする（保険料は、国民年金のみ負担）	共済年金の条件に統一
年金額の年額と支払額の端数調整	年額を各支払期（年6回）の支払額に割ったとき1円未満の端数は切り捨て	1円未満の端数を切り捨てた分の合計額（年額との差額）は年度の最終支給時（2月）に加算	共済年金の条件に統一

図表2-1-28　年金額の退職改定と支給停止解除

〔退職改定〕

退職日 資格喪失日
9.30▼ ▼10.1

一元化前	9月 在職中の年金額	10月 在職中の年金額	11月 退職改定後の年金額

退職日 資格喪失日
9.30▼ ▼10.1

一元化後	9月 在職中の年金額	10月 退職改定後の年金額	11月 退職改定後の年金額

〔支給停止解除〕

退職日 資格喪失日
9.30▼ ▼10.1

一元化前	9月 支給停止	10月 支給停止	11月 支給停止解除

退職日 資格喪失日
9.30▼ ▼10.1

一元化後	9月 支給停止	10月 支給停止解除	11月 支給停止解除

金813,700円（既裁）の１回分の支払額は２カ月分で「813,700円÷6回＝135,616.66…円」となる。その際、１円未満は切り捨てられて135,616円が支払われる。しかし、１年間では「135,616円×6回＝813,696円」となって４円少なくなってしまう。そのため、一元化後は年度末最終支給月の２月だけは「135,616円＋4円＝135,620円」の支給として年額に合わせることになった。

■女性の支給開始年齢は一元化後もそのまま

　例外的に制度的差異を残す事項もある（図表2-1-29）。女性の支給開始年齢は、厚生年金では男性より５年遅れだが、共済年金では男女同じである。しかし、時間とともに解消されるので経過措置として存続することとされた。

　なお、一元化後も在職を続ける場合は一元化後の部分は新たな厚生年金になるが、支給開始年齢は一元化後の厚生年金保険被保険者期間（第２号～第４号厚年期間）も含めてそのままとなる。

　その他、保険料率は厚生年金保険にそろえるが、当面は段階的に移行していく。一般厚年（民間の厚生年金保険）は2017（平29）年９月に18.30％の上限に達したが、公務員共済は2018年９月、私学共済は2027（令9）年４月に18.30％に達して統一される。

■一元化後に導入された新ルールと加入期間合算のルール

　一元化に伴い新しくなるルールや過去に厚生年金と共済年金の両制度の加入歴がある場合に注意する点がある（図表2-1-30）。

　一元化前の年金額（年額の年金給付額）は、100円未満を四捨五入するので100円単位（50円未満切り捨て、50円以上切り上げ）だった。しかし、一元化後は１円未満を四捨五入する１円単位（50銭未満切り捨て、50銭以上切り上げ）に変更された。ただし、例外的に100円単位のままのものもある（図表2-1-31）。また、老齢基礎年金のように満額は100円単位だが満額以外の場合は１円単位といったケースもある。

　厚生年金保険被保険者期間と共済組合などの複数の加入期間を持つ場合は、受給資格判定で期間を合算するものと合算しないものがある（図表2-1-

図表2-1-29　制度的差異を残す事項

事項	一元化前		一元化後
	厚生年金	共済年金	
女性の支給開始年齢の引き上げ	男性より5年遅れで実施	厚生年金の男性と同じスケジュールで実施	もとの制度と同じ

(注) 一元化後の公務員等の厚生年金保険被保険者期間（第1号厚年除く）部分についても、女性の支給開始年齢は従来と同じ

図表2-1-30　一元化に伴う新ルールと加入期間の合算

事項	一元化前	一元化後
年金給付額（年額）の単位	100円未満を四捨五入する	1円未満を四捨五入する。老齢基礎年金の満額、加給年金などは100円未満四捨五入のまま
在職老齢年金の停止	厚生年金と共済年金それぞれの制度を適用	共済年金の受給者が一元化をまたいで在職した場合は激変緩和措置あり
加入期間の合算	特別支給の要件（1年以上）、加給年金の判定などは制度ごとに計算	両制度を合算して計算（合算して1年以上あれば特別支給受給、合算して20年あれば加給年金受給）。ただし、長期加入者の特例などは合算による計算はしない

図表2-1-31　一元化後の年金額の単位

100円単位	1円単位
老齢基礎年金（満額）	老齢基礎年金（満額以外）
	老齢厚生年金
加給年金	振替加算
配偶者の特別加算額（加給年金）	
障害基礎年金（2級）	障害基礎年金（1級）
障害厚生年金3級の最低保障額	障害厚生年金
遺族基礎年金	寡婦年金
	遺族厚生年金
中高齢寡婦加算	経過的寡婦加算

(例) 403カ月の納付月数の老齢基礎年金（2024年度額〈既裁定者〉）
　　　計算式：813,700円×403／480＝683,168.95……円
　　　一元化前：683,200円（100円単位）
　　　一元化後：683,169円（1円単位）

32)。期間合算で発生する加算については、按分ではなく優先順位の高い年金に加算される。加給年金の場合は、加算開始時期が最も早い年金に加算され、時期が同じ場合は加入期間の長い年金に加算される。また、中高齢寡婦加算の期間合算では加入期間が最も長い年金に加算され、長さが同じ場合は「第1号厚年→第4号厚年」の優先順位になる。

図表2-1-32　加入期間の合算ルール

受給資格判定期間項目	合算される	合算されない
特別支給の老齢厚生年金（1年〈12カ月〉）	○	
加給年金（20年〈240カ月〉）	○	
振替加算（20年〈240カ月〉）	○	
中高齢寡婦加算（20年〈240カ月〉）	○	
脱退一時金（外国人）	○	
長期加入の特例（44年〈528カ月〉）		○
定額部分の頭打ち計算（40年〈480カ月〉）		○
経過的加算の頭打ち計算（40年〈480カ月〉）		○
中高齢者の短縮特例（40歳以降15年）		○
船員の支給開始年齢の特例		○

(例)厚生年金加入期間5年、共済年金加入期間15年の受給者
　→一元化前は厚生年金、共済年金とも加給年金の受給資格なし
　　一元化後は「5年＋15年＝20年」になるので加給年金の受給資格発生

　複数加入期間者が老齢厚生年金の繰上げや繰下げを行う場合は、同時に行わなければならない。

　その他、複数の加入期間がある場合の障害年金、遺族年金は、細かい点に違いはあるが、それぞれの期間ごとに年金額を計算してから合算する。合計加入期間300カ月に満たない場合は、300カ月とみなして合算額をもとに計算する。とりまとめは初診日あるいは死亡日に加入していた実施機関（遺族厚生年金の長期要件は老齢厚生年金と同じくそれぞれの実施機関）が行い、年金額の決定・支給を行う。

知って得する補足知識　一元化と加給年金

　加給年金は、厚生年金5年、共済年金15年というように期間合算により20年の要件を満たしたときは加算される。一方、加入期間20年以上の人でも、期間合算により配偶者も20年になった場合は逆に加算されなくなる。ただし、一元化前にすでに加給年金の加算が始まっている場合はそのまま加算が続けられることとされている。振替加算も同様である。

　複数の加入期間がある場合の離婚分割は、すべての期間についてまとめて分割実施や按分割合を決定しなければならない。従来のように厚生年金と共済年金で別々に分割実施や按分割合を決めることはできなくなった。

■職域年金は廃止されるが年金払い退職給付が新設

　一元化により共済年金の職域年金（3階部分）は廃止されたが、代わりに年金払い退職給付（法律上の呼称は「退職等年金給付」）が新設された。年金払い退職給付は公的年金とは切り離され、民間の企業年金の扱いになる。なお、一元化前の加入期間部分の職域年金はそのまま支給される。

　職域年金と年金払い退職給付の主な違いは**図表2-1-33**のとおりである。

図表2-1-33　職域年金と年金払い退職給付の比較

	年金払い退職給付	職域年金
モデル年金額	月額約1.8万円	月額約2万円
財政方式	積立方式（給付設計はキャッシュバランス方式）	賦課方式
支給	・半分は終身年金 ・半分は有期年金（20年または10年） ※有期年金は一時金選択も可	終身年金
支給開始	65歳（60歳まで繰上げ可） ※在職中は支給停止	65歳（60歳まで繰上げ可） ※在職中は支給停止
遺族給付	・終身年金部分は遺族給付なし ・有期年金部分は残余部分を一時金として支給 ※公務による死亡は公務遺族年金を支給	職域年金支給額の4分の3を支給（終身）
障害給付	なし ※公務による障害は公務障害年金を支給（在職中は支給停止）	障害年金支給
加入年齢	70歳以降も加入 ※私学共済（第4号厚年）は70歳になるまで	70歳以降も加入 ※私学共済は70歳になるまで
掛金（保険料）	別途負担（労使折半で上限1.5%〈本人負担0.75%〉）	共済年金の掛金のみ
離婚分割	離婚分割の対象とならない	離婚分割の対象となる

(8) 公的年金制度の改革動向

> **●理解のためのキーポイント**
>
> ❑ 少子高齢化社会の到来により、給付と保険料負担のバランスに考慮
> しつつ長期に安定した制度づくりが求められている

　わが国の公的年金制度は、2023（令5）年3月末現在、加入者数約6,744万人、受給者数約3,975万人、年金支給総額は約55兆7,211億円に達している。公的年金等を受給している65歳以上の高齢者世帯で公的年金等に80％以上依存する世帯の割合は、5割超に達する。公的年金の果たす役割はますます重要になってきているといえるが、少子高齢化社会の到来により、給付と保険料負担のバランスに考慮しつつ長期に安定した制度づくりが求められている。

■多くの変更があった2004年の年金大改正

　2004（平16）年の年金制度改正では、急速な少子高齢化の進行や、高齢者・女性などの多様な生き方・働き方などに対応するために、保険料・在職老齢年金・離婚時の年金分割などをはじめ多くの点に変更が加えられた。

●2004（平16）年10月より施行

・厚生年金保険料率13.58％を13.934％へ引き上げ、以後毎年0.354％引き上げる。2017（平29）年以降は18.30％で固定

・基礎年金国庫負担割合（現行3分の1）を2009（平21）年度までに2分の1へ引き上げ（2009年4月から開始された）

・年金額の自動調整（マクロ経済スライド）システムの導入

・標準的な年金受給世帯の給付水準は現役世代平均収入の50％以上確保

・確定拠出年金の拠出限度額を引き上げ

●2005（平17）年4月より施行

・国民年金保険料の引き上げ

　　月額13,300円（2004年度価格）を280円引き上げ13,580円とする。以後

　毎年4月に280円ずつ引き上げる。2017（平29）年以降は16,900円

・国民年金保険料未納対策、若年者に対する納付猶予制度の創設

・第3号被保険者の過去の未届期間を保険料納付済期間とする特例届出の実施

・国民年金保険料免除申請の遡及

・60歳台前半の在職老齢年金の一律2割支給停止を廃止

・育児休業中の保険料免除期間を子が1歳未満から3歳未満までに延長

・厚生年金基金の免除保険料率の引き上げ凍結解除

・厚生年金基金の解散の特例措置

●2005年10月より施行

・確定拠出年金資産の中途引き出し要件の緩和

・企業年金間での年金資産移動が可能となる

●2006（平18）年4月より施行

・障害基礎年金と老齢厚生年金等との併給が可能となる

・障害基礎年金等の保険料納付要件に関する特例措置の延長

・年金積立金管理運用独立行政法人の創設

●2006年7月より施行

・国民年金保険料の免除を所得に応じて4段階へ移行

●2007（平19）年4月より施行

・婚姻期間中の厚生年金を離婚時に夫婦で分割可能とする（合意分割）

・70歳以上の被用者の老齢厚生年金を賃金に応じて調整（減額）

・65歳以降の老齢厚生年金の繰下げ制度の導入

・65歳以降の遺族年金は妻の老齢年金を全額支給後に差額分を支給

・子のない30歳未満の妻への遺族年金を5年間の有期給付とする

・中高齢寡婦加算の支給を夫死亡時35歳から40歳の妻へ年齢を引き上げ

●2008（平20）年4月より施行

・第3号被保険者期間にかかる厚生年金を離婚時に夫婦で2分割する（3号分割）

・保険料納付や給付見込額などの年金個人情報を定期的に通知

●2009（平21）年4月より施行

・現役加入者全員に対し「ねんきん定期便」の送付が始まる。保険料納付実績や年金額の見込みなど、年金に関する情報を誕生月に送付

〔その他2004年改正以外の重要な改正（2011年まで）〕

・政府管掌の厚生年金保険事業、国民年金事業は、新たに「日本年金機構」を設立し厚生労働大臣の監督のもとで機構が業務運営を担う。日本年金機構は2010（平22）年1月発足した。従来の社会保険事務所は、年金事務所に衣替えした

・2007（平19）年春に発覚した年金記録問題（いわゆる消えた年金問題）関連で年金時効特例法（記録漏れの分に限り5年の時効を適用しない。2007年7月6日施行）、遅延特別加算金法（年金時効特例法による記録の訂正により支払われる時効特例給付については、現在価値に見合うように加算金を支給。2010〈平22〉年4月30日施行）などが施行されている

■2012年以降の新たな制度改正

●2012（平24）年10月より施行

・2012年10月から2015年9月までの3年間に限り、時効で納めることができなかった国民年金保険料について、過去10年分まで納めることができる「後納制度」を実施

●2013（平25）年7月より施行

・第3号被保険者の記録不整合問題（夫の退職により第3号から第1号になったにも関わらず第3号のままになっている問題）について以下のような対処をする

①不整合期間はカラ期間とする

②過去10年間の追納（特例追納）を認める（2015〈平27〉年4月～2018年3月の3年間の時限措置）

③受給者の年金額を訂正（最大10％）※実施は2018年4月から

④再発防止策として事業主、健保組合等を経由して第3号でなくなったことを届け出る（実施は2014年12月から）

●2014（平26）年4月より施行（年金機能強化法の一部）

〔給付関係〕

- 遺族基礎年金の父子家庭への給付を行う

  ※遺族基礎年金の遺族対象が、従来の「子」か「子のある妻」から「子」か「子のある配偶者」になった。第３号被保険者の妻の死亡でも、夫が年収850万円未満などの生計維持要件を満たしていれば夫に遺族基礎年金が支給される

  ※この改正に伴い、遺族厚生年金の「子が夫に優先して支給」が「夫が子に優先して支給」に改定された（夫が遺族基礎年金と遺族厚生年金を受給できる）。なお、会社員などの妻の死亡時に夫が55歳以上であれば夫に遺族厚生年金の受給権が発生するが、60歳になるまでは支給停止となる。改正により、夫が遺族基礎年金を受給中は遺族厚生年金も支給停止が解除されることとなった

- 70歳到達後に繰下げ申出を行った場合でも、70歳時点に遡って申出があったものとみなす（申出が70歳より遅れても70歳からの増額年金が受け取れる）

  ※ただし、75歳を過ぎると５年の時効にかかり、５年より前の分は受け取れなくなる。また、65歳以降に受給権を獲得した場合は、受給権獲得時から５年間繰下げが可能（例：68歳で受給権が発生した場合、73歳まで繰下げが可能）

- 障害年金受給権者については、請求の翌月からでなく、障害状態にあると判断されるときに遡って障害者特例による支給を行う

  ※例えば、障害年金を受給している人が61歳で特別支給の老齢厚生年金の受給権を取得し、62歳で障害者特例を請求した場合、61歳に遡って報酬比例部分と定額部分の障害者特例による年金が受けられる

- 障害年金の額改定請求の待機期間の一部緩和

  ※障害が悪化した場合の障害年金額改定請求は１年間の待機期間が必要だが、障害の悪化が明らかな場合は、即時請求が可能になった

- 未支給年金の請求範囲を、生計を同じくする３親等以内の親族（甥、姪、おじ、おば、子の配偶者、配偶者の父母等が新たに加わる）に拡大する

〔保険料関係〕

- 厚生年金保険、健康保険等について、次世代育成支援のため、産前産後休業期間中の保険料免除（労使とも）を行う
- 国民年金の保険料免除の遡及期間を２年間に拡大

  免除（全額申請免除、一部免除、学生納付特例、若年者納付猶予）の該

当範囲を「前年の所得」から「当該保険料を納付することを要しないものとすべき月（つまり2年前の時効成立の月）の属する月の前年の所得」に改正。このため、最大2年1カ月前（時効は2年前だが、納付期限は翌月末であるため）まで遡って免除申請が可能になった

※従来は、申請直前の7月（学生納付特例は4月）までだったので最大1年間しか遡れなかった

※失業や災害による特例免除も同様に2年1カ月遡っての申請が可能になった（失業・災害発生の翌々年6月まで申請可能）

・付加保険料の未納分を国民年金保険料と同様に、過去2年分まで納付可能とする

※付加保険料の申込み後の未納分が対象で、遡って加入申込みはできない。従来は、本体の国民年金保険料と異なり、納付期限（翌月末）を過ぎた付加保険料は納めることができなかった

・法定免除期間における保険料納付および前納を可能とする

※従来は、法定免除期間は保険料を納めることができなかった（追納は可能）。また、遡って法定免除になった場合、法定免除期間に納めていた保険料は還付になっていたが、改正後は納付済みのままとすることもできる

〔その他〕

・国民年金の任意加入（60歳以上の任意加入を除く）の未納期間を受給資格期間に算入する

※従来は、任意加入を申し込んでも未納であれば受給資格期間に算入されなかったが、改正後はカラ期間の扱いになる

・年金受給者が所在不明になって1カ月以上経過した場合、届出義務を世帯員に課す

●2015（平27）年4月より実施

・マクロ経済スライドが初の実施

※2004（平16）年10月に施行後、デフレが長引いた影響で一度も実施されなかったが、初めて実施された。スライドの調整率（現役被保険者の減少と平均余命の伸び率を反映した率）は0.9%。この結果、2015年度の年金額は、2.3%増となるところ0.9%減額された1.4%増となった

・新たな年金記録訂正決定等の実施

※消えた年金記録問題で設置された総務省の年金記録確認第三者委員会での調査審議の業務は2015年3月末で終了し、新たな年金記録訂正請求の受付・調査を年金事務所

の窓口で行うこととなった。訂正決定等の実施は2015年4月1日から

●2015年10月より施行

〔被用者年金一元化法〕

・厚生年金に公務員及び私学教職員も加入し、2階部分の年金は厚生年金に統一する

・共済年金の1・2階部分の保険料を段階的に引き上げ、厚生年金の保険料率(上限18.3%)に統一する(完了は公務員2018〈平30〉年9月、私学教職員2027〈令9〉年4月)

〔その他〕

・後納制度終了後、過去5年間の保険料を納付できる制度を創設(2018年9月までの時限措置)

●2016(平28)年7月より施行

・若年者納付猶予制度の対象者を30歳未満から50歳未満に拡大(2025〈令7〉年6月までの時限措置)。名称は「納付猶予制度」に変更

●2016年10月より施行

・短時間労働者に対する厚生年金保険・健康保険の適用拡大を行う
　①週20時間以上、②月額賃金8万8,000円以上、③勤務期間1年以上、④学生は適用除外、⑤従業員501人以上の企業に対して行う

・厚生年金保険の標準報酬月額が30等級から31等級に改定

　※厚生年金保険の短時間労働者への適用拡大に伴い、厚生年金保険の標準報酬月額の下限に88,000円(報酬月額93,000円未満)が追加されて第1等級に。改正前の第1等級98,000円(101,000未満)は第2等級(93,000円以上101,000未満)となって以下順送りで第31等級620,000円(605,000円以上)までとなる

・厚生年金保険加入の4分の3要件変更と法律への明文化(厚年法12条)

　※厚生年金保険(健康保険も同じ)適用が「1日または1週間の所定労働時間および1カ月の所定労働日数が通常の労働者のおおむね4分の3以上」から「1週間の所定労働時間および1カ月の所定労働日数が通常の労働者の4分の3以上」に変更。1日の基準がなくなり、「おおむね」もなくなって明確化された

●2017(平29)年4月より施行

・短時間労働者に対する厚生年金保険等の適用拡大を500人以下の企業等でも可能とする(国・地方公共団体は規模にかかわらず適用)

※2016年10月1日施行の501人以上の企業の①〜④の適用拡大条件を労使合意があれば
　500人以下の企業等でも可能とする

●2017年8月より施行

・受給資格期間25年を10年に短縮

　※消費税10％実施が再延期となったため、消費税と切り離して施行

●2018（平30）年4月より施行

・マクロ経済スライドについて年金の名目額が前年を下回らない措置を維持しながら、賃金・物価上昇の範囲内で前年度までの未調整分を含めて調整（引き下げられなかった分のキャリーオーバーが可能になる）

●2019（平31）年4月より施行

・国民年金第1号被保険者の産前産後期間の保険料の免除。免除期間は満額の基礎年金とし、財源として国民年金保険料を月額100円引き上げる（国民年金保険料の上限が16,900円から17,000円に変更）

●2019（令元）年10月より施行

・消費税10％実施に合わせて年金生活者支援給付金（年金を含む所得が一定以下の者に年金に上乗せして支給）の支給を開始

　※基準額は月額5,000円（年6万円）で毎年度改定。2024年度は月額5,310円

●2020（令2）年9月より施行

・厚生年金保険の標準報酬月額62万円の上限が65万円に変更され、31等級が32等級になった

●2021（令3）年4月より施行

・賃金変動が物価変動を下回る場合は賃金変動に合わせて年金額を改定する考え方を徹底

　※例えば、現行は賃金と物価がともにマイナスで物価より賃金の下落が大きい場合には物価で改定されているなど現役世代に不利に働く問題がある

・短期滞在の外国人に対する脱退一時金の支給上限年数が従来の3年から5年に引き上げられた

●2022（令4）年4月より施行

・年金手帳の廃止

　※新規の交付や再交付が廃止され、新たに被保険者となった者には、基礎年金番号通知

書が送付される。既存の年金手帳はそのまま使える

・繰下げ受給の上限を70歳から75歳に拡大

※増額率は1カ月につき0.7%で変わらず。75歳受給開始で84%増額

・繰上げ受給の減額率を1カ月につき0.5%から0.4%に緩和

・60歳台前半の在職老齢年金の支給停止基準の緩和

※支給停止調整額を28万円から47万円に緩和。60歳台後半の在職老齢年金の支給停止の仕組みと一本化

・65歳以上の在職老齢年金に在職定時改定の導入

※65歳以上70歳未満の在職老齢年金受給者に対して毎年9月1日を基準日として前年9月から当年8月までの被保険者期間を算入して10月分から年金額を改定。従来は退職時と70歳時のみ改定されていた。60歳台前半は在職定時改定なし

・加給年金の支給停止規定の見直し

※配偶者が20年以上の厚生年金保険被保険者期間があって受給権が発生すると配偶者が全額支給停止でも加給年金が支給停止になる（従来は全額支給停止の場合は加給年金が支給されていた）

●2022（令4）年10月より施行

・短時間労働者に対する社会保険適用が101人以上の企業に拡大

※2016年10月の社会保険（厚生年金保険、健康保険）の適用拡大（501人以上）が従業員101人以上の企業に拡大。要件は基本的に同じだが、「勤務期間1年以上」が「勤務期間2カ月超」に変更

・5人以上の個人事務所のうち法律・会計業務を行う士業（弁護士、税理士、社会保険労務士など）を社会保険の適用業種に追加

●2023（令5）年4月より施行

・70歳以降に繰下げ請求ではなく一時金選択した場合の増額支給

※5年前に繰下げ申出があったものとみなして5年前時点の増額率で一時金を支給。年金受給権は5年で時効消滅するため、70歳以降に一時金請求すると5年より前の分の支給が受けられなくなることに対する救済措置

●2024（令6）年3月より施行

・国民年金保険料の前納（6カ月、1年、2年）が途中月から開始可能に

※割引額は残りの期間に応じて決まる。早割（当月口座振替納付）は60円割引に

●2024（令6）年10月より施行

・短時間労働者に対する社会保険適用が51人以上の企業に拡大

年金制度改正法(2020〈令2〉年6月5日公布)による公的年金関連の主な改正

❏受給開始時期の選択を60歳～75歳に拡大(2022〈令4〉4.1施行)

　公的年金の本来の支給開始時期は65歳だが、改正前は60歳までの繰上げ受給（減額）、70歳までの繰下げ受給（増額）が選択できた。改正により、以下の点が見直された。

〔繰上げ受給〕減額率の緩和

・改正前の減額率は1カ月につき0.5％→最大60歳受給開始で30％減額
　改正後の減額率は1カ月につき0.4％→最大60歳受給開始で24％減額

・対象となるのは、1962（昭37）年4月2日生まれ以降の者。1962年4月1日生まれ以前の者は、65歳前でも繰上げ減額率は0.5％となる

〔繰下げ受給〕受給開始時期を75歳まで延長

・改正前の増額率は1カ月につき0.7％→最大70歳受給開始で42％増額
　改正後の増額率は1カ月につき0.7％→最大75歳受給開始で84％増額

・対象となるのは、1952（昭27）年4月2日生まれ以降の者。1952年4月1日生まれ以前の者は、70歳までの増額率での繰下げ請求しかできない

❏在職老齢年金の見直し（2022〈令4〉4.1施行）

〔60歳台前半の在職老齢年金〕支給停止基準の緩和

　改正前は支給停止開始の基準額は28万円だったが47万円（2024年度は50万円）に緩和された。60歳台後半の支給停止基準（支給停止調整額）と同じになり、在職老齢年金の支給停止の仕組みが一本化された。

〔在職定時改定の導入〕65歳以上70歳未満の在職中も毎年年金額が増加

　改正前の在職老齢年金の年金額改定は、退職時、65歳時、70歳時に限られていた。そのため、在職中の加入実績分は改定時まで年金額に反映されなかった。改正により、在職中でも毎年年金額の改定が行われて年金額が段階的に増額していくことになった。改正前に比べると70歳時点の年金額は同じだが、毎年の増額分だけ70歳になるまでの年金額を多く受給できる。

・基準日（毎年9月1日）に前年9月から当年8月までの被保険者期間と保険料を追加し、10月分の年金額から改定される

・初回の改定対象は65歳の誕生月から基準日（9月1日）までの期間となり、最後の改定対象は69歳の基準日から70歳の前月までの期間となる

❏加給年金の支給停止措置の見直し（2022〈令4〉4.1施行）

　加給年金は、厚生年金保険の被保険者期間が20年以上あり、生計を維持している配偶者または子（18歳到達年度前等）がいる場合等に支給（受給者本人の年金に加算）される。しかし、配偶者が20年以上の厚生年金保険の被保険者期間の老齢厚生年金の受給権を得たときや障害年金の受給権を得たときは、加給年金は支給停止となる。

　改正前は、配偶者がこれらの受給権を得ても全額支給停止されている場合は、加給年金が支給されていた。改正後は、全額停止の場合でも加給年金は支給停止されるようになった（2022年3月時点で加給年金が支給されている場合は支給継続の経過措置あり）。なお、障害年金に関しては変更はなく、配偶者の障害年金が支給停止されている場合は加給年金は支給される。

❏短時間労働者に対する社会保険の適用拡大（2022〈令4〉10.1施行）

　2016（平28）年10月から短時間労働者に対する社会保険（厚生年金保険、健康保険）の適用が週労働時間20時間以上、月額賃金8万8,000円以上などの要件に該当した従業員501人以上の企業から始まった。今回の改正は適用拡大の第2弾で、従業員101人以上の企業に拡大された。従業員規模以外の変更点は、「勤務期間1年以上の見込み」の要件が「勤務期間2カ月超の見込み」になったことである。2024（令6）年10月には、さらに従業員51人以上の企業に拡大される。

❏70歳以降の一時金選択に増額支給（2023〈令5〉4.1施行）

　繰下げ請求時には増額開始の代わりに65歳（受給権発生時）からの増額なしの本来額を一時金で請求し、以後は本来額で受給する選択もできる。しかし時効により5年より前の年金は受け取れない。繰下げ請求が75歳まで延長されるため、改正後は5年前の増額率で請求したものとみなした額を一時金で受給できるようになった。例えば72歳で一時金請求した場合は、67歳時の16.8％増しの年金額を一時金で5年分受給し、16.8％増の年金額で受給開始できる。なお、未支給年金・遺族厚生年金には「みなし増額」はない。

2. 企業年金と個人年金

(1) 企業年金と私的年金の概要

●理解のためのキーポイント

❑公的年金（国民年金、厚生年金）に対して私的年金（企業年金、個人年金）がある
❑企業が従業員のために制度運営している年金が企業年金、個人が任意に加入する年金が個人年金
❑中小企業退職金共済や小規模企業共済は公的な退職金制度だが広い意味では企業年金の一種

■企業年金は企業が設立・運営する年金

　国が運営する「公的年金」に対して、国以外が運営する企業年金と個人年金を併せて「私的年金」という（図表2-1-34）。そのうち企業が設立・運営し、主として企業が掛金を負担する年金を「企業年金」という。

　厚生年金基金、確定給付企業年金、確定拠出年金（企業型）では、企業（事業主）が拠出する掛金が全額損金算入（非課税）となる。こうした税制優遇措置のあるものを狭義の意味で企業年金と呼んでおり、確定拠出年金の掛金区分などでいう「他の企業年金」とは通常、厚生年金基金と確定給付企業年金が該当する。企業が制度運営していても、税制優遇措置の対象にならないものが自社年金である。中小企業退職金共済、特定退職金共済、小規模企業共済は公的な退職金制度あり、狭義では年金制度ではない。しかし、一定の要件を満たせば一時金だけではなく、分割払い（年金）の支給も可能であり、広義には年金制度としても機能している。なお、確定拠出年金の掛金区分などでいう「他の企業年金」には該当しない。

　これら広義の企業年金は、自社年金を除いて受給時にも税制優遇（一時金受給には退職所得控除、年金受給は公的年金等控除）が適用される。

図表2-1-34　私的年金の種類

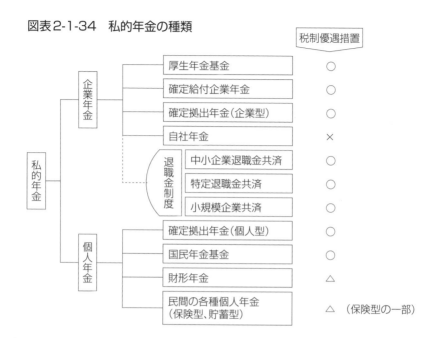

■個人年金は個人が任意に契約して行う年金

　個人が自分自身で掛金を負担する企業年金以外の私的年金を「個人年金」という。

　狭義の個人年金は、個人が生命保険会社、損害保険会社、ゆうちょ銀行、全労済、JA、銀行、信託銀行、証券会社などの金融機関と任意で契約して加入する。民間の個人年金は保険型と貯蓄型に分けられる。保険型は生命保険料控除があり、一定の要件を満たすと個人年金保険料控除が適用される。

　さらに、任意で加入する公的制度としての個人年金もある。財形年金は、企業が制度を導入して金融機関と財形契約を結び、従業員が任意に加入して給与、賞与からの天引きで積み立てていく。また、国民年金基金や確定拠出年金の個人型年金（iDeCo）も、個人が任意に加入できるという意味で広義の個人年金の一種である。ただ、こうした公的制度の個人年金は企業が支援したり補助ができるという意味では、企業年金の側面も持っている。

(2) 確定給付企業年金

●理解のためのキーポイント

❑確定給付企業年金には、規約型と基金型がある

❑基金型は厚生年金基金の代行部分をなくしたものとほぼ同じ制度

❑基金型は加入者数300人以上必要、規約型には人数要件はない

❑年金給付は終身または5年以上の有期年金で全額一時金選択も可能

■確定給付企業年金の規約型と基金型の仕組み

確定給付企業年金の概要は図表2-1-35のとおりである。規約型も基金型も、厚生年金保険適用事業者の被保険者（公務員を除く）が対象である。規約型は労使合意による年金規約を作成し、厚生労働大臣の承認を得る（確給法3条）。さらに企業が信託銀行、生命保険会社などと契約し、母体企業の外で年金資産の積立て・運用を行い、年金給付を行う（図表2-1-36）。

基金型は労使が基金設立に合意して規約を作成し、厚生労働大臣の認可を得る。さらに厚生年金基金と同様に代議員会などをつくって運営する。従来の厚生年金基金との主な違いは代行部分を持たないことである。

また、規約型を設立する場合は加入者数の要件はないが、基金型を設立する場合、常時300人以上の加入者が必要である。

■加入者に「一定の資格」を定めることもできる

確定給付企業年金の加入者は、厚生年金保険被保険者の全員が対象である。ただし、規約に定めれば次の「一定の資格」以外の者は加入者としないことができる。

① 一定の職種

　一定の職種の従業員のみ加入者とすること

※「職種」とは、研究職、事務職、営業職など労働協約・就業規則等で給与・退職金等の労働条件が他の職種の従業員とは別に規定されているもの

図表2-1-35　確定給付企業年金の概要

創　　　　　設	2002（平14）年4月
根　　拠　　法	確定給付企業年金法
運　　　　　営	規約型は事業主、基金型は企業年金基金
制　度　の　概　要	規約型は事業主が生命保険会社などと契約、基金型は企業年金基金を設立する。いずれも、主として事業主の拠出掛金を原資に年金資産を管理・運用し、年金給付を行う
設　　　　　立	厚生労働大臣の承認（規約型）または認可（基金型）が必要
企　業　規　模	規約型は特になし、基金型は加入者数300人以上
加　入　件　数	11,928件 ※2023年3月末現在 （参考）11,459件（規約型10,732件、基金型727件） 　　　　2022年3月末現在
加　入　員　数	911万人 ※2023.3.31現在
給　付　水　準	自由に設計可能
給　付　期　間	終身または5年以上の有期年金
一　時　金　の　選　択	全額可能
事　業　主　掛　金	全額損金
従　業　員　掛　金	生命保険料控除
年　金　受　給	雑所得（公的年金等控除適用）
退職一時金受給	退職所得（退職所得控除適用）
年　金　積　立　金	特別法人税課税（2026年3月まで凍結）

図表2-1-36　確定給付企業年金のスキーム

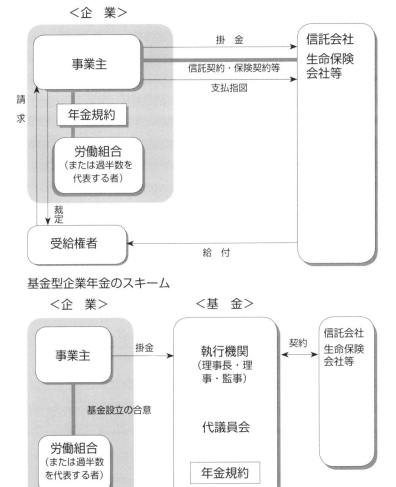

規約型企業年金のスキーム

基金型企業年金のスキーム

出所：厚生労働省資料

② 一定の勤続期間、一定の年齢

　「一定の勤続期間以上」または「一定の年齢以上または以下」の従業
員のみ加入者とすること

※見習い期間中または試用期間中、退職金の算定対象期間でないことなど加入者
　としないことに合理的な理由がある場合に限られる。「一定の勤続期間以上」の
　場合は5年以上、「一定の年齢以上」の場合は30歳以上、「一定の年齢未満」の
　場合は50歳未満の従業員は、少なくとも加入者とすること

③ 希望する者

　希望する者のみを加入者とすること。

※加入者が資格喪失を任意に選択できるものではなく、かつ将来にわたって安定
　的な加入者数の確保が制度設計上配慮されていること

④ 休職等の期間中でない者

　「休職等（育児休業、介護休業含む）期間の全部または一部」に該当
する従業員以外の従業員のみ加入者とすること

※退職金の算定対象期間外であることなど合理的な理由がある場合に限る

　以上の①、②（退職金算定対象期間外の者を除く）の場合、他の確定給付
企業年金、厚生年金基金、確定拠出年金（企業型）または退職手当制度（退
職一時金〈退職手当前払制度を含む〉）、③の場合は確定拠出年金（企業型）
または退職手当制度の代替措置が加入者とならない従業員に講じられている
ことが必要である。加入者とならない従業員に不当に差別的な扱いとならな
いようにするための措置である。

■掛金は原則事業主拠出、給付は全額一時金も選択できる

　事業主掛金の算定方法は、「定額」「給与等に一定率を乗ずる方法」「資格
取得時年齢等に応じた方法」「これらの組み合わせ」がある。掛金は原則と
して事業主が拠出するが、本人の同意があれば従業員拠出もできる。ただし、
従業員拠出分は事業主掛金を上回ることはできない。

　給付の種類は老齢給付金と脱退一時金は必須で、規約に定めることによっ

て障害給付金と遺族給付金も給付可能である。老齢給付金の年金支給要件は終身または5年以上の有期年金（年1回以上定期的に支給）である。また、規約に定めることによって全額または一部の一時金支給もできる。

老齢給付金の支給要件は加入者期間20年以下で規約で定める必要があり、20年を超える期間とすることはできない。一方、脱退一時金の支給要件は3年以下で、3年を超える期間とすることはできない。

老齢給付金の支給開始時期は退職要件（退職時）または年齢要件（60歳以上70歳以下の規約で定める年齢）を満たしたときである。なお、2011（平23）年8月10日より、老齢給付金支給開始要件が緩和された。従来、退職要件あり（退職時から支給開始）の場合の年齢設定は50歳以上60歳未満だったが50歳以上65歳未満（2020〈令2〉年6月5日からは70歳未満）で設定可能になり、60歳以上の雇用延長者が退職時から支給開始できるようになった。従来は、60歳以上で退職すると規約で定める本来の年齢（65歳以下〈2020年6月5日からは70歳以下〉）まで受給することができなかった。

■年金制度の変更に伴う制度間移行

企業が自社の企業年金制度を変更する場合、変更前後の制度間の移行が可能となっている。例えば、厚生年金基金から確定給付企業年金（規約型、基金型）へと制度を変更して移行し、年金資産を移換することができる。

また、確定給付型の企業年金（確定給付企業年金、厚生年金基金）の年金

知って得する補足知識　掛金の本人拠出分は生命保険料控除

確定給付企業年金は従業員が掛金の一部を拠出することができ、税制上の措置では、事業主拠出は損金算入、本人拠出は生命保険料控除の対象になる。運用時は特別法人税を課税（2026〈令8〉年3月まで凍結）する。給付時に年金受給の場合は雑所得扱いで公的年金等控除が適用され、一時金受給の場合は退職所得扱いで退職所得控除が適用される。なお、本人拠出相当額の課税分は給付時に非課税となるが、確定拠出年金に移換した場合は課税扱いとなる。

資産を個人ごとに分配し、確定拠出年金の企業型年金に制度移行することも可能となっている。

■キャッシュ・バランス・プランとリスク分担型企業年金

　確定給付型（給付を約束〈確定〉）と確定拠出型（拠出〈掛金〉が確定）の両方の特徴を備えた企業年金は、ハイブリッド型年金制度と呼ばれる。米国にはさまざまなタイプのハイブリッド型年金制度があるが、わが国では確定給付企業年金の一種として2つの制度が認められている。

　2002（平14）年4月から導入されたのが、キャッシュ・バランス・プランである。キャッシュ・バランス・プランでは、運用は企業が一体で行うが、加入者個人ごとに掛金の仮想口座が設けられ、個人勘定残高に一定の期間ごとにクレジット（利息）が付与されていく。掛金を積み立てながら運用益を上乗せしていくという確定拠出年金と同じイメージである。

　退職時には個人勘定残高に応じて年金額が決まる。クレジットは国債利回りなどの客観的な指標が用いられ、運用実績によって年金額が変動（企業に運用リスク軽減効果）するが、一定の制約があり、一定の運用利回りの年金額は保証される。

　運用リスクを基本的に企業が負う（一定水準の運用実績を下回ると積立不足が発生）ため、退職給付会計上は通常の確定給付企業年金と同じく確定給付制度に分類され、退職給付債務の計算対象となる。

　2017（平29）年1月からは、「リスク分担型企業年金」という新しいタイプのハイブリッド型年金も設計可能になった。

　リスク分担型企業年金では、労使合意のうえリスク対応掛金（積立不足に対応できるように通常の掛金とは別に5年〜20年で計画的に拠出）によってリスク調整する。リスク対応掛金を超える損失が発生した場合は給付額を減額できる。事業主の負担がリスク対応掛金に限定できる（追加負担が発生しない）ため、退職給付会計上は原則として確定拠出制度に分類される。

(3) 中小企業退職金共済

●理解のためのキーポイント

❑中小企業退職金共済に加入できる中小企業の範囲は、業種、資本金、常用従業員数で規定されている

❑事業主や役員（使用人兼務役員は除く）は加入できない

❑掛金は月額5,000円から３万円までの16種類

■中小企業退職金共済は中小企業だけが対象

中小企業退職金共済（中退共）は、単独で退職金制度を持つことが困難な中小企業が、事業主の相互共済と国の援助によって大企業と同じように退職金を支払うことを目的とした制度である。中小企業退職金共済法に基づいて勤労者退職金共済機構が運営している。

■中小企業退職金共済に加入できる中小企業の範囲と加入できる人

中小企業退職金共済に加入できる中小企業の範囲は図表2-1-37のとおりである。事業主や役員（使用人兼務役員は除く）は加入できないが、従業員は原則として全員加入する。ただし、試用期間中の人、期間を定めて雇用される人、定年などで短期間内に退職するのが明らかな人は加入させなくてもよい。新規加入の場合、最大10年まで既存社員の勤務期間を通算できる。

なお、事業主と生計を一にする同居の親族のみを雇用する事業所の従業員も、一定の要件を満たしていれば加入できる。ただし、新規加入や掛金増額時の助成は受けられない。

■中小企業退職金共済の掛金は全額事業主が負担

掛金は、全額事業主が負担し、従業員に負担させることはできない。月額5,000円から3万円までの16種類の中から選択することができる。さらにパートタイマーなどの短時間労働者には、2,000円、3,000円、4,000円の特例掛

図表2-1-37　中小企業退職金共済に加入できる中小企業の範囲

業　　種	資本金・常用従業員数
一般業種（製造業、建築業等）	3億円以下または300人以下
卸売業	1億円以下または100人以下
サービス業	5,000万円以下または100人以下
小売業	5,000万円以下または50人以下

図表2-1-38　中小企業退職金共済の掛金

5,000円	6,000円	7,000円	8,000円
9,000円	10,000円	12,000円	14,000円
16,000円	18,000円	20,000円	22,000円
24,000円	26,000円	28,000円	30,000円

◆パートタイマーの特例掛金

2,000円	3,000円	4,000円

金がある（図表2-1-38）。

　新規加入の場合、事業主に掛金月額の2分の1（上限5,000円）を加入後4カ月目から1年間助成する。短時間労働者の特例掛金2,000円、3,000円、4,000円には、掛金の2分の1の額にそれぞれ300円、400円、500円が上乗せされる。1万8,000円以下の掛金月額を増額する場合、事業主に増額分の3分の1を増額月から1年間助成する。掛金は全額損金になる。

> **知って得する補足知識**　中小企業でなくなったときの資産移換
>
> 　中小企業退職金共済（中退共）の中小企業の要件を満たさなくなったときは脱退しなければならないが、一定の要件を満たしていれば特定退職金共済や確定給付企業年金、確定拠出年金（企業型）へ移行することもできる（既設・新設とも可能）。一方、小規模企業共済は企業規模の要件を満たさなくなっても、そのまま継続して加入を続けることができる。また、法改正により、2018（平30）年5月からは確定給付企業年金や確定拠出年金（企業型）から中退共への資産移換（合併等に限る）も可能になった。

■**中小企業退職金共済の支給は長期加入者ほど有利**

　退職金は、「基本退職金＋付加退職金」が支給されるが、付加退職金は3年7カ月以上の加入期間がないと支給されない。支払方法には「一時金払い」「分割払い」「一部分割払い（併用払い）」の3つがある。分割払い、併用払いは、5年または10年であるが、退職日に60歳以上であることと一定以上の退職金額であるなどの要件を満たす必要がある。分割払いの支払いは2月、5月、8月、11月の年4回で、各月の15日が支払日である。

　退職金は、勤労者退職金共済機構から直接、退職する従業員の預金口座に振り込まれる。ただし、掛金納付月額が1年未満の場合には退職金は支給されない。また、掛金納付月額が2年未満の場合は、掛金納付総額を下回る給付金しか支給されない。2年から3年6カ月では掛金相当額となり、3年7カ月（43カ月）から運用利息と付加退職金が加算され、長期加入者ほど有利になる。

　なお、従業員（被共済者）が転職した場合、転職先に中退共があれば、申し出て制度通算（退職金の通算）ができる。また、特定退職金共済（通算契約を締結している場合に限る）があれば、特定退職金共済との通算も可能である。制度通算の申出は、いずれも従来は退職後2年以内だったが2016（平28）年4月より3年以内に拡充された。

（4）特定退職金共済

●**理解のためのキーポイント**

☐特定退職金共済は大企業でも加入できる

☐掛金は月額1,000円から3万円までの30種類がある

☐事業主や役員（使用人兼務役員は除く）は加入できない

■**特定退職金共済は商工会議所などが実施**

　特定退職金共済（特退共）は、事業主が商工会議所、商工会、市町村などの特定退職金共済団体と共済契約を結び、国の承認のもとに実施する退職金

図表2-1-39　特定退職金共済の掛金

1,000円	2,000円	3,000円	4,000円	5,000円
6,000円	7,000円	8,000円	9,000円	10,000円
11,000円	12,000円	13,000円	14,000円	15,000円
16,000円	17,000円	18,000円	19,000円	20,000円
21,000円	22,000円	23,000円	24,000円	25,000円
26,000円	27,000円	28,000円	29,000円	30,000円

制度である。支給方法は一時金払いと年金払いがある。

■特定退職金共済に加入できる人、加入できる範囲

　事業主や役員（使用人兼務役員は除く）は加入できないが、従業員は原則として全員加入させなければならない。ただし、事業主と生計を同一にする親族、他の特定退職金共済の加入者は加入できない。また実施団体によって違うが年齢要件がある（15歳以上70歳未満など）。

　なお、中小企業退職金共済に加入していても重複して加入できる。

　中小企業退職金共済の場合、中小企業の加入できる範囲が決まっているが、特定退職金共済は加入する企業の資本金、従業員数は決まっていないので大企業でも加入できる。

■特定退職金共済の掛金と支給

　掛金月額は従業員1人について1口1,000円で最高30口3万円（1,000円刻み）までである（図表2-1-39）。中小企業退職金共済のような国の助成はない。掛金は全額事業主負担になる。事業主が負担した掛金は全額損金（法人）または必要経費（個人事業主）になる。

　退職金（給付金）は、商工会議所等から直接、退職した従業員に支払われる。一時金か年金で受け取ることができるが、加入10年未満の場合は一時金でしか受け取れない。

■特定退職金共済での過去勤務期間の通算取扱い

　新規に加入する場合、事業主のもとで1年以上勤務している従業員についての加入前の勤務期間（過去勤務通算期間）10年を限度として、制度加入後の加入期間と通算することができる。過去勤務掛金の額は従業員1人について最高30口（3万円）まで加入できる。

(5) 小規模企業共済

▶●理解のためのキーポイント

❏自営業者や小規模企業の役員のための退職金制度
❏従業員20人（商業・サービス業〈宿泊業・娯楽業除く〉は5人）以下の事業者が対象
❏掛金は全額が小規模企業共済等掛金控除として所得控除でき、納付した掛金の範囲内で低利の貸付制度が利用できる

■加入できるのは自営業者や小規模企業の経営者

　中退共や特退共が従業員のための退職金制度であるのに対し、小規模企業共済は個人事業主や小規模な企業の役員のための退職金制度である。常時使用する従業員が20人（商業・サービス業〈宿泊業・娯楽業除く〉は5人）以下の個人事業主や企業の役員が中小企業基盤整備機構と共済契約を結び、退職や廃業したときなどに共済金として退職金が支給される。

　加入できるのは事業主と役員だが、個人事業主の場合、事業主以外に共同経営者（要件を満たせば配偶者や同居親族も可能）が2人まで加入できる。なお、満期や満額などはないので事業を継続する限り加入も継続できる。

■掛金の節税メリットと事業資金の貸付制度

　掛金は1,000円以上から500円単位で自由に設定でき、最高7万円（年間84万円）まで可能である。加入後の増額や減額も任意である。前納もでき、前納すると前納減額金が受け取れる。掛金は契約者本人の収入から払い込む

ので事業上の損金算入はできないが、全額が小規模企業共済等掛金控除として所得控除できるので大きな節税メリットがある。

　また、納付した累計掛金額の範囲内で事業資金などの貸付け（担保・保証人不要）が受けられる契約者貸付制度がある。

■請求事由によって受取金額が異なる

　共済金（退職金）の請求事由には、共済金A、共済金B、準共済金、解約手当金の4種類があり、共済金Aが最も受取金額が多くなる。

　共済金Aは、事業から引退する場合で、法人の解散、個人事業の廃業、事業承継、個人事業主の死亡などの事由による請求である。共済金Bは老齢給付で、15年（180カ月）以上掛金を払い込み65歳以上であれば事業から退かなくても請求できる。法人役員の場合は役員の傷病による退任や死亡も該当する。準共済金は個人事業を法人成りして役員にならなかった場合などである。なお、配偶者・子に個人事業の全部を譲渡した場合、従来は準共済金だったが2016（平28）年4月より共済金Aに格上げされた。

　解約手当金は、任意解約である。掛金の納付月数が12カ月未満の場合、準共済金と解約手当金は受け取れない。さらに、掛金の納付月数6カ月未満の場合は、共済金A、共済金Bも受け取れなくなる。

　共済金は、「基本共済金＋付加共済金」が支給されるが、掛金納付月数が20年（240カ月）未満だと解約手当金は掛金合計額を下回る。受取方法には「一括受取り」「分割受取り」「併用受取り」の3つがある。分割受取り、併用受取りは共済金AとBのみ可能で、10年または15年であるが、請求事由発生日に60歳以上であることと一定以上の受取金額（分割は300万円以上、併用は330万円以上〈一括分30万円以上、分割分300万円以上〉）であるなどの要件を満たす必要がある。分割の支給は従来年4回だったが、2016（平28）年4月より年6回（奇数月）となった。公的年金は偶数月に支給されるので、小規模企業共済と合わせると毎月受け取ることができるようになった。

(6) 国民年金基金

●理解のためのキーポイント

❑国民年金基金には全国国民年金基金と職能型基金がある

❑加入できるのは原則として20歳以上60歳未満の第1号被保険者

　※60歳以上65歳未満の国内居住の国民年金任意加入被保険者、20歳以上

　　65歳未満の海外居住の国民年金任意加入被保険者も加入できる

❑選択できる年金は、終身年金(2種類)と確定年金(5種類)がある

■国民年金基金の種類と加入・脱退の要件

　国民年金基金には、職種に関係なく加入できる「全国国民年金基金」と職種別（歯科医師、司法書士、弁護士）の職能型国民年金基金があり、どちらか1つに加入できる。

　国民年金基金に加入できるのは原則として20歳以上60歳未満の国民年金第1号被保険者である。ただし、保険料免除者（産前産後免除者、国民年金保険料を納付している法定免除者〈障害基礎年金受給者、生活保護受給者など〉を除く）、農業者年金の被保険者は除かれる。なお、20歳以上65歳未満で海外居住の国民年金任意加入被保険者も加入できる。

　国民年金基金への加入は任意であるが、加入者が任意に脱退することはできない。例外として脱退できるのは、民間サラリーマンや公務員などの第2号被保険者になった場合、第3号被保険者になった場合、職能型に加入している人がその仕事をやめた場合などである。

■国民年金基金の年金の種類・掛金・支給

　国民年金基金の年金の種類は、終身年金のA型・B型の2種類と、確定年金Ⅰ型・Ⅱ型・Ⅲ型・Ⅳ型・Ⅴ型の5種類の合わせて7種類がある。掛金月額6万8,000円の範囲で何口でも加入できる。最低1口からの加入で、1口目は終身年金から選択する。2口目以降は終身年金、確定年金の7種類の中か

図表2-1-40　国民年金基金の終身年金と確定年金の内容

年金の種類		支給期間	保証期間
終身年金	A型	生涯・65歳支給開始	15年保証
	B型	生涯・65歳支給開始	なし
確定年金	I型	15年・65歳支給開始	15年保証
	II型	10年・65歳支給開始	10年保証
	III型	15年・60歳支給開始	15年保証
	IV型	10年・60歳支給開始	10年保証
	V型	5年・60歳支給開始	5年保証

ら選択する。年金合計額の半分以上が終身年金でなければならない。

　終身年金の掛金は男女別に年金の種類ごとに1歳刻みで設定されており、女性の掛金は男性よりやや高くなっている。確定年金の掛金も年金の種類ごとに1歳刻みだが、男女同額である。掛金は、国民年金の保険料と同様に全額社会保険料控除の対象になる。なお、国民年金基金には国民年金の付加年金代行分が含まれているので、付加保険料は納められなくなる。また、確定拠出年金（個人型）の掛金との合計で月額6万8,000円までとなる。

　掛金は2口目以降を口数単位で増口や減口をすることができる。1口目は減口できないが、納付を一時停止することはできる。また、前納（4月から翌年3月までの1年分）すると0.1カ月分の割引がある。

　国民年金基金の支給は国民年金の支給開始と連動し、原則65歳からである。国民年金基金には物価スライドはない。終身年金と確定年金の支給期間は図表2-1-40のとおりである。老齢基礎年金を繰上げ受給した場合は、国民年金基金（1口目）の付加部分も老齢基礎年金と同じ減額率（1カ月0.4％〈1962.4.1生以前は0.5％〉）で繰上げ受給の老齢基礎年金の支給開始時期から支給される。一方、国民年金基金は65歳支給開始なので、老齢基礎年金を繰下げ受給しても付加部分の支給時期繰下げや増額支給はない。

　国民年金基金は老齢給付と遺族給付があるが障害給付はない。遺族給付は年金受給開始前または保証期間中に死亡した場合に、遺族に加入状況に応じ

た遺族一時金が支給される。保証期間のない終身年金Ｂ型の場合は、受給前の死亡に対して１万円の遺族一時金が支給される。

　遺族一時金の対象となる遺族は、死亡時に生計を同じくしていた遺族で、①配偶者、②子、③父母、④孫、⑤祖父母、⑥兄弟姉妹の順位となる。

■60歳以上65歳未満の加入要件

　2013（平25）年４月より、60歳以上でも国民年金基金に加入できるようになった。主なポイントは以下のとおりである。その他、１口目が終身年金、掛金の限度額やルール、掛金が社会保険料控除になるなどは60歳未満の制度と同じである。

・60歳以上65歳未満の国民年金任意加入被保険者が加入対象者
・年金の種類は、終身年金（Ａ型、Ｂ型）と確定年金Ｉ型の３種類のみ
　※支給期間と保証期間は60歳未満と同じ
・掛金は加入年齢にかかわらず同額（年金の種類や性別による違いはある）
　※終身年金Ａ型男性１口目で月額２万770円（２口目以降は半額）、確定年金Ｉ型で
　　月額7,130円（男女共通）
・年金額は加入期間（月数）によって異なる（年金の種類や性別による違いはない）
　※最長５年（60カ月）で１口目年額６万円（月額5,000円）、２口目以降年額３万円
・60歳未満の加入内容を継続することはできず、新たな加入になる。ただし、海外居住者の任意加入被保険者は継続可能

［知って得する補足知識］　国民年金基金の再編

　国民年金基金は従来、地域型（各都道府県に１つずつ設置）47基金と同じ事業の種類（医師など）ごとに全国に１つずつ設置された職能型25基金があった。2019（平31）年４月に、地域型47基金と職能型22基金を統合して「全国国民年金基金」に再編された。歯科医師、司法書士、日本弁護士の３基金は職能型のまま存続している。

(7) 財形年金

●理解のためのキーポイント

❏財形貯蓄は一般財形貯蓄、住宅財形貯蓄、財形年金貯蓄の3種類がある

❏住宅財形貯蓄、財形年金貯蓄に加入できるのは55歳未満の従業員

❏住宅財形貯蓄、財形年金貯蓄は1人1契約である（併用は可）

■財形貯蓄制度は国と事業主が援助する従業員の貯蓄制度

　財形年金制度は、財形貯蓄制度（勤労者財産形成貯蓄制度）の中の1つである。財形貯蓄制度とは、勤労者（使用人兼務役員も可）の財産形成に対して国や事業主が援助、協力することを目的とした貯蓄制度で、一般財形貯蓄、住宅財形貯蓄、財形年金貯蓄の3種類がある（図表2-1-41）。

　財形貯蓄制度に加入するためには、企業が金融機関と財形貯蓄契約を結んだうえで、希望する従業員が申し込む。積立金は、給与、賞与からの天引きによって積み立てていく。

■財形年金貯蓄に加入できるのは55歳未満の従業員

　財形貯蓄制度の積立てのうち、一般財形貯蓄は年齢制限がなく、勤労者であれば加入できるが、住宅財形貯蓄、財形年金貯蓄は満55歳未満の勤労者でなければ加入できない。住宅財形貯蓄、財形年金貯蓄はそれぞれ1人1契約である。

　財形年金貯蓄の積立金は所得控除の対象とならない。ただし住宅財形貯蓄と合算して550万円（元利合計）まで（保険契約の場合は払込額385万円まで）は利子が非課税になる。財形年金貯蓄の積立期間中に解約することも可能であるが、目的外払い出しの場合は解約時に、すでに支払われた利子を含めて5年間遡及して利子に課税される。

　財形年金貯蓄は、積立期間5年以上が必要で、60歳以降に5年以上20年以

図表2-1-41　財形貯蓄制度の種類

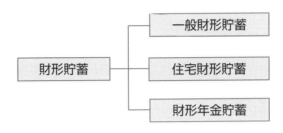

内（保険商品は終身も可）の年金（非課税）で受け取る。一時金で受け取ることはできない。なお、積立て終了から受け取り開始まで5年以内の据置き期間を設定することができる。

(8) 各種個人年金

●理解のためのキーポイント

❏個人年金は保険型と貯蓄型の2種類がある
❏年金の種類としては終身年金と確定年金、有期年金などがある
❏保険型年金は、一定要件を満たすと最大で年間4万円までの保険料が個人年金保険料控除で非課税になる

■扱う商品によって貯蓄型と保険型に分類

　個人年金は、個人が生命保険会社、損害保険会社、郵便局、全労災、JA（農協）、銀行、信託銀行、証券会社などの金融機関と任意で契約して加入する。公的年金を補完し、老後の生活設計のための年金である。

　個人年金には、生命保険会社、損害保険会社、郵便局、全労災、JA（農協）などの商品を扱う「保険型」と銀行・信託銀行や証券会社などの商品を扱う「貯蓄型」がある。

■終身年金と確定年金、有期年金の違い

　個人年金の受け取り方には、受給者が死亡するまで生涯にわたって年金が受け取れる終身年金、5年間とか10年間とか決まった期間を受給者の生死にかかわらず年金が受け取れる確定年金、年金受取期間は決まっているが受給者が年金受取期間中に死亡したときは、その時点で年金の支払いが終わる有期年金の3種類がある。

■保険型には個人年金保険料控除がある

　個人年金のうち保険型は、10年以上の払込期間、60歳以降開始で受取期間10年以上など一定の要件を満たすと保険料が最大で年間4万円まで所得控除される個人年金保険料控除が適用される。個人年金保険料控除は、一般の生命保険料控除（最大年間4万円）とは別枠である。なお、貯蓄型の個人年金には、個人年金保険料控除のような税制の優遇措置はない。生命保険料控除は、2012（平24）年1月から控除額が改正されている（図表2-1-42）ので注意したい。2011年12月までの既存契約については、従来どおり最大各5万円である。

図表2-1-42　生命保険料控除の新旧限度額

区分	旧制度控除限度額		新制度控除限度額	
	所得税	住民税	所得税	住民税
一般生命保険料	5万円	35,000円	4万円	28,000円
介護医療保険料	——	——	4万円	28,000円
個人年金保険料	5万円	35,000円	4万円	28,000円
計	10万円	7万円	12万円	7万円

（注）　1．2012（平24）年1月以降の契約から新控除額が適用、2011年12月以前の契約は旧控除額を適用
　　　　2．住民税の合計は7万円が限度額

3．退職給付制度

(1) 企業年金と退職金

●理解のためのキーポイント

❏退職金の年金化で普及してきたのがわが国の企業年金

❏一時金と年金が選択できるのがわが国の企業年金の特徴

❏1990年代の運用環境悪化と2000年4月の退職給付会計基準の導入により従来型の確定給付型年金に転機が訪れる

■退職金制度と密接な関係があるわが国の企業年金

　従来の代表的な企業年金は、適格退職年金（1962〈昭37〉年創設）と厚生年金基金（1966〈昭41〉年創設）だった。

　一方、わが国の退職給付制度としての退職金制度は、従業員の退職時に一時金として支払われるもので、特に第2次世界大戦後に普及した。学説上は「功労報奨説」「老後の生活保障説」「賃金の後払い説」があるが、退職給付会計上は「賃金の後払い」として処理されている。

　退職金は、退職時に従業員がまとまった資金を手にすることができるというメリットがあるが、企業にとっては一度に多額の資金を用意しなければならないという負担がある。そこで、従業員の高齢化に伴って企業の資金負担が増えてきたため、企業年金に移行する企業が多くなっていった。年金化すれば資金負担を分散化できるからである。

　このように諸外国と異なり、わが国の企業年金は退職金が姿を変えてきたという側面を強く持っている。特に、適格退職年金制度が発足すると企業年金を導入する動きが一気に広がった。適格退職年金は、企業にとって年金の原資を全額非課税で企業の外部で確実に積み立てられるメリットがあった。しかも、年金給付だけでなく全額を一時金で支給することもできたので、実質的に退職金制度と変わらないという画期的な制度だった。

　しかし、1990年代以降の運用環境難で企業年金は重大な転換期を迎え、2000（平12）年4月から導入された退職給付会計によって積立不足が明確化されるようになったことから、退職金や企業年金に大きな影響を与えた。

　こうした中、従業員の受給権保護が十分でない適格退職年金制度は2012（平24）年3月で廃止され、その歴史に幕を引くこととなった。

　その後は、既存制度である厚生年金基金のほかに2002（平14）年4月から始まった確定給付企業年金（基金型、規約型）、確定拠出年金（企業型は2001〈平13〉年10月、個人型は2002年1月より開始）といった新企業年金が登場する中、企業年金も新しい時代に入っていった。

■厚生年金基金の法改正と代行返上・解散

　従来型制度として残る厚生年金基金も、制度を抜本的に見直す法改正（厚生年金基金見直し法）が2014（平26）年4月1日に施行され、それ以降急速に減少が進んでいる。2014年4月以降は新規の厚生年金基金の設立が認められなくなった。代行割れ基金などは解散を促され、厚生年金基金はなくなっていく流れとなっている（2023〈令5〉年3月31日現在残存しているのは5基金）。

　厚生年金基金の代行給付の仕組みは図表2-1-43に示したとおりである。代行部分とは、厚生年金保険の保険料の一部を国に代わって徴収、運用し、企業年金として給付する部分である。

　代行部分に上乗せして支給する部分をプラスアルファー部分といい、代行部分と一体となった基本上乗せ部分（少額なので薄皮部分とも呼ばれる）を含む必要がある。受給者には有利になるが、運用環境が悪化すると企業にとっては負担となる。基金が代行部分を国に返す「代行返上」は2002（平14）年4月から認められ、多くの企業が代行返上を行っている。

　厚生年金基金連合会は、全国の厚生年金基金の連合体として設立された特別法人である。厚生年金基金の中途脱退者や解散した基金の加入者に対して年金給付および一時金給付を行っていた。法改正により2005（平17）年10月から「企業年金連合会」に名称変更され、確定給付企業年金も含めた組織

図表2-1-43　厚生年金基金の代行給付の仕組み

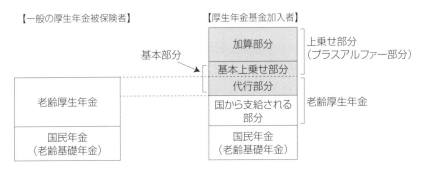

【一般の厚生年金被保険者】　　　　　【厚生年金基金加入者】

基金から支給される部分

(注) 基本部分は「代行部分＋基本上乗せ部分」として支給されるため代行部分より多くなる

となった。また、退職者（厚生年金基金、確定給付企業年金、確定拠出年金
〈企業型〉の中途脱退者）等の年金資産を預かり、運用によって通算企業年
金の支給や転職先企業等の制度（厚生年金基金、確定給付企業年金、確定拠
出年金〈企業型・個人型〉）への資産移換なども行っている。

　厚生年金基金見直し法は、その他に次のようなポイントがある。

〈健全基金の存続〉

　最低責任準備金（代行給付に必要な資産額）の1.5倍以上または最低積立
基準額（上乗せも含めた給付に必要な資産額）以上の純資産の維持を満たし
ている基金は健全基金として存続も認める（ただし、廃止の方向）。

〈中小企業退職金共済への移換〉

　中退共への移換を認める。新規加入だけでなく既加入制度へも移換可能。

〈解散認可基準を緩和〉

　従来の解散認可基準は、代議員会決議、事業主・加入員の同意はいずれも
4分の3以上だったが3分の2以上に緩和された。また、従来は解散の認可
基準に経営の悪化が理由として必要だったが、撤廃された。

〈企業年金連合会への代行部分移換停止〉

　施行日以降は厚生年金基金から企業年金連合会への解散時などの代行部分

の移換が停止された。代行返上分は国に返還される。また、短期退職者の代行部分は連合会に移換せず基金本体で抱えることになる。

〈企業年金連合会の代行返上〉

　施行日前に企業年金連合会に移換されている代行資産は当面、連合会による管理・支給が継続される。しかし、連合会もいずれ代行返上し、企業年金（上乗せ部分のみ）に特化した新連合会になる予定である。

(2) 退職給付会計

●理解のためのキーポイント

❑退職給付会計は退職給付債務を時価評価する会計制度
❑退職給付債務は退職一時金と確定給付型の企業年金で発生する
❑退職給付会計では退職給付引当金と退職給付費用を計算し計上する

■退職給付会計導入と積立不足の時価評価

　確定給付型の年金では、約束した給付額を支給するために予定利率と呼ばれる運用利率が設定されている。予定利率を上回れば企業の資産として上積みされるが、予定利率を下回った場合、積立不足が生じるので、企業が追加で補てんしなければならない。しかし、従来の会計処理では積立不足は企業の財務諸表に反映されず、1990年代に積立不足が深刻化するにつれて「隠れ債務」として問題視されるようになった。

　2000（平12）年4月から国際会計基準に沿った企業年金に関する新たな退職給付会計が導入された。新会計基準では、発生主義に基づき、退職一時金と企業年金を合わせて給与の後払いである退職給付債務とし、財務諸表に計上されるようになった。さらに時価会計に基づき、資産だけでなく負債も時価評価するようになった。

　このように、発生主義と時価会計による退職給付会計では、年金資産に積立不足があると退職給付債務として計上される。このため退職給付債務の生じない確定拠出年金の導入が多くの企業で検討されるようになった。

図表2-1-44　退職給付債務の概念図

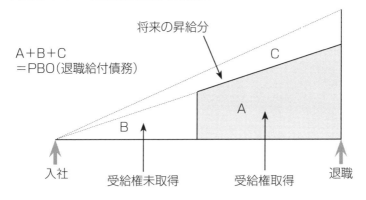

退職給付債務とは、退職給付見込額（将来、従業員が退職したときに支払う額）に関して、当期までに発生している部分の現在価値のことを指す。現在価値の算定にはいくつかの方法があるが、わが国では予測給付債務（Projected Benefit Obligation：PBO）を採用している（図表2-1-44）。

■退職給付債務の計算と割引率の影響

　退職給付債務は各従業員につき残勤続年数に応じて割引計算を行い、全従業員について合算したものである。

　このうち現在価値を求める際の割引率によって退職給付債務の額が変わってくる。割引率を大きくすると退職給付債務の額は小さくなり、割引率を小さくすると退職給付債務の額は大きくなる。

> **知って得する補足知識**　割引率と予定利率
>
> 　将来価値から現在価値を求めるためには、一定の金利による割引計算を行う必要があり、割引率とは、そのとき用いる金利のことである。また、将来の掛金収入や年金給付を現在価値として計算するときに用いる割引率を予定利率という。

■退職給付引当金と退職給付費用の計算

　退職給付会計では、貸借対照表（B/S）に計上する退職給付引当金（個別財務諸表の場合）と損益計算書（P/L）に計上する退職給付費用を計算する。

　退職給付引当金は退職給付債務（将来の退職給付〈退職一時金や年金の支払いに必要な現時点で発生している現在価値の額〉）に対して現在（当期末）の年金資産が不足する額（積立不足）を表している。

　また、退職給付費用は、当期（1会計期間）に発生した退職給付の計算上のコストになる。つまり、1年（1会計期間）たつと退職給付債務も1年分増えていくので、退職給付債務の当期計上分を意味する。掛金支出のように当期に実際に支出した額ではない。

　個別財務諸表の退職給付引当金の計算式は図表2-1-45のようになっている。また、退職給付費用の計算式は図表2-1-46のとおりである。

■退職給付会計の専門用語の意味

　退職給付会計では日常的に馴染みのない会計の専門用語が使われるが、主な用語の意味は以下のとおりである。

〈**退職給付債務**〉

　簡単にいえば退職給付（退職一時金と企業年金）の見込額（企業が支払い義務を負った額）のうち現時点（当期末）で発生している分を現在価値で見積もったもの（時価評価）である。実際には支払われていないので会社の従業員に対する借金（つまり債務）になる。このような発生主義に基づく評価方法を発生給付評価方式という。

　従業員の退職給付見込額は過去の勤務期間により権利が生じた部分（過去分）と今後勤続していくと退職時点までに権利が発生する部分（将来分）とがある。そこで、まず将来分も含んだ退職給付見込額の総額計算を行う。総額計算では、予想昇給率、退職率、死亡率も考慮される。

　次に、退職給付見込額の総額から当期末時点での過去分の退職給付見込額（期末時点で発生している額）を計算する。計算方法には、期間定額基準と給付算定式基準があり、どちらかを選択する。

図表2-1-45　退職給付引当金の計算方法

退職給付債務－年金資産－未認識債務（過去勤務費用、数理計算上の差異）

〈未認識債務〉
まだ費用として処理されていない退職給付債務
〈過去勤務費用〉
制度変更（給付水準の変更や企業年金制度の導入など）に伴って発生した退職給付債務の増減額
〈数理計算上の差異〉
見積もりと実績の差から生じる退職給付債務の増減額

（注）個別財務諸表では「退職給付引当金」のみ、連結財務諸表では「退職給付に係る負債（退職給付引当金＋未認識債務）」が貸借対照表に計上される

図表2-1-46　退職給付費用の計算方法

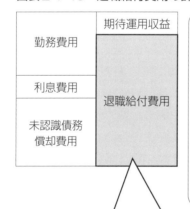

〈勤務費用〉
当期に発生した退職給付費用（簡単にいえば現在価値に換算した年金支払額の当期分）
〈利息費用〉
期首の退職給付債務に対して期末までに発生した計算上の利息
〈未認識債務償却費用〉
未認識債務のうち処理（計上）した分の費用
〈期待運用収益〉
期首の年金資産から得られると期待される当期の運用収益

勤務費用＋利息費用＋未認識債務償却費用（過去勤務費用、数理計算上の差異）－期待運用収益

（注）退職給付費用は損益計算書に計上される

期間定額基準とは、勤務期間を基準とする方法で、全期間の均等割りになるため、毎期（毎年）の額が同じになる。一方、給付算定式基準とは、給付算定式により各期に退職給付見込額を割り振る方法である。例えば、勤続3年未満は退職一時金なし、勤続3年以上10年未満では1年につき50万円といった給付方法に合わせることができる。

最後に、期末時点の退職給付見込額から割引率を使って現在価値を計算して退職給付債務とする。割引率は、安全性の高い債券の利回り（国債、政府機関債、AA格相当以上の社債等）を基礎とすることとされている。

退職給付債務が計算できたら、退職給付引当金と退職給付費用を計算して財務諸表（貸借対照表、損益計算書）に計上する。

〈退職給付引当金〉

期末時点で当期までに発生している退職給付債務（退職給付の支払いに必要な見積額）が年金資産額より多い場合に、不足分として計上する引当金のことである。なお、不足分には未認識債務も含まれるが、個別財務諸表では退職給付引当金だけが貸借対照表に計上され、未認識債務は遅延認識できる。遅延認識とは、翌期以降の一定年数で償却（毎年分割で費用化して処理）することである。

一方、連結財務諸表の場合は遅延認識が認められておらず、即時認識（当期の貸借対照表に全額計上）となるので、退職給付引当金と未認識債務の合計額を「退職給付に係る負債」として貸借対照表に計上しなければならない。

〈退職給付費用〉

退職給付債務は当期末までに発生した過去全期間の退職給付支払いに必要な見積額であるが、このうち当期発生分の退職給付債務に対応する費用見積額である。未認識債務の費用処理は連結財務諸表でも遅延認識で処理することができる。

〈未認識債務〉

未認識債務とは、過去勤務費用および数理計算上の差異のうち、まだ処理されていないものをいう。未認識債務は、未認識債務償却費用として毎期計上されながら償却（費用処理）されていく。

〈過去勤務費用〉

　未認識債務の一つで、退職金規程の改定などの制度変更により退職給付の水準が変更したために生じた退職給付債務の増減額のことである。新たな企業年金の導入による退職給付債務の増減額でも発生する。2012（平24）年の退職給付会計基準改正前は「過去勤務債務」と呼ばれていた項目だが、年金財政計算上の過去勤務債務と区別するため、改正後に名称変更になった。

〈数理計算上の差異〉

　未認識債務の一つである。退職給付債務の計算は見積もり計算であるため、実績値とのずれ（差異）が生じる。この実績値とのずれを数理計算上の差異と呼んでいる。数理計算上の差異は、予想昇給率、退職率、死亡率の見積もりとの差や基準値の変更、期待運用収益と実績値の差などで生じる。

〈勤務費用〉

　従業員が当期に勤務した労働提供によって当期に発生した退職給付の見積額である。退職給付見込額（総額）を毎期（毎年）に配分したときの当期分（1年分）に相当し、退職給付債務の計算と同じ割引率で割引計算する。

〈利息費用〉

　期首の退職給付債務に対して期末までに発生した計算上の利息である。期末の退職給付債務から割引率で割り引いた額が期首の退職給付債務となるため、利率は退職給付債務の割引率となる。つまり、「利息費用＝期首の退職給付債務×割引率」である。

〈未認識債務償却費用〉

　未認識債務（過去勤務費用、数理計算上の差異）は、毎期（毎年）分割して一定期間で処理しなければならない。そのため、当期の償却分として費用化したものが未認識債務償却費用である。退職給付費用の一部として損益計算書に計上される。

■小規模企業の退職給付会計では簡便法も使える

　退職給付会計の計算方法には、「原則法」と小規模な企業を対象とした「簡便法」がある。簡便法は原則として従業員300人未満の企業で使用すること

ができるが、300人以上の企業でも年齢や勤務期間の偏りなどで数理計算の信頼性が得られないと判断される場合は簡便法を使用することができる。なお、簡便法から原則法への変更は可能だが、原則法から簡便法への変更は従業員の著しい減少など特段の事情がないかぎり認められない。また、連結子会社の場合、親会社が原則法を採用していても小規模な子会社は簡便法を使用することができる。

■簡便法による退職給付会計の計算方法

簡便法による退職給付会計の計算方法は、図表2-1-47のとおりである。

〔退職給付債務の計算方法〕

簡便法による退職給付債務の計算にはいくつかの方法があるが、最も簡単なのは、退職一時金制度の場合は期末の自己都合要支給額を退職給付債務とする方法である。企業年金制度の場合では、「直近の年金財政計算上の数理債務の額」を退職給付債務とする方法である。また、退職一時金制度の一部を企業年金制度に移行している場合は、退職一時金制度部分を自己都合要支給額、企業年金制度部分を「直近の年金財政計算上の数理債務の額」で計算する方法などがある。

自己都合要支給額とは、期末に全従業員が自己都合で退職した場合に支給しなければならない額のことである。また、企業年金の「年金財政計算上の数理債務の額」とは将来の年金給付に必要な額として準備しておかなければならない額のことである。

〔退職給付引当金の計算方法〕

簡便法では、退職一時金の場合、退職給付債務がそのまま退職給付引当金（連結財務諸表の場合は「退職給付に係る負債」）となる。また、企業年金の場合は、退職給付債務から年金資産を差し引いた額が退職給付引当金になる。

〔退職給付費用の計算方法〕

簡便法の退職給付費用は、期末の退職給付引当金と期首の退職給付引当金の差額である。期中に退職一時金では退職金の支払い、企業年金では掛金の拠出があった場合は、これを期首の退職給付引当金から差し引く。年金の支

図表2-1-47　簡便法による退職給付会計の計算方法

退職給付債務の計算

〔退職一時金〕

退職給付債務＝期末自己都合要支給額

※「期末自己都合要支給額に原則法の計算との比率に基づく比較指数を乗じた額」「期末自己都合要支給額に昇給率係数、平均残存勤務期間に対応する割引率を乗じた額」を退職給付債務とする計算方法もある

〔企業年金〕

退職給付債務＝直近の年金財政計算上の数理債務の額

※「原則法による額との比較による比較指数を用いた額」「在籍従業員と年金受給者・待期者に分けて算出した額」を退職給付債務とする計算方法もある

退職給付引当金の計算

〔退職一時金〕

退職給付引当金＝退職給付債務

〔企業年金〕

退職給付引当金＝退職給付債務－年金資産

退職給付費用の計算

〔退職一時金〕

退職給付費用＝期末の退職給付引当金－（期首の退職給付引当金－退職金支払額）

〔企業年金〕

退職給付費用＝期末の退職給付引当金－（期首の退職給付引当金－掛金拠出額）

※簡便法では、期末と期首の差額が退職給付費用となるため、未認識債務を考慮する必要はない

簡便法の計算事例

◆A社の今期の状況（退職一時金年金制度）

項目	期首	期末
自己都合要支給額	1,100百万円	1,350百万円
会社都合要支給額	1,800百万円	2,250百万円
退職金支払額		120百万円

①退職給付債務＝期末自己都合要支給額＝1,350百万円
②退職給付引当金＝退職給付債務＝1,350百万円
③退職給付費用＝期末の退職給付引当金－（期首の退職給付引当金－退職金支払額）
　　　　　　　＝1,350百万円－（1,100百万円－120百万円）＝370百万円

◆B社の今期の状況（企業年金制度）

項目	期首	期末
数理債務 ※直近の年金財政計算 　上の数理債務の額	1,100百万円	1,350百万円
年金資産	800百万円	950百万円
掛金拠出額		120百万円
年金支払額		20百万円
年金資産の運用益		60百万円

①退職給付債務＝期末数理債務＝1,350百万円
②退職給付引当金＝退職給付債務－年金資産＝1,350百万円－950百万円＝400百万円
③退職給付費用＝期末の退職給付引当金－（期首の退職給付引当金－掛金拠出額）
　　　　　　　＝400百万円－（300百万円－120百万円）＝220百万円
※期首の退職給付引当金＝期首の退職給付債務－期首の年金資産
　　　　　　　　　　　＝1,100百万円－800百万円＝300百万円

払いは事業主ではなく年金制度から年金資産の取崩しによって行われるので、退職給付費用には影響しない。

■退職給付会計基準の改定

　2000（平12）年4月1日より導入された退職給付会計の会計基準は、2012（平24）年5月の改正により、2013年4月1日以後に開始する事業年度末の財務諸表から新会計基準が適用されている。

　最大の変更点は未認識債務の即時認識であるが、当分の間は、連結財務諸表だけに適用され、個別財務諸表では遅延認識が継続されることとなった。そのため、現状では連結財務諸表と個別財務諸表で計上方法が異なっている。

　新会計基準の詳細は、企業会計基準委員会の「退職給付に関する会計基準」（https://www.asb-j.jp/jp/wp-content/uploads/sites/4/20190422_08.pdf）、「退職給付に関する会計基準の適用指針」（https://www.asb-j.jp/jp/wp-content/uploads/sites/4/taikyu-4_3.pdf）に記載されている。内容は難解だがDCプランナーの試験では、これらの内容からの出題もあるので、本書で掲載した関連項目については目を通しておくとよい。

4. 中高齢期における社会保険

(1) 健康保険

●理解のためのキーポイント

❏ 退職日の翌日から20日以内に申請すれば2年間に限り健康保険を継続できる任意継続被保険者になれる

❏ 病気等で休んだときの傷病手当金は国保にない健康保険のメリット

❏ 70歳以上75歳未満の企業従業員等は厚生年金保険の被保険者ではなくなるが、健康保険だけの被保険者になる

■公的医療保険の種類と保険料

　公的年金制度と同様、公的な医療保険もわが国では国民皆保険となっている。無保険者の多かった自営業者や農業労働者などを強制加入対象として、1961（昭36）年4月より国民皆保険としての国民健康保険事業が始まった。国民年金がスタートした時期と同じである。

　現在、年齢や職業によりわが国の公的医療保険制度は図表2-1-48の3つの制度に分かれている。健康保険は、社会保険（健康保険、厚生年金保険）としてセットで加入しなければならない。ただし、厚生年金保険は70歳未満が対象であるのに対し、健康保険は75歳未満が対象である。そのため、70歳以上75歳未満の従業員等は健康保険のみの加入となる。75歳以上は健康保険、国民健康保険の被保険者とも後期高齢者医療制度へ移行する。

　健康保険は個人単位で被保険者となり、一定の要件を満たした家族を被扶養者とすることができる。被扶養者は保険料を負担しなくてよい。保険料は、厚生年金保険料と同様に標準報酬月額と標準賞与額に保険料率を乗じて得た額を労使折半で負担する（本人負担分は給与・賞与から天引き）。

　保険料率は全国健康保険協会（以下「協会けんぽ」）は都道府県ごとに決められ、健康保険組合（以下「組合健保」）は各組合ごとに決められる。さ

図表2-1-48　わが国の公的医療保険制度

制度		対象	保険料	医療費の自己負担
健康保険	全国健康保険協会（協会けんぽ）	主に中小企業の従業員と家族	事業主と折半 ※保険料率は都道府県ごとに異なる ※標準報酬月額（50等級） ※標準賞与額（年間賞与額573万円が上限） ※被扶養者である家族は保険料負担はない	3割 ※小学生未満は2割 ※70〜74歳は2割（所得により3割） ※高額療養費（負担上限）制度あり
	健康保険組合（組合健保）	主に大企業の従業員と家族	事業主と折半 ※保険料率は組合ごとに異なる ※標準報酬月額、標準賞与額、被扶養者である家族などについては協会けんぽと同じ	
国民健康保険（国保）		自営業者、無職の人、健康保険のない企業の従業員と家族 ※生活保護受給者除く	全額自己負担 ※世帯単位で徴収（世帯主に納付義務） ※被扶養者の概念がなく全員が被保険者として保険料発生 ※保険料は市区町村で異なる ※所得割と均等割で計算	
後期高齢者医療制度		75歳以上の人	全額自己負担 ※個人単位で徴収 ※保険料は広域連合（都道府県単位で47設置）ごとに異なる ※所得割と均等割で計算	1割 ※所得により3割（2022年10月より「2割」の区分が追加） ※高額療養費（負担上限）制度あり

(注) 健康保険には共済組合（公務員、私学教職員）と船員組合、国保には特定業種を対象とする組合国保（医師国保、土木建築国保など）もある

らに、40歳以上65歳未満の場合は介護保険料も併せて徴収される。例えば、2024（令6）年度の協会けんぽの東京都の保険料率は9.98％（本人負担分4.99％）だが、介護保険料の対象者は11.58％（本人負担分5.79％）となる。

標準報酬月額の等級は1等級（58,000円）から50等級（139万円）までとなっている。なお4等級（88,000円）は厚生年金保険の1等級と同じであり、以下35等級（厚年32等級）の65万円までは健康保険と厚生年金保険の標準報酬月額が同じである。

標準賞与額は、毎回の賞与額に千円未満切捨てで保険料率を乗じて保険料を徴収する。賞与限度額は厚生年金保険のように1回ごとではなく、年度累計額573万円が上限となっている。

一方、国民健康保険（以下「国保」）では家族も含めて個人別に被保険者

となり、被扶養者という概念はない。ただし、保険料は世帯単位で徴収するため世帯主が納付義務者となる。保険料は前年所得等に基づいて所得割と均等割（全被保険者数に応じた定額）によって計算され徴収される。健康保険と同様、40歳以上65歳未満の場合は介護保険料も併せて徴収される。

　保険料率や計算方法は市区町村によって異なる。国保の最高限度額は全国一律で決められている（2024年度89万円〈介護保険料対象者は106万円〉）。保険料の納付は個別に行うが、公的年金受給者（老齢基礎年金、障害年金、遺族年金）は原則として年金からの天引きになる。

■健康保険には国保より有利な給付がある

　公的医療保険の医療費の自己負担は、健康保険と国保では原則3割だが、小学生未満と70歳以上75歳未満は2割となっている。後期高齢者医療制度では原則1割である。また、自己負担には1カ月の限度額を超えた分を支給する高額療養費制度がある。限度額は年齢と所得に応じて異なっている。

　公的医療保険には現物給付（病気やケガの治療）のほかにもさまざまな給付があり、制度による違いがある。健康保険と国保の主な給付の違いには図表2-1-49のようなものがある。なお、健康保険の場合、給付対象は私傷病

図表2-1-49　健康保険と国民健康保険の給付の違い

	健康保険		国民健康保険	給付内容
	協会けんぽ	組合健保		
傷病手当金	○	○	×	傷病休み4日目から給与の3分の2を支給（最長で通算1年6カ月）※任意継続被保険者除く
出産手当金	○	○	×	産前産後休業の休んだ期間に対して給与の3分の2を支給※任意継続被保険者除く
出産育児一時金	○	○	○	出産時の一時金（50万円）※健康保険に加入する夫の被扶養者である妻も可
付加給付	×	○	×	医療費の自己負担軽減、傷病手当金の上乗せ給付や支給期間延長、出産育児一時金や埋葬料の上乗せ給付など

（業務外のケガや病気）であり、業務上（通勤中も含む）のケガや病気は労災保険から給付を受ける。

　傷病手当金とは、私傷病により連続して3日間（土日、祝日、有給休暇も含む）仕事を休んだときに4日目以降の休職期間（最長で通算1年6カ月）に対して支給される給付金で、給与の3分の2が支給される。休職期間中に給与の一部が出る場合は差額の支給となる。また、休職期間中に退職しても傷病手当金は原則として継続して受け取ることができる。

　出産手当金とは健康保険の被保険者である女性が、産前産後休業をした場合、休業期間に対して給与の3分の2を支給するものである。休業期間中に給与の一部が出る場合は差額の支給となる。なお、被保険者が夫である場合、被扶養者である妻には適用されない。

　このように健康保険には国保にない有利な給付があるが、協会けんぽと組合健保でも給付に違いがある。組合健保には付加給付（法定給付の上乗せ）を設けることができ、組合によって給付の種類や内容は異なるが、自己負担軽減、傷病手当金の上乗せ、出産手当金の上乗せなどさまざまな給付がある。

■退職後の公的医療保険の3つの選択肢

　会社員などの被用者が退職した場合、転職すれば新しい会社の健康保険に加入するが、それ以外の場合は3つの選択肢がある（図表2-1-50）。

　1つ目の選択肢は、任意継続被保険者として退職前の健康保険に退職後2年間加入できる。退職前に2カ月以上の被保険者期間があればよいので、定年退職者などは基準を満たしている。ただし、退職日の翌日から20日以内に加入手続きをしないと加入できなくなる。

　保険料は労使折半ではなく全額自己負担になる。標準報酬月額は退職時と同じだが、被保険者全体の平均より高い場合は被保険者全体の平均の標準報酬月額となる。そのため、高所得者ほどメリットが大きい。なお、法改正により2022（令4）年1月から組合健保については、規約に定めれば退職時の標準報酬月額を標準報酬月額とすることができるようになった。つまり、被保険者全体の平均より高い場合、退職時の本人の標準報酬月額とすることが

図表2-1-50　退職後に選択できる公的医療保険

	任意継続被保険者	国民健康保険	家族の健康保険の被扶養者
加入要件	退職前に継続した被保険者期間が2カ月以上	健康保険に加入しない場合や家族の健康保険の被扶養者とならない場合	以下の①②を同時に満たす ①年収130万円未満（60歳以上または障害者は180万円未満） ②健康保険の被保険者である家族の年収の2分の1未満
加入手続き	退職日の翌日から20日以内	退職日の翌日から原則14日以内	家族の健康保険に申請 ※原則5日以内
保険料	全額自己負担 ※退職時の標準報酬月額か全被保険者の平均の低いほうを基準として算出 ※組合健保の場合は平均より高くても退職時の標準報酬月額にできる	全額自己負担 ※主に前年所得を基準として算出	なし
加入可能期間	2年間	74歳まで	74歳まで
メリット	・高所得の退職者の保険料を安く抑えられる ・被扶養者の保険料がかからない	前年所得が低い場合や世帯人数により保険料の減免制度がある	健康保険から被扶養者としての給付を受けられる
注意点	・傷病手当金、出産手当金は受けられない ・保険料は原則として2年間変わらない	前年収入で保険料が計算されるため、加入初年度は退職前の年収が高いと保険料が高くなる	・退職後に自分の年収が高くなると家族の扶養から外れることがある ・家族が退職すれば被扶養者でなくなり国保等に加入しなければならない

可能となった（協会けんぽは不可）。

　また、任意継続被保険者の加入期間は原則2年間で、任意に脱退することはできなかったが、法改正により2022年1月からは、希望すれば任意に脱退できるようになった。このため、任意継続被保険者になった後、国保や家族の健康保険の被扶養者に切り替えることがいつでも可能になった。

　給付は基本的に退職前の健康保険の内容と同じで、被扶養者も退職前と同様の扱いだが、一部の給付は受けられない。特に、傷病手当金と出産手当金が受けられないのが大きな違いである。付加給付については、健保組合によ

って異なるが、傷病手当金と出産手当金に関係するもの以外は受けられる場合が多い。

　2つ目は国保への加入である。退職日の翌日から原則として14日以内に市区町村で加入手続きをしなければならない。遅れても手続きはできるが保険料は退職日の翌日時点にさかのぼって納めなければならない。なお、倒産、解雇、雇止めなどによる退職の場合は保険料の減免制度がある。また、退職後の収入が低い場合は、減免制度により2年目以降は保険料が安くなる。

　3つ目は、家族が加入している健康保険の被扶養者になることであるが、原則として、以下の加入要件を満たしている場合に限られる。加入要件は、本人の年収が130万円未満（60歳以上または障害者は180万円未満）で、かつ健康保険に加入する家族の年収の2分の1未満であることだ。

知って得する補足知識　任意継続か国保かの選択基準は？

　任意継続の保険料と国保の保険料を2年間で比較するのが基本となる。国保は初年度の保険料が高くても、2年目の保険料は任意継続より安くなることが多い。高所得者の場合は、任意継続が有利となることが多いが、高所得ではなく退職後に働かない場合は国保のほうが有利な場合もある。なお、退職金は国保の保険料計算では対象にならない。その他、任意継続には保険料の前納割引もあるが国保にはない。また、付加給付がある場合は、医療費の自己負担軽減、人間ドック受診補助、保養施設利用などの任意継続のメリットも考慮する必要がある。

　なお、任意継続は原則2年間加入だったが、2022年1月からは希望すれば脱退がいつでも可能になったため、1年間だけ加入して2年目は保険料の安くなる国保に加入するという選択もできるようになった。

(2) 雇用保険

●理解のためのキーポイント

❏週20時間労働で31日以上雇用される場合に雇用保険に加入できる

❏離職前2年間に通算12カ月以上加入で基本手当が受けられる

❏定年退職者は給付制限期間がなく、申請で支給期間延長もできる

❏65歳以上は給付日数による基本手当ではなく一時金の支給になる

❏60歳時の賃金が75%未満に低下すると高年齢雇用継続給付が支給

■被保険者は65歳未満と65歳以上で区分される

雇用保険の加入要件は、以下の①②を同時に満たすことである。なお、役員（使用人兼務役員を除く）や個人事業主は加入できない。

①　1週間の所定労働時間（勤務時間）が20時間以上

②　31日以上の雇用見込みがある

被保険者の種類は主に、一般被保険者（65歳未満）と高年齢被保険者（65歳以上）の2つがある。高年齢被保険者は年齢の上限はない。

雇用保険料は標準報酬月額ではなく、残業代や通勤手当も含む賃金に保険料率を乗じて計算される。労使折半だが、雇用保険二事業（雇用安定事業、能力開発事業）の分は事業主のみが負担するため、事業主の保険料率のほうが高くなっている。

一般の事業（業種）の場合、2024（令6）年度の保険料率は1.55%（1000分の15.5）だが、内訳は事業主0.95%（うち雇用保険二事業分0.35%）、労働者0.6%である。

雇用保険の給付は失業等給付の「基本手当」が中心である。退職したときにいわゆる失業保険をもらうというのは、基本手当の受給のことを指している。基本手当は退職後の求職活動中の生活を支える給付金だが、雇用保険には基本手当以外にもさまざまな給付金がある（図表2-1-51）。

図表2-1-51　雇用保険の主な給付金の種類と内容

給付金の種類	給付内容
基本手当	・求職活動をする人に、離職後1年間に所定給付日数を限度に支給 ・離職前の給与（賃金日額）の45%～80%を支給 ・基本手当を受給した期間は厚生年金は支給停止になる
再就職手当	・一定の要件（1年超の雇用見込みなど）を満たして再就職し、基本手当の支給残日数が3分の1以上ある場合に支給 ・残日数3分の2以上は残日数分の基本手当額の70% 　残日数3分の1以上は残日数分の基本手当額の60% ・高年齢再就職給付金も受けられる場合はどちらかの選択
高年齢雇用継続給付	・高年齢雇用継続基本給付金（基本手当等を受けていない在職者）と高年齢再就職給付金（基本手当を受給後の再就職者）がある ・60歳以上65歳未満の被保険者が、原則60歳時点の賃金に対して75%未満に低下したときに支給（最大で低下後賃金額の15%支給〈61%以下に低下した場合〉）
高年齢求職者給付金	・高年齢被保険者(65歳以上の被保険者)が退職したときの一時金 ・基本手当日額の30日分（被保険者期間6カ月以上1年未満）または50日分（同1年以上）を支給
育児休業給付金	・原則1歳未満の子の養育のために育児休業する場合に給付（最長2歳まで延長可） ・支給額は当初6カ月は休業開始時賃金日額の67%、6カ月経過後は50% →2025（令7）年4月から以下の施行予定がある ・2歳未満の子を養育するために時短勤務をしている場合の新たな給付として「育児時短就業給付（仮称）」を創設し、時短勤務中に支払われた賃金額の10%を給付する ・子の出生直後の一定期間以内に、被保険者と配偶者の両方が14日以上の育児休業を取得した場合は最大28日間、休業開始前賃金の13%相当額を給付し、育児休業給付金とあわせて給付率80%（手取りで10割相当）へ引き上げる
介護休業給付金	・要介護認定を受けた一定の家族を介護する目的で休業した場合に支給（介護対象家族1人につき通算93日を限度に3回まで） ・支給額は休業開始時賃金日額の67%
教育訓練給付金	・一定の教育訓練を受けた場合、受講料の一部を補助（在職者も可） ・教育訓練のレベルに応じて「一般教育訓練」「特定一般教育訓練」「専門実践教育訓練」の3種類(それぞれ給付率や上限額が異なる)

知って得する補足知識　雇用保険料と労災保険料

雇用保険と労災保険（労働者災害補償保険）は併せて労働保険と呼ばれる。労災保険の保険料は全額事業主負担なので従業員からは徴収されない。雇用保険料は従業員からは毎月徴収されるが、会社は年に一度、労災保険料と一緒に労働保険料としてまとめて納める。

■1年以上の被保険者期間があれば基本手当を受けられる

　基本手当の受給資格は、自己都合退職や定年退職の場合、離職日以前の2年間に被保険者期間が通算12カ月以上あれば満たす。特定受給資格者（倒産や解雇等による離職〈主に会社都合退職〉）および特定理由離職者（雇止めや介護などやむを得ない理由による離職）、就職困難者（障害者など）は、離職日以前の1年間に被保険者期間が通算6カ月以上あればよい。

　また、基本手当を受けるには、失業状態の要件（①働く意思がある、②働く能力がある、③求職活動をしているが職業に就くことができない）を満たしていることも必要となる。なお、基本手当を受給した期間は厚生年金（老齢給付）は支給停止となる。ただし、基本手当の受給のない月（給付制限期間など）の年金は事後精算で約3カ月後に支給される。

■基本手当の受給期間は原則として退職後1年間

　基本手当を受ける手続きは、退職した会社から離職票をもらって離職者（退職者）の住居地を管轄するハローワーク（公共職業安定所）に行く。まず、求職の申込みを行って受給資格の決定を受ける。求職申込日を含め7日間は待期期間となり、基本手当は支給されない。

　待期期間満了後に初回の失業認定日が指定され、以後、4週間（28日）ごとに失業認定を受け、失業認定された期間の基本手当が支給される（初回と最後を除き28日分）。なお、自己都合退職（就職困難者含む）の場合は待期期間満了後2カ月（過去5年間2回まで。3回目以降は3カ月）の給付制限期間があり、給付制限期間満了後に基本手当の支給開始となる。定年退職者や特定受給資格者、特定理由離職者の場合は給付制限期間はない。

　なお、2025（令7）年4月からは、給付制限期間が2カ月から1カ月に短縮される（過去5年間2回まで。3回目以降は3カ月）。さらに、離職期間中や離職日前1年以内に、自ら雇用の安定及び就職の促進に資する教育訓練を行った場合、給付制限が解除される。

　基本手当は、被保険者期間や離職理由によって所定給付日数（**図表2-1-52**）が定められているが、受給期間（基本手当が受給できる有効期間）は

図表2-1-52　基本手当の所定給付日数（一般被保険者）

区分＼被保険者期間	1年未満	1年以上 10年未満	10年以上 20年未満	20年以上
全年齢	――	90日	120日	150日

(注) 1. 定年退職者も上表の所定給付日数となる
　　 2. 就職困難者、特定受給資格者、特定理由離職者は、年齢と被保険者期間により90日～360日となる

1年間である。求職申込日からではなく離職日の翌日から1年間である。所定給付日数が残っていても離職後1年間で支給は打ち切りとなる。

　定年退職者の場合は、2カ月以内に申請することによって、受給期間を最大1年間延長できる（延長理由は問われない）。また、病気やケガで離職後30日以上仕事に就くことができないときは、申請によって就労不能日数分だけ受給期間を延長できる。延長は最大3年間で、本来の期間と合わせて受給期間は4年間まで可能である。

■早期再就職者には再就職手当が支給される
　再就職が早く、一定の要件を満たした場合には再就職手当（一時金）が支給される。支給額は、所定給付日数の残日数が3分の2以上の場合は残日数分の基本手当額の70％、残日数が3分の1以上の場合は60％である。支給要件は、1年を超える雇用見込みがあること、待期期間経過後の就職であること、就職日前3年以内に再就職手当等を受けたことがないことなどである。

　再就職日に45歳以上の人や就職困難者は、ハローワークの紹介で1年以上継続して雇用されることが確実な職業に就いた場合には、常用就職支度手当を受けられる。支給額には最低保障があるので、支給残日数が1日でもあれば18日分が支給される。なお、再就職手当も受けられる場合は再就職手当が優先となる。また、過去3年間に常用就職支度手当か再就職手当を受けている場合は常用就職支度手当は支給されない。

■基本手当は賃金日額の45％～80％が支給される
　基本手当は、基本手当日額に失業認定された日数を乗じた額となる。最大

で所定給付日数分となる。基本手当日額の計算手順は**図表2-1-53**のとおりである。もとになる賃金は標準報酬月額ではなく残業代や通勤手当などの諸手当も含む賃金額である。ただし賞与や退職金は含まない。

　基本手当日額を計算するときの給付率は賃金日額に応じて定められているが、賃金が高いほど低くなる。原則は50%〜80%だが、60歳以上は45%〜80%である。また、賃金日額には上限と下限があり、それによって基本手当日額の上限と下限も自動的に決まる。賃金日額の上限と下限は毎年8月1日に改定される。

　具体的な例として、60歳で定年退職した勤続38年の人が基本手当額の上限で所定給付日数（被保険者期間20年以上なので150日）の支給を受ける場合は、「7,294円×150日＝1,094,100円」が基本手当の支給総額となる。

図表2-1-53　基本手当日額の計算手順

手順1　賃金日額の算出

賃金日額＝直前6カ月の賃金総額÷180日
※賃金は残業代と諸手当（通勤手当など）を含んだ総額。ただし、賞与や退職金は
　除く
※賃金日額には上限（年齢区分ごと）と下限（全年齢共通）がある→手順2参照

手順2　基本手当日額の算出

基本手当日額＝賃金日額×給付率
※給付率は50%〜80%（60歳以上65歳未満は45%〜80%）

〈賃金日額と基本手当日額の上限額と下限額〉2024年7月31日まで

離職日の年齢	賃金日額の上限額Ⓐ	基本手当日額の上限額
29歳以下	13,890円	Ⓐ×50%=6,945円
30歳以上44歳以下	15,430円	Ⓐ×50%=7,715円
45歳以上59歳以下	16,980円	Ⓐ×50%=8,490円
60歳以上64歳以下	16,210円	Ⓐ×45%=7,294円
65歳以上	13,890円	Ⓐ×50%=6,945円
	賃金日額の下限額Ⓑ	基本手当日額の下限額
全年齢共通	2,746円	Ⓑ×80%=2,196円

※29歳以下と65歳以上は同じ

■65歳以上の退職者は高年齢求職者給付金が一時金で支給

　65歳以上の高年齢被保険者が離職した場合、基本手当ではなく高年齢求職者給付金が一時金で支給される。主な概要は図表2-1-54のとおりである。

　高年齢者求職者給付金の受給資格は離職日以前1年間に被保険者期間（65歳前も含む）が通算6カ月以上あればよい。働く意思などの失業状態の要件やハローワークで失業認定を受け、離職後1年間の受給資格期間内に給付金の支給を受けるなどは65歳未満の基本手当の受給と同じである。

　ただし、基本手当と異なり、高年齢求職者給付金は一時金なので、失業認定は1回のみである。支給額は、基本手当日額の30日分（被保険者期間1年未満）または50日分（被保険者期間1年以上）の2種類のみである。基本手当日額の計算方法は65歳前の一般被保険者と同じである。

　請求回数や年齢に上限はないので、転職先で受給資格を満たせばそのつど給付金を受けることができる。また、65歳未満の基本手当と異なり、給付金を受けても老齢厚生年金の受給に影響はない。

図表2-1-54　高年齢求職者給付金の概要

受給資格	・離職日に65歳以上である ・離職日前1年間に通算6カ月以上の被保険者期間がある
申請手続き	・離職票を持ってハローワークへ行き、求職の申込みを行い、7日の待期期間満了後に指定される失業認定日に失業認定を受ける ・失業認定は1回のみ ・受給期間は離職日の翌日から1年間 ・自己都合退職の場合は、給付制限（2カ月または3カ月）がある ※一般被保険者と同様に2025（令7）年4月以降は、給付制限期間2カ月が1カ月に短縮される
給付金（一時金）	・被保険者期間1年未満は基本手当日額の30日分 ・被保険者期間1年以上は基本手当日額の50日分 ※基本手当日額の計算方法は65歳未満の一般被保険者と同じ
その他	・転職を繰り返しても離職のつど請求できる（請求回数、年齢の上限はない） ・老齢厚生年金は併給される

■60歳以上65歳未満の在職者には高年齢雇用継続給付がある

　在職者に対する雇用保険の給付として高年齢雇用継続給付がある（図表2-1-55）。被保険者期間が5年以上ある60歳以上65歳未満で在職する雇用保険の被保険者で、原則として60歳時点の賃金月額（標準報酬月額ではなく、残業代等も含む給与額の60歳到達前6カ月平均。賞与は除く）の75％未満に低下した場合に低下後の賃金月額の一定割合が支給される。

　60歳時点の賃金月額には上限・下限がある。上限を超える場合は上限が賃金月額となる。上限は48万6,300円（2024年7月31日まで。毎年8月1日に改定）となっている。一方、下限は8万2,380円（同）で、下限を下回る場合は下限額となる。また賃金額と給付金の合計額による支給限度額もある。支給限度額は37万452円（同）で、「賃金額＋給付金」が支給限度額を超える場合には超えた分を減じた給付金の支給となる。さらに、給付金の額が最低限度額（2,196円〈同〉）を超えていないと給付金は支給されない。

　給付金には主に退職しない継続雇用者を対象とする高年齢雇用継続基本給付金と基本手当を受けた再就職者を対象とした高年齢再就職給付金がある。

　高年齢雇用継続基本給付金は、65歳になると打ち切りになるので最大5年間の支給となる。高年齢再就職給付金は、給付金の計算方法は高年齢雇用継続基本給付金と同じであるが、支給期間は基本手当の残日数が100日以上200日未満の場合は1年、200日以上ある場合は2年で打ち切りとなる。ただし、途中で65歳になった場合はそこで打ち切りとなる。

〔在職老齢年金との併給調整〕

　在職老齢年金も受給する場合には併給調整が行われるが、高年齢雇用継続給付は全額支給される。在職老齢年金はまず本来の支給調整（減額）が行われ、減額後の年金額に対してさらに高年齢雇用継続給付による減額がある。

　減額率は賃金の低下率に応じた一定の比率となっている。60歳時の賃金に対して低下率が75％より大きくなっていく（75％→61％）に従って減額率が大きくなっていき、61％以下では低下後の標準報酬月額の一律6％が在職老齢年金から追加で減額される。

図表2-1-55　高年齢雇用継続給付の概要

受給対象と受給要件		・被保険者期間が5年以上ある60歳以上65歳未満の被保険者 ・原則60歳時点の賃金が75%未満に低下
給付の種類	高年齢雇用継続基本給付金	・60歳以降の継続雇用者を対象 ※退職後1年以内の再就職者でも基本手当、再就職手当を受けていなければ対象 ・低下率（60歳時点の75%〜61%）に応じて低下後の賃金の一定比率が支給される。低下率が大きくなるに従って給付率が大きくなり61%以下は低下後賃金の一律15%（2025〈令7〉年4月以降、新たに60歳となる者は10%）が給付され最大となる ・65歳になると支給は打ち切りになる（65歳到達月まで支給）
	高年齢再就職給付金	・退職後の再就職者が対象 ※退職後に基本手当を受けて残日数が100日以上ある場合に限る ・給付金の計算方法は高年齢雇用継続基本給付金と同じ ※低下率の基準は退職時の賃金月額（基本手当の基準となった賃金日額の30日分） ・支給期間は1年（基本手当残日数100日以上200日未満）または2年（同200日以上）。ただし65歳になると打ち切り（65歳到達月まで支給） ・再就職手当も受けられる場合はどちらかの選択
在職老齢年金との併給調整		・在職老齢年金を受給している場合には、在職老齢年金は本来の減額に加えて賃金の低下率に応じた減額がある ※高年齢雇用継続給付は全額支給される ・賃金が61%以下に低下したときが在職老齢年金の停止率（減額）が最大となり、低下後の標準報酬月額の6%が減額される ※賃金ではなく標準報酬月額であることに注意

〈在職老齢年金との併給調整の事例〉

> 事例
>
> 退職時（60歳時）の賃金：月額35万円（60歳到達前6カ月平均）
> 退職後の賃金：月額20万円（約57%に低下）※標準報酬月額は20万円
> 厚生年金（報酬比例部分）の受給額：年額120万円（基本月額10万円）

〔計算〕

高年齢雇用継続基本給付金‥‥‥‥‥‥‥‥‥‥‥　20万円×15%＝30,000円

在職老齢年金（本来の減額分）‥‥‥‥（20万円＋10万円）≦50万円→減額なし

在職老齢年金（高年齢雇用継続給付の減額分）‥‥‥　20万円×6%＝12,000円

在職老齢年金（減額後）‥‥‥‥‥‥‥‥‥‥　10万円－12,000円＝88,000円

> 総支給額：200,000円＋30,000円＋88,000円＝318,000円

5. 年金・退職給付制度等の最新の動向

(1) 公的年金・社会保険に関する最新の動向

●理解のためのキーポイント

❏ 支え手の確保・増大と長くなる老後期間への対応が施策の動き
❏ 小規模企業への社会保険の適用拡大が段階的に進んでいく
❏ 2022（令4）年度から公的年金が大きく変わっていく

■長寿社会への対策としての改正が進んでいく

　わが国の社会保障政策の中心となる公的年金など社会保険の施策は、人生百年時代へと歩みが続く少子高齢化への対策を見据えた改正が進行している。支え手を増やすための施策と長期化する老後生活への施策が両輪である。

　出産・子育て支援の充実では、2019（平31）年4月から国民年金第1号被保険者（自営業者の妻など）の産前産後保険料免除が導入された。

　公的年金の支え手を増やすとともに老後の年金の充実を図る施策としては、短時間労働者への厚生年金保険（社会保険）適用拡大が段階的に押し進められている。現在までの適用拡大の流れは以下のとおりである。

①2016（平28）年10月から

・従業員501人以上の企業で、「週労働時間20時間以上」「月額賃金8.8万円（年収換算約106万円）以上」「勤務期間1年以上見込み」「学生（昼間部）でない」の要件を満たす場合は厚生年金保険が適用される

②2017（平29）年4月から

・従業員500人以下の企業でも、①の要件を満たす場合は労使合意があれば適用可能に

・国・地方公共団体は規模にかかわらず適用

③2022（令4）年10月から

・従業員101人以上の企業に拡大

・個人事業所のうち、従業員5人以上の法律・会計事務を取り扱う士業（弁護士、公認会計士、税理士、社会保険労務士など）にも適用

・勤務期間は「1年以上見込み」から「2カ月超の見込み」に緩和

③2024（令6）年10月から

・従業員51人以上の企業に拡大

　次に、マクロ経済スライドが機能しにくいことから、年金額改定ルールの見直しも進んでいる（→p.46）。さらに、名目下限措置を撤廃して完全に賃金変動・物価変動への連動が課題となっている。

　高齢者では、高齢化により長くなる老後期間に対応するための改正が多くなっている。特に、2022（令4）年度からの公的年金改正では60歳以降の年金受給に関する大きな改正が実施された（→p.110）。

　2022年4月からの改正では、受給開始時期の選択肢の拡大（繰上げ受給、繰下げ受給）と在職老齢年金の見直しがあった。繰上げ受給は減額率が1カ月0.5％から0.4％に緩和された。繰下げ受給は、増額率は1カ月0.7％のままだが上限が従来の70歳から75歳までに引き上げられた。

　在職老齢年金に関しては60歳台前半の老齢厚生年金の支給停止基準が28万円から65歳以降と同じ47万円（2024年度は50万円）に変更され、支給停止の仕組みが一本化された。また65歳以降の老齢厚生年金では在職定時改定の仕組みが導入され、退職しなくても在職中の保険料を反映させて毎年年金額が改定されるようになった。なお、65歳前の在職老齢年金には在職定時改定は適用されない。

■健康保険や雇用保険も高齢社会に対応した改正が進む

　健康保険では、2022年1月からの改正が注目される（→p.148）。傷病手当金の支給期間は最長1年6カ月だが、支給開始から起算されていたのが「通算」となった。任意継続被保険者制度では、加入後に任意に脱退が可能になり保険料が下がった時点で国保への切り替えがやりやすくなった。

　雇用保険では、2017（平29）年1月からは65歳以上の従業員も加入することになり、高齢化への対応が進んでいる（→p.151）。

（2）私的年金・退職給付制度等に関する最新の動向

●理解のためのキーポイント

❑70歳になるまでの雇用に対応し、企業年金では支給開始年齢を引き上げる制度改正が進んでいる

❑私的退職給付制度間のポータビリティの緩和が制度改正で進む

■確定給付企業年金の支給開始年齢の上限が70歳に引き上げ

　高年齢者雇用安定法の改正（2021〈令3〉年施行）で、企業に対して70歳になるまでの就業機会の提供が努力義務とされたことにより、企業年金の分野でも70歳になるまでの雇用に合わせる流れとなっている。

　2020（令2）年6月5日に公布された年金改正法でも、確定給付企業年金の支給開始時期の上限が改正され拡大された（2020年6月5日施行）。従来は、60歳以上65歳以下で支給開始年齢を規約で設定することとされていたが、改正後は60歳以上70歳以下で設定できるようになった。

　また、企業年金間のポータビリティも制度改正により順次拡大される傾向となっている。特に、転職の際の確定給付企業年金の他制度への資産移換が徐々に緩和され、企業型DC（企業型確定拠出年金）、個人型DC（個人型確定拠出年金）、企業年金連合会、さらに条件は付くものの中小企業退職金共済にも移換できるようになった。

　また、確定給付企業年金の制度終了（制度の廃止）の場合、企業型DCや企業年金連合会への資産移換は可能だが、2022（令4）年5月1日からは個人型DCへの資産移換も可能になった。

1. 確定拠出年金の仕組み

(1) 確定拠出年金の概要

●理解のためのキーポイント

❏個々の加入者が運用方法を決定する（自己責任運用）
❏個人ごとに資産を管理
❏ポータビリティ（年金資産の携帯性）がある
❏企業は年金額を約束せず、掛金と運用収益で年金額が決まる

■確定拠出年金の特徴と年金制度上の位置付け

　確定拠出年金制度は、拠出された掛金が各個人別に区分されて、将来の給付額がその掛金と運用益によって決まってくる仕組みである。従来の企業年金制度は、個人ごとの年金資産の持ち分がはっきりしておらず、運用の指図は企業が行っていたが、本制度では加入者が自ら運用の指図を行い、個人の持ち分が明確に区分される。

　確定拠出年金の特徴としては、次のような点があげられる。

① 運用の方法（運用商品）を各加入者が決める（自己責任）。
② 年金資産が加入者ごとに管理され、各加入者が常に残高を把握することができる。
③ ポータビリティが高いので、労働力移動が激しい業界や職種の加入者（たとえば人材派遣会社、システム開発会社、中小企業など）でも、

　老後の年金が確保できる。

④　企業が倒産しても、それまで拠出された年金資産は確実に加入者の
　　ものとなる。

⑤　企業にとっては、追加の負担が発生しないため、将来の掛金負担が
　　予測できる。

⑥　掛金を算定するための複雑な数理計算が不要である。

また、確定拠出年金の年金制度上の位置付けには次のような点があげられる。

①　確定拠出年金は国の制度ではあるが、いわゆる公的年金ではない。

②　企業や個人（公務員、専業主婦含む）が公的年金にさらに上乗せし
　　た年金が必要と考える場合の新たな選択肢の1つ。

③　企業の従業員にとっては、従来の厚生年金基金や新たな確定給付企
　　業年金と並ぶ選択肢の1つ。

④　自営業者にとっては、従来の国民年金基金と並ぶ選択肢の1つ。

　新しく確定拠出年金制度が登場したのは、企業年金改革の必要性からであ
る。企業年金制度改革の背景としては、既存の企業年金資産の運用利回りの
低下による退職給付費用の増加、新会計基準導入による積立不足の企業会計
への計上、雇用の流動化、公的年金財政の悪化などがあげられる。

■確定拠出年金制度の基本的な仕組み

　確定拠出年金制度は企業型年金と個人型年金の2つの型があり、そのイメ
ージは図表2-2-1のとおり。基本的なポイントは以下のようなことである。

①　加入対象者は、企業型年金の場合、企業の原則70歳未満の従業員で
　　ある。一方、個人型年金は、勤労者（企業従業員や公務員）の場合は65
　　歳未満（20歳未満含む）、勤労者以外の場合は自営業者等（国民年金第
　　1号被保険者）および専業主婦（国民年金第3号被保険者）、60歳以上
　　の国民年金任意加入被保険者が加入対象である。また、日本国籍を持つ

図表2-2-1　確定拠出年金の加入から受給までの流れ

＜企業型年金のイメージ＞

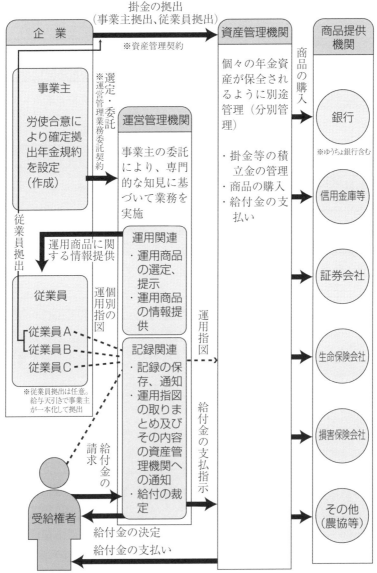

(注)運営管理機関は、要件を満たせば資産管理機関及び商品提供機関を兼ねることが可能。
また、事業主は運営管理業務を行うことが可能

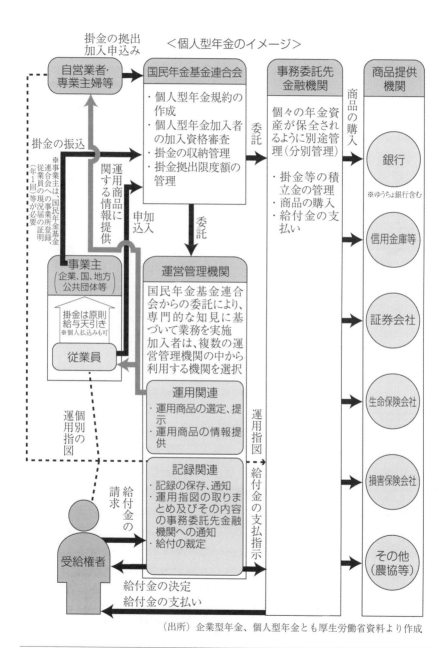

＜個人型年金のイメージ＞

（出所）企業型年金、個人型年金とも厚生労働省資料より作成

図表2-2-2　確定拠出年金の給付の種類と支給

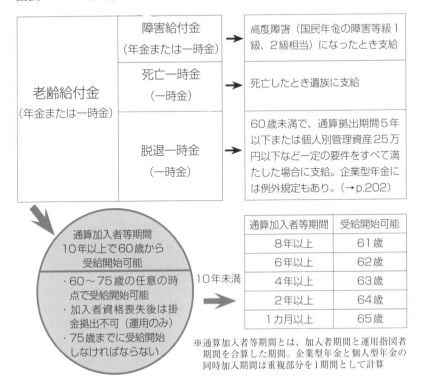

※通算加入者等期間とは、加入者期間と運用指図者期間を合算した期間。企業型年金と個人型年金の同時加入期間は重複部分を1期間として計算

海外居住者（20歳以上65歳未満）も国民年金任意加入被保険者は個人型年金に加入できる。なお、企業型年金と個人型年金の同時加入も可能である。規約の定めなどの同時加入要件は2022（令4）年10月より不要となり、原則として同時加入に制限はなくなった。

② 運用は加入者自身が行う。従来の確定給付型の年金制度では将来の給付額が確定していたが、確定拠出年金制度では、加入者の運用成果によって給付額が決定する。

③ 主な給付は、老齢給付金、障害給付金、死亡一時金の3種類だが、脱退一時金の制度も認められている（図表2-2-2）。

老齢給付金は、通算加入者等期間（加入者期間＋運用指図者期間）10

年以上で、60歳から受給可能である。障害給付金は、高度障害の場合に支給される。死亡一時金は、死亡したときに遺族に支給される。

　脱退一時金は、確定拠出年金の加入者となれない（掛金を拠出できない）ときに資産額（個人別管理資産額）が少額の場合に請求できるが、極めて例外的にしか受給できない（→p.202）。対象となるのは、60歳未満、確定拠出年金（企業型、個人型）の加入者または運用指図者でない、「確定拠出年金（企業型、個人型）の掛金拠出期間が5年以内」または「個人別管理資産額が25万円以下」、個人型年金に加入できない者、障害給付金の受給権者でない、日本国籍を有する海外居住者（20歳以上60歳未満）でないといった要件をすべて満たす者である。また、個人型年金の脱退一時金請求期限は資格喪失後2年以内であるが、企業型年金の請求期限は企業型年金資格喪失後6カ月以内である。なお企業型年金の場合は、個人別管理資産が1.5万円以下の場合は、確定拠出年金（企業型、個人型）の加入者または運用指図者でなければ企業型年金に脱退一時金を請求できる（他の要件は不要。ただし6カ月以内）。

④　税制は、拠出時は非課税、運用時は原則非課税、給付時は課税の取扱いとなる。掛金は、企業拠出は全額損金となり、個人拠出は小規模企業共済等掛金控除による所得控除となる。

⑤　確定給付型年金との違いは、確定給付型年金は将来受け取る年金額を企業などが約束するものであり、確定拠出年金は加入者が自己責任により掛金を運用した結果が、そのまま年金額となるものである（図表2-2-3）。

⑥　確定拠出年金と米国の401kとの関係でみると、わが国が確定拠出年金を導入するにあたり、米国の内国歳入法401条(k)項を参考にしている。しかし、米国ではペナルティ課税を払えば比較的簡単に途中引き出しができるのに対し、わが国の確定拠出年金では原則として認められていないなど重要な相違点も目立つ。

⑦　確定拠出年金制度は実施主体、対象者、掛金の拠出の違いにより、企業型年金と個人型年金に分けられる。主な内容を図表2-2-4に示す。

　企業型年金は、70歳未満（規約に定めれば60歳以上70歳未満の設定

図表2-2-3　確定拠出年金と確定給付型年金との比較

	確定拠出年金	確定給付型年金
制度の仕組み	加入者ごとの拠出額と運用収益をもとに、老後の年金給付が行われる	あらかじめ定められた給付額の給付に必要な掛金を、年金数理により算出して拠出する
拠出	掛金額は拠出者が拠出した額で確定する	必要となる掛金額は運用実績により変動する
年金額	企業は年金額を約束せず、運用収益により額が決定	企業が将来の年期額を約束
運用責任	加入者本人が運用指図を行い、運用責任を負う	企業が運用責任を負う
運用方法	加入者本人が決定	企業が決定
持ち分	加入者本人の持ち分が拠出時・運用時を通じて明確	制度全体で運用しており、加入者本人の持ち分は不明確
ポータビリティ	あり	あまりない
年金数理	年金数理は働かない	加入者全体としての年金数理が働く

も可能）の従業員を加入対象者とし、企業が掛金を拠出するほか、規約に定めれば従業員も掛金を拠出できる。

　個人型年金は、自営業者や企業の従業員、公務員、専業主婦（国民年金第3号被保険者）を加入対象者とし、個人が掛金を拠出する。企業による拠出はできないが、企業型年金や企業年金等のない従業員300人以下の企業では従業員の掛金の上乗せとして事業主拠出が認められる（→p.190）。

　なお、2022（令4）年10月より、企業型年金に同時加入する際の要件が緩和され、従来必要であった事業主拠金の引き下げ、および同時加入を認める規約は不要となった。またマッチング拠出を導入している企業では、マッチング拠出か個人型年金加入かを加入者ごとに選択できるようになった。

図表2-2-4　確定拠出年金制度の概要

	企業型年金		個人型年金	
			企業従業員等	自営業者等
実施主体	厚生年金保険適用事業所の事業主		国民年金基金連合会	
加入	原則70歳未満の従業員（原則自動加入） ※規約に定めれば、60歳以上70未満の加入上限設定も可能 ※公務員を除く		任意加入 （マッチング拠出者を除く企業等の65歳未満の従業員） ※公務員等含む	任意加入 （65歳未満の国民年金第1号被保険者、第3号被保険者、任意加入被保険者〈海外含む〉）
掛金の拠出 拠出者	企業、従業員本人		従業員本人、企業＊2	本人
拠出方法	事業主拠出……企業が拠出 加入者拠出……従業員本人が給与天引きで拠出		従業員本人の給与から天引きが原則。本人の直接払い込みも可	本人が直接払い込む
掛金の拠出 ※月額累計による年単位管理 ※2024（令和6）年12月から改正あり→p.256 拠出限度額	企業年金あり＊1 月額2.75万円 （年間33万円）	企業年金なし 月額5.5万円 （年間66万円）	・企業型、企業年金なし 　月額2.3万円 　（年間27.6万円） ・企業型のみあり 　月額上限2万円 ・企業型、企業年金あり 　月額上限1.2万円 ・企業年金のみあり、公務員 　月額1.2万円 　（年間14.4万円）	・第1号被保険者 　任意加入被保険者 　月額6.8万円 　（年間81.6万円） ※国民年金基金等との合計 ・第3号被保険者 　月額2.3万円 　（年間27.6万円）
	企業型・個人型併用の場合は「拠出限度額（5.5万円または2.75万円）－事業主掛金額」が個人型拠出限度額（上限あり） ※企業型・個人型とも毎月拠出のみ			
年金資産の保全管理	資産管理機関		国民年金基金連合会	
離転職時の資産の移換	勤続3年以上で全額可		いつでも全額可	
税金 拠出時	損金算入（企業）、所得控除（従業員）		所得控除	
運用時	年金資産に対して特別法人税課税（1,173%）　※2026年3月まで凍結			
給付時	年金受給は公的年金等控除適用、一時金受給は退職所得控除適用			
運用	・運用の指図（指示）は加入者が行う ・運用商品は、運営管理機関が提示するリスク・リターン特性の異なる3つ以上（簡易企業型年金は2つ以上）35以下の商品（元本確保型商品が含まれなくてもよい）から選ぶ（複数可） ・具体的な運用商品としては、預貯金、公社債、株式、保険など。公社債や株式を組み合わせた投資信託も含まれる ・最低3カ月に1回は運用商品の預け替え（種類の変更）ができる			
給付 形態	年金または一時金			
種類	老齢給付金、障害給付金、死亡一時金、脱退一時金			
受給開始	原則60歳（老齢給付金） ※通算加入者等期間10年未満のときは、最大65歳まで受給開始が遅れる			
途中引き出し	原則不可　※一定の条件を満たせば脱退一時金受給可			

＊1　「企業年金」とは、厚生年金基金、確定給付企業年金などのこと
＊2　企業拠出は従業員掛金の上乗せで、従業員300人以下の企業型年金、企業年金を実施していない企業に限る（中小事業主掛金納付制度）

(2) 企業型年金の仕組み

┌─────────────────────────────────┐
│ ●理解のためのキーポイント
│
│ ❑労使合意による規約により、従業員を加入者として制度を導入する
│ ❑掛金は企業が拠出し（規約に定めれば従業員の上乗せも可）、従業
│ 　員が個別に運用する仕組みである
│ ❑原則70歳未満の従業員が加入でき、老齢給付金は原則60歳（60
│ 　歳以上も加入できる場合は資格喪失時）から受け取れる
└─────────────────────────────────┘

■企業型年金における企業の役割

　企業型年金では原則70歳未満の従業員が加入し、労働組合など従業員の過半数を代表する者との労使合意によって企業型年金規約を作成し、厚生労働大臣の承認を受ける（法3条、4条）。企業と従業員は年金規約に基づいて掛金を拠出する。また、運用関連業務と記録関連業務を行うための運営管理機関、拠出金の管理を行うための資産管理機関を選定する。

　さらに、企業は加入者ごとの限度額の管理、投資教育の責任も負っている。投資教育に関しては、制度の加入時ばかりでなく、加入後も各個人の知識水準やニーズに応じた必要かつ適切な措置をとらなければならない。

■運営管理機関は実務サービス提供、資産管理機関は年金資産の保全

　運営管理機関は、確定拠出年金の運営に関する業務を加入者の立場で受託する役割があり、運営管理機関になるには主務大臣（厚生労働大臣および内

┌─────────────────────────────────┐
│ 　知って得する補足知識　　運営管理業務の実施機関
│
│ 　運営管理機関は、登録を受けた法人であればなることができるので、
│ 金融機関でなくてもよい。企業自身が運営管理業務をすることもでき、
│ 資産管理機関が運営管理機関を兼ねることもできる。
└─────────────────────────────────┘

閣総理大臣）の登録を受けることが必要である（法88条）。

　運営管理機関の業務は、「運用関連業務」と「記録関連業務（レコードキーピング業務）」の2つに大別される。

　運用関連業務とは、運用の方法（運用商品）の選定と加入者への提示、運用商品に関する情報提供（利益の見込み、損失の可能性、運用実績など）である。一方、記録関連業務とは、加入者ごとの個人情報の記録保存・管理、加入者の運用指図の取りまとめと資産管理機関への取次ぎ、給付に関する事務などである。

　企業型年金では、企業資産や個人の資産と年金資産を区別して管理しておく必要があり、そのために資産管理機関が設置される。これは、年金資産を企業の資産と分離することで、年金資産が企業活動に使用されたり、倒産時に差押えの対象とならないよう保全しておくためである。

　資産管理機関は、企業型年金のみに設置されるもので、個人型年金にはなく、国民年金基金連合会がこの役割を担っている。この理由は個人型年金制度では年金資産は個人が拠出するもので、企業の拠出とは性格が異なるため、資産管理機関を設置する必要がないためである（実際には、金融機関に事務を委託している）。

　企業は制度を導入する際、必ず資産管理機関を選任して資産管理契約を締結しなければならない。資産管理機関になれる機関は、信託会社（信託銀行等）や保険会社（生保、損保）、企業年金基金などに限定されている（法8条）。

■企業型年金の基本的な特徴と個人型年金

　企業型年金は、企業（事業主）が実施主体となることから原則70歳未満の全従業員（厚生年金保険被保険者）が加入対象となり、掛金も企業が拠出するのが基本である。

　掛金は企業が全額を損金算入することができ、従業員の給与にはならない。拠出された掛金は自己責任原則のもと従業員が自ら選択した運用商品を自ら運用していく。企業は従業員に直接運用のアドバイスをしたり、損失の補償

をすることは禁じられているが、資産運用のための十分な知識を身につける投資教育を行う義務を負っている。

　企業型年金に加入できるのは、原則70歳になるまでだが、規約に定めれば60歳以上70歳未満の一定の年齢までとすることができる。老齢給付金は、原則60歳（60歳以上も加入できる場合は加入資格喪失時）から受給できるが、最大75歳まで受給開始時期を選択できる。

　なお、離転職により企業型年金を脱退したり加入したりする場合は、年金資産を個人型年金や転職先の制度（企業型年金、確定給付企業年金）、企業年金連合会などへ移換することができる。

　また、従来は企業型年金に加入できない場合に個人型年金に加入できるといった区分がされていたが、法改正を重ねるたびに垣根が低くなり、2022（令4）年10月からは、企業型年金と個人型年金の同時加入はほぼ制約なく可能になった。（→p.255）

■従業員300人以下の中小企業向けには簡易企業型年金もある

　法改正により、2018（平30）年5月から従業員100人以下（2020〈令2〉年10月以降300人以下に拡大）の中小企業を対象に簡易企業型年金制度が創設された。設立手続等が大幅に緩和され、実施企業の事務負担等が軽減された。

　簡易企業型年金の概要は以下のとおりである。

・第1号等厚生年金被保険者（一般厚年〈会社員〉、私学厚年）が300人以下の中小企業が対象（導入は労働組合等の同意が必要）
・通常の企業型年金のような一定の資格を定めることは不可（全員加入）
・事業主掛金は定額のみ
・加入者掛金（マッチング拠出掛金）は1つでもよい
・運用商品の提供は2本以上35本以下
・制度導入時の提出書類は企業型年金規約等に簡素化し、運営管理機関委託契約書、資産管理契約書等は省略できる

(3) 個人型年金の仕組み

> ●理解のためのキーポイント
>
> ❑自営業者等は直接、企業の従業員等は給与天引きで掛金を拠出する
> ❑国民年金基金連合会が個人型年金の申込受付や取扱いを行う
> ❑資産管理機関は設置されず、国民年金基金連合会がその役割を果たす

■急速に拡大した個人型年金の加入者

　個人型年金は、2017（平29）年1月1日からの加入対象者拡大を機に加入者が大幅に拡大した。愛称として用いられている「iDeCo（イデコ）」も浸透しつつある。

　①自営業者等（国民年金第1号被保険者および任意加入被保険者〈海外居住者含む〉）、②65歳未満の企業等従業員（公務員含む）、③専業主婦（国民年金第3号被保険者）は、個人型年金に加入することができる（**図表2-2-5**）。

　個人型年金の実施主体は国民年金基金連合会（以下「国基連」）である。運営管理機関は企業型年金と同様の役割を担うが、国基連は運営管理業務を自ら行うことはできず、運営管理機関に委託しなければならない（法60条）。

　資産管理機関は設置されない。これは個人の拠出金が国基連に拠出されたときに、年金資産が個人資産と分離されるためである。したがって、国基連が加入申込みの受け付け、拠出金の取りまとめを行う。さらに国基連は各運用機関（運用商品提供機関）との契約や受給権者への給付の事務も行う。ただし、資産管理業務は専門性も求められることから、これらの業務を金融機関等に委託することができる。

　掛金の運用や離転職時の年金資産の移換、老齢給付金の手続きなどは企業型年金と基本的に同じだが、転職後の制度によって掛金限度額が異なってくることに注意が必要である。

図表2-2-5　個人型年金の加入と掛金の払込み

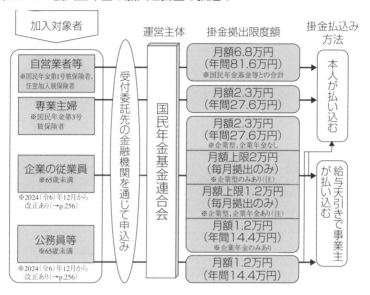

（注）企業型年金との同時加入は「拠出限度額（5.5万円または2.75万円）－事業主掛金額」。マッチング拠出は個人型年金との本人による選択（→p.255）

（4）加入者・運用指図者

●理解のためのキーポイント

- ❏企業型年金の加入対象者は、厚生年金保険被保険者（会社員、私立学校教職員）で70歳未満の者（公務員除く）
- ❏個人型年金の加入対象者は、65歳未満の自営業者等（国民年金第1号被保険者、任意加入被保険者）、65歳未満の厚生年金保険被保険者（会社員・公務員・私立学校教職員）、専業主婦（国民年金第3号被保険者）
- ❏運用指図者は掛金の拠出ができず、運用のみを行う

■企業型年金の加入対象者は70歳未満の従業員等

確定拠出年金の加入対象者は、図表2-2-6のとおりである。

図表2-2-6　確定拠出年金の加入対象者

企業型年金	個人型年金
70歳未満（規約に定めれば60歳以上70歳未満の設定年齢）の企業等の従業員 ①第1号厚生年金被保険者（民間企業等） ②第4号厚生年金被保険者（私立学校教職員共済制度の加入者） ※公務員は加入できない	①自営業者等（第1号加入者） 　国民年金第1号被保険者（20歳以上60歳未満） ※以下の場合は加入できない 　・国民年金保険料未納者（滞納者） 　・国民年金保険料免除者（産前産後免除、障害免除は除く） 　・農業者年金の被保険者
	②企業従業員、公務員等（第2号加入者） 　国民年金第2号被保険者（原則65歳未満） 　・企業型年金との同時加入も原則として可能 　・企業型年金にマッチング拠出制度がある場合は、マッチング拠出を利用するか個人型年金に加入するかを本人が選択できる
	③専業主婦（第3号加入者） 　国民年金第3号被保険者（20歳以上60歳未満）
	④国民年金任意加入被保険者（第4号加入者） 　60歳以上65歳未満の国内居住者、20歳以上65歳未満の海外居住者

(注) 確定拠出年金に加入できない国民年金保険料免除者とは、収入が少ないなど生活困窮を理由とする免除者が該当

　このうち、企業型年金の加入対象者は、企業型の確定拠出年金制度を導入した企業の原則70歳未満の従業員等であって厚生年金保険の被保険者であり、全員の加入が原則である。ただし、規約で一定の資格を定めることができ、それに該当する従業員のみを加入対象者とすることもできる（法9条）。

　ここで、「厚生年金保険の被保険者」とは、民間企業等（第1号厚年）および私立学校教職員が加入する第4号厚年の被保険者で、70歳未満の者をいう。公務員は個人型年金には加入できるが、企業型年金には加入できない。

　また、一定の資格とは、次の①から④に掲げる資格であり、これら以外のものを一定の資格として定めることは、基本的には特定の者に不当に差別的な取扱いとなる（法令解釈第1-1）。

> #### ①一定の職種
> 　一定の職種に属する従業員（従業員とは、企業型年金を実施する厚生年金適用事業所に使用される第1号等厚生年金被保険者。以下同じ）の

み企業型年金加入者とすること。ここでいう職種とは研究職、営業職、事務職などをいい、労働協約もしくは就業規則等において、これらの職に属する従業員に係る給与や退職金等の労働条件が、他の職に属する従業員の労働条件とは別に規定されているもの。

※「第1号等厚生年金被保険者」とは、第1号厚年（会社員等）と第4号厚年（私立学校教職員）を指し、公務員は除かれる（法2条6項）

②一定の勤続期間

勤続期間のうち、一定の勤続期間以上（または未満）の従業員のみ企業型年金加入者とすること。なお、見習い期間中または試用期間中の従業員については、企業型年金加入者としないことができる。

③一定の年齢

一定の年齢未満の従業員のみ企業型年金加入者とすること。

(注)「一定の年齢」を60歳より低い年齢とすることはできない。ただし、企業型年金の開始時または加入者の資格取得日に50歳以上の従業員は、自己責任で運用する期間が短く、また60歳以降で定年退職しても、そのときに給付を受けられないという不都合が生じるおそれがあることから、50歳以上の一定の年齢によって加入資格を区分し、当該一定の年齢以上の従業員を企業型年金加入者とせずに、当該一定の年齢未満の従業員のみ企業型年金加入者とすることはできるものであること。

④希望する者

従業員のうち、加入者となることを希望した者のみ企業型年金加入者とすること。この場合、企業型年金加入者がその資格を喪失することを任意に選択できるものではないこと。

以上①および②の場合は、企業型年金加入者とならない従業員については、厚生年金基金（加算部分）、確定給付企業年金または退職手当制度（退職金前払制度を含む）が適用されていること。

また、上記③および④の場合は、企業型年金加入者とならない従業員については、確定給付企業年金（④の場合に限る）または退職手当制度

（退職金前払制度を含む）が適用されていること。

　さらに、当該制度において企業型年金への事業主掛金の拠出に代わる相当な措置が講じられ、企業型年金加入者とならない従業員について、不当に差別的な取扱いを行うこととならないようにすること。

■企業型年金の加入資格の取得と喪失

　企業型年金加入者は、次の①から④のいずれかに該当するに至った日に企業型年金加入者の資格を取得する（法10条）。

① 　実施事業所（企業型年金が実施されている事業所）に使用されるに至ったとき（企業型年金の老齢給付金の既裁定者を除く）
② 　使用される事業所または船舶が、実施事業所となったとき
③ 　実施事業所に使用される者が、第1号等厚生年金被保険者（民間企業の従業員か私立学校教職員。公務員は除く）となったとき
④ 　実施事業所に使用される者が、企業型年金規約により定められている資格を取得したとき

　また、企業型年金加入者は、次の（1）から（5）のいずれかに該当するに至った日の翌日、（5）のうち年齢による喪失または（6）に該当するに至ったときはその日に加入者の資格を喪失する（法11条）。

（1）死亡したとき
（2）実施事業所に使用されなくなったとき
（3）使用される事業所または船舶が、実施事業所でなくなったとき
（4）第1号等厚生年金被保険者でなくなったとき
（5）企業型年金規約により定められている資格を喪失したとき
（6）企業型年金の老齢給付金の受給権を有する者となったとき

　なお、企業型年金の加入者資格の喪失は上記（1）～（6）に限られていて、制度にいったん加入すると自ら資格を喪失することはできない。

　また、企業型年金加入者の得喪（資格の取得と喪失）に関しては以下の特

例がある。

・企業型年金加入者の資格を取得した月にその資格を喪失した者は、その資格を取得した日にさかのぼって企業型年金の加入者でなかったものとみなす（法12条）

・同時に二以上の企業型年金の加入者となる資格を有する者は、その者の選択する一の企業型年金以外の企業型年金の加入者としないものとする。この選択は資格を有するに至った日から10日以内にしなければならないことになっている（法13条）。選択をしない場合には一定の基準に基づき、法定選択となる（施行令10条）

〈企業型年金の60歳以上の加入者の要件〉

　確定拠出年金（企業型、個人型）の加入対象年齢の上限は、制度発足当時は60歳になるまで（60歳到達時に資格喪失）だった。その後、60歳以降の雇用環境に対応した労働や公的年金の法制度整備に合わせて、確定拠出年金でも60歳以降も加入できる制度拡大が進んでいる。

　企業型年金の場合、2014（平26）年より企業型年金規約に定めれば60歳以上65歳以下の一定年齢まで資格喪失を引き上げることができるようになった。ただし、60歳以上の加入対象者は60歳時点の継続雇用者に限られ、60歳以上の中途入社従業員は加入することができなかった。その後、2022（令4）年5月の法改正により、加入対象者は70歳未満に引き上げられ、60歳以上の中途入社での加入も可能になるなど要件も緩和された。加入可能年齢などの主な要件は以下のとおりである。

・第1号等厚生年金被保険者（厚生年金保険被保険者のうち、企業従業員、私立学校教職員で、公務員は除く）であれば加入者となる。つまり、70歳未満の会社員等であれば加入対象となる（雇用継続者の要件は撤廃）

・企業型年金規約で定めれば、60歳以上70歳未満の一定の年齢の者を加入者とすることができる（例えば、65歳未満など）。ただし、原則として「一定の年齢」を60歳未満で定めることはできない

・企業型年金の老齢給付金の受給権者で既裁定者（一時金、年金）は加入者となれない。受給権者でも裁定前の運用指図者であれば加入となれる。ま

た個人型年金の既裁定者は企業型年金の加入者となれる

・60歳以降の加入期間は受給資格の通算加入者等期間から除かれる（例：60歳時点で通算加入者等期間が2年の場合、62歳まで加入しても受給開始可能年齢は64歳のままであり、63歳に早めることはできない）

・60歳以上で初めて企業型年金加入者となった者（通算加入者等期間を有していない者）は、加入日等から起算して5年経過した日から老齢給付金の請求が可能になる（法33条1項）

■個人型年金は基本的に誰でも加入対象者となる

　個人型年金は従来、自営業者等と企業年金（企業型年金、他の企業年金〈確定給付企業年金など〉）のない企業の従業員に加入対象者が限られていた。しかし、法改正により2017（平29）年1月から大幅に加入対象者が広がり、公務員、私学厚年（私立学校教職員）、専業主婦、企業年金（企業型年金加入者含む）のある企業の従業員も加入できるようになった。つまり、60歳未満の現役世代の者なら基本的に誰でも加入対象者となった。

　さらに、2022（令4）年5月以降は国民年金の任意加入被保険者（60歳以上65歳未満の国内居住者、20歳以上65歳未満の海外居住者）も個人型年金の加入対象者となった。ただし、すでに個人型年金の老齢給付金（年金、一時金）を受給している場合や老齢基礎年金を繰上げ受給している場合は対象外となる。なお、受給権者でも裁定前の運用指図者であれば加入でき、企業型年金の老齢給付金受給者も個人型年金には加入できる。また、企業従業員等（原則65歳未満）は国民年金の第2号被保険者であれば加入できるようになった。具体的な個人型年金加入対象者は図表2-2-6のようになる。

　なお、企業型年金がある場合、個人型年金に同時加入するには企業型年金規約に定め、事業主掛金を一定額（月額3万5,000円または1万5,500円）以下にする必要があった。また、マッチング拠出導入企業では、企業型年金加入者は加入者掛金の拠出の有無にかかわらず個人型年金に加入することはできなかった。2022（令4）年10月の法改正により、企業型年金規約の定めや事業主掛金の制限がなくなった。マッチング拠出と個人型年金も従業員自身

の選択となった。

　次の場合は個人型年金の資格を喪失する（法62条4項）。

　個人型年金加入者は、次のいずれかに該当するに至った日（①に該当するに至ったときはその翌日、④に該当するに至ったときはその保険料を納付することを要しないものとされた月の初日）にその資格を喪失する。

---

①　死亡したとき
②　国民年金の被保険者資格を喪失したとき（死亡以外のケース）
③　個人型年金運用指図者になったとき
④　国民年金の保険料免除者（全額免除、一部免除、学生納付特例、納付特例）の該当者になったとき（産前産後免除、障害による免除を除く）
⑤　農業者年金の被保険者になったとき
⑥　企業型掛金拠出者等となったとき
　※「企業型掛金拠出者等」とは、マッチング拠出者、事業主掛金が拠出限度額に達している場合、各月拠出（事業主掛金、個人型掛金）でない場合など
⑦　個人型年金の老齢給付金の受給権者となったとき
⑧　老齢基礎年金、老齢厚生年金の受給権者となったとき（老齢基礎年金の繰上げ受給者など）

■加入できなくなったときには運用指図者になれる

　運用指図者とは、掛金の拠出ができずに年金資産（個人別管理資産）の運用指図のみができる者をいう。

　企業型年金の運用指図者とは、①60歳以上の該当年齢になり、企業型年

知って得する補足知識　障害免除者の加入と国民年金保険料

　保険料免除者のうち、障害基礎年金の受給権者等は、個人型年金に加入することができる。この場合、国民年金保険料の納付は問われないので個人型年金の掛金だけを拠出することも可能である。

金の加入資格を失った者、②60歳以降に退職により企業型年金の加入資格を失った者、③当該年金の障害給付金の受給権者が対象であり、個人別管理資産を有している場合に運用のみを行う者である（法15条）。一方、個人型年金の運用指図者とは、個人型年金の加入資格を失った者（自己による選択含む）で、個人別管理資産を有している場合に残高がなくなるまで運用の指図ができる者をいう（法64条）。

　なお、60歳未満で企業型年金にも個人型年金にも加入できなくなるケースは国民年金の保険料免除（産前産後免除、障害事由を除く）か外国人加入者（日本国籍を有しない者）の海外移住だけである。そのため、60歳未満では、一般的には個人型年金加入資格のある者が運用指図者を選択した場合に個人型年金運用指図者となる。

　日本国籍のある海外居住者については、2022（令4）年5月の法改正により国民年金の任意加入被保険者であれば、国民年金基金と同様に個人型年金に加入できるようになった。

　一方、運用指図者資格の喪失は、次のようになっている。

〈企業型年金運用指図者（法15条3項）〉

① 　死亡したとき（該当する日の翌日に喪失）

② 　企業型年金に個人別管理資産がなくなったとき（該当する日の翌日に喪失）

③ 　企業型年金の加入者となったとき（該当する日に喪失）

　したがって、60歳に到達する前に退職したことにより、企業型年金加入者の資格を喪失した者の個人別管理資産は、企業型年金運用指図者の資格取得要件に該当しない限り、個人型年金の個人別管理資産に移換するので、企業型年金の運用指図者にならない。よって非常に限られる。

〈個人型年金運用指図者（法64条4項）〉

① 　死亡したとき（該当する日の翌日に喪失）

② 　個人型年金に個人別管理資産がなくなったとき（該当する日の翌日に喪失）

③ 　個人型年金の加入者となったとき（該当する日に喪失）

(5) 掛金と拠出限度額

●理解のためのキーポイント

❏企業型年金の掛金は企業ごとの規約で定められ、企業は損金算入できる。従業員拠出（所得控除）も可能である

❏個人型年金の掛金は、自営業者等は直接拠出し、企業従業員等は原則として企業等を通じて給与天引きで拠出する

❏掛金限度額は企業型年金2種類、個人型年金4種類の計6種類がある

■掛金の拠出者と拠出方法

確定拠出年金の掛金の拠出の流れは、図表2-2-7のようになっている。

図表2-2-7　掛金の拠出方法と掛金の流れ

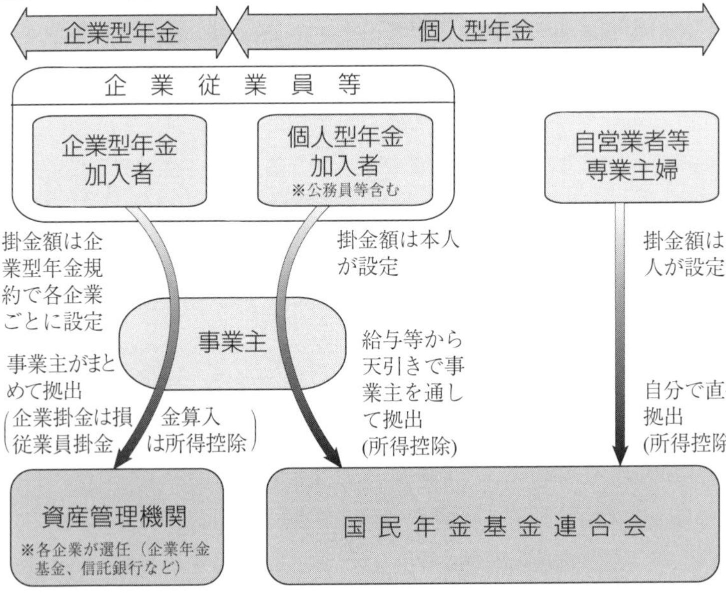

（注）企業従業員の個人型年金加入者は、直接国民年金基金連合会に納付する場合もある

①企業型年金の掛金

事業主は企業型年金の掛金（従業員掛金含む）を拠出限度額内で拠出する。掛金は年1回以上、定期的に、企業型年金規約で定める日までに資産管理機関に納付し、加入者ごとの金額を運営管理機関（記録関連運営管理機関）に通知する（法19条、20条、21条）。拠出額は規約で定められ、企業会計上、損金算入できる。なお、事業主掛金の算定方法については、法令解釈第1-2で定められている（巻末資料参照→p.375）。

②個人型年金の掛金

個人型年金加入者は、拠出限度額の範囲内で本人が拠出する。個人ごとの設定で月額当たり5,000円以上1,000円単位で選択できる。自営業者等（国民年金第1号被保険者、任意加入被保険者）と専業主婦（国民年金第3号被保険者）の場合は、国民年金基金連合会に直接拠出する。また、企業の従業員（公務員等含む）の場合は、原則として企業が従業員の掛金を給与から天引きし、国民年金基金連合会に拠出する。なお、企業年金等を実施していない従業員300人以下の企業であれば、本人の掛金に上乗せして企業が追加拠出することができる（中小事業主掛金納付制度）。個人型年金では、国民年金基金連合会が資産管理機関の役割を果たす（法68条、70条）。

■掛金の拠出限度額は6種類

確定拠出年金の掛金の拠出限度額は、図表2-2-8のようになっている。

①企業型年金の拠出限度額

企業型年金の掛金拠出限度額は、他の企業年金等（確定給付企業年金など）の有無によって異なり、企業年金等がない場合は月額5万5,000円（年間66万円）、ある場合はない場合の半分の月額2万7,500円（年間33万円）となっ

> **知って得する補足知識**　限度額を超えた掛金の上乗せ
>
> 確定拠出年金の掛金は非課税の限度額が設定されているが、掛金の限度額を超えて、課税扱いで上乗せ拠出することはできない。

図表2-2-8　掛金の拠出限度額

〈企業型年金〉

企業年金等がない企業	月額55,000円（年間660,000円）※個人型併用の場合は各月拠出のみ	2024（令6）年12月より、企業年金等がある場合は、一律に月額27,500円（年間330,000円）ではなく、他の企業年金（確定給付企業年金など）の掛金額を算定して月額55,000円から控除した金額が企業型年金（事業主掛金）の拠出限度額となる（年間額も同様）
企業年金等がある企業	月額27,500円（年間330,000円）※個人型併用の場合は各月拠出のみ	

(注)1.　企業年金等とは厚生年金基金、確定給付企業年金、石炭鉱業年金基金、私学共済の年金払い退職給付のみが該当（中退共、特退共、自社年金は対象外）
　　2.　掛金は月額累計による年単位管理だが、個人型年金との併用（同時加入）ができるようにするためには、企業型（事業主掛金）・個人型とも各月拠出（月額限度額以内での毎月拠出）でなければならない

〈個人型年金〉

自営業者など（国民年金第1号被保険者、任意加入被保険者）		月額68,000円（年間816,000円）※国民年金基金等との合計額
企業従業員等	企業型年金、企業年金等なし	月額23,000円（年間276,000円）
	企業型年金のみあり(注)	月額55,000円から各月の事業主掛金を控除した残額の範囲内（上限20,000円）
	企業型年金、企業年金等あり(注)	月額27,500円から各月の事業主掛金を控除した残額の範囲内（上限12,000円）
	企業年金等のみあり、公務員	月額12,000円（年間144,000円）
専業主婦（国民年金第3号被保険者）		月額23,000円（年間276,000円）

(注)　掛金は月額累計による年単位管理（年間限度額を任意に決めた月に振り分けて拠出）だが、企業型年金との同時加入の場合は企業型（事業主掛金）・個人型とも各月拠出（月額限度額以内での毎月拠出）でなければならない。また、企業型年金のマッチング拠出と個人型年金加入は個人による選択
※ 企業従業員等については2024（令6）年12月から改正あり（→p.256）

ている（法20条、施行令11条）。

　企業型年金と個人型年金の同時加入は2017（平29）年1月から可能となっていたが、2023（令4）年10月からは同時加入の企業型年金規約が不要となったことで原則同時加入への制限はなくなり、拠出限度額の算出方法も変更になった。全体の法定拠出限度額（月額5.5万円または2.75万円）から事業主掛金（企業型年金の掛金）を減じた残余枠の範囲内で個人型年金の上限（月額2万円または1.2万円）までが個人型年金の拠出可能額となる（2024年12月から改正あり〈→p.256〉）。なお、同時加入する場合の拠出方法は月額限度額以内の各月拠出に限定される。

　また、マッチング拠出導入企業の場合は、マッチング拠出を利用するか個人型年金に加入するか加入者ごとに選択できるようになった。

②個人型年金の拠出限度額

　個人型年金の掛金拠出限度額（施行令36条）は、自営業者等（国民年金第1号被保険者、任意加入被保険者）は月額6万8,000円（ただし国民年金基金等との合計額）で年間81万6,000円である。企業従業員等の場合は、①企業型年金も他の企業年金等もない場合は月額2万3,000円（年間27万6,000円）、②企業年金等のみの場合と公務員は月額1万2,000円（年間14万4,000円）、③企業型年金のみの場合は、月額5万5,000円から事業主掛金控除後の残余額の範囲内（上限2万円）、④企業型年金と企業年金等のある場合は月額2万7,500円から事業主掛金控除後の残余額の範囲内（上限1万2,000円）である。例えば、企業型年金のみの場合、法定拠出限度額は月額5万5,000円なので、事業主掛金が月額3万5,000円以内であれば個人型年金は月額2万円を上限に拠出できる。しかし、事業主掛金が4万円であれば個人型年金の上限は1万5,000円に減る（2024年12月から改正あり〈→p.256〉）。なお③と④の拠出方法は各月拠出に限定される。その他、専業主婦は月額2万3,000円（年間27万6,000円）である。

■掛金拠出は月単位の限度額の累計を年単位で管理する

　確定拠出年金の掛金拠出の限度額管理は従来、月単位だったが、法改正により2018（平30）年1月から年単位に変更となった。これにより、ボーナス時払いなど掛金の柔軟な拠出が可能になった。

　掛金拠出の法律の規定は、「各月につき拠出」から改正後は「年1回以上、定期的に拠出」となった。納付期限も企業型年金は「翌月末日まで」から「企業型年金規約に定める日」に、個人型年金は「翌月26日」から「拠出区分期間（毎月〈12区分〉から年1回〈1区分〉まで任意に設定できる）の最後の月の翌月26日」に変更された。（法19条、21条他）

　掛金拠出の年単位管理でいう1年間（年間拠出限度額の範囲）とは12月分から翌年11月分となる（掛金拠出単位期間）。納付期限が翌月末になるため実際の拠出では1月から12月の納付で管理される。具体的な掛金設定の流れは、図表2-2-9のとおりである。その他、以下のような注意点がある。

・拠出区分期間を設定する場合は、最後の月の翌月に納付（拠出）する。例えば、12月〜5月と6月〜11月の2区分の場合、第1期目は6月、第2期目は12月に納付する年2回の拠出となる。6月より前の月（4月など）に納付することはできない

・拠出額は拠出ごとに同額でなくてもよい。例えば、毎月拠出でも3カ月ごとに増額したり、年2回ボーナス月は増額するなどである。ただし、掛金拠出単位期間（1年間）で拠出配分をあらかじめ設定しておく必要がある

・拠出区分期間の区分や拠出額は均等でなくてもよい。例えば、12月〜3月と4月〜11月など任意に区分できる。また12月〜5月と6月〜11月の均等の2区分でも第1期は10万円、第2期は15万円などが可能である。ただし、拠出時の累計限度額の範囲でなければならない

・年間拠出限度額は各月の累計限度額となるので、拠出期間の期末にまとめて拠出することはできるが、期初にまとめて拠出する前納はできない。そのため、年1回拠出の場合は11月分（12月納付）に限られる

・拠出区分期間と拠出額はあらかじめ設定した区分や額で拠出しなければならない。そのため、2月分を拠出できなかったため3月にまとめて2カ月分を拠出するといった追納もできない。拠出できなかった月の分は累計限度額が積み上がらないほか、通算加入者等期間や通算拠出期間には算入されない。第1号加入者（自営業者など）が国民年金の保険料未納月である場合も同様である

・累計限度額と実際の掛金拠出額との差額は、拠出単位期間（1年間）内に限り繰り越せる。例えば12月分〜5月分で10万円の差額がある場合、残りの6月分〜11月分の拠出額に上乗せできる。ただし、掛金拠出単位期間（1年間）をまたがって繰り越すことはできない

・拠出区分期間と拠出額は年1回、変更できる

・個人型年金の掛金設定の下限5,000円以上も拠出区分期間内の月数の累計となるので拠出区分期間を毎月以外に設定した場合は注意が必要である。例えば、3カ月を拠出区分期間とした場合、「5,000円×3＝15,000円」以上に掛金を設定する必要がある

図表2-2-9　年間拠出限度額と掛金設定の流れ

① 年間の拠出限度額を12等分した額が月間の限度額となる。累計額が月間限度額の総額を超えない範囲で任意に設定できる。

（例）年間拠出限度額276,000円÷12カ月＝23,000円（月間限度額）

12月分	1月分	2月分			10月分	11月分
23,000円	23,000円	23,000円	〳 …… 〳		23,000円	23,000円

1カ月目の限度額

2カ月目の累計限度額（46,000円）

3カ月目の累計限度額（69,000円）

12カ月目の累計限度額（276,000円）※年間限度額

② まず、年間の拠出期間の区分（拠出区分期間）を決め、拠出額の配分を決める。以下の例の年間拠出限度額は276,000円とする。

（例1）拠出区分期間は12区分で毎月23,000円ずつ均等拠出

（例2）拠出区分期間は12区分で毎月10,000円ずつ拠出し、5月分（6月拠出）と11月分（12月拠出）は各78,000円上乗せ拠出する。

　※5月分までの累計限度額＝23,000円×6カ月＝138,000円
　　4月分までの累計拠出額＝10,000円×5カ月＝50,000円
　　5月分の拠出可能限度額＝138,000円－50,000円＝88,000円
　　5月分の拠出額＝10,000円＋78,000円＝88,000円
　※11月分までの累計限度額＝23,000円×12カ月＝276,000円
　　10月分までの累計拠出額＝188,000円
　　12月分の拠出可能限度額＝276,000円－188,000円＝88,000円
　　12月分の拠出額＝10,000円＋78,000円＝88,000円

（例3）拠出区分期間は「12月分から5月分」と「6月分から11月分」の2区分とし、1期目は126,000円、2期目は150,000円拠出する。

　※5月分までの累計限度額＝23,000円×6カ月＝138,000円
　　1期目の拠出額（6月拠出）＝126,000円
　※11月分までの累計限度額＝23,000円×12カ月＝276,000円
　　10月分までの累計拠出額＝126,000円（1期目の拠出額）
　　2期目の拠出可能限度額＝276,000円－126,000円＝150,000円
　　2期目の拠出額（12月拠出）＝150,000円

・個人型年金の場合、国民年金基金連合会の毎月の手数料105円は拠出月についてのみ徴収されるので、6カ月を拠出区分期間としたような場合は拠出月の1回のみ105円が徴収される

・マッチング拠出を実施している場合、事業主掛金と加入者掛金の拠出区分期間は同じでなくてもよい

・2022（令4）年10月より、企業型年金と個人型年金の同時加入の場合は企業型年金掛金、個人型年金掛金ともに各月の拠出限度額の範囲内での各月拠出に限られることになった（2024年12月から改正あり〈→p.256〉）

■**マッチング拠出で従業員も企業型年金への掛金拠出ができる**

　企業型年金では、従業員本人が掛金を拠出するマッチング拠出（加入者拠出）が可能である。企業がマッチング拠出を導入するには、企業型年金規約で定める必要があり、労使合意が求められる。（法3条3項7の2号、19条）

〈掛金拠出限度額の2つのルール〉

　以下の①と②を同時に満たしていなければならない（図表2-2-10）。

①事業主掛金（企業拠出掛金）と加入者掛金（従業員拠出掛金）の合計は確定拠出年金の拠出限度額以内であること（法20条）

②加入者掛金は事業主掛金を超えることができない（法4条1項3号の2）

〈加入者掛金の拠出と設定〉

・加入者拠出は加入者1人1人が任意に決定できなければならない。加入者拠出や拠出額を事業主が強制してはならない（法19条4項）

・加入者拠出は加入者資格を得た者すべてが利用できなければならない。加入者資格（一定の職種、勤続期間、年齢、希望する者）の違いによって加入者拠出額設定方法や変更方法に差をつけることはできない

・加入者掛金額は規約で定めるが、少なくとも2種類（簡易企業型年金は1種類）以上の額を設けなければならない

　（例）「5,000円または1万円」「1,000円以上1,000円単位（上限まで）」「上限までの任意の額」などが可能。事業主掛金は定額、定率、併用の3通りが認められているが、加入者掛金は定額しか設定できない。「給

図表2-2-10　マッチング拠出の拠出限度額ルール

※全体の掛金拠出限度額……　月額55,000円（他の企業年金がない場合）または
　　　　　　　　　　　　　　月額27,500円（他の企業年金がある場合）

> （例）　全体の掛金拠出限度額が月額55,000円の場合
> 　　①のケース（事業主掛金3万円のとき）
> 　　　加入者掛金限度額＝55,000円－30,000円＝25,000円
> 　　②のケース（事業主掛金2万円のとき）
> 　　　加入者掛金限度額＝20,000円（事業主掛金額）

　　　与の○％」「企業掛金額の○％」などの設定は認められない。また
　　　「0円または1,000円」も不可

・加入者掛金額の変更は、原則として年1回（掛金拠出単位期間）に限られ
　る。ただし、加入者拠出の中止・再開、企業掛金の変更による限度額超過
　などは含まれない

・加入者掛金は、年1回以上、定期的に拠出し、加入者掛金と事業主掛金と
　を合わせて企業型年金規約に定める日までに資産管理機関に納付する。事
　業主掛金と加入者掛金の拠出月（拠出区分期間）を別々に設定することも
　可能

・年間拠出限度額は各月の累計限度額となるので拠出期間の期末にまとめて
　拠出することはできるが、期初にまとめて拠出することはできない。その
　ため、年1回拠出の場合は、11月分（12月納付）に限られる

〈加入者掛金の税制〉

・加入者が拠出した掛金は、小規模企業共済等掛金控除が適用されて全額非課税になる。ただし、加入者拠出分の掛金は本人の給与からの天引きになるため社会保険料計算上の賃金に含まれ、社会保険料軽減の効果はない

・事業主が税務処理を行って毎月の給与明細に記載して従業員（加入者）に渡し、年末調整を行う

・拠出後の事業主掛金と加入者掛金は一体となって管理されるので、運用中と受給時の税制は従来の扱いと同じ

〈事業主掛金の返還〉

・事業主掛金と加入者掛金は一体となって運用されるため、運用損で資産額が減少した場合、加入者掛金の返還をゼロにして事業主掛金を返還させることは不当に差別的な扱いに該当する

・運用損で資産額が減少した場合の事業主掛金返還については、規約によって企業掛金の算定方法を定める必要がある。例えば、運用損を企業掛金と加入者掛金で按分するとか運用損部分は企業掛金から差し引くといった方法が考えられる

■中小企業は従業員の個人型年金に事業主が上乗せできる

　個人型年金へ加入している従業員について、中小企業（従業員300人以下）の事業主は追加掛金納付ができる（中小事業主掛金納付制度。愛称「iDeCo +〈イデコプラス〉」）。従業員（同意した者のみ）の加入する個人型年金の掛金に事業主が上乗せできるマッチング拠出制度である。（法68条の2）

・企業年金を実施していない中小企業が対象

　※ここでいう企業年金とは、企業型年金、確定給付企業年金、厚生年金基金。なお、公務員と私学厚年は年金払い退職給付が企業年金とみなされる

・事業主掛金納付を導入する場合や掛金額を変更する場合は労働組合等の同意（労使合意）が必要

・事業主掛金は定額のみ（一定の資格を設けた場合は資格別設定は可能）

　※一定の資格は、「一定の職種（研究職、営業職、事務職など労働条件が異なる場

合)」「一定の勤続期間（以上または未満。見習い期間中や試用期間中は除外可）」
　の2つが認められている

・個人型年金加入者は、個人型年金の拠出限度額（月額23,000円相当）と事
　業主掛金との差額の範囲内で自分の掛金を任意に設定できる

　（例）事業主掛金月額10,000円の場合、加入者掛金は月額13,000円以内

　※事業主掛金と加入者掛金の合計は月額5,000円以上23,000円以下（1,000円単位）
　　で、年単位拠出も可。事業主掛金が加入者掛金を上回っても可。事業主掛金のみ
　　の拠出は不可。運営管理機関は加入者ごとに異なって可

・掛金は加入者掛金と事業主掛金を合わせて事業主が納付

　※個人払込みの加入者は給与天引き（事業主払込み）に変更が必要

・事業主掛金は全額損金算入、加入者掛金は小規模企業共済等掛金控除

(6) 運用

●理解のためのキーポイント

❑リスクとリターン特性の異なる3つ以上35本以下の運用商品が提供される
❑自己責任原則で運用し、長期運用と分散投資が運用方針の基本

■運用方針の立て方と運用商品の決定

年金資産運用の流れは、図表2-2-11のようになる。

①長期運用と分散投資が基本

加入者は運営管理機関から提供された情報に基づいて、運用方法（以下、「運用商品」と表記）を決定する。その際は自己責任原則が適用される。したがって、大きく分類すれば、長期運用と分散投資の考え方が大切になる。

長期運用：老後資金のための年金積立てであるため、引出しは原則60歳以降である。目先の相場変動に惑わされないで、長期的視野に立った運用を行うことが大切である。

分散投資：老後資金を確実に確保するために、リスクとリターンを正しく理解し、ローリスク型の商品やハイリスク型の商品の組合せには、十分注意して適切な分散投資を行う必要がある。

②リスクとリターン特性の異なる3つ以上35本以下の商品を提供

企業型年金・個人型年金とも、運営管理機関は、リスクとリターン特性の異なる3つ（簡易企業型年金は2つ）以上（上限35本）の運用商品を加入者に提供する必要がある。必ずしも元本確保型商品を含む必要はない（法改正により2018〈平30〉年5月より元本確保型商品の提示義務廃止）が、元本確保型商品を提示する場合は、それ以外に2つ（簡易企業型年金は1つ）以上の運用商品の提示が必要となる。

さらに提供商品に関しては、利益の見込みおよび損失の可能性、その他運用の指図を行うために必要な情報を提供しなくてはならないと定められてい

図表2-2-11　運用指図と年金資産運用の流れ

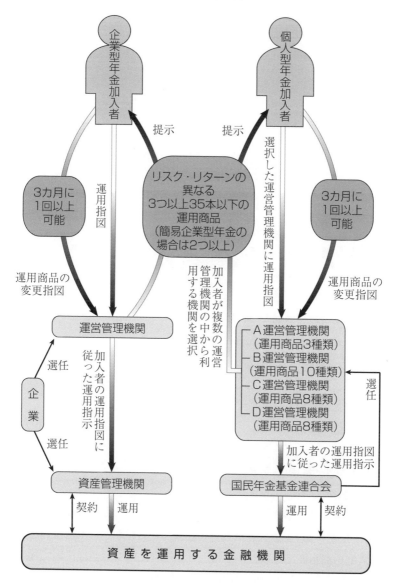

る（法24条）。注意することは、自社株を含む個別銘柄株式や個別社債は、3つ以上の運用商品に含まれないことで、個別銘柄株式等を提供する場合は、他に3つの運用商品を提供する必要がある。

③運用商品の種類

確定拠出年金の運用商品は、「時価評価が可能で流動性に富んでいる」ことが必要とされている。また投資者の保護が図られていることも条件である。

運用商品は次のものが該当する（法23条）。

① 　銀行等の預貯金

② 　信託会社（銀行）の信託

③ 　有価証券の売買

④ 　生命保険会社または農協（生命共済事業）の生命保険、生命共済

⑤ 　損害保険会社の損害保険

⑥ 　前号に掲げるもののほか、投資者の保護が図られていること、その他の政令で定める要件に適合する契約の締結

上記以外の動産、不動産、金融先物、商品先物などは認められていない。

また、元本確保型商品とは、以下のようなものが定められている。

① 　預貯金、金融債、金銭信託、貸付信託

　　　※預金保険制度など法律で保護されているものに限る

② 　国債、地方債、政府保証債など

③ 　利率保証型積立生命保険（生保）

④ 　積立傷害保険（損保）

■運用の指図と変更の方法

①運用指図の方法

運用の指図は加入者が行う。運用とその結果である成果は加入者自身が責任を持つことになる。加入者は運営管理機関から提示された運用商品の中から1つ以上の運用商品を選び、それぞれの投資比率や金額を決めて運営管理機関(記録関連運営管理機関)に指示する。これが運用の指図である(法25条)。

連絡を受けた運営管理機関は、すべての運用商品をまとめて、資産管理機

図表2-2-12　運用比率の変更と運用商品の変更

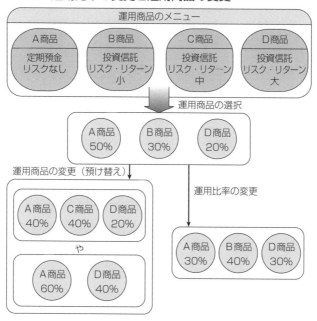

関に指示するほか、運営管理機関としては、各個人別に情報を記録する。

②運用商品の変更は3カ月に1回以上可能

　加入者は運用商品に対する投資比率を変更することができる。その他、運用商品の変更もできる。これらは少なくとも、3カ月に1回以上変更することが可能となっている（図表2-2-12）。

　変更の具体的方法としては、以下のようなものがある。

　①文書による指図の方法：郵便またはファックスで行う。

> **知って得する補足知識**　運用商品の変更と運用効率
>
> 　運用商品の変更を頻繁にやりすぎると手数料などもかかり、かえって運用効率を下げる可能性があるので注意が必要である。中長期的な運用効率の把握による変更の判断が大切である。

②電話による指図の方法：該当の運営管理機関あるいはコールセンターへ
電話で指図する。レコードキーピング会社への指図も考えられる。

③パソコンによる指図の方法：インターネットを通じて指図する方法もあ
る。運営管理機関の機能により、種々の方法がとられる。

■運用の実績に関する報告と情報提供

運用の実績に関する報告は、各加入者に一定の期間ごと（少なくとも1年
に1回）に、運営管理機関から報告される。また、加入者は自ら運用実績や
資産残高などを随時確認することもできるようになっている。

運営管理機関が提示する運用商品については、一定の情報提供が義務づけ
られており、加入者は資料などにより実績を知ることができる。これら資料
を活用し、加入者は絶えず関心を持って年金資産の状況を把握しておく必要
がある（法27条）。

■運用商品除外規定の緩和と指定運用方法の規定の整備

一度提示した運用の方法（運用商品）を除外（廃止）するには、従来は
「選択者（当該商品を選択している者）全員の同意が必要」だった。法改正
により、2018（平30）年5月からは3分の2の同意に緩和された。（法26条）

運用商品の廃止のハードルが高かったことから運用商品数が増える要因の
一つとなり、運用商品数が多すぎるため加入者の運用商品選択の障害になっ
ているという問題があった。改正で運用商品の上限が35本とされたことか
ら、運用に適する運用商品の入れ替えをしやすくする効果が期待される。

また、指定運用方法（デフォルト商品）の規定も2018年5月から改定され
た。指定運用方法とは、確定拠出年金加入時に最初の掛金納付日から一定期
間経過しても加入者が運用商品の指定を行わない場合に、自動的に購入され
る運用商品のことであり、規約により定めることができる。改正前は掛金納
付時点で運用指図がないとデフォルト商品での運用が開始できた。

改正後は、①特定期間（最初の掛金納付日から3カ月以上で規約で定める
期間）の経過後に、②指定運用方法の適用について通知し、③猶予期間（特

定期間経過日から2週間以上で規約に定める期間）を経過しても運用指図が
ない場合、指定運用方法での運用が開始できる。（法23条の2、25条の2）

(7) 受給権と給付

●理解のためのキーポイント

❑ 企業型年金の企業拠出分は勤続3年以上で100％の受給権が得られる
❑ 給付の種類には、老齢給付金、障害給付金、死亡一時金、脱退一時
　金がある
❑ 老齢給付金と障害給付金は年金または一時金で受け取れる
❑ 老齢給付金の受給開始年齢は原則60歳だが、加入期間10年未満だ
　と最高65歳まで受給開始が遅れる
❑ 給付に関する課税は給付の種類により異なる（老齢給付金は優遇課税）

■受給権の付与と給付の種類

①受給権は3年以上勤続で100％付与

　将来、年金を受け取る権利のことを受給権というが、確定拠出年金の受給
権は明確に定められている。企業型年金の掛金は、3年以上勤務した加入者
には全額の受給権を付与しなければならず、離転職の際に全額の年金資産の
移換を認めなければならないとされている（法4条1項7号）。したがって、
3年未満の加入者の場合は、規約に基づいて、2年未満は掛金の50％といっ
たように一定割合の受給権の付与にとどめることができる（法84条）。

　一方、個人型年金の掛金は個人が拠出した掛金であるので、拠出した時点
で受給権は100％加入者に帰属することになる。

　なお、付与された受給権は、年金資産として移換が認められるため、解雇
などの事情が発生しても、ポータビリティ（携帯性）があるのが大きな特徴
である。厚生年金基金や確定給付企業年金などの確定給付型の企業年金では、
受給権の条件（給付権が付与される勤続年数や退職の理由など）が企業ごと
に異なるため一概にいえず、それぞれの規約で定められている。

②給付の種類は４種類

　確定拠出年金の給付の種類は、老齢給付金、障害給付金、死亡一時金の３種類がある（法28条）。その他に、制度に加入することができなくなった者に対して支給される脱退一時金がある（法附則３条）。

　老齢給付金は原則として60歳以上で受け取ることができる。障害給付金は加入者が高度障害になったときに支給される。死亡一時金は加入者が死亡したときに遺族に支給される。

　脱退一時金は制度加入期間の短い加入者や年金資産の少ない加入者が、例外的に選択できる給付である。国民年金の保険料免除者になったときのように、企業型年金にも個人型年金にも加入できなくなったときに限られる。運用指図者として継続することもできるが、一定の要件を満たす場合、希望すれば年金資産が脱退一時金として支給される（法附則３条）。

■老齢給付金の支給要件

①支給要件（法33条、34条）

　確定拠出年金の加入者は、60歳以上であれば老齢給付金を受け取れる。ただし、10年以上の通算加入者等期間が必要とされている。制度への加入が遅くなったなど、60歳までに10年の加入期間に満たない場合は、加入期間に応じて61歳から65歳までの間に受給開始が遅れる。

　老齢給付金を受けるための加入期間は、次の期間が通算できる（法33条2項）。

①　企業型年金、個人型年金の加入者であった期間

②　企業型年金運用指図者、個人型年金運用指図者であった期間

①、②で合算（企業型年金と個人型年金の同時加入期間は１つの期間で計

> **知って得する補足知識　受給権の制限は企業掛金のみ**
>
> 　企業型年金で勤続３年未満の従業員に受給権の付与を制限できるのは、企業が拠出した掛金だけである。掛金の運用によって生じた運用益は、最初から従業員に100％の受給権が発生し、転職先に移換することができる。

算）して10年に満たない期間の場合、年齢により**図表2-2-13**のような加入期間があれば受給できる。例えば、企業型年金の加入期間8年で、運用指図者として2年の運用期間があれば、60歳から受給できる（法33条2項）。

受給開始年齢からは75歳になるまでの任意の時期（60歳以上75歳未満）に受給開始できるが、75歳（1952〈昭27〉年4月1日生以前の者は70歳）時点で請求していない場合は、強制的に一時金で支給される（法34条、個人型年金規約110条）。

老齢給付金の申請と給付の流れは**図表2-2-14**に示したとおりである（法29条）。

②支給の方法（法35条）

① 老齢給付金は、年金として支給する

② 老齢給付金は、企業年金型年金規約でその全部または一部を一時金として支給することができることを定めた場合には、一時金として支給することができる

年金として受け取る場合は、原則として年間受取額は請求日の属する月の前月末日における個人別管理資産額（年金資産額）の2分の1に相当する額を超えず、かつ20分の1に相当する額を下回らないこととされている。

支給予定期間は、受給権者が請求日に規約で定める月（請求日の属する月から起算して3カ月以内の月に限る）から起算して5年以上20年以下でなければならない。

③失権（法36条）

次のいずれかに該当するときは、老齢給付金の受給権は消滅する。

① 受給権者が死亡したとき

② 障害給付金の受給権者になったとき

③ 個人別管理資産がなくなったとき

受給権者が死亡した場合は、老齢給付金の受給権は消滅し、死亡一時金の支給要件に該当することになる。

また障害給付金の受給権者になったときは、老齢給付金の受給権は消滅して、障害給付金が支給される。

図表2-2-13　10年未満の加入期間と受給開始年齢

年　齢	必要な加入期間
60歳以上61歳未満	10年
61歳以上62歳未満	8年
62歳以上63歳未満	6年
63歳以上64歳未満	4年
64歳以上65歳未満	2年
65歳以上	1カ月

（注）60歳以上で新たに確定拠出年金に加入した者（通算加入者等期間を有しない者）
　　は加入日から5年経過後に老齢給付金を請求できる（法33条1項）

図表2-2-14　老齢給付金の申請と給付の流れ

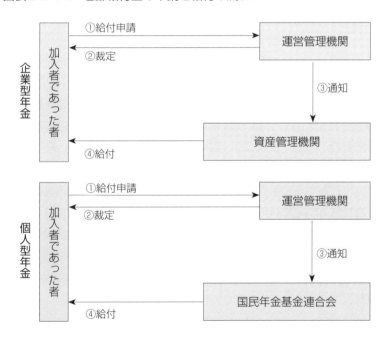

■障害給付金の支給要件

①支給要件（法37条）

確定拠出年金の給付金は、60歳になるまでは原則として受け取れないが、加入者が高度障害の状態（国民年金の障害1級、2級相当の障害）になったとき、60歳未満の加入者等でも障害給付金を受け取ることができる（p.388「法令解釈第7」参照）。

加入者等（60歳以上で確定拠出年金の口座に年金資産がある者を含む）が、傷病により、障害認定日（最長で初診日から1年6カ月。初診日とは初めて診察を受けた日）から75歳になるまでの間に、一定の障害状態になったときに申請して受給できる。

また初診日の前にすでに別の障害状態にあったとき、障害認定日以降（75歳になる前日まで）に2つの障害を合わせて、該当する一定の障害状態になったときも、障害給付金を受け取ることができる（法37条）。

②支給の方法（法38条）

障害給付金は年金として支給されるほか、規約に定めることによりその全部または一部を一時金として支給することができる。また、年金として受け取る額は、5年以上の一定期間ごとに受給権者の申し出によって変更できるものとされている。障害給付金は、老齢給付金と異なり、年金として受け取る額を5年以上の一定期間ごとに受給権者の申し出によって変更できる。

③失権（法39条）

次のいずれかに該当するときは、障害給付金の受給権は消滅する。

① 受給権者が死亡したとき

② 個人別管理資産がなくなったとき

■死亡一時金の支給要件

①支給要件（法40条）

確定拠出年金の給付金は、60歳になるまでは受け取れないのが原則であるが、前項の障害給付金と同様、老齢給付金を受け取る前に死亡した場合は、60歳未満の加入者等でも、遺族に死亡一時金が支給される。

②対象となる遺族の範囲と順位（法41条）

> ①　配偶者（内縁関係を含む）
>
> ②　子、父母、孫、祖父母および兄弟姉妹
>
> 　　※死亡時に、主として加入者の収入によって生計を維持していた者
>
> ③　②以外の親族
>
> 　　※死亡時に、主として加入者の収入によって生計を維持していた者
>
> ④　子、父母、孫、祖父母および兄弟姉妹で②以外の者
>
> 　　※死亡時に、主として加入者の収入によって生計を維持していなかった者

　死亡一時金を受給できる順位は上記①→④になる。

　②と④については、子→父母→孫→祖父母→兄弟姉妹の順となる。子が3人いるなどという場合は、人数で等分して支給される。

　なお、あらかじめ加入者が配偶者（内縁関係を含む）、子、父母、孫、祖父母および兄弟姉妹のうちから死亡一時金の受取人を指定して、運営管理機関に表示している場合は、その表示に従うことができる。死亡一時金を受け取る遺族がいない場合や、遺族による受け取り請求が5年間なかった場合は、死亡一時金は死亡した加入者の相続財産とみなされる（法40条）。

③支給の方法

　一時金払いのみで年金払いはない。支給額は個人別管理資産の残高による。

■脱退一時金の支給要件

①支給要件

　脱退一時金が受給できるケースは以下のとおりである。

〈企業型年金〉（法附則2条の2、3条）

〔個人別管理資産額が1万5,000円を超える場合〕

　以下の要件をすべて満たしたときに脱退一時金が受けられる。

①　60歳未満であること

②　確定拠出年金（企業型・個人型）の加入者または運用指図者でないこと

③　個人型年金に加入できない者であること

※国民年金の保険料免除者（産前産後免除、障害事由を除く）、日本国籍を有しない海外居住者（2024〈令6〉年12月から改正あり〈→p.254〉）

④　日本国籍を有する海外居住者（20歳以上60歳未満）でないこと

⑤　確定拠出年金の障害給付金の受給権者でないこと

⑥　通算拠出期間が5年以下または個人別管理資産額が25万円以下であること

※上記5年には、他の企業年金等から制度移行により資産移換を受けて算入した期間含む

※上記25万円は、企業型年金で勤続3年未満の退職で事業主掛金返還があるときは、返還分を差し引いた残額

⑦　確定拠出年金の最後の<u>資格喪失日</u>の翌月起算で6カ月以内であること

〔個人別管理資産額が1万5,000円以下の場合〕

以下の要件をすべて満たしたときに脱退一時金が受けられる。

①　確定拠出年金（企業型・個人型）の加入者または運用指図者でないこと

②　個人別管理資産額が1万5,000円以下であること

③　確定拠出年金の最後の<u>資格喪失日</u>の翌月起算で6カ月以内であること

〈個人型年金〉（法附則3条）

以下の要件をすべて満たしたときに脱退一時金が受けられる（2024年12月から改正あり〈→p.256〉）。

①　企業型年金の加入者でないこと

②　確定拠出年金の最後の<u>資格喪失日</u>から2年以内であること

③　企業型年金の脱退一時金受給要件（個人別管理資産額1万5,000円超）のうち①③④⑤⑥の要件を満たしていること

②支給の方法（法附則2条の2、3条）

脱退一時金の請求先は、企業型年金は企業型記録関連運営管理機関等となる。個人型年金は、運用指図者の場合は個人型記録関連運営管理機関、それ以外は国民年金基金連合会に対して行う。企業型年金の請求期限が6カ月以内なのは、6カ月を経過すると国民年金基金連合会に自動移換されてしまうためである。自動移換後は個人型年金の脱退一時金請求となる。

(8) 離転職時等の資産の移換

> ●理解のためのキーポイント
>
> ❑ 年金資産は離転職時に持ち運びできるポータビリティがある
> ❑ 確定拠出年金資産の移換先は、転職先の企業型年金か国民年金基金
> 　 連合会（条件によっては確定給付企業年金、中退共も可能）
> ❑ 退職時に移換手続きをしないと6カ月経過後に国民年金基金連合会
> 　 へ自動移換されるリスクがある

■ポータビリティ（携帯性）の確保が特長

①ポータビリティ

　確定拠出年金制度の特長の1つは、離職や転職のときに自分の年金資産を自由に持ち運びができることである。これをポータビリティ（携帯性）があるという。企業型年金においては、少なくとも3年以上勤務した企業の従業員が、離職や転職をする場合に積み立てられた年金資産は従業員自身のものとなる（図表2-2-15）。近年の勤務形態の変化や雇用状態の変化で、転職が一般化しているわが国の雇用環境にあって、このポータビリティ確保は時代に即応している優れた特長である。

　一方、従来の確定給付型の年金制度では、受給権の発生まで長期間を必要とし、また年金資産が個人別に管理されていなかったため、ポータビリティがほとんど機能していなかったことも欠点であった。

②ポータビリティの緩和と企業年金連合会の役割

　離転職や制度改廃等に伴う企業年金の制度間のポータビリティは制度改正を重ねながら進んできている。ポータビリティに難のあった確定給付型の企業年金の資産移換も緩和され、2005（平成17）年10月からは、厚生年金基金、確定給付企業年金間で、加入者の年金原資の資産移換が可能となった。また厚生年金基金、確定給付企業年金から確定拠出年金へ加入者の年金原資の資産移換も可能となった。

図表2-2-15　企業型年金加入者の離転職時の年金資産の移換

転職先	加入制度	企業型年金資産の移換
企業型年金導入企業	転職先企業の企業型年金のみに加入	転職先企業の企業型年金に移換 ※個人型年金に移換(加入者、運用指図者)も可
	転職先企業の企業型年金と個人型年金に同時加入	転職先企業の企業型年金に移換 ※個人型年金に移換(加入者)も可
	転職先企業の企業型年金と確定給付企業年金に加入	転職先企業の企業型年金に移換 ※個人型年金に移換(加入者、運用指図者)も可 ※確定給付企業年金に移換も可(規約で認められている場合に限る)
企業型年金未導入企業または公務員	個人型年金(加入者、運用指図者)	個人型年金(国民年金基金連合会)に移換 ※確定給付企業年金があればそこに移換も可(規約で認められている場合に限る)
退職して自営業者(国民年金第1号被保険者)	個人型年金(加入者、運用指図者)	個人型年金(国民年金基金連合会)に移換
退職して専業主婦(国民年金第3号被保険者)	個人型年金(加入者、運用指図者)	個人型年金(国民年金基金連合会)に移換

(注) 1. 転職前に個人型年金(加入者、運用指図者)に資産がある場合は、転職先の企業型年金、確定給付企業年金へ移換することも、そのまま個人型年金の資産を継続することもできる
　　 2. 企業型年金の資産は、退職等の後、企業年金連合会への移換も可(個人型年金の資産は不可)

　厚生年金基金連合会も企業年金連合会に改組され、企業年金全体を対象とする組織に衣替えした。企業年金連合会は、厚生年金基金や確定給付企業年金の脱退者(退職者)が脱退一時金受給ではなく年金資産(脱退一時金相当額)を企業年金連合会に移換した場合、年金通算事業(連合会が運用して通算企業年金として終身年金を給付)を行っている。さらに、企業年金のポー

知って得する補足知識　企業年金連合会の通算企業年金

　企業年金連合会では、退職等により企業年金を脱退した人の年金資産(脱退一時金相当額)を預かって運用し、将来、年金として支給する通算企業年金事業を行っている。通算企業年金は確定給付型の終身年金で、原則65歳から支給開始となる。80歳になるまでは保証期間として、期間内に死亡した場合には死亡一時金が受け取れるほか、病気や災害など一定の要件の場合には選択一時金受給もできる。

図表2-2-16　企業年金資産の制度間ポータビリティ

		転職先（移換先）の企業年金					
		厚生年金基金	確定給付企業年金	確定拠出年金		中退共	企業年金連合会
				企業型年金	個人型年金		
転職前（移換前）の企業年金	厚生年金基金	○	○	◎	◎	△*1	◎
	確定給付企業年金	○	○	◎	◎	△*2	◎
	確定拠出年金 企業型年金	×	○	◎	◎	△*2	◎*4
	個人型年金	×	○	◎		×	×
	中小企業退職金共済（中退共）	×	△*3	△*3	×	○	×
	企業年金連合会	○	○	◎	◎	×	

(注) ◎＝本人の選択で移換可能、○＝受入れ側規約の規定で移換可能、×＝移換不可、
　　△＝制限あり
　　＊1 基金が解散した中小企業の場合に限る　＊2 合併等に限る
　　＊3 中小企業でなくなった場合および合併等に限る
　　＊4 企業型年金から企業年金連合会への移換は2022（令4）年5月から可能になった

タビリティ機能の役割も果たし、中途脱退者の資産を転職先の確定給付企業年金や確定拠出年金（企業型年金、個人型年金）に移換する業務も行っている。離転職等の企業年金制度間のポータビリティは、図表2-2-16のようになっている。

■確定拠出年金の年金資産の移換には５つのパターン

　離転職時の年金資産の移換については5つのケースがある。

①企業型年金に加入したときの資産の移換

　Ａ企業の企業型年金加入者（加入者であった者を含む）がＢ企業の企業型年金の加入者になったとき、または個人型年金加入者（個人型年金運用指図者を含む）が、新たに企業型年金の加入者となったときは、それぞれの個人別管理資産は、新たに加入する企業型年金に移換できる。

　Ａ企業からＢ企業への転職の場合は、Ａ企業の資産管理機関からＢ企業の

資産管理機関へ移換される（国民年金基金連合会への移換も可）。

　一方、個人型年金加入者の場合は、国民年金基金連合会から入社した企業の企業型年金の資産管理機関に移換できる（移換しないで個人型年金加入者または個人型年金運用指図者として継続することも可）。

　このケースは、企業型年金を実施している企業から、他の実施している企業への転職、または個人型年金加入者の企業型年金を実施している企業への転職の場合である（法80条）。

②個人型年金に加入したときの資産の移換

　企業型年金の加入者が、転職などにより個人型年金の加入申し込みをしたときは、個人別管理資産は加入していた企業型年金の資産管理機関から国民年金基金連合会に移換される。

　また、企業型年金の障害給付金の受給権者の場合は、個人型年金の加入申し込みと同時に、個人別管理資産の移換の申し出をしたときは、個人別管理資産は国民年金基金連合会に移換される。

　このケースは、企業型年金の加入者が企業型年金を実施していない企業等に転職するとき、または個人事業主等になる場合である（法81条）。

③個人型年金運用指図者となったときの資産の移換

　企業型年金の加入者であった者は、国民年金基金連合会に申し出ることによって個人型年金運用指図者となることができる。個人別管理資産は、加入していた企業型年金の資産管理機関から国民年金基金連合会に移換される。このケースは、企業型年金の加入者であった者が、転職や離職により掛金を拠出しないで個人型年金運用指図者になる場合である（法82条）。

④その他の場合の資産の移換

　企業型年金加入者であった者の個人別管理資産が所定期間内（資格喪失日〈退職日の翌日〉から6カ月以内）に移換されなかった場合には、資産管理機関は国民年金基金連合会にその者の年金資産を自動的に移換する。このケースは、企業型年金加入者が退職して、所定期間が経過した時点で、年金資産の移換手続きが行われていなかった場合である（法83条）。

　この場合、いずれ正規の手続きをする必要がある。手続きをするまでは現

金化された資産を単に預かっている状態になり、運用できないだけでなく、管理手数料（月間52円）で資産が目減りしていく。また、自動移換中の期間は確定拠出年金の通算加入者等期間とみなされないため、受取開始時期が遅くなる場合がある（最高65歳まで遅れる）。

なお、2018（平30）年5月の法改正により移換手続きのない場合でも、新たな加入が確認できる場合は転職先の企業型年金や個人型年金への資産移換が行われるようになった（→p.209）。

⑤事業主への資産の返還

企業型年金加入者が、転職などで加入資格を喪失した場合、規約の定めによる返還資産額があるときは、移換する金額は、当該返還資産額を差し引いた金額となる。

資産管理機関は事業主に当該返還資産額相当額を返還することになる。

このケースは、勤続3年未満の従業員に掛金の返還を求める場合である。事業主が拠出する企業型年金の掛金は、勤続3年目までは規約で一定割合を事業主のものとして定めることができ、定めた掛金額を事業主に返還することになる（ただし、規約に定めがなければ、勤続3年未満の者も全額が移換される）。（法84条）

〈マッチング拠出による従業員拠出と事業主返還〉

事業主返還を規約で定めている企業型年金でマッチング拠出を導入している場合、運用損により資産残高（個人別管理資産額）が事業主返還分を下回ったときはどうなるだろうか。単純に資産残高の全額を事業主に返還させると加入者掛金（従業員掛金）の拠出分はすべて従業員が負担することになってしまう。

そこで、加入者掛金の返還をゼロにして事業主掛金の返還に充当させることは不当に差別的な扱いに該当するとされ、このような場合の事業主掛金原資部分の算定方法を規約で定めることが求められている（施行令2条、法令解釈第1の3（7）②）。具体的には、運用損を企業掛金と加入者掛金で按分するとか、運用損部分は企業掛金から差し引き加入者掛金は返還対象としないといった方法が考えられる。

■増え続ける自動移換が制度上の大きな課題

　ポータビリティは確定拠出年金のメリットであるが、メリットを生かすどころか大きな課題となっているのが離転職時に発生する自動移換問題である。企業型年金加入者が離転職により加入資格を失った場合、放置しておくと資格喪失日（退職日の翌日）の翌月から起算して6カ月経過後に国民年金基金連合会に個人別管理資産が自動移換（強制移換）される（法83条）。

　しかし、自動移換者は年々増え、2024（令6）年3月末時点で128万6,955人に達している。個人型年金加入者数は急増が続いているが約330万人なので、なお正規の加入者の4割弱に上る。

〈自動移換にならないケース〉

　自動移換対策として法改正が実施され、2018（平30）年5月から次の点が確認できる場合は、本人が移換手続きをしていなくても新たに加入した制度に資産が移換されることになった。確認できる場合とは、本人情報（基礎年金番号、性別、生年月日、カナ氏名）が一致する場合である。

・資格喪失日の翌月から6カ月以内に他の企業型年金加入者や個人型年金加入者等になった場合。この場合は、6カ月経過時点で資産移換される

・自動移換後に他の企業型年金加入者や個人型年金加入者等になった場合。この場合は、確認された時点で資産移換される

〈自動移換の手数料とデメリット〉

　個人型年金では、加入者等に図表2-2-17のようなさまざまな手数料負担が生じる。手数料は国民年金基金連合会（以下「連合会」）だけでなく、運営管理機関、事務委託先金融機関でも生じる。連合会の手数料は一律だが、運営管理機関などの手数料は機関ごとに異なっている。

　加入中は掛金の納付のつど連合会に105円の手数料が発生する。掛金の拠出区分期間を年1回とすれば年間105円で済むが、毎月拠出であれば毎月105円の手数料が生じる。また運営管理機関や事務委託先金融機関は、拠出にかかわらず月単位の手数料となる。加入中のこれら手数料合計は年間2,000円程度～8,000円程度となっている。

　一方、自動移換では、現金化された資産が、国民年金基金連合会が委託す

図表2-2-17　個人型年金にかかる各種手数料

〔加入時・加入中にかかる手数料〕

	支払先		
	運営管理機関、事務委託先金融機関	国民年金基金連合会	計（税込）
新規加入時または資産移換時 ※初回のみ	―― ※一般的には無料	2,829円	2,829円
加入中	事務委託先金融機関（月額66円） 運営管理機関（機関によって異なる：月額無料～500円程度）	105円 ※掛金納付のつど	月額171円～700円程度
掛金還付が発生した場合（国民年金未納月など）	事務委託先金融機関（440円） 運営管理機関（一般的には無料）	1,048円	1,488円
給付金受給時	440円（事務委託先金融機関）	――	440円

(注) 1. 加入中の国民年金基金連合会の手数料は掛金が月払いなら毎月105円（年間1,260円）となる
2. 事務委託先金融機関の手数料はどの運営管理機関でもほぼ共通

〔自動移換時・自動移換中にかかる手数料〕

	支払先		
	特定運営管理機関	国民年金基金連合会	計（税込）
自動移換時	3,300円	1,048円	4,348円
自動移換後（管理手数料）	月額52円		月額52円

(注) 1. 特定運営管理機関とは、自動移換資産の管理を国民年金基金連合会から委託された運営管理機関
2. 自動移換後の管理手数料は、自動移換された日の属する4カ月後から徴収（資産からの差し引き）
　　（例）6月12日（6月）に自動移換の場合、10月分から徴収（年1回4月に前年度分をまとめて徴収）

〔自動移換資産の解除手続きにかかる手数料〕

	支払先		
	特定運営管理機関	国民年金基金連合会	計（税込）
個人型年金へ移換	1,100円	2,829円	3,929円
企業型年金、確定給付企業年金へ移換	1,100円	――	1,100円
脱退一時金受給	4,180円	――	4,180円

る特定運営管理機関に移換されるが、移換手数料として4,348円が資産から差し引かれる。さらに移換月の4カ月後からは、毎月52円の管理手数料も発生する（毎年4月に前年度分が資産から差し引かれる）。

　手数料以外にも、自動移換された資産を放置しておくと次のようなデメリットがある。

・まったく運用ができないので、資産を増やせない

・老齢給付金の受給可能な年齢になっても、給付が受けられない

　※年金確保支援法により、2014（平26）年1月から、自動移換者が70歳（2022〈令4〉）年4月からは75歳）に達した時点で国民年金基金連合会が自動給付（一時金）できるようになった

・自動移換中の期間は、確定拠出年金の通算加入者等期間とはみなされないため、受取開始の時期が遅くなる場合がある

　自動移換後の資産処理の手続きとしては、状況により以下のようなものがある（手続きにも図表2-2-17の手数料が発生）。

・個人型年金に移換する

　→将来受給できる年金が充実するとともに、掛金金額が所得控除されるので、毎年節税になる

　※加入者でなく運用指図者の選択も可

・企業型年金に移換する（転職先に企業型年金がある場合）

・確定給付企業年金に移換する（転職先で移換可能な場合）

・脱退一時金として受け取る（受給要件を満たしている場合）

(9) 税制上の措置

●理解のためのキーポイント

❑拠出時非課税、運用時非課税、給付時優遇課税となる

❑事業主の掛金は損金扱い、個人の掛金は所得控除される

❑積立期間の運用益は非課税となる

❑受給時は年金受給では公的年金等控除、一時金受給では退職所得控除となる

　確定拠出年金には、拠出時、運用時、受給時の3つの段階で、課税の優遇措置がある。各段階と給付金の種類による課税の優遇措置は、図表2-2-18のようになっている。

■掛金に対する税制上の扱い

　企業型年金では、事業主が拠出する掛金は全額損金扱いとなり非課税である。また、従業員の給与所得金額には算入されない。つまり、いったん給与に上乗せしてから掛金を差し引くのではなく、最初から給与としては支給されなかったものとして扱われる。そのため、税務上、従業員給与から所得控除する必要はない。一方、従業員が拠出する掛金も全額非課税であるが、給与から拠出するので小規模企業共済等掛金控除による所得控除となる。

　個人型年金では、加入者の拠出金は全額が小規模企業共済等掛金控除で所得控除となり非課税である。こちらも、従業員が自分の給与から掛金を拠出

知って得する補足知識　所得控除の種類による違い

　確定拠出年金（個人型年金）の掛金の所得控除は小規模企業共済等掛金控除（本人掛金のみ対象）であるが、国民年金基金の所得控除は社会保険料控除（配偶者等の掛金も対象）となる。

図表2-2-18　確定拠出年金に対する課税優遇措置

給付金の種類	拠出時		運用時	受給時
老齢給付金	企業型	非課税 （事業主掛金は損金算入、加入者掛金は所得控除）	・運用益は非課税 ・特別法人税（加入者個人に対してではなく、年金資産全体に対して1.173%） ※特別法人税は2026年3月まで凍結	①年金受給 雑所得課税（公的年金等控除適用） ②一時金受給 退職所得課税（加入期間〈通算拠出期間〉を勤続年数とみなして退職所得控除適用）
	個人型	非課税 （所得控除） ※中小事業主の上乗せ掛金は損金算入		
障害給付金				非課税
死亡一時金				相続税課税（法定相続人1人当たり500万円まで非課税）
脱退一時金				所得税・住民税課税 ※課税優遇なし（一時所得）

するので所得控除によって非課税扱いとなる。自営業者等についても同様である。したがって自営業者等は、年間81万6,000円（最大の場合）の課税所得を減らすことができ、その節税効果は大きい。

■運用益に対する税制上の扱い

①年金資産に対する運用益は非課税

確定拠出年金制度では、将来、年金や一時金で受け取るまで掛金の運用益に対する課税は行われない。したがって、複利による有利な運用が可能となる。

②積み立てた年金資産に対しては課税

積み立てた年金掛金およびその運用益については、特別法人税が課税される。特別法人税とは確定給付企業年金や厚生年金基金の年金資産に対して課税される特別な法人税で、確定拠出年金にも適用されることになっている。

特別法人税率は1%であるが、これに法人住民税0.173%が加算されるため、1.173%の税率が積み立てた年金資産に課税される。ただし、2026（令8）年3月まで課税は凍結されている。

■受給時の給付金に対する税制上の扱い

①老齢給付金には優遇課税が適用

　老齢給付金を年金として受給する場合は、雑所得として所得税が課税される。ただ所得金額の計算では、公的年金等控除（図表2-2-19）が適用となる。確定拠出年金以外にも、公的年金（国民年金、厚生年金）、国民年金基金、厚生年金基金、確定給付企業年金、中小企業退職金共済、特定退職金共

図表2-2-19　公的年金等控除の額

〔65歳未満〕

公的年金等の収入金額（A）	公的年金等に係る雑所得以外の所得に係る合計所得金額		
	1,000万円以下	1,000万円超2,000万円以下	2,000万円超
130万円以下	60万円	50万円	40万円
130万円超410万円以下	(A)×25%＋27万5,000円	(A)×25%＋17万5,000円	(A)×25%＋7万5,000円
410万円超770万円以下	(A)×15%＋68万5,000円	(A)×15%＋58万5,000円	(A)×15%＋48万5,000円
770万円超1,000万円以下	(A)×5%＋145万5,000円	(A)×5%＋135万5,000円	(A)×5%＋125万5,000円
1,000万円超	195万5,000円	185万5,000円	175万5,000円

〔65歳以上〕

公的年金等の収入金額（A）	公的年金等に係る雑所得以外の所得に係る合計所得金額		
	1,000万円以下	1,000万円超2,000万円以下	2,000万円超
330万円以下	110万円	100万円	90万円
330万円超410万円以下	(A)×25%＋27万5,000円	(A)×25%＋17万5,000円	(A)×25%＋7万5,000円
410万円超770万円以下	(A)×15%＋68万5,000円	(A)×15%＋58万5,000円	(A)×15%＋48万5,000円
770万円超1,000万円以下	(A)×5%＋145万5,000円	(A)×5%＋135万5,000円	(A)×5%＋125万5,000円
1,000万円超	195万5,000円	185万5,000円	175万5,000円

(注)　1．65歳の区分はその年の12月31日現在の年齢による
　　　2．公的年金等控除のほかにも基礎控除、配偶者控除などがあり、その年の所得からすべての控除を差し引いた額に課税される
　　　3．2020年分から公的年金等控除額が10万円引き下げられた（「70万円→60万円」「120万円→110万円」上表の灰色部分）。さらに、他の合計所得区分も新設された。なお、基礎控除が38万円から48万円に引き上げられたため、他の合計所得金額が1,000万円以下の場合は税負担は変わらない

済、小規模企業共済などを年金として受け取る場合には、「公的年金等に係る雑所得」とみなされ公的年金等控除が適用される。

　一方、老齢給付金を一時金として受給する場合は、退職所得として所得税、住民税が課税される。所得金額の計算では、退職所得控除が適用となる（図表2-2-20）。確定拠出年金以外にも、退職金、厚生年金基金、確定給付企業年金、中小企業退職金共済、特定退職金共済、小規模企業共済などを一時金として受け取る場合には退職手当等として退職所得とみなされ、退職所得控除が適用される。

②障害給付金は非課税

障害給付金は所得税は課税されず、非課税の扱いである。

図表2-2-20　退職所得税額の計算方法

＜税額の計算式＞

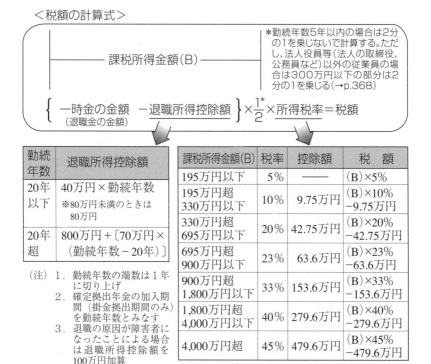

勤続年数	退職所得控除額
20年以下	40万円×勤続年数 ※80万円未満のときは80万円
20年超	800万円＋〔70万円×（勤続年数－20年）〕

（注）　1.　勤続年数の端数は1年に切り上げ
　　　2.　確定拠出年金の加入期間（掛金拠出期間のみ）を勤続年数とみなす
　　　3.　退職の原因が障害者になったことによる場合は退職所得控除額を100万円加算

課税所得金額(B)	税率	控除額	税　額
195万円以下	5%	——	(B)×5%
195万円超 330万円以下	10%	9.75万円	(B)×10% −9.75万円
330万円超 695万円以下	20%	42.75万円	(B)×20% −42.75万円
695万円超 900万円以下	23%	63.6万円	(B)×23% −63.6万円
900万円超 1,800万円以下	33%	153.6万円	(B)×33% −153.6万円
1,800万円超 4,000万円以下	40%	279.6万円	(B)×40% −279.6万円
4,000万円超	45%	479.6万円	(B)×45% −479.6万円

③死亡一時金は相続税が課税

　加入者が死亡した場合は、遺族に死亡一時金が支給されるが、相続財産（みなし相続財産）とされ、相続税が課税される。ただし、「法定相続人の数×500万円」が非課税で、相続財産から控除される。死亡一時金を受け取れる遺族がいないときは、通常の相続財産となる。

　なお、死亡一時金を3年経過してから受け取るとみなし相続財産ではなく一時所得として所得税の課税対象（50万円の特別控除あり）となる。さらに死亡日から5年経過すれば相続人はいないものとみなされ、通常の相続財産として扱われる。（法41条4項、5項）

④脱退一時金には優遇措置なし

　所得税は一時所得として課税（ただし50万円の特別控除がある）され、住民税も課税される。

2. 企業型年金の導入および運営

(1) 企業型年金規約

●理解のためのキーポイント

❑企業型年金の実施には従業員の過半数で組織する労働組合等の同意
　を得て企業型年金規約を作成し厚生労働大臣の承認を受ける
❑一定の資格（職種、勤続年数、年齢、希望する者）を定めて加入者
　を限定することができる
❑掛金、給付、マッチング拠出、退職時の事業主への資産返還など規
　約の定めにより柔軟な制度設計ができる

■企業型年金規約の記載事項

　企業型年金規約は、企業型年金を導入する企業が規約を作成する（法3
条）。規約は労使合意が必要である。従業員の過半数で組織する労働組合が
あれば当該労働組合の同意、過半数で組織する労働組合がない場合は従業員
の過半数を代表する者の同意を得て、厚生労働大臣の承認を受けなければな
らない。

　規約は企業型年金を導入しようとする事業所ごとに必要となる。

　規約に記載する事項は、以下のとおりである（法3条3項）。

① 　事業主（企業）の名称および住所
② 　実施事業所の名称および住所
②の2　簡易企業型年金を実施する場合はその旨
③ 　事業主（企業）が運営管理業務の全部または一部を行う場合、その行う
　　業務
④ 　事業主（企業）が運営管理業務の全部または一部を委託する場合、その
　　運営管理機関の名称、住所、委託業務
⑤ 　資産管理機関の名称、住所

⑥　加入条件に一定の資格を定める場合、その資格要件

⑦　事業主（企業）掛金の額の算定方法と拠出に関する事項

⑦の2　企業型年金加入者が掛金を拠出する場合、掛金の額の決定または変更の方法、その他拠出に関する事項（マッチング拠出の定め）

⑧　運用方法（商品）の提示および運用の指図に関する事項

⑧の2　指定運用方法の提示に関する事項

⑧の3　運用方法の除外手続きに関する事項

⑨　企業型年金の給付額および支給の方法

⑩　3年未満で退職した場合、事業主（企業）への事業主返還を定める場合の返還資産額の算定方法

⑪　企業型年金の実施に関する事務費の負担方法

⑫　その他政令で定める事項

政令で定める事項には、次の事項が定められている（施行令3条）。

①　運営管理業務の委託契約に関する事項

②　資産管理契約に関する事項

③　事業主掛金の納付に関する事項

④　企業型年金の加入者掛金の納付に関する事項

⑤　投資教育の内容および方法について

⑥　企業年金制度、退職手当制度からの資産の移換に関する事項

⑦　確定給付企業年金等からの脱退一時金相当額等の移換に関する事項

⑧　確定給付企業年金または中小企業退職金共済への資産の移換に関する事項

⑨　企業型年金の事業年度に関する事項

■企業型年金規約の承認基準

企業型年金規約は上記の事項を定めることが必要であるが、以下の承認基準が定められている（法4条）。主なものは次の事項である。

①　加入者とするための一定の加入資格を定める場合、特定の加入者について、不当に差別的でないこと

② 事業主（企業）掛金は、定額または給与に一定の率を乗ずる方法、その他これに類する方法により算出した額とすること

③ マッチング拠出の加入者掛金が事業主掛金を超えないように加入者掛金の額の決定または変更の方法が定められていること

④ 運用の方法（運用商品）は、リスクとリターンの異なる3つ以上（簡易企業型年金は2つ）35本以下から選定されていること

⑤ 企業型年金加入者および企業型年金運用指図者による運用の指図が、少なくとも3カ月に1回行うことができること

⑥ 企業型年金の給付の額の算定方法が政令の定める基準に合致していること（年金の場合は5年以上20年以下〈終身も可〉）

⑦ 企業型年金加入者が資格を喪失した日において、使用された期間が3年以上ある場合、または障害給付金の受給権を有する場合、その資産が移換されるときは、個人別管理資産の全額移換のポータビリティが確保されること

■企業型年金規約の変更

　事業主（企業）が規約の変更をする場合、規約の作成と同じように、厚生労働大臣の承認を得なければならない。また、変更したときは遅滞なく厚生労働大臣に届け出なければならない。労使の合意も必要である。

　なお、規約変更時における「軽微な変更」については承認は不要で届出だけでよいが労使合意は必要である。さらに、軽微な変更のうち、「特に軽微な変更」については、労使合意は不要で、厚生労働大臣に届け出ることで足りる。特に軽微変更に該当するのは、事業年度に関する事項、事業主や事業所の名称および住所変更などである（法5条、施行規則5条）。なお、運営管理機関や資産管理機関の名称および住所変更などは届出も不要となっている。事業主、事業所の名称および住所変更は市町村の名称変更に伴い変更する場合は届出不要である。

(2) 運営管理機関、資産管理機関の役割と業務

> ●理解のためのキーポイント
>
> ❑運営管理機関の業務は運用関連業務と記録関連業務に分かれる
> ❑資産管理機関は企業の資産と年金資産を区別して外部管理し、年金資産を保全する役割がある
> ❑運営管理機関は法人であればなれるが資産管理機関になれるのは信託銀行や企業年金基金、保険会社（生保、損保）などに限られる

■運営管理機関の役割は加入者の立場に立ったサービス提供

運営管理機関の役割は、確定拠出年金の運営に関する業務を加入者の立場で受託することである。運営管理機関には、主務大臣（厚生労働大臣および内閣総理大臣）の登録を受けた法人であればなることができる。

企業型年金では運営管理業務の全部または一部を運営管理機関に委託することができる。運営管理業務は、確定拠出年金を実施する企業が自ら行うこともできるが、一部の大手企業を除いて実際には無理がある。したがって、運営管理機関として登録している金融機関などに委託できる。委託を受けた運営管理機関は業務の一部を他の運営管理機関に再委託することも可能だが、すべてを再委託することはできない（法7条）。

運営管理業務の内容は「運用関連業務」と「記録関連業務（レコードキーピング業務）」の2つに分類される。

①運用関連業務

運用関連業務としては、次のようなものがある（法2条7項）。

運用の方法（運用商品）の選定と加入者への提示では、リスク・リターン特性の異なる3本（簡易企業型年金は2本）以上35本以下の運用商品（元本確保型商品が含まれなくてもよい）を選定し加入者に提示する（法23条1項、施行令15条の2）。

運用商品にかかる情報提供では加入者の運用商品選定の際に、利益の見込

み、損失の可能性、過去10年間の運用実績（10年に満たない場合は当該期間の運用実績）、預金保険制度等の保全の対象の有無、商品の情報提供を行う。

②記録関連業務（レコードキーピング業務）

加入者個人ごとの持ち分にかかる記録管理では、個人情報の記録の保存、管理などを行う（法2条7項）。

加入者個人からの運用指図の取りまとめでは加入者が個別に運用指図を行うが、運用指図を取りまとめて、資産管理機関に取り次ぐ。

給付に関する事務等では、受給権者からの給付申請に基づき、給付の裁定を行い、資産管理機関に対し、給付の指示を行う。

レコードキーピング業務は確定拠出年金制度の加入者ごとの年金資産残高や記録管理、残高照会、運用商品の管理を行う業務である。このレコードキーピングの業務を行うシステム開発には莫大な資金を要するため、日本では金融機関がお互いに共同で出資し、レコードキーピング会社を個別に設立している（NRKとJIS&Tが主要2社）。

■資産管理機関の役割は外部管理による年金資産の保全

企業型年金では、企業資産や個人の資産と年金資産を区別して管理しておく必要があり、そのために資産管理機関が設置される。これは、年金資産を企業の資産と分離（分別管理）することで、年金資産が企業活動に使用されたり、倒産時に差押えの対象とならないよう保全しておくためである。

企業は制度を導入する際、資産管理機関を選任して、労使合意に基づいて資産管理契約を締結する。資産管理機関になれる機関と契約形態は、次のものに限定されている（法8条）。

① 信託会社、信託業務を営む金融機関、厚生年金基金、企業年金基金との特定信託契約
② 生命保険会社との生命保険契約
③ 農業協同組合連合会との生命共済契約
④ 損害保険会社との損害保険契約

資産管理機関の業務の内容は、

① 　企業から定期的に拠出された掛金を年金資産として分離し、会社の財産と分ける。掛金の名義は資産管理機関名義となる

② 　加入者からの指図を受けた運営管理機関を通じての運用商品の選定、変更等の指図を受け、その指図に基づく契約手続きを運用商品提供機関との間で行う

③ 　運営管理機関からの指示に基づき、受給権者の給付手続きを行う

などである。

　資産管理機関は資金の流れを一括して受け持つ役割がある。なお、資産管理機関は、運営管理機関を兼務することはもちろん、自らが運用商品提供機関となることもできる。

　信託銀行、生命保険会社等は運営管理機関、資産管理機関、運用商品提供機関になることができる。

■運用商品提供機関の役割は運用商品の実際の運用

　加入者が運用する金融商品を提供する金融機関は、運用機関または運用商品提供機関と呼ばれる。加入者が年金資産を運用する商品は運営管理機関において提示されるが、実際の運用は運営管理機関の指図に基づいて運用商品提供機関が行う（法25条）。

　運用商品提供機関としては、銀行（ゆうちょ銀行含む）、信用金庫等の銀行、証券会社、生命保険会社、損害保険会社、農業協同組合等がある。

(3) 制度導入および制度設計に係る財務、 人事労務面の検討

●理解のためのキーポイント

❏ 積立不足や後発債務が発生しないのが財務面の最大のメリット

❏ 導入時・運営時のコストについての検討が必要

❏ 多様化した働き方や転職に柔軟に対応でき、従業員のモラールアップにつながる制度設計を検討する

■積立不足のリスクはなくても導入・運営コストはかかる

　企業が確定拠出年金を導入する財務面の課題としては、メリットとデメリットの面を把握したうえで検討する必要がある。

　特に、積立不足は企業経営にも大きな圧迫となるので、積立不足のリスクのない確定拠出年金は財務面からの最大のメリットであり、制度導入の最も高い動機となっている。しかし、制度導入時のコストや制度開始後の継続的な投資教育など運営コストがかかり、必ずしも他の制度より低コストであるとは限らない。

〈財務面のメリット〉

①積立不足の解消と後発債務が発生しないこと

　確定給付型の年金制度では、企業が利回りを保証しているため、低金利、株式相場の不振のもとでは、年金資産に積立不足（後発債務）が発生する。

知って得する補足知識　長期的視点ではコスト軽減の可能性

　確定拠出年金は、既存制度からの移行時に企業に大きなコスト負担がかかるが、積立不足による追加負担がなくなる、就業規則の改定により必然的に人事制度の見直しができるなど長期的な視点では、コスト軽減になる可能性もある。

確定拠出年金では、企業は掛金を拠出した段階で将来の給付保証義務を免れ、その後は加入者が自己責任で運用するため、企業には後発債務が発生しない。

②事業主（企業）が拠出する掛金は、全額損金算入できる

確定拠出年金の事業主（企業）が拠出した掛金は、確定給付企業年金と同様に全額が損金算入の扱いである。

③年金数理計算が不要

確定給付型の年金では複雑な年金数理計算があり、専門家である年金数理人が必要である。確定拠出年金では、導入後は必要とされない。

〈財務面のデメリット〉

①運用実績が上がっても掛金の削減はできない

運用実績に関係なく、掛金が一定であるため、運用実績が好調でも、掛金負担を減少させることはできない。

②既存の年金制度からの移行の負担が大きい

退職一時金、厚生年金基金、確定給付企業年金といった確定給付型の年金制度などから確定拠出年金に移行する場合には、変更時の保証、積立不足の解消などといった移行にかかるコストの負担が大きい。

③導入時・運営時にかかるコストが大きい

導入時のコンサルティングのコスト、導入後の加入者教育コスト、運営上のコストなど、コストが高い。

④従業員への投資教育の負担が大きい

確定拠出年金では、掛金を従業員が自己責任のもとに資産運用を行い、運用の結果として生じるリスクも従業員が負う。

したがって導入にあたっては、投資教育、資料の提供、相談などの受け付けを行うように努める義務がある。さらに、制度開始後も、継続的に投資教育を行う必要があり、こうした加入者等の対応の充実が企業側の課題である。

■従業員の確保と多様な働き方に対応する面からの検討

確定拠出年金の導入は積立不足が生じないという財務面の利点がクローズアップされがちだが、制度を生かすためには、人事労務面からの検討が重要

である。確定拠出年金は、設計の自由度が高い点に特徴があり、企業の実情に合わせた柔軟な制度設計が可能である。

〈人事労務面のメリット〉

①優秀な人材確保ができる

雇用の流動化が進んでいるが、離転職の際にポータビリティがあるため、中途採用者にも不利にならない。中途採用者の多い中小企業にとっても、優秀な人材確保に役立つものと期待できる。

②従業員のモラールアップ

従来の企業年金制度では、企業年金などは賃金の後払いの性格であったため、従業員側では支給の時点まで、その恩恵がわからないことが多かった。

確定拠出年金では、個人別の掛金が明確であるので会社の恩恵を感じやすい。また、掛金が積み上がっていくのを実感するだけでなく運用を自己責任で行うので、自分の資産が積み上がっていけばモラールアップにもつながる。

〈人事労務面の検討課題〉

確定拠出年金は、雇用流動化や働き方の変化に柔軟に対応しやすい半面、他制度との整合性や従業員の待遇格差には十分な配慮が必要である。

例えば、確定拠出年金の老齢給付金は60歳になるまで受給できないため、60歳前の離転職時に資金ニーズが発生した場合、退職一時金のような対応ができない。また、確定給付企業年金のように退職後の資金計画を立てにくい面もある。そのため、既存の退職一時金制度や確定給付企業年金などの制度をすべて廃止して確定拠出年金に一本化することを安易に検討することは問題がある。

退職一時金など他制度の機能との整合性も考慮しながら、確定拠出年金を制度として組み合わせていくことが求められる。またマッチング拠出や個人型年金との併用も人事労務面の効果が期待できる。

従業員間の待遇格差への配慮では、加入対象者の範囲や加入適用外の者、加入を希望しない者、制度移行時の既得権の保証なども検討する必要がある。特に、不当に差別的な取扱いにならないように検証しなければならない。

制度の効果や従業員のモラールアップにつながるカギは投資教育である。

制度導入時には投資教育を行っても継続投資教育が十分に行われないケースが目立つが、投資教育（特に継続投資教育）を充実させることは人事労務政策上の重要な検討課題である。

■加入者の範囲を適切に決めることが大切

企業型年金では、一定の資格（職種、勤続年数、年齢、希望）を規約で定めれば加入対象者の範囲を限定することができる。

加入対象とならない者には退職手当制度の適用など不当に差別的な扱いにならないようにする措置が必要である。しかし、こうした措置だけではなく、企業自身の既存の退職給付制度や勤務実態なども併せて労使で十分な協議を行って自社にふさわしい加入者の範囲を決めることが重要である。

また、制度導入時には既存社員の扱いも検討課題となる。新制度の適用には、①制度発足後に入社した者だけに適用、②既存の従業員は制度発足後の将来勤務期間だけに適用、③既存の従業員も過去勤務期間を含めて適用の３つのケースが考えられる。②と③の場合には既得権部分の保証を検討する必要がある。

(4) 導入および運営に係る諸手続

●理解のためのキーポイント

❑労使合意と企業型年金規約の作成が必須

❑導入時期から逆算してむりのない時期に準備を開始する

❑導入後に制度の効果を上げるには継続投資教育が最も重要

■企業型年金の導入の流れと手続き

企業が確定拠出年金（企業型年金）を導入する流れは以下のような手順（例）となる。準備から制度開始までは早くても半年程度かかる。制度導入時期から逆算して十分な期間を確保して準備開始時期を決める必要がある。企業の事情によって異なるが、特に中小企業の場合は、DCプランナーや運

営管理機関のコンサルティングを受けながら進めていくことになる。

① 自社の退職給付制度の現状分析と課題の検討
　・既存制度の見直しと制度再編の方針、企業型年金の位置づけなど
② 基本的な制度設計と企業型年金規約案の作成
　・運営管理機関、資産管理機関の選定
　・加入対象者の範囲、掛金、運用商品、投資教育など
③ 従業員への説明と労使合意
④ 厚生労働大臣（管轄の地方厚生局）への規約承認申請
　・厚生局での審査期間は2カ月程度
⑤ 従業員への制度導入時教育の実施
⑥ 制度開始
　・既存制度からの移行の場合は資産移換

■企業型年金の導入後の運営実務

　企業型年金を導入後の運営で最も重要なものは継続投資教育の実施である。制度導入から時間が経過すれば、法制度の改正、運用環境の変化、加入者等の運用に関する知識やスキルの格差といった問題が生じてくる。

　これらの問題に対応するために継続的な情報提供、スキルアップの支援を行っていく必要がある。導入時教育ではある程度一律のプログラムになるが、継続教育では、状況に応じた適切なプログラムを作成して実施することが求められる。

　制度実施後には加入者等からの質問や問い合わせに対応する体制をつくっておくことも必要である。窓口は社内での担当部署と運営管理機関に委託することが考えられる。社内制度などとの関連は社内の担当部署が適しており、投資等の専門的な内容は運営管理機関への委託が適しているので、窓口を運営管理機関だけに絞らずに社内との使い分けの工夫が望ましい。

　運用商品や運営管理機関の定期的な評価・検討も導入後の運営実務である。企業は少なくとも5年ごとに運営管理機関の評価・検討を行い、必要に応じて委託内容の変更や運営管理機関の変更等を行うことが努力義務とされ

ている（法7条4項）。これは、加入者等の自己責任による運用という確定拠出年金の特徴の面から、運用商品選定・提示に関する忠実義務（加入者等のためにのみ忠実に業務を行う）や専門的知見の発揮が適切にできているかをチェックするものである。

(5) 投資教育・継続教育

●理解のためのキーポイント

❏投資教育とは単なる運用の技術的スキルの獲得が目的ではない
❏投資教育は導入時教育だけでなく継続教育の実施が重要
❏投資教育は企業年金連合会に委託することもできる

■投資教育の目的と内容

確定拠出年金では、加入者等が運用の指図を行うにあたって資産の運用に関する情報提供を継続的に行うことが事業主の努力義務として規定されている（法22条）。これが、いわゆる「投資教育」である。

確定拠出年金は加入者等が自己責任原則による運用によって老後資産を形成することを支援する制度である。適切に運用されて定着していくための総合的な情報・知識・スキルを加入者等に与えることが投資教育の目的である。

投資教育の内容は、①確定拠出年金制度等の具体的な内容、②金融商品の仕組みと特徴、③資産の運用の基礎知識、④確定拠出年金制度を含めた老後生活設計となっている（法令解釈第3-3(3)）。このように、投資教育とは投資商品の運用に関する単なる技術的な投資スキルの育成を意味するのではなく、確定拠出年金制度を中心とした全般的な年金・退職給付制度から老後の生活設計も含めた幅広い知識とスキルを身につける内容となっている。

■導入時の投資教育のプログラムと進め方

投資教育には、制度導入時の投資教育と制度導入後の継続教育がある。そ

れぞれの性格や目的が異なることから、これらに留意した適切なプログラム
で計画的に実施することが求められる。なお、投資教育の実施義務は企業自
身が負うが、運営管理機関や企業年金連合会等に委託することもできる。

　制度導入時あるいは加入時には、加入者は実際に運用の指図を経験してい
ない。そのため、確定拠出年金制度における運用の指図の意味を理解するこ
とや具体的な資産の配分が自らできること、運用による収益状況の把握がで
きることを主たる目的として、それに必要な基礎的な事項を中心に教育を行
うことが効果的である。

　事業主等は、形式的な伝達に陥ることなく、加入者の知識水準や学習意欲
等を勘案し、内容、時間、提供方法などについて十分配慮し、効果的な実施
に努める必要がある。

■導入後の継続教育のプログラムと進め方

　導入後に制度を効果的に運用し、成果を出すには導入後の計画的な継続教
育が極めて重要である。

　加入後の継続的な投資教育は、加入時に基本的な事項が習得できていない
者への再教育の機会、制度に対する関心が薄い者への関心の喚起の機会とい
う役割がある。このため、制度導入後も定期的で継続的な投資教育を実施し
ていく必要がある。

　継続教育では、加入者等が実際に運用の指図を 経験していることから、
加入前の段階では理解が難しい金融商品の特徴や運用等についても運用の実
績データ等を活用し、より実践的、効果的な知識の習得が期待される。また、
加入者等の知識やスキルに差が生じていることから、導入時の投資教育に使
われる一律の教育プログラムではなく、加入者等の知識やスキルに応じた複
数のプログラムを提供するなどの配慮・工夫が求められる。

(6) 既存の退職給付制度からの移行

●理解のためのキーポイント

❑ 既存の企業年金の資産を移換して企業型年金を導入することが可能
❑ 移行には既存制度の全部移行と一部移行がある
❑ 退職一時金からの移行は4年以上8年以内で資産を均等分割で移換
❑ 確定給付企業年金からの移行は移換部分の積立不足解消が必要

■既存の退職給付制度の資産を移換して制度を開始できる

　確定拠出年金（企業型年金）の制度を導入する場合、退職一時金、厚生年金基金、確定給付企業年金といった既存の退職手当制度や企業年金の資産（過去期間相当分）を全部または一部移換して制度を開始することができる。

　移換資産額（過去期間相当分の額）は、退職一時金は制度移行前後の自己都合要支給額、厚生年金基金や確定給付企業年金では最低積立基準額（企業年金制度を終了した場合に給付に必要とされる積立額）が基準となる。移行前の制度に積立不足がある場合は解消処理する必要がある。

■退職一時金からの移行（4年以上8年以内で均等分割による資産移換）

　退職一時金から企業型年金へ移行する場合は、確定給付企業年金などからの移行とは異なって、一度に全部を年金資産として移換することはできない。これは退職一時金制度では企業の資産と分離された資産がなく、移行にあたっては新たに企業が年金資産を拠出する必要があるためである。したがってその拠出に際しては、数年に分けて拠出することになる（図表2-2-21）。移換額の基準となるのは、移行時点の退職一時金の自己都合要支給額である。

　退職一時金を廃止してすべてを企業型年金に移行する場合は制度移行日の自己都合要支給額、退職一時金を減額して一部を移行する場合は、移行前後の自己都合要支給額の差額が、企業型年金へ移換する額となる。

　移換額の拠出は、「制度移行年度から、移行年度の翌年度から起算して3

図表2-2-21　退職一時金から企業型年金への移行

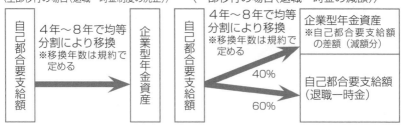

年度以上7年度以内の企業型年金規約で定める年度までの各年度に均等に分割して行う」こととなっている（施行令22条1項5号）。つまり、移行年度から起算して4年度以上8年度以内で移換することとなる。法令の条文上で「翌年度から起算して3年度以上7年度以内」となっているのでわかりづらいが、これは移行年度に移換額を確定することが困難な場合に翌年度からの拠出開始を可能としているためで、原則として拠出開始は移行年度からとなる。

　以上から退職一時金からの企業型年金への資産移換は最短4年、最長8年で規約に定めることができ、各年に均等分割して行われる。なお、移換年度が終了する前に退職者が出た場合は、退職者の分については退職時点で残額を一括して移換することとされている。

■確定給付企業年金からの移行（積立不足の解消が必要）

　確定給付企業年金を全部解約して企業型年金へ全部移行する場合と、一部解約して一部移行する場合がある。

　確定給付企業年金の移行では、最低積立基準額が移換額の基準となる。最低積立基準額とは、確定給付企業年金が移行時点で終了（廃止）した場合にその時点までに発生した給付額を支給できる積立金（年金資産）の額である。

　退職一時金とは異なり、外部積立てで管理されているので年金資産は明確になっている。制度を廃して企業型年金に移行する場合は最低積立基準額、制度の一部を移行する場合は移行前後の最低積立基準額の差額が、企業型年金へ移換する額となる。

図表2-2-22　積立不足のある確定給付企業年金から企業型年金への移行

最低積立基準額	積立不足	(60%) (40%)	一括拠出（積立不足をなくす）	移換資産額	確定拠出年金へ(60%)
			年金資産		
	年金資産	(60%) (40%)	積立不足	最低積立基準額（移換部分以外）	確定給付企業年金へ(40%)
			年金資産		

DC移行部分の比率で按分

(注) 企業型年金への移行の際の積立不足は、一部移行の場合は移換部分の積立不足を一括拠出により解消すればよい。厚生年金基金も同様

　年金資産が最低積立基準額に不足する場合は、積立不足分を解消（償却による穴埋め）する必要がある。積立不足は一括して解消しなければならず、退職一時金のように複数年度に分割することはできない。ただし、一部移行の場合は必ずしも積立不足全部を解消しなくても、企業型年金移換部分の積立不足だけを一括拠出で解消すればよい（図表2-2-22）。

　また、未認識項目（数理債務、過去勤務費用）の処理も必要である。

　なお、厚生年金基金の移行ルールも積立不足の処理など基本的に確定給付企業年金と同じである。ただし代行部分は移行できない。

■会計上の制度移行の処理（特別損益が発生する）

　確定給付型の退職給付制度（退職手当制度、厚生年金基金、確定給付企業年金など）から確定拠出年金（企業型年金）に移行した場合は、企業会計上の会計処理を行う必要がある。

　この会計処理では、退職給付制度の変更に関して「終了」の処理となり特別損益（利益または損失）が発生する。制度を廃止（全部移行）の場合は全部終了、減額した部分だけを移行（一部移行）の場合は一部終了の処理になる。また、既存制度の減額のみで企業型年金への移行を行わない場合は終了ではなく「減額」の処理となる。

　特別損益の計算は、図表2-2-23のようになる。

図表2-2-23　企業型年金への制度移行と特別損益の計算例

◆退職一時金からの移行

項目	移行前	全部移行後	一部移行後（40％移行）
退職給付債務	120億円	0円	72億円
自己都合要支給額	100億円	0円	60億円
未認識項目	30億円	0円	18億円

　特別損益＝退職給付債務－（自己都合要支給額＋未認識項目）
　〈**全部移行の場合**〉
　120億円－（100億円＋30億円）＝▲10億円……特別損失
　〈**一部移行の場合**〉自己都合要支給額を60％に減額して40％を企業型年金に移行
　（120億円×60％）－｛（100億円×60％）＋（30億円×60％）｝＝▲6億円……特別損失

◆確定給付企業年金からの移行

項目	移行前	全部移行後	一部移行後（40％移行）
退職給付債務	200億円	0円	120億円
最低積立基準額	160億円	0円	96億円
年金資産	140億円	0円	84億円
未認識項目	30億円	0円	18億円
退職給付引当金	30億円	0円	18億円

　特別損益＝退職給付債務－（最低積立基準額＋未認識項目）
　〈**全部移行の場合**〉
　200億円－（160億円＋30億円）＝10億円……特別利益
　※最低積立基準額に対する年金資産の不足額20億円は一括拠出
　〈**一部移行の場合**〉最低積立基準額を60％に減額して40％を企業型年金に移行
　（200億円×60％）－｛（160億円×60％）＋（30億円×60％）｝＝6億円……特別利益
　※移行部分（40％）の最低積立基準額（64億円）に対する年金資産（56億円）の不足
　　額8億円は一括拠出

3. 個人型年金に係る手続等

(1) 国民年金基金連合会の役割と業務

●理解のためのキーポイント

- ❑ 国民年金基金連合会は個人型年金の実施主体として企業型年金の事業主と資産管理機関を兼ねた役割を持つ
- ❑ 国民年金基金連合会が直接行う業務は、規約作成、加入者資格や拠出限度額の確認などに限られ多くは外部に委託している
- ❑ 国民年金基金連合会は運営管理業務を直接行うことはできず、必ず運営管理機関に委託しなければならない

■国民年金基金連合会は個人型年金の実施主体

　国民年金基金連合会（以下、「国基連」）は個人型年金の実施主体としての役割を持ち、個人型年金規約を作成して厚生労働大臣の承認を受ける。また、個人型年金では資産管理機関が置かれないため、国基連が年金資産の管理を行う資産管理機関の役割も担っている。

　国基連は企業型年金の事業主にあたるが、運営管理業務を自ら行うことはできず運営管理機関に委託しなければならないことになっている。企業型年金と異なり、加入者は国基連が委託している運営管理機関の中から申し込む運営管理機関を任意に指定できる。

　国基連は運営管理業務のほか、金融機関等にさまざまな事務（加入申出の

知って得する補足知識　個人型年金の規約は1つしかない

　企業型年金の規約は企業型年金の数だけ存在するが、個人型年金は実施主体が国民年金基金連合会しかないので、個人型年金規約も連合会が作成する規約1つしかない。

受理、氏名・住所等の届出の受理、積立金の管理、掛金の収納・還付、給付金の支給など）を委託することができる（法61条）。ただし、以下の事務は国基連が自ら行い他の者に委託することはできない。

・個人型年金加入者の資格の確認
・個人型年金加入者の掛金が拠出限度額の範囲内であることの確認

■個人型年金規約の記載事項

　個人型年金を実施するためには、国基連が規約を作成し、厚生労働大臣の承認を受けなければならない（法55条）。規約の変更は、個人型年金規約策定委員会の議決を経て、厚生労働大臣の承認を受ける。

　国基連の業務の特徴は、5年ごとに加入者数、企業型年金の実施状況、国民生活の動向などを勘案して規約の内容を検討し、必要があれば規約を変更しなければならないとされ、制度の硬直化をなくそうとしている点にある。

　規約に定めるべき事項は次のとおりである（法55条2項）。

① 　国民年金基金連合会の名称および住所
② 　運営管理業務を委託する運営管理機関の名称、住所、行う業務
③ 　個人型年金加入者および個人型年金運用指図者の運営管理機関の指定に関する事項
④ 　個人型年金加入者が拠出する掛金の額の決定または変更の方法など拠出に関する事項
④の2　中小事業主掛金納付制度の事業主掛金に関する事項
⑤ 　運用方法（商品）の提示、運用の指図に関する事項
⑤の2　指定運用方法の提示に関する事項
⑤の3　運用方法の除外手続きに関する事項
⑥ 　給付額および支給の方法に関する事項
⑦ 　事務費の負担に関する事項
⑧ 　その他政令で定める事項

　政令で定める事項には、次の事項が定められている（施行令27条）。

　① 　個人型年金規約策定委員会に関する事項

② 　運営管理業の委託に係る契約に関する事項

③ 　個人型年金に関する事務の委託を受けた者の名称、住所およびその行う業務、ならびにその契約に関する事項

④ 　個人型年金加入者掛金の納付に関する事項

⑤ 　中小事業主掛金の納付に関する事項

⑥ 　投資教育の内容および方法

⑦ 　確定給付企業年金等からの脱退一時金相当額等の国民年金基金連合会への移換に関する事項

⑧ 　確定給付企業年金への個人別管理資産の移換に関する事項

⑨ 　個人型年金の事業年度に関する事項

⑩ 　公告に関する事項

■個人型年金規約の承認基準

　個人型年金規約の承認申請があった場合、規約で定める事項（法55条2項）が定められていることの他、以下の主な承認基準がある（法56条）。

① 　提示される運用方法（商品）は、3つ以上35本以下のリスク・リターン特性の異なるものであること

② 　個人型年金加入者および個人型年金運用指図者による運用の指図は少なくとも3カ月に1回は行うことができること

③ 　給付額の算定方法が基準に合致していること

④ 　提示される運用方法の数や種類などが、特定の者について不当に差別的でないこと

⑤ 　掛金は前納および追納ができないこと

⑥ 　掛金額の変更は原則として掛金拠出単位期間につき1回限りであること

⑦ 　中小事業主掛金を納付する場合は要件を満たしていること

⑧ 　指定運用方法を定める場合は要件を満たしていること

⑨ 　年金給付の支払期月は毎年一定の時期であること

(2) 個人型年金加入者に係る諸手続と実務

●理解のためのキーポイント

❑個人型年金では加入者自身が申し出て加入手続を行う

❑企業従業員等の場合は事業主証明書の提出が必要となる

❑国民年金基金連合会は加入中に加入者に対して加入者資格の確認や
　掛金拠出限度額の管理を行う

■加入の申出の手続と必要書類

　個人型年金の場合は、加入対象者が国民年金基金連合会（以下、「国基連」）
に加入の申出を行うことによって加入資格を取得する。実際は直接国基連に
申し込むのではなく、事務委託されている金融機関等で手続する。

　運営管理機関は加入者自身が選択して指定し、指定した運営管理機関を通
じて国基連に加入申出書を必要な添付書類とともに提出する。

　申出書には、氏名等や基礎年金番号の他、掛金額などを記載する。また第
1号・第4号加入者（自営業者等）の場合は、国民年金基金や付加保険料、
障害基礎年金受給などの情報を記載する。第2号加入者（企業従業員等）の
場合は、事業主（勤務先企業等）の名称などの情報、掛金納付方法（個人納
付か事業主経由の納付か）などの情報を記載する。

　企業従業員の場合は、事業主証明書（運営管理機関の手続書類の中に用紙
がある）を事業主の記入を受けて添付書類として提出する必要がある。なお、
2024（令6）年12月以降は事業主証明書の提出は不要になる。企業型年金
の事業主掛金と個人型年金の掛金の合算管理の仕組み企業年金等他制度掛金
相当額を併せて管理することにより、個人型年金の実施主体である国基連が
毎月企業年金の加入状況を確認できるようになるためである。

■加入後の届出や投資教育など

　加入後に、氏名、住所、離転職など登録に関する事項に変更が生じた場合

は、加入者は国基連に届出書を提出する必要がある。届出期限は変更事項によって異なるが、住所変更など多くは14日以内となっている。

　加入者が運用指図者となる場合や運用指図者から加入者になる場合も届出が必要である。

　また、国基連が自ら行う事務として、加入中の加入者について加入資格の確認と掛金拠出限度額の管理がある。第2号加入者については、企業型年金加入者、確定給付企業年金加入者、共済組合の組合員等（公務員、私学教職員）の資格取得の有無の確認の届出書（現況届）を毎年1回、事業主が国基連（基本的には運営管理機関経由）に提出する必要がある。加入資格や拠出限度額の変動の有無を国基連が確認するためである。なお、事業主証明書と同様の理由で2024年12月以降は現況届も不要となる。

　投資教育については、企業型年金の事業主と同様に国基連も適切に行う努力義務を負っている。特に継続教育は重要性が増してきていることから配慮義務から導入時教育と同様の努力義務に強化された。しかし、国基連は運営管理機関に継続教育を委託することはできたが、企業年金連合会には委託できなかった。法改正により2020（令2）年6月5日からは、国基連も企業型年金の事業主と同じく企業年金連合会に継続教育を委託することもできるようになった。

■加入等への通知、給付手続

　運用中の情報提供は、個人型年金でも企業型年金と同様に行うことが求められる。記録関連運営管理機関は、少なくとも年1回、加入者等に対して個人別管理資産額等の情報を提供しなければならない。

　給付についても、受給権者の請求により記録関連運営管理機関が裁定し、国基連に通知する。国基連は裁定に基づいて給付の手続を行う。なお、75歳（1952〈昭27〉年4月1日生以前は70歳）に到達する日の前日（誕生日の2日前）までに受給権者からの請求手続がない場合は、国基連が自動的に手続を行い一時金で給付される。

4. コンプライアンス

(1) 事業主の責務と行為準則

●理解のためのキーポイント

❏事業主は加入者等に対し、運用に関する資料提供、投資教育を行う

❏事業主は運営管理機関や資産管理機関と契約を締結する

❏事業主の行為準則は、忠実義務と個人情報保護義務がある

❏事業主には禁止行為も多く存在する

■事業主には投資環境を整備する責務がある

事業主の重い責務としては、運用に際しての義務がある。

事業主（企業）は企業型年金の加入者および企業型年金運用指図者に対して、運用の指図に必要な年金資産の運用に関する基礎的資料の提供、その他投資教育などを行うよう努めなければならない。

また、厚生年金適用事業所に雇用される個人型年金加入者に対しては、企業は必要とされる協力や個人型年金規約に基づく諸要件を満たすよう努めることが求められる。要約すれば、加入者が自己責任で運用するために必要な投資知識を得るための投資環境を整備することが企業に求められる。

こうした責務を怠った結果として生じた加入者の損失に対しては、企業の責任が問われる。

■事業主には行為準則が定められている

企業型年金の運営にあたって、事業主には、加入者の利益を守るために行為準則として忠実義務と個人情報保護義務が定められている（法43条）。

①忠実義務

企業は、法令等や企業型年金規約を遵守し、加入者等（加入者、運用指図者、受給権者）のために忠実に業務を遂行しなければならない（法43条1項）。

②個人情報保護義務

　加入者の氏名、住所、生年月日、個人別管理資産額等の個人に関する情報は、本人の同意があるなど正当な事由があるとき以外は、業務の遂行に必要な範囲を超えて保管または使用してはならない（法43条1項）。

■資産管理機関、運営管理機関への委託

　企業は、確定拠出年金の年金資産を企業の資産と切り離して管理する必要があり、外部の資産管理機関と資産管理契約を締結する。資産管理機関となることができるものは、信託会社（信託銀行を含む）、企業年金基金、生命保険会社（国内、国外を含む）、農業協同組合連合会（該当事業を行うもの）、損害保険会社（国内、国外を含む）に限定されている。したがって一般の銀行や証券会社は資産管理機関になることはできない。

　一方、運営管理業務では、全部または一部を企業が運営管理機関に委託することができる。さらに、企業から委託された運営管理機関は、一部を再委託することもできる（全部の再委託および一部の再々委託は不可）。

　運営管理機関は主務大臣の登録を受けた法人がなることができる。具体的には、銀行、証券会社、保険会社が中心になる。

■事業主（企業）の禁止行為

　事業主は次のことは禁止とされている（法43条）。

① 　自己や第三者の利益を図る目的を持ち、運営管理契約や資産管理契約を締結すること

② 　その他加入者等の保護に欠けるものとして、厚生労働省令で定める行為を行うこと

知って得する補足知識　運営管理機関なども受託者責任を負う

　事業主（企業）、運営管理機関、資産管理機関は、確定拠出年金の受託者として、それぞれ加入者に対して責任を負っている。運営管理機関や資産管理機関は、企業の契約先だからといって、加入者に対する受託者としての責任を免れることはできない。

---

②のその他加入者等の保護に欠けるものとして、厚生労働省令で定める行為とは次のとおりである。

○ 自己または企業型年金加入者等以外の第三者の利益を図る目的を持って、運営管理業務の委託に係る契約または資産管理契約を締結すること

○ 運用関連業務を委託した確定拠出年金運営管理機関に、企業型年金加入者に対して、提示した運用商品のうち特定のものについて指図を行うことを勧めたり、また指図を行わないように勧めること

○ 企業型年金加入者等に、特定の運用の商品について指図を行うことを勧めたり、また指図を行わないように勧めること

○ 企業型年金加入者等に対して、自己または企業型年金加入者等以外の第三者に運用の指図を委託するように勧めること

○ 企業型年金加入者等が自己に係る運営管理業務を行う確定拠出年金運営管理機関等を選択できる場合に、特定の確定拠出年金運営管理機関を選択するように勧めること

○ 企業型年金加入者等が自己に係る運営管理業務を行う事業主と確定拠出年金運営管理機関の中から選択できる場合に、事業主が行う運営管理業務に関する事項であって、企業型年金加入者等の判断に影響を及ぼすこととなるものについて、故意に真実を告げなかったり、不実のことを告げたりすること

また、事業主が運営関連業務を行うものである場合には、次の行為はしてはならないとされている。

○ 自己または加入者以外の第三者の利益を図る目的を持って、特定の運用商品を選定すること

○ 企業型年金加入者に対し、提示した運用商品に関して、不実のことを告げ、もしくは利益または損失が生じることが確実であると誤解させるおそれのある情報を提供し、運用の指図を行わせること

○ 企業型年金加入者に対し、提示したいずれかの運用商品と他の運用の商品を比較して不実のことまたは誤解させるおそれのあることを告

げ、または表示すること

○ 企業型年金加入者等に対し、提示した運用商品に関する事項で、運用
　の指図の際の判断に影響を及ぼすような重大なものについて、故意に
　事実を告げず、もしくは不実のことまたは誤解させるおそれのあるこ
　とを告げ、または表示すること

(2) 運営管理機関、資産管理機関の行為準則

●理解のためのキーポイント

❑運営管理機関の主な責務は、忠実義務や個人情報保護義務である

❑運営管理機関の禁止行為は、損失補償、損失補てん、特別利益の提
　供、特定の運用商品の提示や指図等である

❑運営管理機関が責任を果たさなかった場合、罰則が科せられる

■運営管理機関の行為準則

①運営管理機関の責務

　運営管理機関は、制度を適正に運営する役割を負っている。厳しく責任を
問われることになるため、忠実義務や個人情報保護義務、中立的な立場から
運用商品を選定する義務が課されている（法99条）。

②運営管理機関の行為準則

〈忠実義務〉

　運営管理機関は、法令や運営管理規約を遵守し、加入者等のために忠実に
業務を遂行しなければならない。

〈個人情報保護義務〉

　運営管理機関は、加入者等の個人に関する情報を保管し、または使用するにあ
たり、業務に必要な範囲内で保管し、使用しなければならない（ただし本人の同
意がある場合や正当な事由がある場合は目的外の利用が認められる）（法99条）。

③運営管理機関の禁止行為

　運営管理機関に対して、主に下記の禁止事項が定められている（法100条）。

○ 損失補償……掛金の運用の結果が未だ発生していない時点で、運営管理機関が運営管理契約を結ぶ際に、損失補償の約束をすること

○ 損失補てん……実際に生じた損失の一部または全部を補てんするもので、現金だけでなく財産上の利益も、補てんとみなされる

○ 特別利益の提供……運営管理契約を締結する際に、特別利益の提供を約束すること

○ 特定の運用商品の提示や指図等……特定の運用商品を勧めたり、運用の指図を行うこと

運営管理機関の主な禁止行為を列挙すると下記のようになる。

○ 運営管理契約を締結するに際し、その相手方に対して、加入者等の損失の全部または一部を負担することを約すること

○ 運営管理契約を締結するに際し、その相手方に対して、加入者等または当該相手方に特別の利益を提供することを約すること

○ 運用関連業務に関し生じた加入者等の損失の全部もしくは一部を補てんし、または当該業務に関し生じた加入者等の利益に追加するため、当該加入者等または第三者に対し、財産上の利益を提供し、または第三者をして提供させること（自己の責めに帰すべき事故による損失の全部または一部を補てんする場合を除く）

○ 運営管理契約の締結について勧誘をするに際し、またはその解除を妨げるため、運営管理業務に関する事項であって、運営管理契約の相手方の判断に影響を及ぼすこととなる重要なものとして政令で定めるものにつき、故意に事実を告げず、または不実のことを告げること

○ 自己または加入者等以外の第三者の利益を図る目的を持って、特定の運用商品を加入者等に対し提示すること

○ 加入者等に対して、提示した運用商品のうち特定のものについて指図を行うこと、または行わないことを勧めること（投資顧問業者等が事業を営むものとして明示して行う場合を除く）

○ その他、加入者等の保護に欠け、もしくは確定拠出年金運営管理業の公正を害し、信用を失墜させるおそれのあるものとして主務省令で定める行為（いわゆる営業職員、役員、営業所長が運営管理業務を兼務することの禁止など）

※2019（令元）年7月1日、法改正により営業職員における運営管理業務の兼

務規制が緩和されたが、緩和対象となる業務は「運用商品の提示及び情報
提供」「運用商品の選定理由の説明（原則すべての運用商品)」「運用商品
の内容について詳細な説明（原則すべての運用商品)」である。中立性確
保の観点から「運用商品の選定」は引き続き禁止されている

■運営管理機関に対する罰則

運営管理機関等は確定拠出年金制度が健全に維持され、加入者を保護する
ために所定の責任を課せられる。責任が果たされなかった場合、それぞれの
状況に応じた罰則が科せられる。

また罰則が科せられない場合でも、行政処分や民事上の損害賠償の対象と
なることがあることにも留意する必要がある。

罰則の程度は以下のようになっている。

①3年以下の懲役もしくは300万円以下の罰金、または併科（法118条)
- 厚生労働大臣の登録を受けずに運営管理業を営んだ者
- 不正の手段により厚生労働大臣の登録を受けた者
- 自己の名義で他人に運営管理機関を営ませた者
- 運営管理契約締結時に加入者等の損失を負担することを約し、または加入者等、契約の相手方に特別の利益を提供することを約し、運用管理業務で生じた損失補てん、利益の上乗せのため、財産上の利益を提供した者

②1年以下の懲役もしくは100万円以下の罰金または併科（法119条)
- 運営管理契約の締結の勧誘、解除の防止に関して、相手方の判断に影響を及ぼす事項につき、故意に事実を告げず、または不実のことを告げた者
- 厚生労働大臣の業務の停止命令に違反して運営管理業を営んだ者

③6カ月以下の懲役または50万円以下の罰金（法120条)
- 企業型年金実施事業主で、厚生労働大臣の命令に基づく報告をせず、もしくは虚偽の報告をし、または当該職員の質問に答弁をせず、もしくは虚偽の陳述をし、もしくは検査を拒み、妨げ、拒否した者
- 運営管理業の登録申請書、誓約書に虚偽の記載をした者
- 運営管理業務に関する帳簿書類の作成、もしくは保存をせず、または虚

偽の帳簿書類を作成した者

○ 運営管理業務に関する報告書を提出せず、または虚偽の記載をした報告書を提出した者

○ 厚生労働大臣の要請に基づく運営管理業務の状況に関する報告書を提出しなかった者

④50万円以下の罰金（法121条）

○ 運営管理機関で登録申請書に記載した内容に変更があった場合で当該変更の届出をしなかったとき

○ 運営管理機関で主務省庁で定められた様式の標識を掲示しなかったとき

○ 運営管理機関が書類を備えおかず、もしくは加入者等の求めに応じて閲覧させなかったとき

○ 運営管理機関が厚生労働大臣の業務改善命令に従わなかったとき

■資産管理機関の行為準則

　資産管理機関は、法令および資産管理契約を遵守し、企業型年金加入者のために、忠実に業務を遂行しなければならない。

　個人型年金の場合は、国民年金基金連合会が資産管理機関の役割を担う。行為準則については、基本的に企業型年金の資産管理機関と同様であるが、運営管理業務を運営管理機関に委託しなければならないものとされる(法44条)。

(3) 投資情報提供・運用商品説明上の留意点

●理解のためのキーポイント

❏情報提供を行うものは、事業主、国民年金基金連合会および前記の委託を受けた運営管理機関である

❏運用商品に関する情報の提供は、主として運営管理機関の責任において実施される

❏事業主は導入に際しての環境の整備に協力するよう努めなければならない

■提供しなければならない投資情報の内容

確定拠出年金は、加入者等が自己責任で運用する制度である。

したがって自己責任を負うためには、加入者等が適切な投資判断を行うための知識や情報を十分に提供することが必要である。

事業主の責務として確定拠出年金法22条で投資教育の提供が定められていたが、いわゆる努力義務規定であり、努力しなくても罰則はない。もちろん、努力しないことにより加入者に損失が出た場合は、民法上の損害賠償の訴訟を起こされる可能性はあるが、事業主の過重な負担を配慮した規定だった。

しかし、投資教育の実情は加入時教育のみ実施が5割程度という状況をふまえ、年金確保支援法により、2011（平23）年8月10日から「継続的実施」が条文に明記された（法22条2項）。罰則はないものの近年、投資教育の中でも継続教育が重視される状況に対応した改正措置である。

事業主等は加入者に対して、次のような情報の提供をしなければならない。

①事業主等が行う情報提供について（法22条の規定の具体的内容）

1. 確定拠出年金制度等の具体的内容
○わが国の年金制度の概要および年金制度における確定拠出年金の位置づけ
○確定拠出年金の概要
○加入対象者と拠出限度額
○運用の方法（運用商品）の範囲、提示方法、預け替え機会の内容
○給付の種類、受給要件、給付の開始時期および給付の受け取り方法
○加入者等が転職、離職した場合の資産の移換の方法
○拠出、運用および給付の各段階における税制措置の内容
○事業主、国民年金基金連合会、運営管理機関および資産管理機関の行為準則（責務および禁止行為）の内容

2. 金融商品の仕組みと特徴
預貯金、信託商品、投資信託、債券、株式、保険商品等それぞれの金融商品についての次の事項。
○金融商品の性格または特徴

　○ 金融商品の種類

　○ 期待できるリターン

　○ 考えられるリスク

　○ 投資信託、債券、株式等の有価証券や変額保険等については、価格に影響を与える要因等

3. 資産の運用の基礎知識

　○ 資産の運用を行うにあたっての留意点（金融商品の仕組みや特徴を十分認識した上で運用する必要があること）

　○ リスクの種類と内容（金利リスク、為替リスク、信用リスク、価格変動リスク、インフレリスク等）

　○ リスクとリターンの関係

　○ 長期運用の考え方とその効果

　○ 分散投資の考え方とその効果

4. 確定拠出年金制度を含めた老後の生活設計

②運営管理機関が行う情報提供について

運営管理機関は加入者等に情報を提供する場合には、各運用商品ごとに次の情報を提供する（法24条、施行規則20条）。

　○ 運用商品の内容に関する情報

　○ 運用商品に係る、<u>過去10年間</u>（10年に満たない場合には当該期間）の利益または損失の実績

　○ 運用商品を選択し、または変更した場合に必要となる手数料その他の費用の内容および負担の方法に関する情報

　○ 預金保険制度、保険契約者保護機構などの保護の内容

　○ 金融商品の販売等に関する法律に規定する重要事項に関する情報

　○ その他加入者等が運用の指図を行うために必要な情報

■運用商品説明上の留意点

①運用商品に関する情報提供の内容

運営管理機関（運営管理業務を営む事業主を含む）が加入者等に対し運用

商品に関する情報提供を行う場合には、運用商品ごとに、元本確保型の運用商品であるか否かを示したうえで、情報の提供を行う。

○ 預貯金（金融債を含む）について

○ 信託商品について

　　商品名、信託期間、運用の基本方針等、収益金の計算方法、予想配当率

○ 有価証券について

　　目論見書の交付

○ 生命保険、生命共済および損害保険について

　　保険または共済契約の種類、一般勘定または特別勘定に属するものの区別、金額の算定方法、予定利率、支払い事由など

上記については、説明書類等の交付ないし縦覧が義務づけられている。ただし、有価証券の目論見書については、加入者等の求めがあった場合は次の3種類の提供方法が選択できることになっている。

　○ 書類の交付

　○ 電磁的方法により内容を提供する方法

　○ 実施事業所の事務所または確定拠出年金運営管理機関に係る営業所に備えておき、加入者等の縦覧ができる方法による

②情報提供の方法

事業主等は加入者等に対して、資料の提供、ビデオの配布、説明会の開催などによって、資産運用に関する情報の提供を行う。また加入者等からの質問や照会などについては、速やかに対応しなければならない。

③事業主の協力

事業主が運営管理機関等に情報の提供を委託する場合は、事業主は加入者等への資料の配布、就業時間中における説明会の実施、説明会会場の整備など、できる限りの協力が求められ、環境づくりが必要とされる。

(4) 受託者責任

●理解のためのキーポイント

❑受託者責任とは加入者の受給権を守るための企業の義務

❑受託者責任では、忠実義務と善管注意義務の2点が重要

■受託者の範囲と受託者責任

　受託者とは、受益者の代理人として受益者の利益のために行動し、目的を達するために幅広い裁量権を与えられている者のことである。

　確定拠出年金の場合は、受益者が加入者と運用指図者、受給権者であるため、受託者は制度を運営している企業や国民年金基金連合会がまず該当する。さらに運営管理機関や資産管理機関なども該当する。

　受託者には加入者等の受給権を守るための受託者責任があり、さまざまな義務がある。特に重要なものが「忠実義務」と「善管注意義務」である。

①忠実義務

　受託者責任の忠実義務とは、受託者が受益者の利益のためにのみ行動する義務をいう。この義務は、受託者が受益者と利益相反する立場になることを禁じていることで、たとえば、企業が有力取引先の商品を優先的に確定拠出年金の運用商品として提供したりすると、忠実義務違反となる。

②善管注意義務

　善管注意義務とは、民法の委任契約に定められているもので、善良な管理者としての注意義務に相当するものである。

　米国ではプルーデントマン・ルールと呼ばれている注意義務のことである。思慮深い人（プルーデントマン）なら誰もが行う、注意、能力、慎重さ、勤勉さを発揮して行動する義務を意味する。慎重は、必ずしも安全志向の意味ではない。例えば、加入者から指図された投資信託のポートフォリオを組む場合、安全重視で組むことではなく、専門知識、能力を持ったプロなら当然やるべきことを行うという意味である。

5. 確定拠出年金制度の最新の動向

(1) 確定拠出年金制度の最近の制度改正

●理解のためのキーポイント

❑ 個人型年金の加入対象者の拡大と緩和が続いている

❑ 確定拠出年金以外とのポータビリティの緩和が進んでいる

❑ 掛金の柔軟化や運用に関する改善も進んでいる

■制度拡大に向けた制度改正が続く

　確定拠出年金がわが国に導入されてから20年余が経過し、制度の成熟に合わせてさまざまな改正が絶え間なく進んでいる。最近の制度改正の歩みは図表2-2-24のとおりである。

　改正の方向の特徴としては、まず、個人型年金の加入対象者拡大がある。特に企業型年金と個人型年金の同時加入が緩和されてきている。また、他の企業年金とのポータビリティの緩和も進んでおり、特に確定給付企業年金との資産移換がやりやすくなりつつある。また、掛金の年単位化により柔軟な拠出方法の設計ができるようになった。運用に関しても元本確保型商品の提示義務の廃止や提示商品数の上限設定など運用の利便性も向上している。

図表2-2-24　確定拠出年金に関連する最近の法制度改正

	改正項目	施行日
1	事業主による継続的投資教育実施義務を明文化（罰則規定はなし）	2011（平23）8.10
2	企業型年金に従業員拠出（マッチング拠出）を可能とする	2012（平24）1.1
3	企業型年金の加入年齢を規約に定めれば従来の60歳になるまでから、65歳になるまでに引き上げ ※企業が年金規約により60歳〜64歳の加入年齢を柔軟に定められる	2014（平26）1.1

	改正項目	施行日
4	国民年金基金連合会への自動移換者に対する70歳自動給付が可能に ※従来は、年金加入者でも運用指図者でもないため給付はできなかった。法改正により、70歳時点で個人型年金加入者とみなして自動的に給付可能になった ※一時金給付	2014（平26）1.1
5	企業型年金の掛金拠出限度額の引き上げ ※企業型年金（他の企業年金なし）　月額51,000円→月額55,000円 　企業型年金（他の企業年金あり）　月額25,500円→月額27,500円	2014（平26）10.1
6	個人型年金の加入対象者の拡大 ※公務員、専業主婦の他、企業型年金加入者の同時加入（規約で定める必要あり）も可能に	2017（平29）1.1
7	確定拠出年金の脱退一時金の要件が縮小 ※「国民年金の保険料免除者で一定の要件を満たす者」「企業型年金の個人別管理資産額15,000円以下」の2つのケースに限定	2017（平29）1.1
8	・確定拠出年金の通算加入者等期間に60歳到達月を算入 ・確定拠出年金の60歳以降の加入期間が退職所得控除額計算時の勤続年数に算入	2017（平29）1.1
9	確定拠出年金の拠出限度額の年単位化（月額累計額による年単位管理）	2018（平30）1.1
10	確定拠出年金の各種制度創設と改正 ※中小事業主掛金納付制度、簡易企業型年金、運用商品の上限（35本）、元本確保型商品の提示義務廃止、運用商品除外規定の緩和（全員→3分の2以上の同意）、指定運用方法の規定整備、確定拠出年金から確定給付企業年金への個人別管理資産の移換が可能に、継続投資教育の強化（配慮義務→努力義務）、企業型年金退職者の自動移換手続の緩和など	2018（平30）5.1
11	金融機関等の営業職員による運営管理業務の兼務禁止の緩和 ※運用商品の選定以外の運営管理業務が営業職員兼務でも可能に	2019（令元）7.1
12	簡易企業型年金、中小事業主掛金納付制度の企業規模の拡大 ※従業員100人以下→300人以下	2020（令2）10.1
13	確定拠出年金の脱退一時金の要件の一部緩和 ※「通算掛金拠出期間3年以下」が5年以下に	2021（令3）4.1

(2) 確定拠出年金制度に関する最新の動向

●理解のためのキーポイント

❑加入可能年齢を公的年金に合わせて引き上げる改正動向

❑掛金はより柔軟な運用を目指すも複雑化する課題も

❑他制度とのポータビリティの緩和がますます進む

■2020年6月公布の年金制度改正法による大改正が進む

　確定拠出年金は、2016（平28）年6月3日公布の改正DC法により、制度創設以来の大幅改正が行われたが、その後も流れは続き、2020（令2）年6月5日公布の年金制度改正法でも大きな改正が順次施行されている（改正の概要→p.254）。

■中小企業向け制度の従業員規模は100人以下から300人以下に拡大

　まず、中小企業向け制度の規模に関する拡大は先行して2020年10月より実施されている。従来は従業員100人以下の規模しか対象にならなかったが、簡易企業型年金、中小事業主掛金納付制度とも従業員300人以下で対象となるようになった。

■加入可能年齢が拡大されるとともに制約も緩和（2022〈令4〉年5月）

　企業型年金の加入可能年齢は70歳未満の厚生年金保険被保険者（公務員を除く）であれば、離転職の制限なく加入できるようになった。70歳までの雇用確保の動きや厚生年金保険の加入年齢に合わせると同時に、70歳未満が加入できる確定給付企業年金との整合性を図る面もある。

　個人型年金は65歳未満まで加入できるようになったが、制約は残っている。国民年金の被保険者であることが要件となっているからだ。企業従業員であれば厚生年金保険被保険者は国民年金第2号被保険者となるので問題ないが、自営業者や専業主婦は60歳以降に国民年金任意加入被保険者になれ

るとは限らない。国民年金も被保険者期間を65歳になるまで延長する議論はされているが、実現の見通しはまだない。国民年金の加入期間延長を待たずに全員が65歳になるまで加入可能になる措置が望まれる。

なお、海外在住者が個人型年金に加入できるようになったのは一歩前進である。改正前は海外居住者が国民年金任意加入被保険者である場合、国民年金基金には加入できるのに個人型年金には加入できなかった。改正により国民年金基金との整合性がとれることになる。

■企業型年金と個人型年金の同時加入が大きく緩和

改正前は、企業型年金の加入者が個人型年金に加入するには企業型年金規約に定めることと企業型年金の事業主掛金の上限を調整する必要があった。この制約がネックとなって同時加入がほとんど進んでいないのが実態だった。

改正により規約の定めと事業主掛金の調整が不要になったので、加入者が任意で個人型年金に加入できるようになる。ただ、事業主掛金の額によっては拠出限度額をフルに活用できないケースは残っている。また、掛金については改正のたびに複雑になっており、柔軟性は増すものの使いにくさが課題となっている。

■ポータビリティの改善も進む

確定給付型の制度とのポータビリティに制約が多いが、改正で少しずつ改善されてきている。確定給付企業年金の場合、退職時に脱退一時金相当額を企業年金連合会に移換して連合会が運営する通算企業年金（終身年金）とすることができるが、改正により企業型年金の資産移換でも可能となった。

また、退職した場合には、確定給付企業年金の資産を個人型年金に移換することは可能だが、確定給付企業年金が制度終了（廃止）した場合、資産を個人型年金に移換することはできなかった。改正により移換が可能になりポータビリティが改善された。

年金制度改正法(2020.6.5公布)による確定拠出年金関連の主な改正

❑確定拠出年金の受給開始時期の拡大(2022〈令4〉4.1施行)

　確定拠出年金の老齢給付金の受給開始時期は60歳から70歳の間で可能だったが、60歳以上75歳未満に拡大された。なお、確定給付企業年金の支給開始時期の年齢要件は規約で設定できる時期が70歳まで拡大（改正前65歳）されている（2020〈令2〉年6月5日施行）。

❑確定拠出年金の加入可能年齢の引き上げ（2022.5.1施行）

　企業型年金は70歳未満の厚生年金保険被保険者（公務員を除く）であれば加入できるようになった。ただし、規約で60歳以上70歳未満の年齢を定めることができる。原則として60歳未満の年齢を定めることはできない。改正前は原則60歳未満で、規約で定めれば65歳未満まで加入可能だったが60歳前からの継続加入者に限られ、60歳以降の転職者などは加入できなかった。改正により規約の定めは不要になり、転職者の加入も可能になった（企業型年金の60歳以上の加入要件の詳細→p.178）。なお、改正前と同様、加入資格喪失年齢を定年年齢と一致させる必要はない。

　一方、個人型年金は改正前は60歳未満に限られていたが、65歳未満に拡大された。ただし、国民年金の被保険者であることが要件であるため、厚生年金保険の被保険者である企業従業員等は65歳未満であれば加入できるが、自営業者等は60歳以上65歳未満の任意加入被保険者に限られる。また、従来加入できなかった海外在住の国民年金任意加入被保険者（20歳以上65歳未満）も個人型年金に加入できるようになった。

　なお、一度老齢給付金を裁定請求（年金、一時金）してしまうと再加入はできなくなる。ただし、企業型年金の裁定請求後であれば個人型年金、個人型年金の裁定請求後であれば企業型年金には加入できる。

❑確定拠出年金の脱退一時金の受給要件見直し（2022.5.1施行）

　改正前に脱退一時金が受給できるのは、国民年金の保険料免除者にほぼ限られていた（企業型年金では個人別管理資産額1.5万円以下の例外あり）。改正（→改正後の受給要件はp.202）により、保険料免除者の要件が「個人型

年金に加入できない者であること」となったため、保険料免除者に加えて「日本国籍を有しない海外居住者」も該当することになった。つまり、短期滞在の外国人も帰国時に脱退一時金が受けられるようになった。

　外国人が帰国する場合、一定の要件を満たせば公的年金の脱退一時金が受給できる。しかし、確定拠出年金では国民年金の保険料免除者が要件となっていたことから脱退一時金を受給できなかった。改正により、公的年金に合わせて確定拠出年金の脱退一時金も受給できるようになった。

❏企業型年金から企業年金連合会への資産移換など(2022.5.1施行)

　改正により、次の2つのポータビリティの拡充が行われた。

①　退職者の企業型年金の年金資産を企業年金連合会に移換し通算企業年金とすることが可能となった

　※改正前は確定給付企業年金等の年金資産を企業年金連合会に移換することしかできなかった。移換された確定給付企業年金等の年金資産を確定拠出年金(企業型年金、個人型年金)に移換することは可能だった

②　確定給付企業年金が終了(廃止)された場合、個人型年金に確定給付企業年金の年金資産が移換できるようになった

　※改正前は退職時に確定給付企業年金の年金資産を確定拠出年金(企業型年金、個人型年金)に移換することしかできなかった

❏企業型年金と個人型年金の同時加入の改善(2022.10.1施行)

　規約の定めが不要になり、事業主掛金の上限引き下げを行わなくても、企業型年金加入者は全体の拠出限度額(企業型年金のみの場合月額55,000円、他の企業年金がある場合月額27,500円)と事業主掛金の差額の範囲内で個人型年金に加入できるようになった。ただし、同時加入の場合の個人型年金の拠出限度額は2万円(他の企業年金がある場合は12,000円)となる。個人型年金の掛金は企業型年金の事業主掛金との差額であるため、事業主掛金が35,000円(他の企業年金がある場合は15,500円)を超えると個人型年金の拠出限度額も減っていく。

　マッチング拠出のある企業型年金の加入者については、従来、個人型年金に加入できなかったが、改正後はマッチング拠出と個人型年金加入の選択ができるようになった。

　なお、これら企業型年金と個人型年金の同時加入では企業型年金・個人型年金ともに月額拠出限度内の月額拠出掛金に限られる。そのため、年単位管理拠出の掛金になっている場合は企業型年金と個人型年金の同時加入はできなくなった。

❑企業型年金拠出限度額に他制度掛金を反映(2024〈令6〉.12.1施行)

　現行では、他制度（他の企業年金）がある場合は企業型年金掛金の拠出限度額は月額55,000円から一律に半額の27,500円を控除している。改正後は他制度（確定給付企業年金、厚生年金基金、私学共済の年金払い退職給付、石炭鉱業年金基金）の掛金相当額を算定し、月額55,000円から他の企業年金の掛金相当額を控除した金額が企業型年金の拠出限度額となる。

・企業型年金拠出限度額＝月額55,000円－他制度掛金相当額

　※改正時点で実施中の既存制度は経過措置あり

・他制度掛金相当額には公務員の年金払い退職給付も含む

・企業型年金や他制度（公務員含む）と同時加入の場合の個人型年金掛金拠出の上限は一律月額2万円に統一される

・企業型年金や他制度（他の企業年金等）と個人型年金に同時加入する場合は、企業型年金・個人型年金とも月額限度額以内での毎月拠出（各月拠出）に限られ、年単位拠出はできなくなる

・公務員の個人型年金は、年単位拠出はできなくなる

・年単位拠出が可能である者は、「国民年金第1号被保険者、任意加入被保険者」「企業型年金、企業年金等他制度のいずれにも加入していない国民年金第2号被保険者」「国民年金第3号被保険者」となる

・企業型年金と企業年金等他制度と個人型年金に同時加入する者であって、55,000円から企業年金等他制度掛金相当額を控除した額が個人型年金掛金の最低額（5,000円）を下回る場合は個人型年金に加入できなくなる。しかし、企業型年金に加入している場合は、個人型年金の個人別管理資産を企業型年金に移換すれば運用を継続することは可能であるため、企業型年金に加入する場合は脱退一時金を受け取ることはできない。ただし、企業年金等他制度のみの加入者の場合は他の要件を満たしていれば脱退一時金を

受け取ることができる

❏その他の改正

〈国基連の企業年金連合会への継続投資教育委託〉2020.6.5施行

　企業型年金を実施する事業主は運営管理機関だけでなく、企業年金連合会へも継続投資教育を委託できる。しかし、国基連（国民年金基金連合会）の場合は、運営管理機関には委託できるが、企業年金連合会への委託は認められていなかった。改正後は、国基連も企業年金連合会へ継続投資教育を委託できるようになった。

〈運営管理機関の登録事項の簡素化〉2020.6.5施行

　運営管理機関の登録事項に役員の住所等が含まれていたが、類似の業法で現在は削除されていることから、確定拠出年金の運営管理機関の登録事項からも削除された。

〈企業型年金規約の軽微な変更の届出改善〉2020.10.1施行

　企業型年金規約の変更手続について軽微な変更でも届出が必要となっていた。確定給付企業年金では軽微な変更の一部は届出が不要となっており、確定拠出年金でも同様に届出が不要となった。「資産管理機関の名称および住所の変更」「市区町村の名称の変更に伴う事業主の住所や事業所の所在地の変更」「運営管理業務を委託する運営管理機関の名称、住所の変更」などが該当する。

1．金融商品の仕組み

（1）預貯金の特徴と留意点

> **●理解のためのキーポイント**
> ❑預貯金は確定拠出年金の代表的な元本確保型商品
> ❑利回りは低いが他の運用商品との組み合わせによるリスクヘッジ効果が期待できる
> ❑預金保険制度の対象となるかならないかに注意する

■預貯金は代表的な元本確保型商品である

　預貯金とは、銀行・ゆうちょ銀行などの元本確保型の金融商品である。元本が確保されるため、安全性が最も高い金融商品である。しかし、利回りが相対的に低いローリスク・ローリターン商品のため、投資商品としては魅力に乏しい。

　預貯金はインフレが生じた場合、実質的な価値が目減りしてしまうことから、老後における生活資金確保には向いていない。しかし、預貯金とそれ以外の金融商品とを組み合わせることにより、預貯金をリスクヘッジに利用することができる。

■預貯金の金利には単利と複利がある

　預貯金は、商品により金利の付き方が異なり、単利と複利の2種類がある。単利とは、元本のみに利息がつくものであり、複利とは、元本とその金利分

を加えた分にさらに金利がつくもので、いわゆる利息が利息を生む。単利と複利は運用期間が短い場合にはそれほど受取額に差はつかない。ただ、確定拠出年金のように長期間にわたって毎月積み立てる場合には、複利の運用効果が顕著に出てくる。

○元利合計を求める計算式（単利）

　元利合計＝元本＋（元本×年利率×運用期間）

　そこで、数値例を用いて単利による元利合計の計算をしてみる。
（例1）

> 　100万円の預金を5年間預けた場合の元利合計を求めなさい。ただし、単利で計算し、年利は4％とする。

　この場合の元利金合計は、100万円＋（100万円×0.04×5年）＝120万円となる。

○元利合計を求める計算式（複利）

　元利合計＝元本×$(1 + 年利率)^n$
　n：運用期間

　そこで、数値例を用いて複利による元利合計の計算をしてみる。
（例2）

> 　100万円の預金を5年間預けた場合の元利合計を求めなさい。ただし、複利で計算し、年利4％とする。

　この場合の元利金合計は、100万円×$(1 + 0.04)^5$＝1,216,653円となる。ここで、$(1 + 0.04)^5$は終価係数（→P.305）であることがわかる。

■預貯金には流動性預金と定期性預金がある

　預貯金は、払い出し方法の観点から銀行の普通預金やゆうちょ銀行（郵便局）の通常貯金などのようにいつでも出し入れ可能な流動性預金（要求払い預金）と銀行の定期預金やゆうちょ銀行の定額貯金のように一定期間は原則として払い出し不可能な定期性預金の2つに分けられる。なお、ゆうちょ銀行には預入限度額があり、2019（平31）年4月1日より2,600万円（通常貯金1,300万円、定期性貯金1,300万円）となっている。

■預金保険制度とペイオフ

　預金保険制度は、金融機関が破綻した場合における預金者の保護を目的としている。日本国内に本店のある金融機関は預金保険制度に加入することが義務づけられており、預金額に応じた保険料を預金保険機構に支払っている。

　もし、金融機関が破綻した場合は、預金者1人当たり元本1,000万円とその利息が保険金として支払われる（ペイオフ制度）。つまり、1金融機関につき元本1,000万円とその利息までしか保護されず、あとは破綻した金融機関の資産の状況により配当金が支払われることになる。

　また、預金が1,000万円以下であっても金融機関の破綻によって口座が凍結され、すぐに引き出せない可能性もある。そのため、預金の引き出しに時間を要する場合には、普通預金1口座当たり60万円までの仮払いを預金保険機構から受けることができるようになっている。

　なお、決済用預金（無利息、要求払い、決済サービスの提供という3条件を満たす預金で「当座預金」や「個人向けの決済用普通預金」が該当する）は全額保護されている。外貨預金、譲渡性預金（CD）、元本補填契約（保護預かり契約）のない金融債などはペイオフの対象外なので保護の対象にはならない。

　ペイオフ制度は、確定拠出年金とも関係があり、加入者が運用商品として預金を選択し、この運用商品を提供している金融機関が破綻した場合は、ペイオフの対象となる（しかも通常の預金より保護の優先順位が低い）ので注意が必要である。

(2) 債券投資の特徴と留意点

●理解のためのキーポイント

❏債券とは国や企業が発行する調達資金の借用証書
❏株式は返済義務がないが、債券は返済義務がある
❏債券は期限まで持つことも中途売却もできる
❏債券は投資商品としてはミドルリスク・ミドルリターン商品
❏社債は格付けによって利回りが変わってくる

■債券は償還期限と利子があらかじめ定められている

　債券とは、国や企業が投資家から資金を調達する際の借用証書である。例えば、国が発行する借用証書が国債であり、企業が発行する借用証書が社債である。債券のほかに、投資家から資金を調達する手段として株式がある。債券と株式の違いは、図表2-3-1のようになる。

　株式は投資家が企業経営に参加できるという側面を持っているので、株式は企業にとって自己資本であり、企業は投資家から調達した資金を返済する必要はない。投資家が企業に投下した資金を回収したい場合には、株式を他の投資家に譲渡（売却）する。

　また、出資した投資家に対する配当は企業の業績に応じてなされるので、あらかじめ決められておらず、仮に利益が発生しない場合は投資家に配当しなくてもかまわない。

　これに対して、債券は投資家に対する借入れであるため償還期限があり、国や企業などは定められた期間に投資家から借り入れた資金を返済しなければならない。また、利子は、国債などはもちろん社債であっても、企業業績にかかわらず、固定金利の場合、あらかじめ定められた利率による金額を支払わなければならない。このほか、半年ごとに金利が見直される変動金利タイプの国債（個人向け国債）がある。なお、債券は、図表2-3-2のように分類できる。

図表2-3-1　債券と株式の違い

	債　券	株　式
返済義務	あり	なし
利子・配当の支払い	定められている	企業の業績による

図表2-3-2　債券の分類

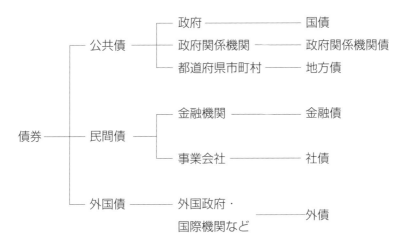

■債券は利付債と割引債がある

　債券は、一定の期間ごとに利子が支払われるか否かで2種類に区分される。利子が支払われる債券を利付債といい、債券本体に利子支払いのための利札（クーポン）がついている。債券の所有者はこの利札と交換に利子を受け取ることができる。

　一方、利子が支払われない債券を割引債といい、利子が支払われない代わりに、額面より低い価格で発行され、満期償還日には額面で受け取ることができる。つまり、割引債は利子そのものが支払われない。発行価格と額面の差額が、利子に相当するのである。

■債券は中途購入や中途売却が可能である

債券は、以下の①から④までのすべてが可能である。

① 新規に発行された債券（新発債）を購入し、満期償還日まで持ち続ける

② すでに発行されている債券（既発債）を中途で購入し、満期償還日まで持ち続ける

③ 新発債を購入し、中途で売却して売却益（キャピタルゲイン）を得る

④ 既発債を購入し、中途で売却して売却益（キャピタルゲイン）を得る

もちろん、上記4つすべての場合で利子収入（インカムゲイン）は得ることができる。ただし、既発債を購入する場合、購入価格は市場での取引価格となるため、思わぬ高値で購入する可能性や中途売却の場合は、売却益（キャピタルゲイン）でなく売却損（キャピタルロス）を生じる可能性もあるので、注意が必要である。

なお、債券は預貯金よりも利回りがよく株式よりも安全性が高いため、ミドルリスク・ミドルリターンの金融商品といえる。

■債券価格は主に市場の金利と需給関係に影響を受ける

債券価格は、個別株式の価格と同様に上昇したり下落したりしている。そこで、債券価格はどのような要因で変動するのかをみていくことにする。

第1に、市場金利の動きに影響される。

債券は、一般に発行時に利率が決定され、満期償還日まで変わらない固定金利の金融商品である。ところが、市場における金利は日々動いている。このことから、市場の金利が上昇した場合、債券の利率は満期償還日まで一定であるので、債券の利率が市場金利より劣ることになる。その結果、投資家は金利の魅力が薄い債券を売却して金利の高い他の金融商品を購入するため、債券が売られ価格は下落する。

反対に、市場の金利が下落した場合、債券の利率が市場金利に比べ勝ることになる。その結果、投資家は金利の魅力がある債券を購入するため、債券が買われ価格は上昇する。

第2に、需給関係に影響される。債券の需要が高まれば価格は上昇し、反対に債券が供給過剰であれば価格は下落する。なお、市場金利と債券の関係を示すと以下のようになる。

市場金利が上昇　→　債券は売られ、債券価格は下落
市場金利が下落　→　債券は買われ、債券価格は上昇

■債券の代表的な利回りの計算は４種類ある

　債券におけるリターンは、利付債の場合、一定の期間ごとに利子が支払われるインカムゲインと中途で売却した場合のキャピタルゲインに大別される。このとき、どのくらいのリターンがあるのかを購入価格で割ることにより、リターンの割合を知ることができる。この割合を利回りといい、異なった投資金額においても比較することが可能である。

　利付債の利回り計算は、投資期間（時期）により以下のように計算方法が異なる（図表2-3-3）。

図表2-3-3　投資期間（時期）と利回り

（注）以下の償還期間、残存期間、所有期間等はすべて年単位に直すことが必要

①応募者利回り

　応募者利回りとは、新発債を購入し、満期償還期限日まで所有した場合の利回りの計算である。

$$応募者利回り（％）= \frac{表面利率（年利）+ \dfrac{額面 - 購入価格}{償還期間}}{購入価格} \times 100$$

（例3）

　額面100円の新発債を98円で購入し、満期償還日まで所有した場合の応募者利回りは何％になるか。ただし、年利4％とし、償還期間は10年とする。

　　ここでの応募者利回りは、

$$\frac{\underset{（4円）}{4\%}+ \dfrac{100円 - 98円}{10年}}{98円} \times 100 ≒ 4.29\%となる。$$

②最終利回り

　最終利回りとは、既発債を時価で購入し、満期償還日まで所有した場合の利回りの計算である。

$$最終利回り（％）= \frac{表面利率（年利）+ \dfrac{額面 - 購入価格}{残存期間}}{購入価格} \times 100$$

（例4）

　額面100円の既発債を102円で購入し、満期償還日まで所有した場合の最終利回りは何％になるか。ただし、年利2％とし、残存期間は5年とする。

　　　ここでの最終利回りは、

$$\frac{2\%+ \dfrac{100円 - 102円}{5年}}{102円} \times 100 ≒ 1.57\%となる。$$

③所有期間利回り

　所有期間利回りとは、債券を満期償還日まで所有せず、途中売却した場合の利回りの計算である。

$$所有期間利回り（％）＝\dfrac{表面利率（年利）＋\dfrac{売却価格－購入価格}{所有期間}}{購入価格}×100$$

（例5）

　額面100円の新発債を99円で購入し、5年後に101円で売却した場合の所有期間利回りは何％になるか。ただし、年利3％とする。

　ここでの所有期間利回りは、

$$\dfrac{3％＋\dfrac{101円－99円}{5年}}{99円}×100≒3.43％となる。$$

④直接利回り

　直接利回りとは、購入した債券の金額に対して毎年いくらの利息があるかの利回りの計算である。

$$直接利回り（％）＝表面利率（年利）÷購入価格×100$$

（例6）

　額面100円の債券を99円で購入した場合の直接利回りは何％になるか。ただし、年利3％とする。

　ここでの直接利回りは、3％÷99円×100≒3.03％となる。

■債券購入の判断は格付けが重要視される

　債券を購入する場合の留意点は、その債券の持つ格付けが重要視される。債券の格付けとは、発行されている債券ごとに元利金支払いの確実性の程度を独立した第三者である格付機関が記号などにより評価し、投資家に公開するものである（図表2-3-4）。トリプルB以上が投資適格とされる。

　格付機関は多数存在するが、世界的に有名なのはムーディーズ社とスタンダード＆プアーズ社（S＆P）の2社である。なお、債券の格付けは、格付機関によって異なることに注意することが必要となる。

図表2-3-4　債券の格付記号と定義

ムーディーズ	他　社	定　　義	適否分類	
Aaa	AAA	最も優れている	投資適格	低い
Aa1	AA⁺	総合的に優れている		
Aa2	AA			
Aa3	AA⁻			
A1	A⁺	中級の上位		
A2	A			
A3	A⁻			
Baa1	BBB⁺	中級		
Baa2	BBB			
Baa3	BBB⁻			リスク
Ba1	BB⁺	投機的な要素を含む	投機的（投資不適格）	
Ba2	BB			
Ba3	BB⁻			
B1	B⁺	好ましい投機対象としての適正さに欠ける		
B2	B			
B3	B⁻			
Caa1	CCC⁺	安全性が低い		
Caa2	CCC			
Caa3	CCC⁻			
Ca	CC	非常に投機的		
C	C	最も低い		
D	D	債務不履行状態		高い

　一般的に、格付機関において格付けが高い場合、信用力も高いことを示しており、投資した金額が満期償還日には確実に返済される可能性が非常に高い。そのため、利回りは低いものとなる。

　反対に、格付けが低い場合は、信用力も低いことを示しており、格付けが低くなればなるほど投下した資金を回収できなくなるリスクが出てくる。そのため、債券を発行する企業などはリスクに見合った高い利回りにしないと投資家は購入しない可能性がある。

　こうした、リスクに見合った分、利回りを高く設定することをリスクプレミアムといい、国債などの基準となる利回りとの差がこれに該当する。利回りは一般に、格付けが高くなるほど低く、格付けが低くなるほど高くなる。また、償還までの期間が短いほど低く、長いほど高くなる。

　なお、社債を発行している企業が倒産した場合は、デフォルト（支払い不能）の危険性がある。したがって、格付けが低い企業に債券を投資する場合は、利回りの高さだけに気を奪われないことが投資家に求められる。

■債券投資とデュレーション

　債券投資ではデュレーションという用語（リスク指標）がよく出てくる。意味は、「債券（元本）の平均回収期間（年）」と「金利感応度（金利の変動に対する債券価格の変動率)」の2つがある。

　デュレーションの特性として以下のことを覚えておいてほしい。

・債券のデュレーションは残存期間よりも短い

・残存期間が長いほどデュレーションは大きく（長く）なる

・クーポンが大きいほどデュレーションは小さく（短く）なる

　→債券の回収期間が早くなる

・市場金利が上昇するほどデュレーションは小さくなる

・割引債（ゼロクーポン債）のデュレーションは残存期間に等しい

・修正デュレーションが大きいほど金利感応度が高くなる

　→金利変動に対する債券価格の変動率が大きくなる。修正デュレーションとは「デュレーション÷（1＋最終利回り）」で、金利感応度を表す

(3) 株式投資の特徴と留意点

```
●理解のためのキーポイント
❏株式は代表的なハイリスク・ハイリターン商品
❏日経平均株価と東証株価指数（TOPIX）は株式市場の代表的な指標
❏株式の個別銘柄を測る5つの投資尺度を活用する
❏自社株投資はメリットとデメリットがある
```

■株式投資は分散投資と長期投資が重要である

　株式は、預貯金や債券と比較してリスクが高いが、リターンも高いというハイリスク・ハイリターンの金融商品である。したがって、高いリスクをヘッジするためには、分散投資を行うことと長期にわたる投資が重要となる。

　分散投資をする意味は、単一銘柄だけに投資し、その企業が倒産した場合のリスクを考えればわかるであろう。また、長期投資をする意味も、株式は20年・30年と長期に保有していると預貯金や債券の利回りを上回っていることが数字的に実証されていることからもわかるであろう。

　以上からもわかるように、株式はハイリスク・ハイリターンの金融商品であるが、分散投資と長期投資を行えば、リスクを相当程度減らすことができ、預貯金や債券と比べて高い収益性を得ることができるのである。

■株価は主に企業業績と市場の金利に影響を受ける

　債券の価格は、主に市場の金利と需給関係により影響を受けるが、株価は、主に将来の企業業績と市場の金利により影響を受けることになる。

　将来の企業業績が良くなると予想される場合は、投資家は値上がり益を狙うために株式を購入する。その結果、株価は上昇する。反対に将来の企業業績が悪くなると予想される場合は、投資家は値下がりのリスクを回避するために株式を売却し、株価は下落する。

　また、市場の金利が上昇した場合、投資家はリスクの少ない金融商品にシ

フトしてリターンを確保するため、ハイリスクの株価は下落するが、市場の金利が下落した場合、投資家はリスクを考慮してもハイリターンが期待できる株式に投資するため、株価は上昇する。

■株式市場にはさまざまな指標がある

　株式市場には、個別銘柄の株価の値上がりや値下がりだけでなく、さまざまな投資指標が存在する（**図表2-3-5**）。代表的なものが、単純平均株価、東証株価指数（TOPIX）および日経平均株価（日経225）である。

①単純平均株価

　単純平均株価は、上場している銘柄の株価を合計し、銘柄数で割ったものである。平均的な株価水準をみるには適しているが、欠点として、株式分割における株価の権利落ちが考慮されていないため、連続性がなくなってしまうことや、値がさ株（株価の高い株）の影響を受けやすいことなどがある。

②東証株価指数（TOPIX）

　東証株価指数（TOPIX）は、東京証券取引所（東証）に上場している代表的な銘柄の時価総額加重方式（浮動株〈流通可能性の高い株〉の割合で算出した時価総額）による株価指数である。以前は旧東証第1部に上場していた全銘柄を対象としていたが、東証の市場再編に伴って2022（令4）年4月4日より市場区分とは切り離された構成銘柄となった。

　東証株価指数は単純平均株価と異なり加重平均であるため、値がさ株の影響を受けにくいことと市場における資産価値全体の推移をみるのに適している。しかし、欠点として、東京証券取引所第1部に上場している全銘柄が対象だったため、あまり取引のない銘柄の値動きも指数として反映されてしまうことや大型株（時価総額の大きい株）の影響を受けやすいことがある。

　このため、TOPIXの対象銘柄は「流通株式100億円以上」という基準が設けられたが、再編時点では旧東証第1部の全銘柄を対象とし、2025年1月までに段階的に100億円未満の銘柄を除外していくこととなっている。

③日経平均株価（日経225）

　日経平均株価（日経225）は、東京証券取引所プライム市場に上場している

図表2-3-5　株式投資の主要指標

2日　東証プライム　市場体温計

日経平均株価(225種)　38236円07銭(－37円98銭)
騰落率=－0.099%

東証株価指数(TOPIX)　2728.53(－0.87)
騰落率=－0.031%

売買代金　4206110百万円　(－503018百万円)
売買高　149274万株　(－13027万株)
売買単価　2817.7円
売買高上位10銘柄の占有率　28.3%

	上場銘柄数	1651	値上がり	645		
売買成立	1651	値下がり	936	変わらず	70
新値株(年初来)		高値	59	安値	40

騰落レシオ(25日移動平均)　93.83%

時価総額　9574989億円　(－4370億円)
普通株式数(百万株)　424401　1株当たり時価(円)　2256.11

日経平均株価（グラフ）
始値 38004円01銭　高値 38355円60銭(12時30分)
午前終値 38299円71銭　安値 37958円19銭(9時10分)

＜外国為替＞
ド　ル／円　1ド　ル＝　155.48～155.51円
ユ　ー　ロ／円　1ユーロ＝　166.61～166.65円
ユーロ／ドル　1ユーロ＝　1.0715～1.0716㌦
(17時、銀行間直物、日銀公表)

＜金利＞
新発10年国債利回り　0.900%　(＋0.010)
(374回債、日本相互証券、終値)
無担保コール翌日物金利　0.077%　(0)
(短資協会、加重平均、速報)

＜商品＞
金(1㌘)　11572円　(－59円)
ドバイ原油(1㌔㍑)　70120円　(－2280円)
(日本取引所グループの期先清算値)
＜日経・JPX商品指数＞02年=100
638.27　(－11.58)
工業品　643.99　(－12.10)

＜国内株式など＞
JPX日経インデックス400　24812.14(＋2.33)
JPX日経中小型　19232.60(＋47.72)
日経気候変動指数　37635円40銭(－10円90銭)
JPXプライム150指数　1189.62(＋0.64)
東証プライム市場指数　1404.32(－0.47)
東証スタンダード市場指数　1249.51(＋0.25)
東証グロース市場指数　825.47(－3.93)
東証グロース市場250指数　642.96(－3.29)

東証REIT指数　1828.58(＋12.76)
日経ESG-REIT指数　1015.51(＋7.07)
日経高配当利回りREIT指数　1310.01(＋9.09)

日経平均VI　19.91(－0.75)
日経配当指数(2024年)　19円61銭

＜アジア株＞
日経アジア300インベスタブル指数(円ベース)
1704.83(－7.41)

| | | 休　場 |
上海総合(中国)　休　場
韓国総合(韓国)　2683.65(－8.41)
ハンセン(香港)　18207.13(＋444.10)
加権(台湾)　20222.44(－174.16)
VN(ベトナム)　1216.36(＋6.84)
クアラルンプール総合　1580.30(＋4.33)
ST(シンガポール)　3296.89(＋4.20)
ジャカルタ総合　7117.425(－116.772)
SET(タイ)　1363.25(－4.70)
オールオーディナリーズ(豪)　7849.4(＋17.5)

◇投資指標（PERと配当利回りの太字は予想、カッコ内は前期基準、PBRは四半期末基準、連結ベース）

	PER (倍)	PBR (倍)	配当利回り (%) 単純平均	加重平均
日経平均採用銘柄	16.76(18.34)	1.51	1.72(1.74)	
JPX日経400採用銘柄	16.69(17.78)	1.60	1.84(1.82)	2.05(1.96)
東証プライム全銘柄	16.65(17.90)	1.43	2.18(2.05)	2.07(1.96)
東証スタンダード全銘柄	15.17(15.82)	1.03	2.24(2.13)	2.10(2.05)
東証グロース全銘柄	47.34(109.10)	3.24	0.58(0.49)	0.45(0.34)

株式益回り(東証プライム全銘柄)　予想　6.00%
前期基準　5.58%

◇各種指数(カッコ内は前日比、%は騰落率)
日経株価指数300　583.71(－0.08)
日経500種平均株価　3280円72銭(－3円14銭)
日経平均高配当株50指数　69312.04(－41.88)
日経連続増配株指数　47803.70(＋75.46)
日経累進高配当株指数　41999.63(－90.08)
日経半導体株指数　10578.80(－0.83)
日経平均内需株50指数　27672.81(＋92.10)
日経平均外需株50指数　41482.23(－158.31)
日経平均トータルリターン　67578.01(－67.13)
日経平均VI先物指数　4382.02(－1.21%)
単純平均(東証プライム全銘柄)　2923円92銭(－1円29銭)
東証規模別株価指数
大型　2713.96(－0.68)
中型　2851.41(－1.06)
小型　4457.02(－3.15)

※ 日本経済新聞2024年5月3日

代表的な225銘柄を対象としており、これらの株価を平均して、権利落ちや銘柄の入れ替えなどの修正を加えた平均株価である。日経平均株価は、相場水準の連続性をとらえるためには適しているが、欠点として、対象が225銘柄と少ないことと値がさ株（株価の高い銘柄）の影響を受けやすいことがある。

■東証の市場再編で東証１部はプライムに衣替え

　東京証券取引所では取引市場の再編が行われ、2022（令4）年4月4日より従来の5市場（1部、2部、JASDAQ〈スタンダード、グロース〉、マザーズ）が3市場（プライム、スタンダード、グロース）の区分になった。大幅見直しの主な理由は、時価総額やPBRが上場基準を下回っているなど1部上場企業の質の低下を是正するためである。

　最上位のプライム市場には、旧1部の企業の約8割が移行した。基準を満たさない企業等はスタンダード市場に移行となったが、経過措置でプライム市場に移行した企業も一部ある。旧2部とJASDAQ（スタンダード）はスタンダード市場、JASDAQ（グロース）とマザーズはグロース市場に移行した。

　新市場の主な上場基準は、①プライム市場：流通株式時価総額100億円以上、株主数800人以上、流通株式比率35％以上、②スタンダード市場：流通株式時価総額10億円以上、株主数400人以上、流通株式比率25％以上、③グロース市場：流通株式時価総額5億円以上、株主数150人以上、流通株式比率25％以上などとなっている。

　株価指数は、日経平均株価は銘柄選定の対象市場が旧東証1部からプライム市場になるだけで基本的な違いはないが、2022年10月から株価の算出ルールなどの見直しが行われている。

　一方、市場再編前のTOPIX（東証株価指数）は、旧東証1部の全銘柄を組み込んでいたが、市場区分と切り離された市場を代表する銘柄構成となった。つまり、プライム市場の全銘柄を組み込む指数となったのではない。ただし、旧TOPIXの構成銘柄のうち流通株式時価総額100億円未満の銘柄のウエイトを段階的に下げながら移行するので、急激に構成銘柄が変わることはない。TOPIXの移行スケジュールは、2022年10月から2025年1月にかけ

て行われ、移行完了後は全銘柄が流通株式時価総額100億円以上となる。

■株式の個別銘柄を測る投資尺度もいろいろある

　個別銘柄の株式に投資する場合、購入するか否かの判断材料として何らかの尺度が必要である。この尺度として代表的なものに、配当利回り、配当性向、PER（株価収益率）、PBR（株価純資産倍率）、ROE（自己資本利益率）の5つがある。以下、順を追って説明する。

①配当利回り

　配当利回りとは、株価に対する1株当たりの配当の割合である。計算式で表すと次のようになる。

配当利回り（％）＝1株当たりの配当金÷株価

（例7）
　株価が500円で、1株当たりの配当金が10円とする場合の配当利回りはいくらか。
　配当利回り（％）＝10円÷500円＝2％となる。

---

②配当性向

　配当性向とは、会社の税引き後利益に対する配当金総額の割合である。計算式で表すと次のようになる。

配当性向（％）＝配当金総額÷税引き後利益

（例8）
　税引き後利益が1億円で、配当金総額が2,000万円とする場合の配当性向はいくらか。
　配当性向（％）＝2,000万円÷1億円＝20％となる。

---

③PER（株価収益率）

　PER（株価収益率）とは、株価が1株当たりの税引き後利益に対して何倍であるかを表したものである。一般的に、PERが高い場合は株価が割高であるといわれ、PERが低い場合は株価が割安であるといわれる。

　しかし、この基準はあくまでも目安であり、絶対的なものではないことに注意する必要がある。PERを計算式で表すと次のようになる。

PER ＝株価÷1株当たりの税引き後利益

（例9）
　株価が1,500円で1株当たりの税引き後利益が50円の場合のPER（株価収益率）はいくらか。
　PER ＝1,500円÷50円＝30となる。

---

④PBR（株価純資産倍率）

　PBR（株価純資産倍率）とは、株価が1株当たりの純資産に対して何倍であるかを表したものである。ここで、純資産とは会社の自己資本を意味する。一般的に、PBRが1に近づくほど株価が割安であるといわれるが、PERと同様に、この基準はあくまでも目安であり、絶対的なものではないことに注意する必要がある。PBRを計算式で表すと次のようになる。

PBR ＝株価÷1株当たりの純資産

（例10）
　株価が200円で1株当たりの純資産が100円の場合のPBR（株価純資産倍率）はいくらか。
　PBR ＝200円÷100円＝2となる。

┃知って得する補足知識┃　PER、PBR、ROEの関係

　PER、PBR、ROEこれら3つの投資尺度はそれぞれ独立しているのではなく、相互に密接な関係がある。PER ＝ PBR÷ROE、PBR ＝ PER×ROE、ROE ＝ PBR÷PERという関係が成り立つからである。過去の本試験でもPER、PBR、ROEの関係が出題されているが、これら3つの計算式は基本であるので、今後も何らかの形で出題される可能性が非常に高いといえる。

⑤ROE（自己資本利益率）

ROE（自己資本利益率）とは、自己資本に対する税引き後利益の割合である。ROEが高いほど、株主から集められた資本が効率的に運用されていることを意味している。

ROEを計算式で表すと次のようになる。

ROE（%）＝税引き後利益÷自己資本×100

（例11）
　税引き後利益が2,000万円で、自己資本が5,000万円の場合のROE（自己資本利益率）はいくらか。
　ROE（%）＝2,000万円÷5,000万円×100＝40%となる。

■自社株投資は二重のリスクの可能性がある

株式に投資する場合、分散投資と長期投資が重要であると先に説明した。それに加えてPER、PBR、ROEなどの投資尺度を検討することも必要になってくる。個別株式に投資する場合、投資した企業が自社であるときは、メリットとデメリットに留意する必要がある。

メリットとしては、自社の業績が上がった場合、リターンとしての株価の上昇と配当金が増加することが考えられるが、デメリットとしては、自社が倒産した場合、株式が無価値となるだけでなく給与も支給されないという二重のリスクの可能性がある。

ところで、確定拠出年金法は、施行令15条1項3号レにより個別企業の株式を運用商品として提供することを認めているが、個別企業の株式を提示した場合はそのほかに運用商品を少なくとも3つ（簡易企業型年金の場合は2つ）以上提示しなければならないとされている。つまり、個別企業の株式は運用商品として提示はできるものの、運用商品の数には数えられない点に気をつけなければならない。なお、個別企業の債券も同様である。

(4) 投資信託の特徴と留意点

●理解のためのキーポイント

❏投資信託は商品そのものが分散投資でできている

❏投資信託は組み合わせ次第で無数のリスク・リターンの異なる商品
　ができる

❏投資信託は株式と債券をさまざまな比率で組み合わせている

■投資信託には３つの特徴がある

　投資信託とは、不特定多数の投資家から小口の資金を集めてファンド（基金）を形成し、投資の専門家である運用担当者が株式や債券などに、スケールメリットを生かしながら分散投資し、その成果としての収益が投資家に分配される仕組みである。ただし、投資信託は元本が保証されておらず、収益は運用実績による。

　以上からわかるように、投資信託は主に以下のような３つの特徴をもっている。

①小口の資金でも株式や債券に投資することが可能

　通常、株式や債券を購入する場合、最低でも数万円から10万円以上の資金が必要である。株式は東証の要請（投資単位50万円未満）を受けて投資単位の引き下げをした企業が増えたとはいえ、単位株で百万円以上拠出しないと購入できない株式もまだある。

　その点、投資信託は、数千円あるいは１万円程度から購入することができる。また、多数の投資家から集めた小口の資金をまとめて運用するので、スケールメリットを生かすことができる。

②投資の専門家が運用

　投資信託は、投資の専門家（ファンドマネジャー）が運用する。ファンドマネジャーは投資に関する知識やノウハウをもっているので、一般の投資家よりも優れた運用成果としての収益をあげる可能性が高い。

③分散投資に最適

投資信託はリスクを低減させるため、さまざまな金融商品に分散投資する。つまり、リスクやリターンの性質が異なるバラエティに富んだ投資信託が設定されることになる。

また、投資信託と同様な分散投資の金融商品を個人で設定するには多額の資金を必要とするが、投資信託では多数の投資家から集めた小口の資金をまとめて運用するので、分散投資を行う資金が十分用意できる。

なお、分散投資をすることでリスク低減を図る投資信託は、確定拠出年金では運用商品として加入者から相当程度選択される可能性が高いといえる。

■投資信託の仕組みは契約型と会社型の2種類がある

投資信託の仕組みには、設立形態により、契約型と会社型がある。

〈契約型はわが国の投資信託の主流〉

わが国の投資信託の多くは契約型である。契約型の投資信託は、受益者（投資家）、販売会社（証券会社など）、委託者（投資信託委託会社）、受託者（信託銀行）の4者から構成され、信託契約に基づいて運営されている（図表2-3-6）。4者の役割は以下のとおりである。

①受益者（投資家）

受益者は、委託者が発行した受益証券を購入して、出資額に応じた運用成果としての収益を受け取る。

②販売会社（証券会社など）

販売会社は、受益者に投資信託を販売、受益証券の交付を行うとともに収益の分配金の支払いや受益証券の買い取りなども行う。

③委託者（投資信託委託会社）

委託者は、受託者と信託契約を締結し、信託財産の運用の指図を行うことが、最も重要な業務となる。このほかに、受益証券の発行、信託財産における帳簿書類の作成などの業務がある。

④受託者（信託銀行）

受託者は、委託者の指図に基づき、受益者から集められた資金で株式や債

図表2-3-6　投資信託（契約型）の仕組み

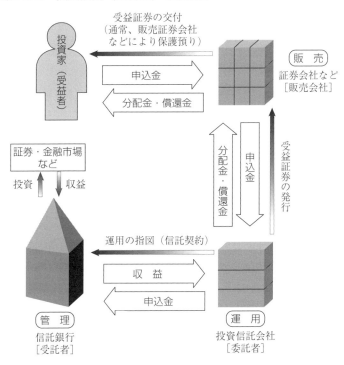

券などの売買を行うことや信託財産としての資産の保管と管理を行う。なお、信託財産は受託者の名義である。

　また、受託者は信託財産を自己の財産とは別個に管理することが義務付けられており、受託者が破綻した場合であっても信託財産は何ら影響を受けない。

〈会社型の代表はJ-REIT〉

　会社型の投資信託は、投資資産の運用を目的とする投資法人を設立し、発行された証券を投資家に購入してもらう。投資家は、投資法人が運用して得た運用益を配当の形で受け取る仕組みで、証券取引所に上場されているものもある。

　わが国の会社型の代表的な投資信託としては、J-REIT（Jリート：不動産投資信託。単にREIT〈リート〉と呼ばれることもある）がある。

■投資信託はさまざまな方法で分類することができる

投資信託は、商品の種類が多いため、さまざまな方法で分類がなされている。どのように分類にされるかにより、投資信託の商品の特質がある程度わかることになる。

①公社債投資信託と株式投資信託

公社債投資信託とは、国債、地方債、社債といった日本の債券に限らず、外国の債券も含めて運用を行う投資信託をいう。代表的な商品として、MMF（マネー・マネジメント・ファンド）、MRF（マネー・リザーブ・ファンド）がある。

公社債投資信託の特徴は、株式を一切組み入れないことである。株式をたとえ少しでも組み入れた場合（約款上株式組入れが可能な場合）には、公社債投資信託ではなく、後述する株式投資信託となる。

公社債投資信託は、リスクの低い債券で運用されるため安全性が比較的高いとされるが、元本が保証されるものではなく、外国債の場合においては為替リスクなどにも気をつけなければならない。

株式投資信託とは、投資対象に株式を含めて運用を行う投資信託をいう。つまり、投資対象に株式が少しでも含まれている場合は、すべて株式投資信託に該当する。

株式投資信託においては、株式中心に運用するものばかりでなく、株式の組入比率を70％未満とし、債券との組入比率を適度に行うバランス型などがある。なお、株式中心に運用される場合にはリターンが高い反面、リスクも高いことに注意が必要である。

②単位型（ユニット型）と追加型（オープン型）

単位型投資信託とは、投資家の投資信託の購入時期が募集期間中だけで、この資金をもとに、途中新たな追加設定を行わずに償還期限まで運用するものである。また、新たな追加設定がないので、安定したファンドの運用をするために一定の期間は解約に応じないクローズド期間が設けられている。

単位型投資信託は、さらに同じタイプの商品を毎月募集する定時定型とその時々に応じて募集するスポット型の2つに分けられる。

図表2-3-7　公社債投資信託および株式投資信託と単位型と追加型の関係

追加型投資信託とは、単位型投資信託とは異なり、投資家がいつでも購入したり解約することができるものである。また、償還期限は定められていないものが多く、定められている場合でも10年以上である。MMF、MRFが追加型投資信託に該当する。

なお、公社債投資信託においても株式投資信託においても単位型と追加型がある（図表2-3-7）。

③オープンエンド型とクローズドエンド型

オープンエンド型投資信託とは、ファンド（発行者）がいつでも解約（純資産価額での買戻し）に応じる投資信託のことである。わが国の投資信託の大部分はオープンエンド型である。

一方、クローズドエンド型投資信託とは、解約できない（ファンドが買戻しに応じない）投資信託のことで、換金するには証券市場などで売却する。証券市場などで売買されるため、売買価格は純資産価額とは必ずしも一致しない。わが国のクローズドエンド型投資信託は、REIT（不動産投資信託）やETF（上場投資信託）など一部に限られている。

④投資対象による分類

投資信託は、国内に投資するか海外に投資するかなど、分散投資の観点か

らさまざまな投資対象に対して投資を行う。

　公社債投資信託においては、国内の債券に投資するタイプや海外の債券に投資するタイプ、国内および海外の債券を組み合わせて投資するタイプなどがある。

　また、株式投資信託においても、公社債投資信託と同様に国内の株式および海外の株式に投資すること、株式組入比率、株価指数に連動させることなど投資対象をどのようにするかにより、さまざまな種類に分類される。なお、参考に株式投資信託がどのように分類されているかを図表2-3-8に示しておく。

⑤インデックス（パッシブ）運用とアクティブ運用

　投資信託は運用方法により、インデックス（パッシブ）運用とアクティブ運用の2種類に分かれる。

　インデックス（パッシブ）運用とは、投資対象におけるベンチマーク（指標）と連動する運用成績を目指すものである。ベンチマークとは、東証株価指数（TOPIX）や日経225など市場を代表する指数などをいう。また、この運用は市場のインデックスにどれだけ連動させることができるかであり、コンピュータを用いて効率化できるため、手数料は安くなっている。

　アクティブ運用とは、ファンドマネジャーが、投資対象におけるベンチマークを上回る運用成績を目指し、独自の判断に基づき運用を行うものである。ただ、投資家の支払うコスト面からすると、ファンドマネジャーが積極的に運用し、より高い成果を目指すことから、インデックス運用に比べると手数料が割高なものとなる。

■リスク・リターンの分類は5段階である

　投資信託は、リスクやリターンの異なる株式や債券などに投資する金融商品である。こうした性質を有しているため、投資家は、投資信託を購入するにあたりどの程度のリスク・リターンがあるかわからない。

　そこで、投資信託協会は「リスクとリターン」を認識する目安として、「リスク・リターン」（RR）の5段階における分類を設定している。リスク・

図表2-3-8　株式投資信託の分類

国内株式型	国際株式型
国内株式を中心に投資	外国株式を中心に投資
一般型 大型株型（上場株式数２億株以上） 中小型株型 店頭株型 業種別選択型 ミリオン型（累積投資専用ファンドの一種）	一般型（国や地域を限定しないもの） 北米型 アジア・オセアニア型 欧州型 中南米型 アフリカ型

バランス型	転換社債型
株式と債券をバランスよく組み合わせ 株式の組入比率70％未満	主に転換社債に投資 株式の組入比率30％以下

インデックス型	業種別インデックス型
インデックス（株価指数）に連動する成果を目指す	主要対象業種別 株式の組入比率70％以上
日経225連動型、日経300連動型 TOPIX連動型 その他インデックス連動型	建設・不動産株型、医薬品・食品株型、化学・繊維・紙パルプ株型、石油・非鉄株型、鉄鋼・造船株型、電機・精密株型、自動車・機械株型、商業株型、金融株型、公益株型

派生商品型（デリバティブ型）	限定追加型
先物やオプションなどの派生商品（デリバティブ商品）を活用 最もハイリスク・ハイリターン	設定後の一定期間のみ新規資金の追加が可能なもの

（注）証券投資信託協会による分類

図表2-3-9　投資信託のリスク・リターン分類

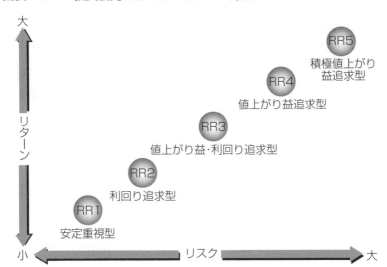

リターン分類は、RR1からRR5までに分かれており、数字が大きくなるほどリスク・リターンが高くなる（図表2-3-9）。

①RR1（安定重視型）

安定した利回りを目標としたファンドであり、預貯金に近いリターンが確保できるが、元本が保証されているわけではない。

②RR2（利回り追求型）

利回りの向上を目標としたファンドであり、公社債を中心に運用する。

③RR3（値上がり益・利回り追求型）

値上がり益の追求と利回りの向上を目標としたファンドであり、公社債を中心に株式も組み入れて運用する。

④RR4（値上がり益追求型）

値上がり益の追求を目標としたファンドであり、株式を中心に運用する。

⑤RR5（積極値上がり益追求型）

積極的な値上がり益の追求を目標としたファンドであり、大きなリターン

図表2-3-10　スタティック・アロケーション型

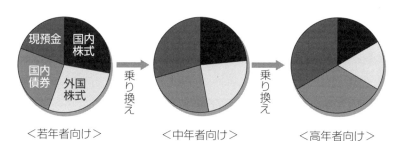

（注）世代ごとに資産配分の異なる複数のファンドの中から自身の判断で選択

を狙えるデリバティブ（金融派生）商品にも投資する。

■ライフサイクルファンドは確定拠出年金に適した商品である

　ライフサイクルファンドとは、老後の生活資金を確保するため、年齢などに応じて投資する資産構成を変化させながら、長期で運用していくファンドで、確定拠出年金に適した商品である。ライフサイクルファンドには、スタティック・アロケーション型とターゲット・イヤー型の2種類がある。

　スタティック・アロケーション型（図表2-3-10）とは、リスク・リターンの異なる複数のファンドの中から、投資家自身の判断によりファンドを選択して、年齢の上昇とともに、リスクの許容度に応じたファンドへ乗り換えていくタイプである。

　具体的に説明すると、世代（例えば30代・40代・50代）ごとに複数のファンドが用意されており、その中から自分のリスク許容度に応じたファンドを選択し、ライフサイクルに合わせて乗り換えていくのである。一般に、若い世代においてはリスク・リターンが比較的高い株式などを中心としたファンドが多く、年齢が上昇するに伴い、リスク・リターンが比較的低い預貯金や債券など安定的運用のファンドが多く設定されている。

　ターゲット・イヤー型（図表2-3-11）とは、ひとたびファンドを購入すれば、後は自動的に、投資家のライフサイクルに合わせて資産の配分が変化

図表2-3-11　ターゲット・イヤー型

（注）年齢の上昇とともに資産配分構成が自動的に変化

していくタイプである。具体的に説明すると、あらかじめ運用が終了する年度の複数のファンドが用意されており、その中から投資家自身のライフサイクルに合ったファンドを選択する。一般に、若い世代においてはリスク・リターンが比較的高い株式などを中心とした資産のファンドが設定され、年齢が上昇するに伴い、リスク・リターンが比較的低い預貯金や債券などを中心とした資産へと自動的に変化していく。

■ETFは市場平均と連動する投資信託

ETF（上場投資信託）とは、株価指数（TOPIX、日経225等）などの投資指標に連動させることを目的に運用される投資信託であり、証券取引所に上場しているので一般の株式と同様に売買ができる。

多くは株式指数に連動するパッシブ型の投資信託なので、値動きがわかりやすい。一般的な投資信託に比べて保有コスト（信託報酬）が安く、長期の分散投資に向いている。なお、2023（令5）年9月に、わが国で初となる連動対象を定めないETF（アクティブETF）が解禁された。

■ファンド・オブ・ファンズとファミリーファンド

ファンド・オブ・ファンズとは、投資家が投資したファンドから、さらに複数のファンドへ投資するファンドのことである。複数の投資信託を投資対象とする投資信託といったイメージである。

ファンド・オブ・ファンズの特徴は、以下のとおりである

・単独のファンドより分散投資の効果が大きく、単独ファンドよりさらにリスクの低減効果が期待できる

・専門分野ごとにその分野に強いファンドマネジャーが運用しているファンドに投資ができる。例えば、株式に強いファンドマネジャーの株式投信と債券に強いファンドマネジャーの債券投信に分散投資して、強い分野の運用能力を活用できる

・ファンドの投資先が個別の株式や債券ではなく、複数のファンドとなるため、信託報酬（運用管理費用）が二重に発生する。一般の投資信託よりコスト高になるおそれがある

　一方、ファミリーファンド（方式）とは、一般の投資家はベビー・ファンドを購入し、ベビー・ファンドの投資資金を運用会社がマザー・ファンドに投資する投資信託である。

　ファミリーファンドの特徴は、以下のとおりである。

・マザーファンドとベビーファンドは、通常、同じ運用会社が運用する。なお、ファンド・オブ・ファンズは、他の運用会社の投資信託に投資することができる

・マザー・ファンドはベビー・ファンドと同じ運用会社であるため、マザー・ファンドには信託報酬は発生しない

・マザーファンドに資金をまとめることによって運用効率を高め、規模のメリットや売買コストの削減効果が期待できる

■投資信託の「目論見書」は投資判断の基本情報

　株式、社債、投資信託などの有価証券を購入する際に、購入しようとする有価証券の投資判断に必要な重要事項を説明した書類が目論見書である（金融商品取引法2条10項）。有価証券の発行者は必ず目論見書を作成し、有価証券の募集や売出し、勧誘するときに投資家に交付しなければならない（金融商品取引法13条、15条）。なお、国債と地方債では目論見書は発行されない。

　投資信託の目論見書には、基本的な重要事項を記載した「交付目論見書（投資信託説明書）」と詳細情報を記載した「請求目論見書」がある。交付目論見書は、投資家に必ず交付しなければならない。請求目論見書は投資家から請求があった場合に交付すればよい。

　交付目論見書には、主に以下の内容が記載されている。

> ①　ファンドの目的・特色
>
> 　何を目的に、どこに、どんな資産に投資しているか。ファンドの仕組み、分配方針（毎月、半年、1年等）など
>
> ②　投資のリスク
>
> 　価格変動、為替変動、金利変動など商品ごとのリスク
>
> ③　運用実績（既設ファンドのみ）
>
> 　基準価額や純資産総額の推移、分配金の推移、年間収益の推移などの過去の運用実績
>
> ④　手続・手数料等
>
> 　ファンドの購入単位、購入持の手数料や運用中の運用管理費用（信託報酬）、税金、諸費用など

　請求目論見書には、ファンドの沿革や経理情報など追加的な情報が記載されている。

■投資信託の「運用報告書」は運用実績の確認情報

　投資信託購入後は、運用報告書によって運用実績の確認ができる。運用報告書は、原則として決算期ごとに作成され、受益者（投資信託の保有者）に交付される。ただし、毎月分配型のように6カ月未満の短期間の決算の投資信託は6カ月に一度、作成・交付すればよい。

　運用報告書は、重要項目が記載された「交付運用報告書」と詳細情報が記載された「運用報告書（全体版）」がある。交付運用報告書は、受益者に必ず交付しなければならない。運用報告書（全体版）は請求によって交付すればよいが、運用会社のホームページで閲覧が可能である。

　交付運用報告書に記載される重要項目には、運用実績（基準価額などの推移）、投資環境や分配金の状況など当期期間中の運用経過や今後の運用方針、費用（信託報酬など）の明細などがある。

■投資信託の投資に必要な運用コスト

　投資信託に投資するときには、さまざまな費用負担があり、運用コストとして把握しておく必要がある。

　投資信託の場合、購入時に購入手数料を支払うが、投資信託によっては購入手数料無料の商品（ノーロード投資信託）もある。

　運用時には信託報酬と呼ばれる手数料（運用管理費用）がかかる。信託報酬はファンド全体の信託財産から差し引かれるので、受益者は間接的に負担していることになる。信託報酬は運用管理の費用にあてられるもので、運用会社、販売会社、信託銀行の三者に配分される。その他、監査費用などの諸費用も信託財産から差し引かれる。なお、信託報酬は投資信託を選ぶときの重要な要素である。投資信託を保有している期間中ずっとかかる手数料なので、同じ運用成績（運用利回り）でも長期保有になるほど運用結果に差が出る。特に、パッシブ運用の場合は信託報酬が安い投資信託を選ぶのが有利になる。

　解約（換金）時には、ファンドによっては信託財産留保額（解約手数料）が徴収される場合もある。信託財産留保額は、信託期間の途中で退出することになるため資産売却費用の補てんなどを負担する意味があり、ファンドに残っている受益者との公平性を図るために徴収するもの（ペナルティー料の意味）である。信託財産留保額を徴収しないファンドもある。また償還時には信託財産留保額は徴収されない。徴収された信託財産留保額は信託財産内に留保され基準価額に反映されるので、運用会社、販売会社、信託銀行の収益にはならない。

　なお、確定拠出年金では投資信託による運用が基本となるが、運営管理機関に対する口座維持手数料の費用負担も生じる。企業型年金の場合は、企業が負担することが多いが、個人型年金の場合は加入者の負担となる。

(5) 保険商品の特徴と留意点

●理解のためのキーポイント

❑ 生命保険の商品と損害保険の商品がある

❑ GIC などは確定拠出年金では元本確保型商品

■生命保険の商品としてはGICと変額年金保険がある

GIC（Guaranteed Interest Contract）とは、利率保証型積立生命保険のことである。3〜10年の一定期間、定められた利率で運用されるため、加入者が満期まで解約しなければ、元本は保証される。しかし、加入者が中途解約したときは、解約控除金が差し引かれる場合があるので、元本を下回る可能性がある。なお、確定拠出年金の運用商品として、利率保証型積立生命保険は元本確保型商品とされる。

変額年金保険とは、運用実績に応じて積立金が変動する保険である。この保険は、通常の一般勘定（給付額を保証する資産勘定）で運用されるのではなく特別勘定（運用実績に応じて給付額が変動する資産勘定）で運用されるため、運用成績などにより給付金額は変動する。

■損害保険の商品としては利率保証型積立傷害保険がある

利率保証型積立傷害保険とは、利率保証型積立生命保険と同様、一定期間定められた利率で運用され、加入者が満期まで解約しなければ、元本は保証される。しかし、加入者が中途解約したときは、保険会社によって払込保険料を下回るケースと下回らないケースのどちらの場合もある。

また、利率保証型積立傷害保険の特徴は、ケガにより死亡した場合、死亡保険金が支払われる点である。なお、利率保証型積立生命保険同様、利率保証型積立傷害保険も確定拠出年金の運用商品としての元本確保型商品とされる。

(6) 外貨建商品の特徴と留意点

●**理解のためのキーポイント**

❏外貨建商品には外貨預金・外国債券・外国投資信託・外国株式の4
種類がある

❏為替レートの適正水準の考え方として絶対的購買力平価と相対的購
買力平価がある

■外貨建商品の特徴は為替相場の影響と為替手数料

　外貨建ての金融商品とは、円表示ではなく外貨で表示されるものをいう。外貨
建商品には、外貨預金・外国債券・外国投資信託・外国株式があり、どの外貨建商
品も為替相場の影響を受けることと為替の手数料がかかることが特徴である。

①外貨預金

　外貨預金とは、外貨（米ドル・英ポンドなど）での預金をいい、外国に本店の
ある銀行だけでなく、国内の銀行などでも取り扱っている。外貨預金のメリッ
トは、一般にわが国よりも高い預金利率で運用することができる点にある。デ
メリットとしては外貨預金は預金保険制度による保護がないことなどがある。

　このように、外貨預金は国内に比べ一般に預金利率が高いが、預貯金と異
なり、金融機関が破綻した場合には預金は保護されないという特徴がある。

②外国債券

　外国債券とは、海外の国や企業で発行される債券をいい、外貨建てで発行
されるものがほとんどであるが、円建てのものもある。外国債券は、高い利
回りの債券がある反面、アルゼンチン債で起きたようにカントリーリスクの
問題があることにも留意しなければならない。

③外国投資信託

　外国投資信託とは、ファンドの国籍が海外にあるものをいい、この大半が
外貨建てにより発行されている。また、国内投資信託の中にも外貨建てで発
行されているのものがある、外貨建てで発行されているこれらの投資信託を

外貨建投資信託という。

④外国株式

外国株式とは、海外の企業が発行している株式をいう。外国株式は、東京証券取引場に上場されている銘柄は日本円で売買できるが、上場企業の相次ぐ撤退により数少なくなってきている。したがって、そのほかの外国株式を購入する場合、外貨での株式購入となる。

外国株式は一般的に国内株式と異なる値動きをするため分散投資には適しているといわれる反面、手数料が国内株式と比べ割高なのと、投資する企業の情報量が絶対的に少ない点に留意しなければならない。

■為替レート予測に使われる絶対的購買力平価と相対的購買力平価

外貨建ての金融商品を取引する場合には、為替レートを必ず考慮しなければならない。金融商品を購入するとき、為替のレートが円高で、売却するときは円安であれば為替差益を得ることができるが、このような予想どおりにはいかないのが常である。

そこで、為替レートの適正な水準を予測することで為替のリスクを回避しようとする考え方のひとつに購買力平価がある。購買力平価には、絶対的購買力平価と相対的購買力平価の2種類がある。

①絶対的購買力平価

絶対的購買力平価とは、世界的なハンバーガーチェーンのハンバーガーや飲料メーカーの飲料などのように、同じ商品をわが国と為替レートの対象となる国が、いくらで購入することができるかを調べることにより、為替レートの動きを予測しようとするものである。

②相対的購買力平価

相対的購買力平価とは、絶対的購買力平価のように個別の商品価格を比較するのではなく、インフレ率と為替レートが連動しているという考え方により為替レートの動きを予測しようとするものである。つまり、わが国と為替レートの対象となる国の購買力平価から為替レートが乖離している場合はいずれ購買力平価に近づくと予想することで、為替のリスクを回避しようとするものである。

(7) NISAの仕組みと留意点

●理解のためのキーポイント

❑ NISAは確定拠出年金と併用して活用できる非課税の投資運用制度
❑ 毎年の非課税投資枠は360万円（成長投資枠240万円、つみたて投資枠120万円）で、保有限度額1,800万円
❑ 成長投資枠とつみたて投資枠は併用できる

■非課税投資枠により売却益と配当金が非課税になる制度

　NISA（ニーサ：少額投資非課税制度）とは、個人投資家のための税制優遇制度である。制度の概要は図表2-3-12のとおりである。日本国内に居住する18歳以上の人であれば誰でも利用できる。基本的な仕組みは、証券会社などでNISAの専用口座を開設して年間の利用限度額以内で株式や株式投資信託等に投資し、譲渡益（売却益）と配当金が非課税で受け取れるものである。NISAの口座設定金融機関は年の途中で変更できないが、年単位（翌年1月1日以降）の変更は可能である。

　NISAには、個別株式や株式投資信託などへの幅広い投資ができる「成長投資枠」と厳選された投資信託の積立てに限定されている「つみたて投資枠」がある。両投資枠は併用でき、年間360万円、生涯投資枠（保有限度額）1,800万円まで非課税投資が可能である。ただし、成長投資枠は1,200万円が限度額である（つみたて投資枠のみで1,800万円は可）。1,800万円を超えても売却すれば、翌年から空きの投資枠が利用できる。例えば、200万円売却して1,600万円になれば、翌年以降200万円の非課税投資が可能になる。

■成長投資枠は個別株式への投資ができる

　成長投資枠では、個別の上場株式や株式投資信託を年間240万円まで購入でき、積立投資もできる。配当金や分配金が非課税で受け取れ、途中で売却した場合は譲渡益（売却益）が非課税になる。ただし、損失が出た場合でも、

図表2-3-12　「成長投資枠」と「つみたて投資枠」の違い

	成長投資枠	つみたて投資枠
口座資格者	18歳以上の日本国内居住者　※1月1日現在の年齢	
口座開設	1人1口座（金融機関の変更は年単位で可）	
非課税対象資産	上場株式・株式投資信託等の譲渡益や配当金（分配金） ※整理・監理銘柄の株式、信託期間20年未満、高レバレッジ型、毎月分配型の投資信託などは除外	一定の要件（金融庁の基準）を満たす投資信託等の譲渡益や配当金（分配金） ※289本（2024.5.15時点）
投資（購入）方法	都度購入（スポット投資）、積立て購入とも可	定期的に継続した買付（積立て）に限る
	成長投資枠とつみたて投資枠は併用可能	
非課税投資枠（利用限度額）| 年間 ※1月1日〜12月31日	毎年240万円	毎年120万円
		両方の合計で360万円	
	保有限度額（総額）| 両方の合計で1,800万円（成長投資枠は1,200万円） ※1,800万円を超過した場合、売却すれば翌年以降に空きの投資枠分だけ非課税投資可能 ※年間・総額とも保有限度額は買付け残高（簿価残高）を基準に管理	
	投資期間	保有期間に限度なし	

（注）1. 2024（令6）年1月より旧NISAが大幅に変更され、新NISAが開始になった
　　　2. 旧NISAは、別建てで投資期限まで投資可能（一般NISA最長2027年、つみたてNISA最長2042年まで）。旧NISAの資産を新NISAへロールオーバー（移換）することは不可

損失の繰越控除（3年間）や他の課税口座との損益通算はできない。なお、運用対象となる商品は主に上場株式関連のもののみ（ETF、REITなどは可）で、国債や一般の社債、公社債投資信託、非上場株式などは購入できない。

■つみたて投資枠は一定の投資信託の積立投資のみ

　つみたて投資枠は、年間120万円までで投資信託の積立投資に限定されている。途中売却の場合は、譲渡益が非課税となる。投資可能な商品は、長期・積立・分散投資に適した金融庁が指定する投資信託（公募株式投資信託、ETF）である。具体的な商品は同庁のホームページで確認できる。

　NISAは確定拠出年金と並んで税制優遇の投資制度として注目を浴びている。特に、つみたて投資枠は長期・積立・分散投資という老後資産形成と親和性が高く、確定拠出年金との併用で投資効果を上げることが期待できる。

2. 資産運用の基礎知識・理論

(1) 資産運用を行うに当たっての留意点

●理解のためのキーポイント

❑老後資産形成のためのための投資は一攫千金狙いの投機ではない
❑早期開始、長期投資、分散投資が老後資産づくりの資産運用原則
❑リスクをコントロールしながらリターン目標を達成する

■一般の投資と老後資産形成の投資の違い

　株式投資などは売り時・買い時を的確にとらえて大きな利益を得るというイメージを持つ人も多い。しかし、老後資産づくりのための投資は、ともすると一攫千金を狙うような投機的な運用をするのではない。

　老後資産形成の投資目的は、労働等の収入の一部を拠出しながら運用し、収入がなくなった老後の生活を支える資金を確保することにある。このため、老後資産形成の資産運用には、早期開始、長期投資、分散投資という原則があるのが特徴である。

　リスクの高い投資商品でも、理論上、運用期間が長くなればなるほどリスクは低減し、安全資産より高いリターンが得られる。時間を長くするには少しでも早く運用を開始するのが有利になる。少額でもよいので、若いときから投資を始めることが重要である。運用期間が長いほど利息が利息を生む複利効果が大きくなるので、目標資産額に対して低い利率を設定することができる。分散投資は、リスク・リターンの異なる運用商品を組み合わせることによって、リスクを抑えながらリターンを確保する効果が期待できる。

　確定拠出年金は、こうした少額で開始できる長期投資や分散投資を定期的な積立てで行える投資運用システムである。長期の視点に立てば、頻繁に運用商品の売買をする必要はなく、定期的なチェックでリスクをコントロールしながら運用していけばよい。

(2) リターンの計算

●理解のためのキーポイント
- ❏リターンはプラスのリターンとマイナスのリターンがある
- ❏複数期間の平均リターンの計算には算術平均と幾何平均がある
- ❏期待リターンは一定期間のリターンと確率がわかれば計算可能

■プラスのリターンとマイナスのリターン

リターン（収益率）とは、投資した金額に対してどれだけの収益額をあげたかの割合を示すものである。リターンの分類とリターンを求める計算式は図表2-3-13のとおりである。

リターンにはプラスのリターンとマイナスのリターンがあり、前者はさらにインカムゲインとキャピタルゲインに分けられる。インカムゲインは、株式においては配当金、債券においては額面に対する利子、預貯金においては元本に対する利息・利子が該当する。キャピタルゲインは株式や債券などの購入価格と売却価格との差額（売却益）が該当する。

一方、キャピタルロスは、キャピタルゲインとは逆に株式や債券などの購入

図表2-3-13　リターンの分類と計算式

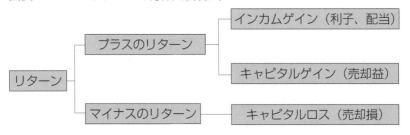

○リターンの計算式

リターン（収益率）＝ 投資収益額 ÷（当初）投資金額

価格と売却価格との差額（売却損）が該当し、これはマイナスのリターンである。

■複数期間の平均リターンを求める算術平均と幾何平均

　ある1期間のリターンを計算する場合には、前記におけるリターンの計算式で算出できる。それでは、複数の期間の平均リターンを計算する場合はどのような方法があるのだろうか。これには2つの方法があり、算術平均と幾何平均がある。

　算術平均による計算方法は、各期間のリターンを合計し、その期間数で割ったものである。幾何平均による計算方法は、各期間までの累積リターンを平均したものである。

　算術平均は、各期間のリターンが等しい確率で起こる場合の将来確率を表しているので、将来のリターンを考えるのに適している。これに対して、幾何平均は、過去におけるリターンの伸び率を表しているので、過去の平均リターンを考えるのに適している。

　なお、算術平均と幾何平均の関係は、算術平均のほうが常に幾何平均以上の値となる。すなわち「算術平均≧幾何平均」という関係が成り立つ。算術平均と幾何平均が等しくなるのは、第1期2％、第2期2％、第3期2％といったように全期間が同じ数値のときである。

■将来の平均的なリターンである期待リターンの計算

　株式や投資信託に投資した場合、将来の一定期間のリターンはどのくらいになるかはわからない。リターンが10％になるかもしれないし、あるいは－5％になってしまうかもしれない。

　ここで、すべてのリターンの確率を考えて平均的に期待できるリターンを期待リターン（期待収益率）という。期待リターンは、一定期間のリターンと確率がわかれば計算することができる。

○複数期間の平均リターンを求める計算式

＜算術平均＞

$$\frac{r_1 + r_2 + r_3 + \cdots\cdots + r_n}{n}$$

＜幾何平均＞

$$\sqrt[n]{(1 + r_1)(1 + r_2)(1 + r_3)\ \cdots\cdots\ (1 + r_n)} - 1$$

r_i：各期のリターン（$i=1$、2、3、4、……、n）　　n：期間

この式をわかりやすくすると、次のようになる（第4期までとする）。

＜算術平均＞

（第1期の収益率 ＋ 第2期の収益率 ＋ 第3期の収益率 ＋ 第4期の収益率）÷ 期間数

＜幾何平均＞

$$\sqrt[4]{(1 + 第1期の収益率)(1 + 第2期の収益率)(1 + 第3期の収益率)(1 + 第4期の収益率)} - 1$$

$n = 4$期のケース

そこで、数値例を用いて算術平均と幾何平均の計算をしてみることにする。
（例1）

4期間のリターンが次のとおりである。
　第1期　12%　　第2期　15%　　第3期　－5%　　第4期　－8%
このときの算術平均と幾何平均を求めなさい。

算術平均は、
　（12% ＋ 15% － 5% － 8%）÷ 4 ＝ 3.5%となる。

幾何平均は、

$$\sqrt[4]{(1 + 0.12)(1 + 0.15)(1 - 0.05)(1 - 0.08)} - 1$$

　≒3.0%となる。

○期待リターンを求める計算式

$$(r_1 \times P_1) + (r_2 \times P_2) + (r_3 \times P_3) + \cdots\cdots + (r_n \times P_n) = \sum_{i=1}^{n} r_i \times P_i$$

r_i：i番目の収益率（i＝1、2、3、4、……、n）　　　　n：期間

P_i：i番目の収益率の確率、$\displaystyle\sum_{i=1}^{n} P_i = 1$

この式をわかりやすくすると、次のようになる（ケース3までとする）。

（ケース1の収益率×ケース1の収益率の確率）＋（ケース2の収益率×ケース2の収益率の確率）＋（ケース3の収益率×ケース3の収益率の確率）

（注）「ケース1の収益率の確率＋ケース2の収益率の確率＋ケース3の収益率の確率」の合計は必ず1となる。

そこで、数値例を用いて期待リターンの計算をしてみることにする。
（例2）

1年後の株式のリターンが、
　ケース1　8％になる確率が10％（＝0.1）
　ケース2　6％になる確率が20％（＝0.2）
　ケース3　4％になる確率が30％（＝0.3）
　ケース4　2％になる確率が40％（＝0.4）
である場合の期待リターンは、
　$(8\% \times 0.1) + (6\% \times 0.2) + (4\% \times 0.3) + (2\% \times 0.4) = 4\%$
となる。

(3) リスクの定義と計算

●理解のためのキーポイント

❏投資における「リスク」とは期待収益率に対するブレのこと

❏リスクを表す尺度は標準偏差

❏標準偏差は正規分布図と密接に関係している

❏リスクは価格変動のリスクとそれ以外のリスクに大別できる

■投資におけるリスクとは「危険」ではなくブレの大きさ

　我々が通常リスクという言葉を使用する場合、「危険」という意味で用いている。しかし、投資でいうリスクは、投資した金融商品の収益率（リターン）に対する不確実性を意味し、期待した収益率に対するブレのことをいう。「危険」のようにマイナスの意味だけでなくプラスのブレもある。

　例えば、ある金融商品の1年後の期待リターンが3％だった場合、実際のリターンが3％だったらブレ幅（期待リターンからの乖離）はゼロであり、リスクもゼロということになる。しかし、3％の期待リターンに対して実際のリターンが2％〜4％のブレ幅であれば、リスクは±1％あるということになる。また1％〜5％のブレ幅であればリスクは±2％あるということになり、こちらのほうがリスクは大きいということになる。

　つまり、ブレが小さければリスクは低いので、不確実性の度合いも低く、逆にブレが大きければリスクは高くなり、不確実性の度合いも高いものとなる。例えば、債券はあらかじめ収益率（リターン）が定められているため、不確実性が低くリスクも低いが、株式は将来の株価を予測することは難しいため不確実性は高く、リスクも高いということができる。

■リスクは標準偏差で表す

　投資におけるリスクとは、投資した金融商品が将来においてどのような収益率（リターン）をあげるのかの不確実性を示している。不確実性が高い場

合にはリスクが高く、逆にそれが低い場合にはリスクが低いといっても、どういった状態を意味しているのかが認識しにくい。

　したがって、これを数学的に認識する手法として、標準偏差を用いる。標準偏差とは、期待収益率（期待リターン）に対するブレの大きさである。

○標準偏差を求める計算式

$$\text{リスク（標準偏差）} = \sqrt{\frac{(r_1 - r)^2 + (r_2 - r)^2 + \cdots\cdots + (r_n - r)^2}{n}}$$

　　r：期待収益率（期待リターン）
　　r_i：各期の収益率（リターン）（$i = 1、2、3、4、\cdots\cdots、n$）
　　n：期間

　この式をわかりやすくすると、次のようになる（第2期までとする）。

$$\sqrt{\frac{（\text{第1期の収益率} - \text{期待収益率}）^2 + （\text{第2期の収益率} - \text{期待収益率}）^2}{\text{期間数（2期）}}}$$

　この式において、各期の収益率と期待収益率の差（当期収益率－期待収益率）を「偏差」（個別の数値と平均値との差で、個別の数値について平均値からのブレを表す）という。各期の収益率から期待収益率を差し引いて2乗する意味は、期待収益率は各期の収益率の平均値なので、各期の偏差の合計は正負の値が等しくなりゼロとなってしまうためである。2乗することにより、数値としての平均値が得られる。

　2乗した数字の平均値（偏差の2乗の平均値）を「分散」というが、分散もブレを表す。ただし単位は%^{2}となる。リターンの単位は%なので、わかりやすくするため2乗した数字を元の数字の大きさに戻すルート計算（平方根を求める）をする。同じ単位にそろえた標準偏差が投資のリスクとして使われる。分散の平方根が標準偏差であり、リスクの平均値を表す。

　そこで、数値例を用いて標準偏差（リスク）の計算をしてみることにする。（例3）および（例4）とも4期間とし、期待収益率（期待リターン）は8%とする。このように、期待収益率が同じであっても、（例4）のほうが（例3）よりも標準偏差（リスク）が大きいということが数学的に理解できる。

（例3）

> ・第1期の収益率　　8%　　・第3期の収益率　　6%
> ・第2期の収益率　　2%　　・第4期の収益率　16%
> のときの標準偏差（リスク）は、
>
> $$\sqrt{\frac{(8\%-8\%)^2+(2\%-8\%)^2+(6\%-8\%)^2+(16\%-8\%)^2}{4}}$$
>
> $\fallingdotseq 5.1\%$ となる。

（例4）

> ・第1期の収益率　20%　　・第3期の収益率　　1%
> ・第2期の収益率　　8%　　・第4期の収益率　　3%
> のときの標準偏差（リスク）は、
>
> $$\sqrt{\frac{(20\%-8\%)^2+(8\%-8\%)^2+(1\%-8\%)^2+(3\%-8\%)^2}{4}}$$
>
> $\fallingdotseq 7.4\%$ となる。

■標準偏差は正規分布図と密接な関係がある

　図表2-3-14は、期待収益率（期待リターン）を頂点とする左右対称な山型の形であり、正規分布図という。また、この図において期待収益率（10%）に対するブレが標準偏差であるが、±1標準偏差に入る確率は約68%、±2標準偏差に入る確率は約95%となる。

（例5）

> 期待収益率（リターン）が10%、標準偏差が5%である場合
> 　±1標準偏差の値は5%から15%でその範囲に入る確率は約68%
> 　±2標準偏差の値は0%から20%でその範囲に入る確率は約95%

図表2-3-14　標準偏差と正規分布図との関係

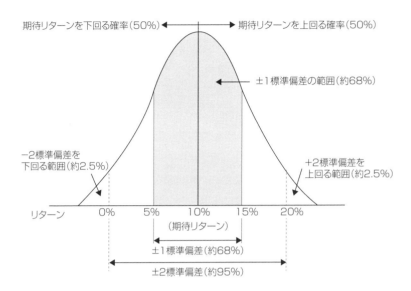

■リスクの種類には価格変動のリスクとそれ以外のリスクがある

　リスクは、さまざまな種類があり、価格の変動によるリスクとその他のリスクの2つに大きく分けられる。

　価格の変動によるリスクは、価格変動リスク（価格の変動により、将来の価格が変動するリスク）、金利変動リスク（市場金利の変動により、金融商品の価格が変動するリスク）、為替変動リスク（為替レートの変動により、円換算の価格が変動するリスク）の3つに細分される。

　その他のリスクは、信用リスク（企業の倒産などにより、元本や利息の支払いに問題が生じるリスク）、インフレリスク（物価の上昇により、資産価値が目減りするリスク）、流動性リスク（換金するのに、手数料や時間がかかるリスク）、カントリーリスク（投資した国がもつ固有のリスク）などがある。

(4) リスクとリターンの関係

●理解のためのキーポイント

❑リスクが高い商品はリターンも高く、リスクが低い商品はリターンも低くなる

■リスクとリターンはトレードオフの関係にある

　リスクが低く、リターンが高い金融商品は存在するのだろうか？　このような金融商品であれば、誰でもこぞって購入するであろう。しかし、そんな金融商品は現実には存在しない。

　リスクが高い金融商品であればリターンも高く、リスクが低い金融商品であればリターンも低い。このことをリスクとリターンがトレードオフの関係にあるという。投資の際、同じ金融商品でリスクが同じであれば、リターンの高い金融商品を選択し、リターンが同じであれば、リスクの低い金融商品を選択することが求められる。リスク・リターンの関係を整理すると、ハイリスク・ハイリターンの金融商品（株式など）、ミドルリスク・ミドルリターンの金融商品（債券など）、ローリスク・ローリターンの金融商品（預貯金など）の3種類に分類される（図表2-3-15）。

図表2-3-15　リスク・リターンの関係による金融商品の分類

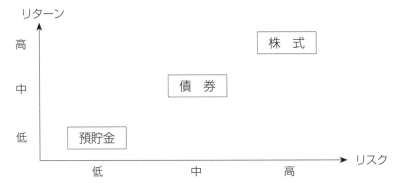

(5) 貨幣の時間価値（現在価値と将来価値）

●理解のためのキーポイント

❑貨幣の現在の価値と将来の価値は異なる

❑将来価値は利回り（終価係数）、現在価値は割引率（現価係数）で計算

❑終価係数と現価係数は互いに逆数の関係にある

■投資は現在価値と将来価値の認識が不可欠

　現在の100万円と1年後の100万円は価値が異なる。超低金利時代の今日でさえ、年利0.01％の定期預金100万円を金融機関で預けた場合、1年後には若干ではあるが税引き前で100円の利息がつくことからも明白である。つまり、現在の100万円と1年後の100万100円は同じ価値をもっていることになる。

　ところで、確定拠出年金は長期にわたる運用となるため、10年後、20年後の目標となる積立額（将来価値）を定め、初期投資として現在いくらの資金が必要なのか（現在価値）を知ることが必要となってくる。このことからもわかるように、現在価値と将来価値の認識が不可欠である。

■将来価値は利回りで、現在価値は割引率で求める

　将来価値は、初期投資に対する利回りで求めることができる。例えば、100万円の金融資産を年利2％、10年複利で運用した場合に求められる金額が将来価値（終価）となる。

　また、将来価値が100万円で、運用利率（金利）と運用期間がわかっていれば、現在価値（現価）は将来価値を逆算して求めることができ、この逆算を割引率という。つまり、将来価値は利回りを、現在価値は割引率を用いることにより計算することができる。

　ここで、現在価値（現価）に乗じる利回りを終価係数（図表2-3-16）、将来価値（終価）に乗じる割引率を現価係数（図表2-3-17）という。

　なお以下でこのような係数を使う場合、複利計算であることを前提とする。

図表2-3-16　終価係数表

		運　用　利　率　（%）				
		1%	2%	3%	4%	5%
期間（年）	1	1.0100	1.0200	1.0300	1.0400	1.0500
	2	1.0201	1.0404	1.0609	1.0816	1.1025
	3	1.0303	1.0612	1.0927	1.1249	1.1576
	4	1.0406	1.0824	1.1255	1.1699	1.2155
	5	1.0510	1.1041	1.1593	1.2167	1.2763
	6	1.0615	1.1262	1.1941	1.2653	1.3401
	7	1.0721	1.1487	1.2299	1.3159	1.4071
	8	1.0829	1.1717	1.2668	1.3686	1.4775
	9	1.0937	1.1951	1.3048	1.4233	1.5513
	10	1.1046	1.2190	1.3439	1.4802	1.6289
	11	1.1157	1.2434	1.3842	1.5395	1.7103
	12	1.1268	1.2682	1.4258	1.6010	1.7959
	13	1.1381	1.2936	1.4685	1.6651	1.8856
	14	1.1495	1.3195	1.5126	1.7317	1.9799
	15	1.1610	1.3459	1.5580	1.8009	2.0789
	20	1.2202	1.4859	1.8061	2.1911	2.6533
	25	1.2824	1.6406	2.0938	2.6658	3.3864
	30	1.3478	1.8114	2.4273	3.2434	4.3219

図表2-3-17　現価係数表

		運　用　利　率　（%）				
		1%	2%	3%	4%	5%
期間（年）	1	0.9901	0.9804	0.9709	0.9615	0.9524
	2	0.9803	0.9612	0.9426	0.9246	0.9070
	3	0.9706	0.9423	0.9151	0.8890	0.8638
	4	0.9610	0.9238	0.8885	0.8548	0.8227
	5	0.9515	0.9057	0.8626	0.8219	0.7835
	6	0.9420	0.8880	0.8375	0.7903	0.7462
	7	0.9327	0.8706	0.8131	0.7599	0.7107
	8	0.9235	0.8535	0.7894	0.7307	0.6768
	9	0.9143	0.8368	0.7664	0.7026	0.6446
	10	0.9053	0.8203	0.7441	0.6756	0.6139
	11	0.8963	0.8043	0.7224	0.6496	0.5847
	12	0.8874	0.7885	0.7014	0.6246	0.5568
	13	0.8787	0.7730	0.6810	0.6006	0.5303
	14	0.8700	0.7579	0.6611	0.5775	0.5051
	15	0.8613	0.7430	0.6419	0.5553	0.4810
	20	0.8195	0.6730	0.5537	0.4564	0.3769
	25	0.7798	0.6095	0.4776	0.3751	0.2953
	30	0.7419	0.5521	0.4120	0.3083	0.2314

○将来価値と現在価値を求める計算式

①将来価値を求める計算式

$$S_n = S_0 \times (1+r)^n$$

S_0：現在価値　　S_n：将来価値　　r：利子率　　n：年数　　$(1+r)^n$：利回り

この式をわかりやすくすると、次のようになる。

現在価値（現価）×終価係数（利回り）＝将来価値（終価）

②現在価値を求める計算式

$$S_0 = S_n \times \frac{1}{(1+r)^n}$$

S_0：現在価値　　S_n：将来価値　　r：利子率　　n：年数　　$\frac{1}{(1+r)^n}$：割引率

この式をわかりやすくすると、次のようになる。

将来価値（終価）×現価係数（割引率）＝現在価値（現価）

そこで、数値例を用いて将来価値と現在価値の計算をしてみることにする。
（例6）

　100万円の金融商品を、年利2％で10年間運用した場合の将来価値はいくらになるか。

この例では、将来価値を求めるので、上記①の式を用いる。
現在価値（初期投資額）は100万円、終価係数表を用いると、2％と10年の交点である終価係数（利回り）は1.2190なので、10年後の将来価値（終価）は、100万円×1.2190＝1,219,000円となる。

（例7）

> 　年利2％で10年後に100万円にするためには、現在いくらの資金が必要となるか。

　この例では、現在価値を求めるので、前記②の式を用いる。

　10年後の将来価値が100万円なので、現価係数表を用いると、2％と10年の交点である現価係数（割引率）は0.8203であり、現在価値（現価）は、100万円 × 0.8203 = 820,300円となる。

■終価係数は現価係数の逆数である

　先ほど述べたように終価係数は、現在価値（現価）に乗じる利回りであり、現価値係数は、将来価値（終価）に乗じる割引率である。

（例8）

　100万円の資金を年利1％で5年間運用した場合の将来価値は、数式で表すと、100万円 ×（1 + 0.01）^{5}であり、終価係数表を用いると、100万円 ×1.0510 = 1,051,000円となる。

　それでは、年利1％で5年後に1,051,000円にするにはいくらの資金が必要だろうか。数式で表すと、1,051,000×1／（1 + 0.01）^{5}であり、現価係数表を用いると、1,051,000円 ×0.9515 ≒ 100万円となる。

（注）現価係数表を用いてもちょうど100万円とならないのは、実際は小数点第5位を四捨五入している関係である

> ### 知って得する補足知識　電卓による終価係数等の計算
>
> 　終価係数や現価係数は、試験では係数表として提供されているが、電卓で簡単に計算できる。例えば、上記（例8）の終価係数は、1.01×で＝を4回押すと1.051010…となる。また、現価係数は、終価係数の値を ÷ ＝で計算すれば0.951465…となる。
>
> （注）電卓の機種により操作が異なる場合がある

　このように、終価係数と現価係数の関係をみると、終価係数は現価係数の逆数であることが上記の計算からわかる。

○終価係数と現価係数の関係

　1÷現価係数＝終価係数

　1÷終価係数＝現価係数

(6) 終価と現価の考え方

●理解のためのキーポイント

□終価と現価は途中に資金移動がないときの考え方

□年金現価と年金終価は途中に資金移動があるときの考え方

□減債基金係数と資本回収係数を合わせて6つの係数がある

■年金終価は定期的な積立てをするときの将来価値

　将来価値は、現在価値に終価係数を乗じて計算される。ただし、この場合の現在価値は、初期の投資額のみで途中の積立てはない。それでは、一定期間にわたり、毎年一定の金額の積立てをした場合の将来価値(積立合計額)はどのように計算されるのであろうか。そこで、年金終価という概念が出てくる。

　年金終価とは、年金終価係数（図表2-3-18）を用いることにより計算できる。年金終価係数は、後で述べる年金現価係数（図表2-3-19）とともに期首払いと期末払い（図表2-3-20、図表2-3-21）の2種類あるが、過去のDCプランナー試験では、期首払いのみ出題されているので、本書では断りのない限り、期首払いのみで説明をする。

○年金終価を求める計算式

$$積立額 \times \frac{(1+r)^{n+1} - (1+r)}{r}$$

　r：利子率　　n：年数

この式をわかりやすくすると、次のようになる。

積立額×年金終価係数＝積立合計額（年金終価）

そこで、数値例を用いて年金終価の計算をしてみることにする。
（例9）

> 金融商品を毎年5万円、10年間にわたって積み立てた場合、積立合計額（年金終価）はいくらになるか。ただし、年利2％とする。

　毎年、一定金額を積み立てることから年金終価を求めることになる。年金終価係数表を用いると、2％と10年の交点である年金終価係数は11.1687なので、積立合計額（年金終価）は、5万円×11.1687＝558,435円となる。

■年金現価は定期的な年金額を受け取るときの原資

　それでは、一定期間にわたり、毎年一定額の金額を受け取りたい場合の現在価値（原資）はどのように計算されるのであろうか。このような場合においては、年金現価という概念が出てくる。年金現価とは、年金現価係数を用いることにより計算できる。

知って得する補足知識　電卓による年金終価係数等の計算

　年金終価係数や年金現価係数も、試験では係数表として提供されているが、終価係数や現価係数と同様に電卓で簡単に計算できる。例えば、金利1％で5年の年金終価係数を求めたい場合には、終価係数表1％の欄の5年までの係数を累積していけば、年金終価係数になる。また、年金現価係数は、1％＋前年までの現価係数の合計で求めることができる。例えば、金利2％で5年の年金現価係数を求めたい場合には、1％＋現価係数表2％の欄の4年までの係数を累積していけば、年金現価係数になる。

図表2-3-18　年金終価係数表〔期首払い〕

		運 用 利 率（%）				
		1%	2%	3%	4%	5%
期間（年）	1	1.0100	1.0200	1.0300	1.0400	1.0500
	2	2.0301	2.0604	2.0909	2.1216	2.1525
	3	3.0604	3.1216	3.1836	3.2465	3.3101
	4	4.1010	4.2040	4.3091	4.4163	4.5256
	5	5.1520	5.3081	5.4684	5.6330	5.8019
	6	6.2135	6.4343	6.6625	6.8983	7.1420
	7	7.2857	7.5830	7.8923	8.2142	8.5491
	8	8.3685	8.7546	9.1591	9.5828	10.0266
	9	9.4622	9.9497	10.4639	11.0061	11.5779
	10	10.5668	11.1687	11.8078	12.4864	13.2068
	11	11.6825	12.4121	13.1920	14.0258	14.9171
	12	12.8093	13.6803	14.6178	15.6268	16.7130
	13	13.9474	14.9739	16.0863	17.2919	18.5986
	14	15.0969	16.2934	17.5989	19.0236	20.5786
	15	16.2579	17.6393	19.1569	20.8245	22.6575
	20	22.2392	24.7833	27.6765	30.9692	34.7193
	25	28.5256	32.6709	37.5530	43.3117	50.1135
	30	35.1327	41.3794	49.0027	58.3283	69.7608
	35	42.0769	50.9944	62.2759	76.5983	94.8363

図表2-3-19　年金現価係数表〔期首払い〕

		運 用 利 率（%）				
		1%	2%	3%	4%	5%
期間（年）	1	1.0000	1.0000	1.0000	1.0000	1.0000
	2	1.9901	1.9804	1.9709	1.9615	1.9524
	3	2.9704	2.9416	2.9135	2.8861	2.8594
	4	3.9410	3.8839	3.8286	3.7751	3.7232
	5	4.9020	4.8077	4.7171	4.6299	4.5460
	6	5.8534	5.7135	5.5797	5.4518	5.3295
	7	6.7955	6.6014	6.4172	6.2421	6.0757
	8	7.7282	7.4720	7.2303	7.0021	6.7864
	9	8.6517	8.3255	8.0197	7.7327	7.4632
	10	9.5660	9.1622	8.7861	8.4353	8.1078
	11	10.4713	9.9826	9.5302	9.1109	8.7217
	12	11.3676	10.7868	10.2526	9.7605	9.3064
	13	12.2551	11.5753	10.9540	10.3851	9.8633
	14	13.1337	12.3484	11.6350	10.9856	10.3936
	15	14.0037	13.1062	12.2961	11.5631	10.8986
	20	18.2260	16.6785	15.3238	14.1339	13.0853
	25	22.2434	19.9139	17.9355	16.2470	14.7986
	30	26.0658	22.8444	20.1885	17.9837	16.1411
	35	29.7027	25.4986	22.1318	19.4112	17.1929

図表2-3-20　年金終価係数表（期末払い）

		運　用　利　率（%）					
		1%	2%	3%	4%	5%	6%
期間（年）	1	1.0000	1.0000	1.0000	1.0000	1.0000	1.0000
	2	2.0100	2.0200	2.0300	2.0400	2.0500	2.0600
	3	3.0301	3.0604	3.0909	3.1216	3.1525	3.1836
	4	4.0604	4.1216	4.1836	4.2465	4.3101	4.3746
	5	5.1010	5.2040	5.3091	5.4163	5.5256	5.6371
	6	6.1520	6.3081	6.4684	6.6330	6.8019	6.9753
	7	7.2135	7.4343	7.6625	7.8983	8.1420	8.3938
	8	8.2857	8.5830	8.8923	9.2142	9.5491	9.8975
	9	9.3685	9.7546	10.1591	10.5828	11.0266	11.4913
	10	10.4622	10.9497	11.4639	12.0061	12.5779	13.1808
	11	11.5668	12.1687	12.8078	13.4864	14.2068	14.9716
	12	12.6825	13.4121	14.1920	15.0258	15.9171	16.8699
	13	13.8093	14.6803	15.6178	16.6268	17.7130	18.8821
	14	14.9474	15.9739	17.0863	18.2919	19.5986	21.0151
	15	16.0969	17.2934	18.5989	20.0236	21.5786	23.2760
	20	22.0190	24.2974	26.8704	29.7781	33.0660	36.7856
	25	28.2432	32.0303	36.4593	41.6459	47.7271	54.8645
	30	34.7849	40.5681	47.5754	56.0849	66.4388	79.0582
	35	41.6603	49.9945	60.4621	73.6522	90.3203	111.4348

図表2-3-21　年金現価係数表（期末払い）

		運　用　利　率（%）					
		1%	2%	3%	4%	5%	6%
期間（年）	1	0.9901	0.9804	0.9709	0.9615	0.9524	0.9434
	2	1.9704	1.9416	1.9135	1.8861	1.8594	1.8334
	3	2.9410	2.8839	2.8286	2.7751	2.7232	2.6730
	4	3.9020	3.8077	3.7171	3.6299	3.5460	3.4651
	5	4.8534	4.7135	4.5797	4.4518	4.3295	4.2124
	6	5.7955	5.6014	5.4172	5.2421	5.0757	4.9173
	7	6.7282	6.4720	6.2303	6.0021	5.7864	5.5824
	8	7.6517	7.3255	7.0197	6.7327	6.4632	6.2098
	9	8.5660	8.1622	7.7861	7.4353	7.1078	6.8017
	10	9.4713	8.9826	8.5302	8.1109	7.7217	7.3601
	11	10.3676	9.7868	9.2526	8.7605	8.3064	7.8869
	12	11.2551	10.5753	9.9540	9.3851	8.8633	8.3838
	13	12.1337	11.3484	10.6350	9.9856	9.3936	8.8527
	14	13.0037	12.1062	11.2961	10.5631	9.8986	9.2950
	15	13.8651	12.8493	11.9379	11.1184	10.3797	9.7122
	20	18.0456	16.3514	14.8775	13.5903	12.4622	11.4699
	25	22.0232	19.5235	17.4131	15.6221	14.0939	12.7834
	30	25.8077	22.3965	19.6004	17.2920	15.3725	13.7648
	35	29.4086	24.9986	21.4872	18.6646	16.3742	14.4982

○年金現価を求める計算式

$$受取額 \times \frac{\{(1 + r)^n - 1\}(1 + r)}{r(1 + r)^n}$$

　r：利子率　　n：年数

この式をわかりやすくすると、次のようになる。

　受取額 × 年金現価係数＝原資（年金現価）

そこで、数値例を用いて年金現価の計算をしてみることにする。
（例10）

> 　60歳から10年間、毎年120万円の年金を受け取りたい。この場合、60歳時にいくらの原資が必要になるか。ただし、年利2％とする。

　毎年、一定金額を受け取ることから年金現価を求めることになる。年金現価係数表を用いると、2％と10年の交点である年金現価係数は9.1622なので、原資（年金現価）は、120万円×9.1622＝10,994,640円となる。

■減債基金係数と資本回収係数という係数もある

　以上のことをさらに発展させて、次のことを考えてみよう。将来の原資を一定額積み立てたい場合、毎年一定の金額をいくら積み立てればよいのであろうか。この場合では、減債基金係数という係数を用いることにより計算される。減債基金係数は、年金終価係数の逆数である。

○毎年の積立額を求める計算式

　原資 ÷ 年金終価係数 ＝ 毎年の積立額

そこで、数値例を用いて毎年の積立額の計算をしてみることにする。

（例11）

> 　現在、35歳である。60歳時までの25年間の間に老後の生活資金として1,500万円積み立てたい。毎年いくら積み立てればよいか。ただし、年利2%とする。

　将来の原資がわかっているので、毎年の積立額を求めることになる。

　この場合、減債基金係数を用いることになるが、試験では、年金終価係数の逆数を用いることで求められる。よって、毎年の積立額は、1,500万円 ÷ 32.6709 ≒ 459,124 円となる。

　また、原資を一定期間にわたって取り崩したい場合、毎年一定の金額をいくら取り崩せるのかの計算は、資本回収係数という係数を用いることにより計算される。資本回収係数は、年金現価係数の逆数である。

○毎年の取り崩し額を求める計算式

　原資 ÷ 年金現価係数 ＝ 毎年の取り崩し額

　そこで、数値例を用いて毎年の取り崩し額の計算をしてみることにする。

（例12）

> 　現在、60歳で2,000万円の原資がある。60歳から20年間の間に老後の生活資金として毎年一定額を取り崩したい。毎年いくら取り崩すことができるか。ただし、年利2%とする。

　現在の原資がわかっているので、毎年の取り崩し額を求めることになる。この場合、資本回収係数を用いるが、減債基金係数と同様に、試験では、年金現価係数の逆数を用いることで求められる。よって、毎年の取り崩し額は、2,000万円 ÷ 16.6785 ≒ 1,199,149円となる。

■6つの係数の整理

　ここでは、6つの係数（終価係数、現価係数、年金終価係数、年金現価係数、減債基金係数、資本回収係数）が出てきた。これら係数の使い方は慣れないと、どの係数を使っていいのかわからない。そこで、これら6つの係数を整理することにする。

---

①**終価係数**：現在価値を一定利率で運用した場合の将来価値を求める際に使用する

②**現価係数**：将来価値を一定利率で割り引いた場合の現在価値を求める際に使用する

③**年金終価係数**：一定期間にわたり、毎年一定の金額の積立てをした場合の将来価値（積立合計額）を求める際に使用する

④**年金現価係数**：毎年一定額の金額を受け取りたい場合の現在価値（原資）を求める際に使用する

⑤**減債基金係数**：将来の原資を積み立てたい場合、毎年一定の金額の積立額を求める際に使用する

⑥**資本回収係数**：現在の原資を一定期間にわたって取り崩したい場合、毎年一定の金額の取り崩し額を求める際に使用する

┃ 知って得する補足知識 ┃ 期首払いから期末払いを求める

　年金終価係数と年金現価係数は、期首払いと期末払いの2種類がある。過去のDCプランナー認定試験における係数表は、期首払いのみ記載されている。それでは、期末払いの計算がもし本試験で出題された場合、どのように対処したらよいかといえば、年金終価係数の場合は、1年目は1で、2年目以降は終価係数表の1年目以降を加算していけば求めることができる。また、年金現価係数の場合は、現価係数表の1年目以降を加算していけば求めることができる（図表2-3-20、2-3-21参照）。

（7）分散投資の目的と効果

●理解のためのキーポイント

❏リスクが異なる金融商品を組み合わせることでリスクを低減できる

❏分散投資の方法は金融商品の銘柄分散だけではない

❏分散投資によっても市場リスクは除去できない

■分散投資はリスクが異なる金融商品を組み合わせることが基本

　リスクが異なる複数の金融商品を組み合わせることをポートフォリオという。金融資産には何らかのリスクがあるが、ポートフォリオを組むことで、ある金融商品のリスクと他の金融商品のリスクが互いに相殺しあう。その結果、全体としてのリスクが低減するのである。

　つまり、単一の金融商品の投資ではリスクを低減できないので、複数の金融商品をより多く分散投資することによってリターンの低下を抑えながらリスクの低減を図るのである。

　金融商品別では預貯金、債券、株式の順でリスクおよびリターンが高くなっていく。これら資産の効率的なポートフォリオを組むことにより分散投資を行えば、リスクの低減がなされる。なお、投資信託は分散投資の効果を小口の資金で利用することが可能な仕組みとなっている。

■分散投資の方法として代表的なものが5種類ある

　そもそもなぜ、分散投資を行うのだろうか。1つの金融商品に全額を投資した場合、企業の倒産などが生ずればその価値はないものになってしまうが、分散投資を行えば損失は限定的なものになる。このように、分散投資を行うことにより、損失を最小限にとどめることができるのである。

　分散投資は、さまざまな方法があるが、ここでは代表的なもの（銘柄分散、セクター分散、資産分散、地域〈国・通貨〉分散、時間分散）の5種類を説明する。

図表2-3-22　国内債券と国内株式の動き

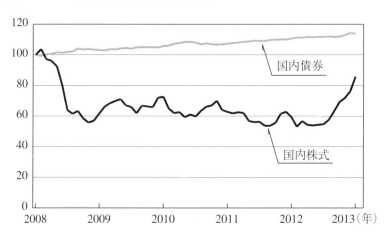

（注）1. 2008年4月を100とした指数の推移
　　　2. 国内株式は東証株価指数（TOPIX）、国内債券は国債の推移

①銘柄分散

相関係数の小さい個別の銘柄を分散投資することである。相関係数が小さいということは個々の銘柄の価格変動が異なるので、こうした銘柄を分散投資することを銘柄分散といい、リスクの低減を図ることができる。

②セクター分散

例えば株式で、電機株のみに投資するより金融株も加えて投資するほうがリスクの低減を図ることができる。このほかにも企業規模（大型株・小型株）や成長性（グロース株・バリュー株）の違いに着目して分散投資を行う方法がある。

また、債券においても国債のみに投資する場合とそれに加えて社債に投資する場合とでは、後者のほうが国債と社債とに分散されて投資されることになるので、リスクの低減を図ることができる。同様に、債券でも残存期間（短期・中期・長期）や信用格付け（投資適格・投機的）の違いを利用する方法もある。以上のような投資の分散の方法をセクター分散という。

③資産分散

株式において、上記①の銘柄分散を行うことに加え、②のセクター分散を行えば、さらにリスクの低減を図ることができる。しかし、これ以上のリスクの低減を図るためには、株式ポートフォリオ以外の違う金融資産のポートフォリオに投資する方法が考えられる（図表2-3-22）。

すなわち、株式ポートフォリオに加えて債券ポートフォリオに投資することにより、これまで以上に分散投資によるリスクの低減を図ることができるのである。こうした分散投資の方法を、資産分散という。

④地域（国・通貨）分散

株式において、日本株式と外国株式とでは経済状況や為替レートが異なるために、異なる動きをする。以前にみられた米国株式の株高と日本株式の株安は、顕著な例であるといえる。債券においても同様のことがいえる。

このように、国内で資産分散を図るよりも為替レートが異なる海外の株式や債券を加えて投資することにより、いっそうのリスクの分散を図ることができる（図表2-3-23、図表2-3-24）。この分散投資の方法を、地域（国・通貨）分散という。

⑤時間分散

同じ時期に金融商品を投資した場合と違う時期に金融商品を投資した場合とではどちらのほうのリスクが高いといえるだろうか。やはり、前者における同じ時期に金融商品を投資した場合のほうが、リスクは高いと直感的に認識できるであろう。

したがって、金融商品を投資する場合、一時期に投資するよりも時間をずらして投資するほうがリスクの分散を図ることができる。この分散投資の方法を、時間分散という。なお、後述するドルコスト平均法は、この時間分散の1つの方法である。

■分散投資によっても除去できないリスクがある

金融商品は、分散投資をすることによってリスクを低減できる。ただし、

図表2-3-23　国内株式と外国株式の動き

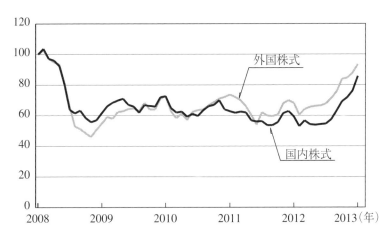

（注）1. 2008年4月を100とした指数の推移
　　　2. 国内株式は東証株価指数、外国株式（円換算）は日本を除く先進国株式
　　　　（米英、ドイツなど欧米諸国と香港、オーストラリアなど）の推移

図表2-3-24　国内債券と外国債券の動き

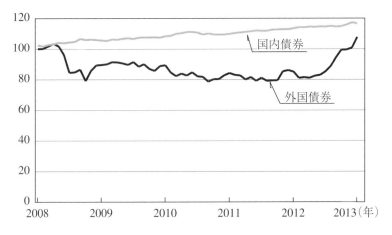

（注）1. 2008年4月を100とした指数の推移
　　　2. 国内外とも国債の推移。外国債券（円換算）は日本を除く先進国国債
　　　　（米英、ドイツなど欧米諸国に一部他地域含む）の推移

リスクは完全に除去することはできない。

　リスクは、市場（システマティック）リスクと固有（アンシステマティック）リスクの2種類があり、後者の固有リスクは、分散投資を行うことにより、低減可能であるが、前者の市場リスクは、分散投資を行っても除去することはできない。

　株式を例にとると、投資する銘柄を増やして分散投資していくこと（銘柄分散）により、個別銘柄が持つ固有のリスクを低減することができる。このリスクを固有リスクという。しかし、株式市場特有のリスクはどんなに分散投資を図っても除去することはできない。こうしたリスクを市場リスクという。

○分散投資と市場リスクおよび固有リスクの関係

　　市場リスク⇒分散投資を行ってもリスク除去不可能

　　固有リスク⇒分散投資を行うことによりリスク低減可能

---

(8) ドルコスト平均法

●理解のためのキーポイント

❏ルコスト平均法とは時間分散効果を利用した分散投資

❏定額購入を続けることで平均購入単価を安くできる

■ドルコスト平均法は、時間分散効果が働く

　リスクを低減させる方法には分散投資と長期投資がある。株式のように日々価格が変動する金融商品は、特に時間を分散してかつ長期に投資する方法がリスクを低減させるために必要になる。

　ドルコスト平均法は、金融商品を一定金額・一定期間にわたり購入していく方法で、時間分散効果が働く。この方法で長期にわたれば、長期投資の効果もあるので、リスクを低減する効果がさらに強くなる。

■定額購入は定量購入よりも平均購入単価が安くなる

　ドルコスト平均法は、金融商品を一定金額・一定期間にわたって購入していく方法である。すなわち、金融商品の価格が安いときは数量を多く購入することができ、その価格が高いときは数量を少なく購入するようになるので、平均購入単価が平準化される。

　似た方法として、金融商品を一定数量・一定期間にわたって購入するということがあるが、ドルコスト平均法のほうが、一定数量購入よりも平均購入単価が安くなる。

　そこで、数値例を用いて両者の比較をしてみることにする（例13）。

　計算例をみてもわかるとおり、ドルコスト平均法のほうが、定量購入の場合と比較して平均購入単価が低くなる。

（例13）

> 　5期、定額（1万円）と定量（100口）を購入した場合の平均購入単価の比較する

○ドルコスト平均法（定額購入の場合）

購入時期	単　価	購入口数	購入金額
第1期	100円	100口	10,000円
第2期	105円	95.2口	10,000円
第3期	93円	107.5口	10,000円
第4期	110円	90.9口	10,000円
第5期	92円	108.7口	10,000円
購入金額合計			50,000円
購入口数合計		502.3口	
平均購入単価	99.54円		

○定量購入の場合

購入時期	単　価	購入口数	購入金額
第1期	100円	100口	10,000円
第2期	105円	100口	10,500円
第3期	93円	100口	9,300円
第4期	110円	100口	11,000円
第5期	92円	100口	9,200円
購入金額合計			50,000円
購入口数合計		500口	
平均購入単価	100円		

---

(9) 相関係数

●理解のためのキーポイント

❏分散投資の効果は相関係数を使って数値化できる

❏相関係数が−1に近づくほどリスクが低減する

■相関係数は組み合わせた金融商品の相関関係を示す

　分散投資の重要性は理解できた。それでは、リスクが異なる複数の金融商品にやみくもに分散投資をした場合でもその効果が図れるのであろうか。この疑問に対し、解決する手段が相関係数である。

　相関係数とは、金融商品間における価格変動の動きの連動性を数値化したものである。相関係数は、＋1から−1の間の値を必ずとり、正の相関関係の場合は0を超えて1まで、負の相関関係の場合は−1から0未満まで、相関関係がない場合は0となる。

　つまり、相関係数が0より大きい場合には対象となる金融商品の価格変動は同じ動きがみられ、分散投資の効果が小さいといえる。相関係数が1の場合は、対象となる金融商品の価格変動はまったく同じ動きとなり、分散投資の効果はない（各商品のリスクの加重平均となる）。また、相関係数が0より小さい場合には対象となる金融商品の価格変動は異なる動きがみられ、分散投資の効果が大きいといえる。さらに、相関係数が0の場合は対象となる金融商品の価格変動は連動性がないため、無相関となる。

　以上から、相関係数が−1に近づくほど分散投資の効果が大きくなるので、この効果を効率的なものとするためには、相関係数が−1に近い金融商品の組み合わせにすればよいことになる。

　また、相関係数を用いた2資産間のポートフォリオのリスクの計算式は次ページのようになる。

○2資産間のポートフォリオのリスクを求める計算式

$$\sigma_P = \sqrt{(W_A{}^2 \times \sigma_A{}^2) + (W_B{}^2 \times \sigma_B{}^2) + 2 \times \rho_{AB} \times W_A \times W_B \times \sigma_A \times \sigma_B}$$

σ_P：ポートフォリオのリスク
W_A、W_B：資産A、資産Bの投資比率
σ_A σ_B：資産A、資産Bのリスク
ρ_{AB}：リターンの相関係数

この式をわかりやすくすると次のようになる。

$$\sqrt{(資産Aの投資比率^2 \times 資産Aのリスク^2) + (資産Bの投資比率^2 \times 資産Bのリスク^2) + 2 \times リターンの相関係数 \times 資産Aの投資比率 \times 資産Bの投資比率 \times 資産Aのリスク \times 資産Bのリスク}$$

　そこで、簡単な相関係数の数値例を用いて2資産間のポートフォリオのリスクを計算してみることにする。

（例14）

	資産A	資産B
投資比率	50%	50%
期待リターン	6%	12%
リスク	10%	20%

　①相関係数が−0.2の場合
2資産間のポートフォリオのリスク
$$= \sqrt{(0.5^2 \times 10^2) + (0.5^2 \times 20^2) + 2 \times (-0.2) \times 0.5 \times 0.5 \times 10 \times 20} \fallingdotseq 10.25\%$$

　②相関係数が−0.4の場合
2資産間のポートフォリオのリスク
$$= \sqrt{(0.5^2 \times 10^2) + (0.5^2 \times 20^2) + 2 \times (-0.4) \times 0.5 \times 0.5 \times 10 \times 20} \fallingdotseq 9.22\%$$

図表2-3-25　期待リターン、リスク、相関係数の関係

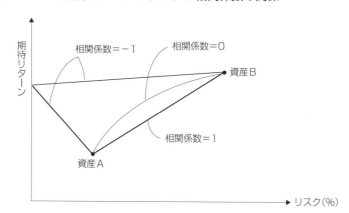

（例14）の①、②の計算結果をみてもわかるとおり、相関係数が－1に近づくほどポートフォリオのリスクが低減していく。また、これはそれぞれのリスクを単純に投資比率を乗じて合計した場合〔（例14）では、15％〕よりも小さくなることもわかる。こうして、相関係数を1から－1まで変化させると図表2-3-25のようになる。

○相関係数のまとめ

相関係数 （ρ） の値	2つの金融商品の価格変動	分散投資効果
$\rho = 1$	完全に同じ方向に動く	なし
$0 < \rho < 1$	同じ方向に動く傾向がある	小
$\rho = 0$	まったく無関係に動く	無相関
$-1 < \rho < 0$	反対方向に動く傾向がある	大
$\rho = -1$	完全に反対方向に動く	最も大

知って得する補足知識　**2資産間の相関係数の求め方**

　2資産間の相関係数の値は、2級レベルでは直接求めることはあまりないが、参考までに載せておく。

　○2資産間の相関係数の値を求める計算式

　相関係数＝2資産間の共分散÷2資産間の標準偏差の積

(10) リスク許容度

●理解のためのキーポイント

❏リスク許容度が投資方法に大きな影響を与える

❏リスク許容度を決める要因には年齢要因や収入・資産要因がある

■リスク許容度は投資家によって異なる

　投資の世界においてリスクとは、金融商品の収益率に対するブレのことである。ブレが大きいほどリスクは高く、反対にブレが小さいほどリスクは低い。

　ブレが大きいということは、高いリターンが得られる反面、高いリスクを覚悟しなければならず、ブレが小さいということは、低いリスクですむ反面、低いリターンしか得られない。つまり、リスクとリターンはトレードオフの関係であり、ローリスク・ハイリターンの組み合わせはないのである。

　ところで、投資家はそれぞれの年齢、資産、収入などが異なるため、リスクの取り方は一様ではない。高いリスクを好む投資家もいれば、低いリスクしか好まない投資家もいる。このように、投資家各人が投資をする際、どこまでのリスクを取ることができるかを示す尺度をリスク許容度という。リスク許容度が高い投資家は、株式などのハイリスク・ハイリターン型の金融商品へ積極的に投資することになるだろうし、リスク許容度が低い投資家は、預貯金などのローリスク・ローリターン型の金融商品へ安定的に投資することになる。

■リスク許容度を決める要因はさまざまである

　リスク許容度は、投資家によって異なるということは先に述べた。それでは、投資家のリスク許容度を決める要因としてどのようなものがあるのかをみてみよう。要因としては、さまざまなものがあるが、重要なものとして次の2つがある。

①年齢要因

　若いときはこれから先、数十年という長い投資期間があるため、一時期において運用成績が悪い場合であっても、リスクが長期間の投資により平準化される。また、高いリターンを得られるチャンスがまだ多くあるので一般的にはリスク許容度が高く、積極的な運用を行うことになる。

　一方、退職が近づいてきた年齢になった場合、投資期間が短いので、ひとたび運用に失敗すれば、それを挽回するチャンスが非常に難しい。そのため、一般的にはリスク許容度が低く、安定的な運用を行うことになる。

②収入・資産要因

　収入や資産が多い投資家は、老後における生活資金をほぼ確保しているので、余裕資金で運用することが通常である。運用に失敗したとしてもそれほど老後の生活資金に影響がないため、一般的にはリスク許容度が高い。

　それに対して、収入や資産がそれほど多くない投資家は、金融商品を運用することにより老後の生活資金を確保していかなければならない。運用に失敗すると老後の生活資金に影響を及ぼす可能性があるため、一般的にはリスク許容度は低いものとなる。

（11）運用方針の決定

> ●理解のためのキーポイント
>
> ❏運用方針の決定は資産運用プロセスのPlan（計画）の段階である
> ❏目標となる資金の設定は現在の収支状況の認識から始まる
> ❏資金達成目標とリスク許容度を検討して調整する

■資産運用は３段階のプロセスを繰り返す

　資産を運用していくプロセスは、Plan（計画）、Do（実行）、See（検討）の3段階であり、これらの段階を繰り返していく。

　3つの段階で最も重要なのが、運用のための情報を集め、分析し、計画するPlanである。運用方針の決定は、投資目標の決定とともに、ここに該当す

る。Doは、運用する金融商品の資産配分の決定および実際にこれらの金融商品を購入することであり、後述するアセットアロケーションはこの段階である。また、Seeは、運用した計画を検討し、問題があれば見直すことである。見直しは、投資対象や市場環境の変化、ライフプランの変化などによってなされる。

　つまり、Planがしっかりなされていないと実際の運用がうまくいかないケースが多い。そのため、慎重にPlanを行う必要がある。

■まず目標となる資金を設定する

　確定拠出年金を始めるにあたってまず必要なのは、目標となる資金を設定することである。目標額を設定するためには、前提として、現在の収支状況の認識と将来における収支予測が必要となってくる。現在の収支状況を認識するということは、保有資金や資産を把握することであり、将来における収支予測を加味することである。

　これらのことを考慮することにより、老後における必要な生活資金がある程度おおまかに判明する。このうち、確定拠出年金でどれだけの資金が必要となるかを決めるのである。また、確定拠出年金の運用は長期にわたるため、運用環境や運用者自身の状況が変化していくことも考慮していかなければならない。

■資金達成目標とリスク許容度を検討する

　目標となる資金を達成するための投資額がある程度具体的になったら、運用者（加入者）自身のリスク許容度の範囲内であるかを検討しなければならない。いくら目標となる金額を達成しようとしても、運用者自身のリスク許容度が範囲を超えていれば、「絵に描いた餅」に終わってしまう。そこで、運用者自身のリスク許容度の範囲を超えた資金達成目標であるなら、確定拠出年金以外の資金も含めた資金計画の再検討が必要となってくる。

(12) アセットアロケーションとは

●理解のためのキーポイント

❑アセットアロケーションとは運用する資産配分比率を決定するプロセス

❑アセットアロケーションはリスク許容度に応じて変わる

❑決定したアセットアロケーションも運用しながら見直しが必要

■アセットアロケーションで運用成果の90%が決まる

　アセットアロケーションとは、投資家の投資目的に合わせ、運用資産の配分を決定するプロセスをいう。リスク・リターンの異なる複数の金融商品を組み合わせるのがポートフォリオであるが、アセットアロケーションによる投資資産の配分比率が適正でなければ、分散投資の効果が十分である最適なポートフォリオとはいえない。

　ところで、アセットアロケーションにおいては、アセットクラスという概念が必要となる。アセットクラスとは、リスク・リターンの特性が同じである金融資産をまとめて1つのグループにすることであり、一般的には、国内株式、国内債券、外国株式、外国債券、短期金融商品（預貯金など）の5つのグループに分けられる。

　アセットアロケーションは、アセットクラスをどのように配分するかである。運用成果の約90％は、アセットアロケーションによる資産配分比率で決まるともいわれているので、アセットアロケーションは、投資の世界では非常に重要である。

■アセットアロケーションはリスク許容度と密接な関係がある

　リスク許容度が高いということは、投資家が株式を中心として積極的に運用することであり、反対に、リスク許容度が低いということは、投資家が預貯金を中心として安定的に運用することである。このことは、アセットアロ

ケーションにもあてはまり、投資家のリスク許容度が高ければ、株式の配分比率が高いハイリスク・ハイリターン型で積極的に投資することになり、リスク許容度が低ければ、預貯金の配分比率が高いローリスク・ローリターン型で安定的に投資することになる。

　以上から、アセットアロケーションはリスク許容度と密接な関係があることがわかる。

■リバランスとリアロケーションによる資産配分調整

　当初設定したアセットアロケーション（資産配分）は、時間の経過とともに時価変動などによって変化していく。そのため、当初の配分との乖離の確認と見直し（調整）が必要になる。調整には2つの方法がある。

　1つは、「リバランス」で当初設定と乖離した配分比率を元に戻すことである。例えば、当初設定が「A資産（株式）10％、B資産（債券）30％、C資産（定期預金）60％」だった配分が、「A資産8％、B資産20％、C資産72％」に乖離した場合、元の配分比率に戻す調整を行う。

　もう1つは、「リアロケーション」で、当初設定の配分比率そのものを変える調整である。上記と同じケースの場合、「A資産15％、B資産35％、C資産50％」の配分比率に設定し直す方法である。

　リバランスもリアロケーションも、取引コストが発生するなどがあるため頻繁に行うのではなく、定期的に状況を確認しながら必要に応じて行う程度でよいとされている。

当初設定	乖離	リバランス後	リアロケーション後
A資産：10％	A資産： 8％	A資産：10％	A資産：15％
B資産：30％	B資産：20％	B資産：30％	B資産：35％
C資産：60％	C資産：72％	C資産：60％	C資産：50％

(13) 有効フロンティアの考え方

●理解のためのキーポイント

❏効率的ポートフォリオは期待リターンに応じて無数にある

❏最適ポートフォリオはリスク許容度と有効フロンティアとの交点

■効率的ポートフォリオの集合が有効フロンティア

　一般に、同じ期待リターンを得るためには、リスクを最小にする資産配分の組み合わせを求めることが効率的であるし、同じリスクであれば期待リターンを最大にする資産配分の組み合わせを求めることが効率的である。このような期待リターンとリスクの最適な資産配分の組み合わせを効率的ポートフォリオという。

　アセットアロケーションにおいては、期待リターン、リスク、資産間の相関係数がわかれば、効率的ポートフォリオを計算により求めることができる。効率的ポートフォリオは、期待リターンが少しでも変化すれば、リスクもそれに合わせて変化する。つまり、効率的ポートフォリオは、期待リターンに応じて無数に存在し、この無数に存在する組み合わせの集合が、有効フロンティアと呼ばれる曲線となる（図表2-3-26）。ただし、効率的ポートフォリオの計算の基礎となる期待リターン、リスク、資産間の相関係数は、将来の予測値なので信頼性に欠ける面があり、気をつけなければならない。

　有効フロンティアは、2資産の場合は、図表2-3-26のような曲線となるが、このような考え方を発展させて、さらに3資産、4資産と広げていくと、有効フロンティアは左上方に広がりをみせる（図表2-3-27）。つまり、左上方ほど期待リターンが高くリスクが低くなるので、リスク低減効果が高まることになる。

■最適ポートフォリオは有効フロンティアから選択する

　有効フロンティアは、効率的ポートフォリオの集合であるので、有効フロ

図表2-3-26　有効フロンティアの図

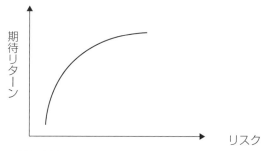

（注）有効フロンティアは、期待リターンの増加よりリスクの増加のほうが
　　　抑えられるため右上がりで上に凸の曲線になる

図表2-3-27　多資産に広げた場合の有効フロンティア

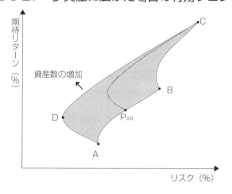

ンティアの曲線上を選択すれば、どこでも最適なポートフォリオとなる。た
だし、どこでも最適なポートフォリオであるといっても、投資家にはリスク
許容度がある。このため、これを超えたポートフォリオは、期待リターンが
いくら高いものであっても選択することはできないのである。つまり、投資
家は、最適ポートフォリオを有効フロンティアの曲線上から選択するのであ
るが、リスクの許容度を考慮しなければならないため、この許容度と有効フ
ロンティアの曲線との交点が最適ポートフォリオとなる。

　ここでも注意してほしいのは、有効フロンティアの基礎となる効率的ポー
トフォリオの信頼性であり、有効フロンティア上の最適ポートフォリオは絶
対的でないことに留意すべきである。

3. 運用状況の把握と対応策

(1) 投資指標・投資分析情報

●理解のためのキーポイント

❑代表的な投資指標はベンチマーク、格付け、投資信託評価、パフォーマンス評価の4種類

❑自分に必要な投資情報を見極めることが重要

■投資指標とは投資の判断となる材料

　投資家が金融商品の運用を行う場合、目標となる成果を獲得することが目的となるため、やみくもに投資しても意味がない。このことから、投資の判断を適切に行うことが必要となり、投資の判断となる材料を入手しなければならない。

　投資の判断となる材料を投資指標といい、代表的なものとしてベンチマーク、格付け、投資信託評価、パフォーマンス評価の4種類がある。特に、確定拠出年金においては、運用商品として、数多くの性質の異なる投資信託が提示される可能性が高い。したがって、これら4種類の投資指標は投資を行うにあたり重要な判断材料となるので、十分にこれらの内容を理解することが求められる。

■投資情報は無料で入手できる場合が多い

　投資家が金融商品の投資をするか否かの判断材料として、投資に関する情報が必要となる。投資情報は、さまざまな媒体で公表されており、簡単に入手することができる。さらに、インターネットであれば、有料のサイトも中にはあるが、たいていの投資情報はタイムリーにかつ無料で入手できる場合が多い（図表2-3-28）。

　そのほか、新聞・雑誌、公的機関、証券会社や投資信託会社など投資に関

図表2-3-28　投資情報の情報源

①新聞・雑誌……最も手軽で身近な情報源。特に、日本経済新聞などの
　　　　　　　経済紙は全体的な動向をつかむ基本的なツール。そのほか、
　　　　　　　株式などの投資情報の専門新聞や専門雑誌は市場に直接結び
　　　　　　　ついた情報が得られる
②公的資料……政府や日本銀行、証券取引所、投資信託協会などの団体
　　　　　　　が公表している資料
③投資サービス提供会社……証券会社、投資信託会社、銀行、保険会社
　　　　　　　などの資料や直接得られる情報
④インターネット……自宅で24時間収集可能なので便利。特に株式や
　　　　　　　投資信託に関してはインターネットの情報が充実している

係のある企業からも投資情報を入手できる。ただ、ここで注意しなければならない点は投資情報に限らず、世の中にはたくさんの情報が氾濫しているため、自分にとって何が必要な情報であり、何が必要でない情報であるかを見極めることがたいへん重要で、投資の世界においても同様のことがいえる。

(2) ベンチマーク

●理解のためのキーポイント

❏ベンチマークとは運用評価の基準を示す指標
❏株式以外のベンチマークを利用するのは困難

■株式には多くのベンチマークがある

　投資信託の運用は、インデックス（パッシブ）運用とアクティブ運用の2種類があり、インデックス運用においては、ベンチマークに連動させることが目標であり、アクティブ運用においては、ベンチマークを上回ることが目標である。ベンチマークとは、投資信託の場合、運用評価の基準となる指標のことをいう。つまり、ベンチマークは、これを用いることによって、投資信託の成果がいいのか悪いのかを判断することができる。

　株式の場合、国内外多くのベンチマークがあり、国内市場における代表的なベンチマークは、日経平均株価（日経225）と東証株価指数（TOPIX）の2種類である。

　一方、海外市場の主な株式のベンチマークには以下のようなものがある。

〈米国〉

・ダウ工業株30種平均（ニューヨークダウ、NYダウ、ダウ平均などとも呼ばれる）

　　ニューヨーク証券取引所とナスダック（店頭市場）に上場している米国の主要な30の優良銘柄で構成された修正平均株価指数である。業種は工業（製造業）に限定されているわけではない。

・ナスダック総合指数

　　ハイテク株が多いNASDAQ（店頭市場）に上場している全銘柄で構成される時価総額加重平均方式の株価指数である。

・S & P500

　　米国の主要産業の代表的な500社によって構成される時価総額加重平均方式の株価指数である。

〈ヨーロッパ〉

・FTSE100（FTSE100種総合株価指数）

　　ロンドン証券取引所に上場している時価総額上位100銘柄で構成される時価総額加重平均方式の株価指数である。

・DAX（ドイツ株価指数）

　　ドイツのフランクフルト証券取引所に上場している主要40銘柄で構成される時価総額加重平均方式の株価指数である

〈その他〉

・MSCI-KOKUSAI

　　米国の調査会社のMSCI社（モルガン・スタンレー・キャピタル・インターナショナル社）が提供する日本を除く先進22カ国の主要上場銘柄で構成される時価総額加重平均方式の株価指数である。日本を除く先進国株式投資のベンチマークとして広く利用されている。なお、この先進22カ

国に日本も含めた先進23カ国で構成される MSCI-World 指数もある。

・香港ハンセン指数（香港証券取引所33銘柄、時価総額加重平均方式）、上海総合指数（上海証券取引所全銘柄、時価総額加重平均方式）などがある

　なお、株価指数の主な算出方式には、日経平均株価やダウ平均などの修正平均株価方式と時価総額加重平均方式がある。時価総額加重平均方式は、世界の主要な株価指数で多く採用されており、主流となっている。

■株式以外のベンチマークはあまりない

　上記で述べたように株式には、国内外においてたくさんのベンチマークがあるが、株式以外のベンチマークは誰でも使うことができるものがあまりない。国内投資信託において、数少ないベンチマークの1つとして、モーニングスター社が発表している各種指数がある。また、海外投資信託においては、海外市場の株価指数をベンチマークとするのが一般的とされる。

　最後に、債券であるが、わが国の債券市場は発展途上の段階であり、個人の投資家が債券指数を用いて分析するのは、非常に難しいといえる。

(3) 格付け

> ●理解のためのキーポイント
>
> ❏債券の格付けは企業における債券の信用リスクを評価したもの
> ❏債券の格付けが高ければ利回りが低く、債券の格付けが低ければ利回りは高い
> ❏株価の格付けと債券の格付けが一致するとは限らない

■債券の格付けは格付機関によって評価されている

　債券は、新規で購入した場合、通常5年後または10年後などの満期償還日には額面額が償還されることが通常である。「通常」と書いたのは、債券に投資した額が、発行企業の倒産などでデフォルト（支払い不能）のリスクにより回収できない可能性があるからである。

　債券の利子は、預貯金より高いミドルリターンであるが、投資した金額が企業の倒産などにより回収不能になれば意味がない。そこで、投資した債券が確実に回収できるかどうかを判断する機関があれば、投資家はデフォルトのリスクを軽減することができる。

　この判断をするのが、債券発行企業などとは独立した中立的な立場の第三者機関である。この機関は、対象となる企業などをさまざまな角度から分析することにより信用リスクを判断して、簡単なアルファベット・数字・＋や－などの記号を用いて債券の元利金支払いの確実性（信用リスク）の度合いをひと目でわかるように表示する。この表示のことを格付けといい、格付けを判断する機関を格付機関という。

　格付けは、格付機関によって異なるが、格付けが高いほど信用リスクは低く、反対に格付けが低いほど信用リスクは高いものとなる。また、格付けは、一般に社債の格付けを指すが、そのほかにもさまざまな種類の格付けがある。主なものとして、発行体格付け、銀行財務格付け、ファンド信用格付けなどがある。

　なお、格付機関は日本では、㈱日本格付投資情報センター（R＆I）と㈱日本格付研究所（JCR）、海外では、ムーディーズ社とスタンダード＆プアーズ（S＆P）社などが代表的である。各格付機関のホームページには、格付けに関する基礎的な解説や利用方法などがあり、債券を投資するにあたっては、債券発行企業の信用リスクを判断するのに参考になる。

●ムーディーズ・ジャパン

　https://www.moodys.com/pages/default_ja.aspx

●S&PグローバルSFジャパン

　https://www.standardandpoors.com/ja_JP/web/guest/home

●格付投資情報センター（R&I）

　https://www.r-i.co.jp/index.html

●日本格付研究所

　https://www.jcr.co.jp/

■債券の格付けの高さと利回りは反比例する

　債券の格付けは、格付けが高いほど安全性が高く、反対に格付けが低いほど安全性は低いものとなる。つまり、高い格付けの企業は社債を償還する確実性が高いため、低い利回りで社債を発行でき、低い格付けの企業は社債を償還する確実性が低いため、高い利回りで社債を発行せざるを得ない。利回りとは、社債発行企業にとってコストであるため、低い利回りで社債を発行する企業は低コストですみ、高い利回りで社債を発行する企業は、高コストになってしまうことを意味している。

　例えば、格付機関が社債企業の格付けを下げると、社債の安全性がこれまでよりも低くなったと判断されるため、社債の利回りを上げなければならず、コストの増加になってしまうのである。投資家にとってみれば、社債の利回りが高くなれば高リターンを期待できるが、それに伴いデフォルトのリスクも高くなってしまう。

　以上からもわかるように、ほかの社債に比べて利回りが高い場合には、投下した資金が回収できない可能性があるので、利回りだけに関心を払わずに格付けを考慮して投資しなければならない。一般に、トリプルＢ（BBB）以上が投資適格格付け、ダブルＢ（BB）以下は元利金支払いに問題があるとされているため、投機的格付けとされている。なお、ダブルＢ以下の債券をジャンク債という。

■格付けを利用するときの４つの注意点

　社債の格付けを判断する際、注意しなければならない点が4つある。

　第1に、格付けは信用リスクのみで判断されたもので、社債がもっている他のリスク（価格変動リスクや流動性リスクなど）は判断外とされている。

　第2に、同一企業が発行した社債であっても、発行時期や発行内容により同じ格付機関でも格付けが異なる場合がある。

　第3に、同一の社債でも、格付機関により異なる場合がある。

　最後に、格付けはいったん格付けがなされたら償還されるまで、同一ではなく、企業をとりまく経営環境が大きく変化した場合には、格付けはそのつ

ど変更される。

■株価の格付けは投資判断の目安として発表されている

　株価の格付けは、信用リスクを判断する社債の格付けとは異なり、個別銘柄が株式指標（日経平均株価や東証株価指数）に対して、6カ月から1年後の間に、どの程度上回ったり下回ったりするかの予想を数字やアルファベットなどで示したものである。

　また、株価格付けと社債の格付けは、格付けの対象が当然異なっているため、例えば株価の格付けが高く、社債の格付けが低い、またはその逆であることもありうるので、両者の格付けは必ずしも一致するとは限らない。

（4）投信評価

●理解のためのキーポイント

❏投資信託評価機関は独自の投資信託の評価を行っている
❏投資信託評価機関では数値に基づく定量評価で評価している
❏定量評価の代表はシャープレシオとインフォメーションレシオ

■投資信託評価機関は3段階で投資信託の評価を行う

　投資家が投資信託を選択する際の判断の資料として、民間の投資信託評価機関が発表する投資信託情報がある。

　投資信託評価機関は、投資信託の比較情報を投資家に提供するために、第三者的な立場から客観的な投資信託の評価をすることを目的とした機関で、投資信託協会から発表されるデータの提供に基づき、ファンドを独自の判断で分析・評価し、公開などを行っている。

　投資信託評価機関が行う投資信託の評価方法はどこもほぼ同じで、3段階ある。第1段階として、相対評価をするために、投資方針による類似の投資信託をグループ化すること、第2段階として、運用成果を計算すること、第3段階として、計算の結果を表示することである。

投資信託評価機関における評価結果の表示は、各機関によって異なるが、米国のモーニングスター社が発表している星の数による5段階評価を採用しているのが一般的である。

■投資信託の評価は定量評価と定性評価の2種類がある

投資信託の評価方法には、数値に基づいた定量評価と数値に基づかない定性評価の2種類がある。

定量評価は、シャープレシオとインフォメーションレシオ（情報レシオ）が代表的であり、そのほかのものとしてトレーナーレシオ、ジェンセンの a（アルファ）などがある。

また、定性評価は長期的な視点に基づくもので、運用哲学、運用プロセス、ポートフォリオ、人材、運用成果の5つが重要であり、これらを英語の頭文字をとり5つのPと呼んでいる。

定性評価は質に関する評価で数値化できないという問題点があるため、ほとんどの投資信託評価機関は、投資信託の評価を定量評価で行っている。しかし、定量評価に定性評価も加味した総合的な評価をすることが必要であるといえる。

■投資信託の評価情報には3つの注意点がある

投資信託の情報の利用には、注意しなければならない点が3つある。

第1に、1つの銘柄に対して複数の投資信託評価機関の評価方法を比較しても意味がない。というのは、投資信託評価機関の評価方法は独自であり、各機関に微妙な違いがあるからである。

第2に、評価の計算方法も評価機関ごとに異なり、こうして出された結果の評価を比較しても評価方法と同様、意味がない。

最後に、投資信託評価機関の評価は、過去の評価であり、将来についてはどうなるかわからない。過去の評価も大事であるが、将来を保証するものでは必ずしもないので、将来における投資の意思決定を誤らないようにしなければならない。

(5) パフォーマンス評価

> ●理解のためのキーポイント
>
> ❑投資信託のパフォーマンスを把握する方法として運用報告書が重要
> ❑シャープレシオやインフォメーションレシオの値が大きいほど投資
> 　信託のパフォーマンス評価は高くなる

■運用報告書による投資信託のパフォーマンス把握

　投資信託のパフォーマンスを把握するための1つの方法として、運用報告書がある。運用報告書とは、一般に年1回の決算期ごとに投資家に送られてくるが、決算期の関係から年2回作成されるものもある（→p.287）。

　運用報告書の内容は、運用実績、運用状況と今後の運用方針、1単位当たりの費用の明細、主要な売買銘柄、組入有価証券明細票、損益の状況などが記載され、運用商品のパフォーマンスを把握するためには重要である。

■無リスク資産に対する評価を示すシャープレシオ

　投資信託は、主として定量評価に基づき評価されるが、同じリターンでもリスクが異なるので、単純にリターンを比較してもパフォーマンス評価はで

知って得する補足知識　さまざまなパフォーマンス評価法

　投資信託のパフォーマンス評価は、ほかにもあるが、ベンチマーク比較とユニバース比較がよく知られている。ベンチマーク比較とは、基準となるベンチマークをあらかじめ定めておき、パフォーマンスが、そのベンチマークと比較して上回ったか下回ったかを相対的に比較する方法である。ユニバース比較とは、類似した収益率をそれぞれ25％ずつの4つのグループに分け、パフォーマンスが4つのグループのうち、どのグループに位置するかを相対的に比較する方法である。

きない。そこで、リスク調整後のリターンで比較することになる。

　定量評価のリスク調整後リターンの代表的な指標の1つとしてシャープレシオ（レシオは比率という意味）がある。

　シャープレシオとは、ファンドのリターンからリスクフリーレート（安全〈無リスク〉資産のリターン）を差し引き、ファンドの標準偏差（リスク）で割ったものである。

　リスクフリーレートとは、定期預金のようにリスクを取る必要のない資産のリターン（利息）のことである。リスクフリーレートを差し引くことによってファンドの超過リターンが求められ、それを標準偏差で割ることによってリスク1単位当たりの超過リターンが得られる。

　つまり、無リスク資産に対してどれだけリターンが上回ったかを示すことになる。そのため、シャープレシオの値が大きいほど優れたパフォーマンスであったと評価される。

■アクティブリターンの評価を示すインフォメーションレシオ

　シャープレシオと並んで使われるリスク調整後リターンの指標に、インフォメーションレシオ（情報レシオ）がある。インフォメーションレシオとは、ファンドのリターンからベンチマークのリターンを差し引き、ファンドのトラッキングエラーで割ったものである。

　ベンチマークは、株式投資信託なら運用目標とする株価指数などとなる。シャープレシオがリスクフリーレートを差し引いた無リスク資産に対する超過リターンの評価であったのに対し、インフォメーションレシオではベンチマークリターンを差し引くのでアクティブリターンの評価となる。

　ファンドのトラッキングエラーとは、アクティブリターンの標準偏差（アクティブリスク）ということになる。ベンチマークをリスクフリーレートにすればトラッキングエラーはファンドの標準偏差と同じになる。

　シャープレシオと同じく、インフォメーションレシオの値が大きいほど優れたパフォーマンスであったと評価される。

　なお、シャープレシオとインフォメーションレシオの数値が一致するとは

限らない（一致するのはベンチマークをリスクフリーレートにしたとき）。
シャープレシオがプラスでも、インフォメーションレシオがマイナスという
こともある。

○シャープレシオを求める計算式

$$シャープレシオ = \frac{ファンドのリターン - リスクフリーレート}{ファンドの標準偏差（リスク）}$$

（例1）ファンドのリターン　7％
　　　　リスクフリーレート　2％
　　　　ファンドの標準偏差　20％

$$シャープレシオ = \frac{7％ - 2％}{20％} = 0.25$$

○インフォメーションレシオを求める計算式

$$インフォメーションレシオ = \frac{ファンドのリターン - ベンチマークのリターン}{ファンドのトラッキングエラー}$$

（例2）ファンドのリターン　7％
　　　　ベンチマークのリターン　5％
　　　　ファンドのトラッキングエラー（アクティブリスク）　10％

$$インフォメーションレシオ = \frac{7％ - 5％}{10％} = 0.2$$

4. 確定拠出年金制度を含めた老後の生活設計

(1) 資産形成に取り組むことの必要性

●理解のためのキーポイント

❑平均寿命が延びたため、老後の生活は20年から30年の長期になる

❑老後の生活費は公的年金だけでは不足する

❑老後の生活費の不足分は自助努力で準備する必要がある

❑老後資産形成はライフプランの3大資金（教育資金、住宅資金、老後資金）の1つとして現役のときから計画的に取り組む

■長くなる老後に対する資金確保の重要性が増す

　人生100年時代ともいわれるようになり、現役を退いてからの老後生活が長くなってきた。65歳までの雇用が義務づけられ、70歳までの雇用確保も努力義務とされるなど高齢での雇用機会も進んできてはいる。

　それでも、平均寿命の延びにつれて老後の生活は20年から30年もの長期にわたる。また、高齢になれば体力の衰えや健康上の問題から働きたくても働くのが難しくなる場合もある。

　こうしたことから、長期化する老後生活に対する資金確保の重要性が増してきており、現役のときから老後に向けた資産形成に取り組む必要がある。

　資産形成のベースになるのはライフプランであり、現役時代を含めた生涯の資金計画である。退職前の中心的な資金計画は教育資金と住宅購入資金である。退職後は給与や賞与といった基本的な勤労収入がなくなることから、収入状況が大きく変わってくる。そのため、ライフプランの中でも退職後の資金計画をリタイアメントプランと呼んで老後資産形成に取り組むうえで重要視される。

　リタイアメントプランとは、定年後（現役引退後）のライフプランのことであり、自分の希望する老後を実現するためにリタイアメントプランニング

図表 2-3-29　平均寿命と 60 歳時の平均余命

	男性	女性
平均寿命	81.05歳	87.09歳
60 歳時の平均余命 （平均余命加算後）	23.59歳 （83.59歳）	28.84歳 （88.84歳）

（出所）厚生労働省2022（令4）年「簡易生命表」

をする。リタイアメントプランニングは、次のようなことに対処するために
必要となる。

① 平均寿命（0歳時の平均余命）が男性約81歳、女性約87歳と延び、60
歳時の平均余命は男性約24歳（84歳）、女性約29歳（89歳）となった。そ
のため、勤労所得なしで、長い引退後の生活を支えなくてはならなくなっ
た（図表2-3-29）

② 介護保険制度の地域格差、特別養護老人ホームの不足など、高齢者の増
加に対して、ライフケアをする制度や設備が不足している

③ 公的年金保険料が上昇する一方、支給額は低下していくので、老後の生
活費は公的年金だけでは不足する

■ライフプランとは狭義には資金プランを指す

ライフプランとは、生涯にわたって充実した人生を送るために、個人とそ
の家族を含めて考える生涯計画とか人生設計といったものである。

広義としてのライフプランは「資金プラン」（結婚、教育、住宅、老後資
金などのプラン）、「健康プラン」（健康管理、心の健康）、「生きがいプラン」
（仕事、趣味、ボランティア活動など）の3つに大きく分類される。

このうち、DCプランナーが主として関わるのは「資金プラン」（狭義のラ
イフプラン）である。ただし、「資金プラン」は、貯蓄、保険、税金、年金
などの知識だけでなく、「健康プラン」「生きがいプラン」とも密接な関係が
あるので、これらを総合的に把握してライフプランを作成することが必要で
ある。

■ライフデザインを把握してからライフプランを作成

　ライフプランは、夢や希望をかなえ充実した人生を送るために、いつ、どのくらいの資金が必要なのかを把握し、それに合わせて資金をどのように準備していくかを設計することである。したがって、ライフプランを作成する前に「自分や家族の夢、希望」「どのような人生を送りたいか」などを具体的にデザインしてみることが必要である。例えば、事業をやりたい、趣味を充実して暮らしたい、海外で暮らしたいなど人それぞれに異なる。

　このデザインのことをライフデザインといい、ライフデザインを把握することなくライフプランを作成しても、その人の希望する人生とは、かけ離れたライフプランになってしまう。このように、ライフデザインをライフプラン作成前に把握することは非常に重要である。

■ライフイベントと人生の３大資金

　ライフデザインを把握できたら、ライフステージごとにライフイベントを列挙し、ライフイベント表を作成する。ライフイベントには、結婚、出産、子供の教育、マイホーム取得、子供の結婚などがある。そのイベントに伴い、特に金額が大きく、準備時間を要する「教育資金」「住宅購入資金」「老後資金」を人生の３大資金という（図表2-3-30）。

　ライフプランを作成するには人生の３大資金をバランスよく計画に取り入れることが重要である。特に、DCプランナーは老後資金プランと関係が深いが、３大資金はもちろん、３大資金以外の日常の生活資金も考慮する必要

図表 2-3-30　ライフイベントの中心的な資金

```
                  ┌─ 教 育 資 金 ：教育方針によって費用が違う
人生の３大資金 ──┼─ 住宅購入資金：返済可能額で住宅ローンを設計
                  └─ 夫婦の老後資金：最低限の生活費……月額約23万円
                                     ゆとりある生活費…月額約38万円
                                     単身者の生活費……上記の約6割
```

がある。また、病気や事故に備えて生命保険や損害保険を活用するなどライフプラン全体の中で老後資金プランを設計しなければならない。

■教育資金はデータを参考に予測する

　教育資金プランを立てる重要なポイントは教育に対する考え方である。これを明確にすれば教育資金プランを立てやすくなる。

　教育資金はデータを参考に予測でき、出費の時期や期間がわかるのが特徴で、18年から22年といった長期の資金計画である（図表2-3-31）。結婚後、子供が生まれたときにすべてを決定する必要はないが、子供の成長とともに少しずつ考えて、教育資金を準備すべきである。

　教育資金のつくり方としては、預貯金、一般財形貯蓄、教育積立郵便貯金、子供保険、投資信託などがある。また、教育資金が不足しているときは、教育ローンや奨学金などの利用も考えられる。なお、2013（平25）年4月に新設された「教育資金の一括贈与に係る贈与税の非課税措置（一部変更して

図表2-3-31　世帯主の年齢別にみた教育費の状況

	消費支出（A）	教育費（B）		教育関係費（C）		世帯人数
			B/A		C/A	
平　均	290,865円	11,436円	3.9%	17,799円	6.1%	2.91人
34歳以下	258,471円	4,982円	1.9%	6,949円	2.7%	3.35人
35〜39歳	277,788円	9,369円	3.4%	13,633円	4.9%	3.78人
40〜44歳	306,598円	18,656円	6.1%	26,764円	8.7%	3.80人
45〜49歳	333,195円	30,781円	9.2%	45,252円	13.6%	3.55人
50〜54歳	367,076円	37,942円	10.3%	58,039円	15.8%	3.26人
55〜59歳	352,056円	19,684円	5.6%	32,937円	9.4%	2.93人
60〜64歳	311,478円	4,623円	1.5%	9,178円	2.9%	2.73人
65〜69歳	289,003円	739円	0.3%	2,053円	0.7%	2.49人

（注）1. 全国、二人以上世帯、年平均1カ月の支出額
　　　2. 教育関係費は、教育費に、給食費、制服、定期券代などを加えたもの
（出所）総務省「家計調査年報」2022年

2026〈令8〉年3月31日まで延長)」で祖父母等から子・孫（いずれも30歳未満）に教育資金の贈与（子・孫1人につき1,500万円まで）も活用できる。

■住宅購入資金プランは返済可能金額を基準に設計

　住宅の購入はライフプラン全体に大きな影響を及ぼすライフイベントであり、一生涯賃貸で暮らすか、マイホームを購入するかの選択によって資金計画が大きく異なる（図表2-3-32）。

　特に住宅を購入する場合は購入プランを綿密に立て、実行していくことが必要であり、ポイントとしては購入したい物件より、購入できる物件を取得することである。購入できる物件とは頭金（自己資金）と住宅ローンの合計額で判断し、借りることができる金額ではなく、返済できる金額を基準にして決めることが重要である。その他、頭金のつくり方として両親からの資金援助、住宅財形貯蓄、住宅積立貯金（郵便局）等があり、それぞれ比較検討して購入プランに合った手段を選択する。

図表2-3-32　住宅取得資金の状況

（単位：万円）

住宅の種類	所用資金（自己資金／自己資金比率）※上段：2022年度、下段：2020年度			
	首都圏	近畿圏	東海圏	全国
注文住宅	4,017 (805/20%)	3,991 (684/17%)	3,798 (661/17%)	3,717 (641/17%)
	3,809 (750/20%)	3,746 (652/17%)	3,606 (626/17%)	3,534 (619/18%)
土地付き注文住宅	5,406 (550/10%)	4,894 (497/10%)	4,694 (424/9%)	4,694 (450/10%)
	5,162 (535/10%)	4,540 (434/10%)	4,412 (423/10%)	4,397 (441/10%)
建売住宅	4,343 (397/9%)	3,713 (328/9%)	3,151 (192/6%)	3,719 (318/9%)
	3,923 (298/8%)	3,441 (236/7%)	3,013 (146/5%)	3,495 (247/7%)
中古戸建て	3,340 (375/11%)	2,524 (243/10%)	2,317 (196/9%)	2,704 (274/10%)
	3,025 (274/9%)	2,347 (168/7%)	2,070 (111/5%)	2,480 (199/8%)
新築マンション	5,328 (1,120/21%)	4,974 (1,002/20%)	4,435 (755/17%)	4,848 (988/20%)
	4,993 (830/17%)	4,459 (760/17%)	4,023 (506/13%)	4,545 (758/17%)
中古マンション	3,518 (616/18%)	2,776 (423/15%)	2,221 (256/12%)	3,157 (529/17%)
	3,246 (376/12%)	2,562 (281/11%)	2,205 (245/11%)	2,971 (343/12%)

（注）フラット35利用者の住宅取得資金の状況
（出所）住宅金融支援機構「フラット35利用者調査」2023年

■老後資金プランは老後の3大資金を考慮して設計する

　老後生活を送るための資金としては、「生活資金」だけでなく、「予備資金」「ゆとり資金」が必要になる。これらを老後の3大資金という。老後の3大資金は人生の中で用意するもので、「教育資金」「住宅購入資金」などのイベントに必要な資金とは別に、日常の生活費の収支をコントロールしながら準備するものである（図表2-3-33、図表2-3-34、図表2-3-35）。

　また、老後のいちばんの不安は、「健康」と「生活資金の不足」であり、この不安は年齢が高くなるほど増加してくる。これに対しては、医療を中心とした保険で生活習慣病などのリスクをカバーするほか、40歳代、50歳代からの確定拠出年金（個人型）、NISA、財形年金や個人年金など、老後の生活資金は自助努力の積み重ねがたいへん重要になってくる。

■ライフプランニングに必要な知識

　ライフプランニングには、さまざまな知識が必要になるが、特に重要なものにキャッシュフロー・マネジメントがある。キャッシュフロー・マネジメントとは収支と貯蓄残高の管理をしていくことであり、ライフサイクルに沿って収支と貯蓄残高の管理を続けるための基本となるものである。

　また、ライフプランでは最適な資金計画を立てて余剰資金を生み出すだけではなく、長期的な資産形成を考え、安全性と収益性のバランスを考えながら資産を配分することがたいへん重要である。

　これがアセットアロケーション（資産配分比率）であり、アセットアロケーションのやり方によって資産の成長は大きく異なってくる。最適なアセットアロケーションにするには、各人の投資期間、リスク許容度などを考慮し、各人のライフプランに基づいて決定することが重要である。

> **知って得する補足知識**　人生の4大資金
>
> 　ライフプランにおいて、「教育資金」「住宅購入資金」「老後資金」に「結婚資金」を加えて人生の4大資金ということもある。

図表2-3-33　老後の準備資金

		準備しておけばよいと考える金額	実際の金融資産保有額	
			平均	中央値
全体		1,920万円	1,307万円	330万円
年齢別	20歳代	1,763万円	249万円	30万円
	30歳代	1,964万円	601万円	150万円
	40歳代	2,068万円	889万円	220万円
	50歳代	1,992万円	1,147万円	300万円

（注）「年金支給時に最低限準備しておけばよいと考える金融資産額」を質問
（出所）金融広報中央委員会「家計の金融行動に関する世論調査［二人以上世帯調査］」令和5年

図表2-3-34　老後における生活資金源

資金源の種類	関東	四国	60歳代	70歳代	全体
就業による収入	48.0%	43.2%	40.8%	19.1%	46.4%
公的年金	65.1%	72.3%	80.3%	90.0%	68.1%
企業年金、個人年金、保険金	35.1%	29.7%	35.5%	31.7%	32.8%
金融資産の取り崩し	29.4%	25.7%	31.2%	31.4%	27.4%
利子・配当所得	12.2%	12.2%	10.9%	15.1%	11.2%
不動産収入（家賃、地代等）	4.5%	2.0%	4.5%	5.1%	4.6%
子どもなどからの援助	1.8%	1.4%	1.3%	1.8%	1.8%
国や市町村などからの公的援助	5.4%	7.4%	3.7%	4.1%	5.4%
その他	6.4%	4.7%	6.6%	5.0%	6.4%

（注）3項目以内での複数回答
（出所）金融広報中央委員会「家計の金融行動に関する世論調査［二人以上世帯調査］」令和5年

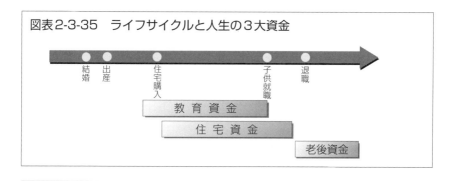

図表2-3-35　ライフサイクルと人生の3大資金

(2)　老後資産形成の計画や運用目標の考え方

> ●理解のためのキーポイント
>
> ❏ライフプランを退職前と退職後で分けて考える
> ❏狭義の資金計画では退職前がライフプラン、退職後がリタイアメント
> 　プラン
> ❏確定拠出年金は老後資産の原資づくりに適している

■ライフプランとリタイアメントプラン

　ライフプランは、生涯の資金計画であるが、退職前と退職後では収入や支出の状況が大きく異なる。

　退職前（現役）は、給与（勤労者）や事業売上（自営業者）が収入のベースであり、これらの収入から生活資金だけでなく、結婚、住宅購入、子供の教育、老後などの資金を計画的に準備していく必要がある。

　一方、退職後は給与などの勤労による収入がなくなり、継続的な収入の中心は公的年金や企業年金などになる。これに退職時の退職一時金や積み立てた金融資産を取り崩しながら生活費などをまかなっていくことになる。支出も、生活費は現役時代より減るのが一般的だが、医療費や介護費といった支出の増加要因も出てくる。なお、定年後も働く高齢者雇用の環境も整いつつあるので、勤労収入も考慮した計画も考えられる。

　こうしたことから、狭義の資金計画では、退職前の設計をライフプラン、退職後の設計をリタイアメントプランと呼ぶことが一般的である。ただし、ライフプランとリタイアメントプランは別物ではなく、ライフプランの中で退職後の生活を意識した老後資金づくりも進めていくなど関連づけて考えられるべきものである。

　ライフプランやリタイアメントプランは一度策定しても、定期的な確認と必要に応じた見直しが必要である。必ずしも毎回変更する必要はないが、確認作業は少なくとも毎年行うのが望ましい。資産の運用状況、離転職や傷病

など生活環境の変化、税制や社会保障制度の改正などにより、プラン内容と現実が乖離してくるからである。運用目標もこうした変化に合わせて修正していくことが必要となる。

　定期的な見直しの他にも、ライフプランやリタイアメントプランに大きな影響がある出来事が発生した場合には見直しが必要となる。離転職による収入見込みが大きく変化した場合などである。ただ、株式相場の大きな落ち込みなどの資産運用に関する大きな変化はあわてて対応しないほうがよい。長期運用の視点で冷静に分析し、資産配分の修正や売買のタイミングを判断すべきである。老後資産形成を目的とした運用は長期運用を基本とすべきであり、投資商品は短期的には大きな上げ下げが生じることがあるからだ。短期の変化に惑わされて長期的な果実を損ねないように注意したい。

■確定拠出年金の活用による老後資産形成

　確定拠出年金は、現役時代のライフプランに組み込んでリタイアメントプランニングで活用できる優れた制度である。

　第1に税制優遇で「課税繰り延べ効果」、第2に長期の運用としての「複利効果」というメリットがある。確定拠出年金の拠出金は拠出時非課税で、給付時まで課税が繰り延べられるため、長期の資産運用では大きな違いになって表れる（図表2-3-36）。

　例えば一般的な預貯金の場合、その利子には約20％の源泉分離課税が課せられるが、この約20％の源泉分離課税が、長期にわたって課せられないので資産の成長のスピードが速くなる。つまり、確定拠出年金は「課税繰り延べ効果」と「複利効果」が重なることにより、投資期間が長期になればなるほど大きなメリットがあるのである。

　ただ、確定拠出年金は資産づくりにおいて優れた制度であるが、注意しなければならない点がある。それは、原則として60歳まで資産の途中引き出しができないことである。

　人生には緊急に資金が必要なときが多々ある。例えば、住宅ローンの返済資金の不足、不慮の事故、病気、失業などが、60歳未満で発生したときの資

図表2-3-36　確定拠出年金の資産成長イメージ

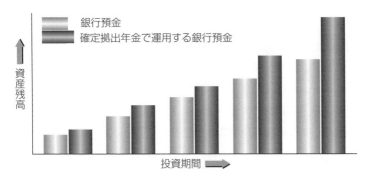

（注）1. 同じ銀行預金を確定拠出年金の投資商品として運用した場合の資産
　　　　成長差のイメージ
　　　2. 同じ原資でも課税の分だけ毎回の拠出額が異なり、運用収益の差も
　　　　広がっていく

金には確定拠出年金の資産は利用できない。ただ単に、メリットだけにとらわれては支障をきたすことがあるので、リタイアメントプランを作成するときは、確定拠出年金のメリット、デメリットを考慮に入れて、必要資金の確保に支障をきたさないようにプランを立てなければならない。

(3) ライフプランの立て方とキャッシュフロー分析

●理解のためのキーポイント

❑ライフプランニング時には顧客のできるだけ正確な情報収集を行う

❑キャッシュフロー分析では年間収支と貯蓄残高が重要

❑キャッシュフロー・マネジメントとは、生涯にわたる収入と支出の計画管理（コントロール）をすること

■ライフプランニングの手順

ライフプランニングでは、顧客のライフデザインを把握したうえでライフプランを作成していく。手順としては、以下のようになる（図表2-3-37）。

手順1では、顧客が何を希望し、どのように生きたいかを知るために面談を行い、質問シートに記入してもらって、顧客の情報を得る。質問シートには、家族構成、収入、生活費、貯蓄高、持ち家、賃貸住宅、ローンの有無、子供の教育費、結婚援助資金、保険契約の種類、離転職、退職後の生活費、年金などの質問事項を入れて、資金の状況を明らかにする。

手順2では、顧客にライフイベントを列挙してもらい、そのイベントに対して、どのくらいの資金が必要なのかを見積もる。

手順3では、現状の支出（日常生活費）、収入（可処分所得）、資産（時価）を把握する。次に、将来の支出、収入を予想してキャッシュフロー表を作成

| 知って得する補足知識 | 可処分所得と手取り |

ライフプランで考える可処分所得とは、年収から直接税（所得税、住民税）や、社会保険料（公的年金、公的医療保険、公的介護保険、雇用保険の保険料）を控除した金額である。給与所得者で、可処分所得からさらに生命保険料、損害保険料などが給与から控除されている場合には、手取り収入と可処分所得が、同じにならないので注意する。

図表 2-3-37　DC プランナーのライフプランニングの手順（例）

手順1	顧客の希望の把握	顧客が希望する人生設計を把握する ※質問シートと面談により情報を得る
手順2	必要資金の把握	何に対して、いつ、どのくらいの資金が 必要なのかを把握する ※ライフイベント表の作成
手順3	キャッシュ フロー分析	キャッシュフロー表を作成し、キャッシュ フロー分析を行う ※全期間の収支と貯蓄残高のバランスをチェック
手順4	提案書の提出	キャッシュフロー分析の結果をもとにして 問題点の指摘と対策前・対策後のキャッシ ュフロー表を顧客に説明
手順5	実行の援助	実行にあたっての具体的な手助けや助言、 必要な知識、情報の提供
手順6	メンテナンス	定期的なチェックと必要に応じての見直し

し、キャッシュフロー分析を行う。重要なポイントは、貯蓄額がマイナスにならないかのチェックで、継続してマイナスになるなら改善が必要である。

手順4では、キャッシュフロー分析をもとに問題点を発見し、解決策を提案する。それに付随してキャッシュフロー表を修正するが、修正する根拠を顧客に十分理解してもらうことが大切である。

手順5では、顧客に解決策を実行するのに必要な知識、情報、注意点などをアドバイスし、実行の援助を行う。

手順6では、ライフプランの定期的なチェックと、経済情勢、家族状況などの大きな変化に応じてプランの見直しを適宜行う。

■キャッシュフローとキャッシュフロー表

キャッシュフローとは、各年度ごとの家計の収支と貯蓄残高のことであり、これを生涯の一定期間にわたって1つの表にまとめたものがキャッシュフロー表である（図表2-3-38）。

キャッシュフロー表に記入されている現在の収支や将来の収支予測、現在の貯蓄残高と将来の貯蓄残高の予測などを分析することによって、ライフプランに基づいた問題点を発見し、改善策を考えるのである。

キャッシュフロー表の作成手順は、①家族構成と年齢の記入、②家族全員のライフイベントの記入、③現状の支出（日常の生活費）、収入（可処分所得）、資産（取り崩しができるものを時価評価する）の記入、④将来の収支予測（賃金、物価の変動を考慮）の記入、⑤現在の貯蓄残高と将来の貯蓄残高の予測の記入といった作業になる。

■キャッシュフロー・マネジメントとキャッシュフロー分析

キャッシュフロー・マネジメントとは、生涯にわたる収支と貯蓄残高をコントロールすることである。総合的なキャッシュフロー分析をすることにより、生涯の収支と貯蓄残高をコントロールしていくのである。

キャッシュフロー分析は、キャッシュフロー表だけでなく、キャッシュフロー表では読み取れないローンの契約内容、保険契約の内容、金融資産のバ

図表 2-3-38 ライフプランのキャッシュフロー表 (例)

			1	2	3	4	5	6	7	8	9	10
経過年数			1	2	3	4	5	6	7	8	9	10
西　暦			'24年	'25年	'26年	'27年	'28年	'29年	'30年	'31年	'32年	'33年
家族構成	夫		57歳	58歳	59歳	60歳	61歳	62歳	63歳	64歳	65歳	66歳
	妻		53歳	54歳	55歳	56歳	57歳	58歳	59歳	60歳	61歳	62歳
	長男		19歳	20歳	21歳	22歳	23歳	24歳	25歳	26歳	27歳	28歳
	長女		17歳	18歳	19歳	20歳	21歳	22歳	23歳	24歳	25歳	26歳
ライフイベント	夫								車買い替え		定年退職	海外旅行
	妻											
	長男					大学卒業						結婚
	長女			大学入学				大学卒業			結婚	
収入	給与	変動率1%	750	758	765	773	780	788	796	804	812	
	退職金										2000	
	公的年金	1%									180	182
	企業年金										40	40
	その他											
	収入合計		750	758	765	773	780	788	796	804	3032	222
支出	生活費	1%	400	404	408	412	416	420	425	429	433	437
	住居費		150	150	150	150	150	150	150			
	教育費		150	450	300	150	150					
	車								150			
	生命保険		40	40	40	40	40	40	40	40	40	
	その他										200	150
	支出合計		740	1044	898	752	756	610	765	469	673	587
年間収支			10	-286	-133	21	24	178	31	335	2359	-365
貯蓄残高			700	414	281	302	326	504	535	870	3229	2864

(注) 1. 金額の単位は万円
　　 2. 住宅ローンは63歳で返済完了、大学は入学一時金150万円、結婚補助は長女200万円、長男100万円
　　 3. 理解の便宜上、65歳定年、公的年金の支給開始を65歳とするなどしている

図表 2-3-39　ライフプランとライフプランニング全体のイメージ図

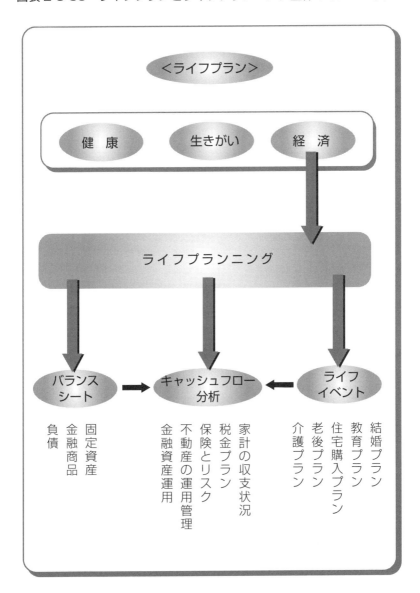

ランスなどを含めて総合的に分析をする。この分析をもとにして、資産確保のために、投資商品の選択、資産運用の方法を決定して、積立プランを作成する。

■積立プランに影響を与える2つの要素と調整

　積立プランで重要なことは、アセットアロケーション（金融資産の配分）とリスク許容度である。リスク許容度に応じて、投資可能な資産配分の組み合わせが異なり、リスク許容度の取り方によっては、必要資金が準備できないことがある。その場合には、今一度、人生の目標を達成するには何が重要なのか、何が不足しているのかを確認しながら、ライフプラン全体を検討する必要がある（図表2-3-39）。

　また、当初の積立プランが適切であっても、アセットアロケーションやリスク許容度は、時間とともに変化していく。そのため、変化に合わせてアセットアロケーションを調整する必要が出てくる。調整方法としては、当初設定した配分を元に戻す「リバランス」と当初設定の配分そのものを変える「リアロケーション」の2つがある（→p.328）。

(4) リタイアメントプランの立て方と活用

●理解のためのキーポイント

❏老後の生活費は夫婦で現役時代の生活費の7割から8割
❏老後の収入は、収入見込みがはっきりしているものだけを見積もる
❏キャッシュフロー表は、平均寿命から数年先まで作成する

■老後の生活費を把握する

　60歳の人の平均余命は男性約24年、女性約29年（厚生労働省「簡易生命表」2022（令4）年である。引退後収入が減っても20年から30年の老後の生活がある。

　リタイアメントプランを立てるにあたって必要なことは、引退後の必要生活費と自己の収入の把握である。老後の生活費には個人差があるが、平均月額約27万円、最低生活費約23万円、ゆとりある生活費約38万円である（図表2-3-40、図表2-3-41）。

図表 2-3-40　老後に最低限必要な1カ月の生活費

消費支出	月平均額	構成比
食料	72,930円　（65,804円）	29.1% (29.3%)
住居	16,827円　（14,518円）	6.7% (6.5%)
光熱・水道	22,422円　（19,845円）	8.9% (8.8%)
家具・家事用品	10,477円　（10,258円）	4.2% (4.6%)
被服及び履物	5,159円　（ 4,699円）	2.1% (2.1%)
保健医療	16,879円　（16,057円）	6.7% (7.2%)
交通・通信	30,729円　（26,795円）	12.2% (11.9%)
教育	5円　（　　4円）	0.0% (0.0%)
教養娯楽	24,690円　（19,658円）	9.8% (8.8%)
その他（交際費など）	50,839円　（46,753円）	20.3% (20.8%)
合計	250,959円 （224,391円）	100% (100%)
税・社会保険料等	31,538円　（31,160円）	——
支出計	282,497円 （255,551円）	——

（出所）2023（令5）年『家計調査年報』総務省（カッコ内は2020年）
（注）1. データは夫婦高齢者無職世帯（65歳以上の夫婦のみの無職世帯）による
　　　2. 構成比は端数調整による誤差がある

図表 2-3-41　ゆとりある老後の生活費（月額）

（単位：万円／月）

		最低限の生活費	ゆとりのある生活費	ゆとりのための上乗せ額
平均		23.2	37.9	14.8
世帯年収別	300万円未満	21.6	35.3	13.8
	300万円以上500万円未満	23.1	36.4	13.3
	500万円以上700万円未満	23.2	38.0	14.7
	700万円以上1,000万円未満	23.8	39.3	15.5
	1,000万円以上	26.5	44.7	18.2
市郡規模別	大　　都　　市	24.0	39.1	15.1
	中　　都　　市	23.3	38.2	14.9
	小　　都　　市	22.2	36.2	14.0
	郡　　　　部	22.2	37.0	14.9

（注）1．調査対象：全国（400地点）18～79歳の男女個人4,844人
　　　2．調査時期：2022年4月6日～6月10日
　　　3．大都市……21大市（政令指定都市）　小都市……人口10万人未満の都市
　　　　　中都市……21大市を除く人口10万人以上の都市　郡部……大・中・小都市以外の地域
（出所）生命保険文化センター「生活保障に関する調査」。同調査は3年ごとに実施

図表 2-3-42　高齢者世帯の所得の推移

（単位：万円、％）

	総所得	稼働所得	公的年金・恩給	財産所得	年金以外の社会保障給付金	仕送り・企業年金・個人年金・その他の所得
2012年（平成24年）	309.1 (100.0)	55.7 (18.0)	211.9 (68.5)	22.2 (7.2)	2.5 (0.8)	16.8 (5.4)
2018年（平成30年）	312.6 (100.0)	72.1 (23.0)	199.0 (63.6)	20.4 (6.5)	1.8 (0.6)	19.4 (6.2)
2021年（令和3年）	318.3 (100.0)	80.3 (25.2)	199.9 (62.8)	17.2 (5.4)	1.8 (0.6)	19.0 (6.0)

（注）1．調査対象（2021年）：所得票については全国約3万世帯（約7万人）
　　　2．調査時期：2022年7月14日（所得票）。3年ごとに大規模調査（他は簡易調査）
　　　3．（　）内は構成比
（出所）厚生労働省「国民生活基礎調査」最新調査は2022年（大規模調査）

　老後の収入の柱である公的年金のモデルは、月額23万483円(2024〈令6〉年度額。68歳以下）である（夫が厚生年金に40年加入し、妻が専業主婦）。この額を受給できれば、最低生活費を賄えるわけだが、実際の公的年金の平均受給額は、年間約200万円、月当たり約16万6,000円（図表2-3-42）なので、不足分を企業年金や自助努力でカバーしなくてはならない。そこで、リタイアメントプランの作成が重要になってくる。

■リタイアメントプランの作成手順

　リタイアメントプラン作成の手順例は、以下のようになる（図表2-3-43）。

　手順1では、老後はどのような生活を送りたいかをイメージする。海外旅行に行きたい、ボランティア活動で生きがいを見つけたいなど。

　手順2では、現状を把握する。現在の収支、貯蓄残高、資産内容、借入金などをチェックする。

　手順3では、老後生活の必要資金を見積もる。現在の高齢者の資料を参考にしながら老後生活の必要資金を見積もる。一般的には夫婦で現役時代の7割から8割、単身者の場合5割から6割といわれている。また、老後の医療費は現在より増加し、介護費用も加わる可能性があることに注意する。

　手順4では、老後の収入を見積もる。収入見込みがはっきりしているものだけを見積もる。退職金、満期保険金、公的年金、企業年金、個人年金などが見積もりに含まれるが、株式の配当などは不確実な収入なので除く。

　手順5では、キャッシュフロー分析をする。平均寿命から数年先までの資金計画を立てキャッシュフロー表を作成して分析する（図表2-3-44）。

　手順6では、キャッシュフロー分析によって収支、貯蓄などの金融資産の増減などをチェックして問題点を洗い出す。資金不足の場合は、資産運用の方法や投資配分等についての改善策を検討しなければならない。

　以上が、リタイアメントプラン作成の手順例であるが、実際の手順の過程では健康管理、介護負担、相続対策などを含めて総合的にリタイアメントプランを作成する必要がある。

図表 2-3-43　リタイアメントプランの作成手順（例）

手順1	老後の希望を把握	老後はどのような生活を送りたいかをできるだけ具体的にイメージする。
手順2	現状を把握	現在の収支、貯蓄残高、資産内容、借入金などをチェックする。
手順3	老後生活の必要資金の把握	現在の高齢者の資料を参考にして、老後生活の必要資金を見積もる。一般的には夫婦で現役時代の7割から8割といわれている。
手順4	老後の収入の把握	収支見込みがはっきりしているものだけを見積もる。株式の配当など不確実な収入は除く。
手順5	キャッシュフロー分析	平均寿命から数年先までの資金計画を立ててキャッシュフロー表を作成し、キャッシュフロー分析をする。
手順6	問題点に対する改善案	キャッシュフロー分析によって洗い出された問題点に対して改善案を作成し、実行する。

図表2-3-44　リタイアメントプランのキャッシュフロー表（例）

経過年数			1	2	3	4	5	6	7	8
西　暦			'24年	'25年	'26年	'27年	'28年	'29年	'30年	'31年
家族構成	夫		65歳	66歳	67歳	68歳	69歳	70歳	71歳	72歳
	妻		61歳	62歳	63歳	64歳	65歳	66歳	67歳	68歳
	長男		30歳	31歳	32歳	33歳	34歳	35歳	36歳	37歳
	長女		28歳	29歳	30歳	31歳	32歳	33歳	34歳	35歳
ライフイベント	夫		定年退職	海外旅行	車買い替え		海外旅行	住宅改修		海外旅行
	妻						国民年金受給開始			
	長男			結婚						住宅取得
	長女		結婚							
		変動率								
収入	給与		750							
	退職金		1500							
	公的年金	2%	300	306	312	318	405	413	421	430
	企業年金		100	100	100	100	100	100	100	100
	その他									
	収入合計		2650	406	412	418	505	513	521	530
支出	生活費	2%	280	286	291	297	303	309	315	322
	住居費							1000		
	教育費									
	車				150					
	生命保険		40	40	40	40	40	40	40	40
	その他		200	200			100			1100
	支出合計		520	526	481	337	443	1349	355	1462
年間収支			2130	-120	-69	81	62	-836	166	-932
貯蓄残高			4630	4510	4441	4522	4584	3748	3914	2983

（注）1．金額の単位は万円。1年目の期初貯蓄残高は2,500万円
　　　2．結婚補助は長女200万円、長男100万円、住宅取得補助は長女、長男とも各1,000万円、
　　　　海外旅行は3年に一度100万円、車買い替えは6年に一度150万円

9	10	11	12	13	14	15	16	17	18	19	20
'32年	'33年	'34年	'35年	'36年	'37年	'38年	'39年	'40年	'41年	'42年	'43年
73歳	74歳	75歳	76歳	77歳	78歳	79歳	80歳	81歳	82歳	83歳	84歳
69歳	70歳	71歳	72歳	73歳	74歳	75歳	76歳	77歳	78歳	79歳	80歳
38歳	39歳	40歳	41歳	42歳	43歳	44歳	45歳	46歳	47歳	48歳	49歳
36歳	37歳	38歳	39歳	40歳	41歳	42歳	43歳	44歳	45歳	46歳	47歳
車買い替え		海外旅行			海外旅行	車買い替え	住宅改修	海外旅行			海外旅行
	住宅取得										
438	447	456	465	475	484	494	504	514	524	534	545
100	100	100	100	100	100	100					
538	547	556	565	575	584	594	504	514	524	534	545
328	335	341	348	355	362	369	377	384	392	400	408
							500				
150						150					
40	40	40	40	40	40	40	40	40	40	40	40
	1000	100			100			100			100
518	1375	481	388	395	502	559	917	524	432	440	548
20	-827	75	177	179	82	34	-413	-11	92	94	-3
3003	2175	2250	2427	2607	2688	2723	2309	2299	2390	2485	2482

　3．妻は65歳から国民年金（老齢基礎年金）年額80万円受給、企業年金は毎年100万円で15年間
　4．理解の便宜上、65歳定年、公的年金の支給開始を65歳とするなどしている

(5) 運用リスクの度合いに応じた資産配分

●理解のためのキーポイント

❑アセットアロケーションは投資期間とリスク許容度を確認しながら
決定する
❑リスク許容度は年齢だけでなく各人によって異なるので、投資期間
なども含めて総合的に決定する

■投資期間とリスク許容度を確認しながら決定

　リタイアメントプランニングにおいてアセットアロケーションは非常に重要であり、各人の投資期間とリスク許容度を確認しながらアッセトアロケーションを決定しなければならない。

　一般的には投資期間が長くとれる人（若い人）はリスク許容度が高く、リスクの高い投資資産の配分比率を上げてハイリターンを目指すことも可能である。また、投資期間が短い人（高齢者）ほどリスク許容度が低いので、リスクの低い投資資産の配分比率を上げて安定的なリターンを目指すことが望ましい。

　しかし、リスク許容度は、年齢、所有資産の規模、公的年金や企業年金の受給予定額、ローンの有無、ライフイベントに対する資金などの客観的要素と、個人の希望やリスクに対する考え方などの主観的要素も反映させて決めなくてはならない。また、時間が経過することによって以前はリスク許容度が低い人であっても、リスク許容度の高い人に変わる場合もあり、その逆もありうる。

　このような点を考慮して一人一人に合わせたアセットアロケーションを決めることが重要である。

(6) 老後に必要となる資産の計算

> **●理解のためのキーポイント**
>
> ❑退職から余命までの不足額の合計を求めて、退職時の必要積立額を
> 　明らかにする
> ❑退職時の必要積立額をいつから、いくら積み立てるかを決めるのが
> 　重要なポイント
> ❑退職後の運用と取り崩しの資金プロセスも明らかにする

■公的年金額と老後の生活費の不足額

　高齢者世帯の生活費は、家族構成、資産保有の状況などによって異なるが、ゆとりある老後生活を送るためには、どのくらいの資金が必要なのかを把握する必要がある。

　前述したように、ゆとりある老後の生活費は月額約38万円である。これに対して、退職後の収入は公的年金が中心である。公的年金で確保できる金額は、老齢基礎年金（国民年金の保険料を40年間納付）で月額約6万8,000円、夫婦2人で月額約13万6,000円である。

　これに厚生年金の加入期間がある人は厚生年金が加算される。加算額は、厚生年金に加入していた月数とその間の給与によって異なるが、平均額は月額約9万円で老齢基礎年金月額約13万6,000円に厚生年金月額約9万円を足して月額約23万円が夫婦2人に支給される。

　ゆとりある老後の生活費は月額約38万円なので比較すると、
　　○夫、妻がともに国民年金の場合
　　　　380,000円 － 136,000円 ＝ 244,000円（不足額）
　　○夫が厚生年金、妻が国民年金の場合
　　　　380,000円 － 230,000円 ＝ 150,000円（不足額）
となる。高齢者世帯の実際の年金受給額の平均は月額約16万6,000円（厚生労働省「国民生活基礎調査」令和4年）なので、一般的にはこれより不足額

が多くなるものと思われる。

■老後の生活費の不足額と積立額の計算

　公的年金だけでは老後の生活費が不足するので、これを補わなければならない。そこで、退職から余命（平均寿命から想定）までの不足額の合計を求めて、退職時の必要額を明らかにする。そして、確定拠出年金制度などを利用して退職前から積み立てを始めるのである。いつから、いくら積み立てるかを決めることがリタイアメントプランの重要なポイントである。

　運用商品の配分や積立期間を変えることによって多様なプラン設定が可能になり、老後の生活費の充足だけではなく、公的年金の支給開始年齢が65歳になったときのつなぎ資金や、退職直後から5年間は旅行を頻繁にするなどの趣味や生きがいの資金確保の計算などにも使える。

〈老後の生活費の不足額と必要資金積立額の求め方の手順〉

①　老後の生活費（1年分）と公的年金（1年分）の差額を求める

　　老後の生活費（1年分）－公的年金（1年分）＝年間不足額

②　定年時点（現役引退時）の年金原資（必要資金）を求める

　　年間不足額×年金現価係数（老後期間、想定運用利率）＝年金原資

　　※老後期間＝定年時から想定余命まで

③　年金原資を満たすための積立額を求める（毎年の積立額）

　　年金原資÷年金終価係数（積立期間、想定運用利率）＝毎年積立額

　　※試験では減債基金係数表はないので年金終価係数から求める

　　※年金原資×減債基金係数＝毎年の積立額でも求めることができる

┃知って得する補足知識┃　係数の逆数で計算する

　試験では減債基金係数表、資本回収係数表の表示はないので、減債基金係数と資本回収係数の意味を知っておけばよい。計算は、減債基金係数は年金終価係数の逆数、資本回収係数は年金現価係数の逆数で計算できるようにしておく。

では、具体的に事例で求めてみよう。

≪事例≫

老後の生活費	60歳から年額300万円（月額25万円）必要
公的年金額	年額200万円（月額16万6,000円）
老後期間	25年（85歳まで）
運用利率（年利）	2%（想定運用利率）
積立期間	20年（40歳から60歳まで）

① 不足額を求める

300万円（老後の生活費）－ 200万円（公的年金額）＝ 100万円（年間不足額）

② 年金原資（60歳時点の必要額）を求める

100万円 × 19.9139（年金現価係数25年、2%）≒ 1,992万円（年金原資）

③ 年金原資を満たすために、毎年の積立額を求める

1,992万円 ÷ 24.7833（年金終価係数20年、2%）≒ 803,768円（毎年の積立額）

　以上から不足額を満たすための原資は60歳時点で約1,992万円必要であり、40歳から20年間でこの額を貯めるには、毎年約80万3,800円を積み立てればよいことがわかる。ただし、ここでは、課税・手数料等については考慮していない。

※年金終価係数表及び年金現価係数表は310ページ参照

■退職所得に対する課税の仕組みと計算

　退職所得とは、退職により受け取る退職一時金や退職手当、退職給与、確定拠出年金の一時金などの所得をいい、これらを合算したものが退職所得の収入になる。また、確定拠出年金は掛金拠出期間を勤続年数とみなすが、運用指図者の期間は勤続年数とみなさないので、退職所得控除の計算には注意が必要である。

　なお、確定拠出年金の脱退一時金は、税法上一時所得になり、50万円の一時所得控除しか適用されない。

退職所得と税金の計算

（退職所得の収入－退職所得控除額）×2分の1※＝退職所得（課税対象額）

退職所得 × 税率（所得税、住民税）＝税額

※勤続年数5年以内の場合、以下の場合は2分の1を乗じないで計算する。
　①法人役員等（法人役員のほか公務員、国会議員、地方議会議員も含む）
　②法人役員等以外の一般従業員（300万円を超える部分のみ）
　　300万円以下の部分……2分の1を乗じる
　　300万円超の部分………2分の1を乗じない
　　（例）退職所得の収入1,000万円、勤続年数5年の場合
　　　　　150万円＋{退職所得の収入－（300万円＋退職所得控除額）}
　　　　＝150万円＋{1,000万円－（300万円＋200万円）}
　　　　＝650万円（退職所得）
　（注）②は2022（令4）年1月分から適用

退職所得控除額表

勤続年数	退職所得控除額
20年以下	40万円 × 勤続年数（最低保障80万円）
20年超	{70万円 ×（勤続年数－20年）}＋800万円

　（注）勤続1年未満の端数は1年に切り上げる

では、具体的に事例で求めてみよう。

≪事例≫

　確定拠出年金の掛金拠出期間が29年1カ月ある60歳の人が、2,000万円を一時金で受け取った場合の税額、税引き後の受取額を求める。ただし、税率は所得税、住民税それぞれ10％とし、復興特別所得税は考慮しないものとする。

①退職所得控除額の計算

　　{70万円×（30年－20年）}＋800万円＝1,500万円……退職所得控除額

　　（注）勤続1年未満の端数は切上げになるので勤続年数は30年になる

②退職所得（課税対象額）の計算

　　（2,000万円－1,500万円）×2分の1＝250万円……………退職所得

③税額の計算

　　所得税の計算　250万円×10％＝25万円

　　住民税の計算　250万円×10％＝25万円

　　25万円＋25万円＝50万円………………………………税額

　　分離課税なので50万円が源泉徴収され課税は終了する。

④税引き後所得の計算

　　2,000万円－50万円＝1,950万円 ………………税引き後受取額

知って得する補足知識　退職所得の計算

　試験では退職所得控除額表と退職所得（課税対象額）を求める計算式は表示されていない。表と計算式は必ず記憶して、退職所得控除額と退職所得金額を求められるようにしておかなければならない。試験には毎回のように出題されているので、合否を分ける可能性がある。

■公的年金等に対する課税の仕組みと計算

　国民年金、厚生年金、厚生年金基金、適格退職年金、確定給付企業年金、確定拠出年金などは、「公的年金等に係る雑所得」とみなされ、一定額以上になると所得税が課税される。ただし、公的年金等控除、配偶者控除などの控除が受けられ、年金額から公的年金等控除額（→p.214）や基礎控除額などを差し引いた額が一定額に満たない場合は課税されない。

　では、公的年金等控除額、税額、税引き後受取額を具体的に事例で求めてみよう（試験では公的年金等控除額表、税率は表示される）。

≪事例≫

> 　確定拠出年金から毎年100万円、厚生年金から毎年110万円を受給する人の64歳のときの税引き後受取額を求める。ただし、公的年金等控除額以外の所得控除は110万5,000円、税率は20％（所得・住民税）とし、復興特別所得税は考慮しないものとする。

　使用する計算式は、次のようになる。
　　公的年金等収入金額　−（公的年金等控除額＋その他の所得控除額）
　　＝課税対象額
　　課税対象額×税率＝税額
①64歳のときの公的年金等控除額（→p.214参照）
　　100万円＋110万円＝210万円（公的年金等収入金額）
　　210万円×25％＋27万5,000円＝80万円……公的年金等控除額
②64歳のときの課税対象額
　　210万円−（80万円＋110万5,000円）＝19万5,000円……課税対象額
③64歳のときの税額
　　19万5,000円×20％＝3万9,000円…………税額
④64歳のときの税引き後の受取額
　　210万円−3万9,000円＝206万1,000円……税引き後受取額

---

5. 老後資産形成マネジメントの最新の動向

●理解のためのキーポイント

❑注目を浴びた老後資金2,000万円問題と老後資産形成へのヒント

❑資産形成に活用できる税制優遇制度（確定拠出年金、NISAなど）
　が整備されてきている

❑退職後もリスク資産を一定程度維持しながら資産寿命を延ばす

■老後資産形成への理解を深める必要性

　金融庁の金融審議会「市場ワーキング・グループ」による報告書「高齢社会における資産形成・管理」（2019〈令元〉年6月3日公表）での「老後30年間で約2,000万円が不足する」という試算は世の中に衝撃を与えた。

　一つのモデルケース（夫65歳以上、妻60歳以上の夫婦のみの高齢無職世帯で毎月約5.5万円の不足が生じるとした場合）での試算に過ぎないが誤解をもって世の中に伝えられたため話題となった。しかし、老後資産形成の重要性について多くの人に関心を持たせたという面はあった。

　報告書は、次のような老後資産形成に生かせる内容が多く読み取れる。

・老後資金が不足する理由（平均寿命の延び、退職金の減少傾向、各世代の収入・年金受給額の低下傾向）

・自分の状況の「見える化」と「自助」の充実……ライフプランで必要となる収支を把握し、資産が不足すると思われるときには、就労継続、支出の再点検・削減、保有資産の活用による資産形成・運用といった自助の充実を行っていく

・資産寿命を延ばす……年金などの収入で不足する部分は金融資産の取り崩しで補っていく。そのため単に資産を取り崩していくのではなく、長寿化に対応して資産寿命を延ばす必要がある

・早い時期から老後のライフ・マネープラン（リタイアメントプラン）の作成と検討……特に、老後期間の長期化に対応した資産運用（退職後を含む）

と取り崩しのシミュレーションを行っていくことが重要

■税制優遇制度の活用と老後資産形成に関する各種調査

　老後資産づくりの方法には、定期預金などをはじめさまざまなものがあるが、長期投資に向いた税制優遇制度も整備されてきているので積極的に活用したい。代表的なものが確定拠出年金（特に、個人型年金〈iDeCo〉）とNISA（特に、「つみたて投資枠」）である。いずれも少額の積立が可能であり、長期的に税制優遇の効果が大きくなる。

　また、長期にわたる老後資産形成の運用では、資産形成に関連する状況が変化していく。こうした動きを常に把握して老後資産形成マネジメントに生かしていくことが求められる。そのために、老後資産形成に関係する各種調査には常に目を通しておきたい。DCプランナーの試験でもよく取り上げられるものとして、「簡易生命表」（厚生労働省）、「夫婦高齢者無職世帯及び高齢単身無職世帯の家計収支」（総務省「家計調査年報」）、「ゆとりある老後生活費」他（生命保険文化センター）などがある。

　リタイアメントプラン作成の資料としても、老後に必要な1カ月の生活費は「夫婦高齢者無職世帯の家計収支」、上乗せとしての生活費は「ゆとりある老後生活費」の調査統計が指標とされることが多い。

Part 3

資料（法令条文）

● 確定拠出年金並びにこれに基づく政令
及び省令について（法令解釈）

平成13年8月21日年発第213号

第1 企業型年金規約の承認基準等に関する事項

企業型確定拠出年金（以下「企業型年金」という。）の規約の承認基準については、確定拠出年金法（平成13年法律第88号。以下「法」という。）第4条第1項並びに確定拠出年金法施行令（平成13年政令第248号。以下「令」という。）第5条及び第6条に規定されているところであるが、次に掲げる事項については、それぞれ次のとおりとすること。

1．企業型年金加入者とすることについての「一定の資格」の内容

実施事業所の従業員（企業型年金を実施する厚生年金適用事業所に使用される第一号等厚生年金被保険者をいう。以下同じ。）が企業型年金加入者となることについて企業型年金規約で法第3条第3項第6号の「一定の資格」を定めたときは、当該資格を有しない者は企業型年金加入者としないが、当該資格を定めるに当たっては次のとおりとし、「短時間・有期雇用労働者及び派遣労働者に対する不合理な待遇の禁止等に関する指針」（平成30年厚生労働省告示第430号）の「基本的な考え方」を踏まえること。

（1）「一定の資格」として定めることができる資格とは、次の①から④に掲げる資格であり、これら以外のものを「一定の資格」として定めることは、基本的には特定の者に不当に差別的な取扱いとなるものであること。

① 「一定の職種」

「一定の職種」に属する従業員のみを企業型年金加入者とすること。この場合において、「職種」とは、研究職、営業職、事務職などの労働協約又は就業規則その他これらに準ずるもの（以下「労働協約等」という。）において規定される職種をいい、これらの職種に属する従業員に係る給与及び退職金等の労働条件が他の職種に属する従業員の労働条件とは別に規定されているものであること。

② 「一定の勤続期間」

実施事業所に使用される期間（いわゆる勤続期間）のうち、「一定の勤続期間以上（又は未満）」の従業員のみを企業型年金加入者とすること。なお、見習期間中又は試用期間中の従業員については企業型年金加入者としないことができるものであること。

③ 「一定の年齢」

「一定の年齢未満」の従業員のみを企業型年金加入者とすること。

（注）確定拠出年金は従業員の老後の所得確保を図るための制度であって、「一定の年齢」を60歳より低い年齢とすることはできない。ただし、企業型年金の開始時又は企業型年金加入者の資格取得日に50歳以上の従業員は、自己責任で運用する期間が短く、また、60歳以降で定年退職してもそのときに給付を受けられないという不都合が生じるおそれがあることから、50歳以上の一定の年齢によって加入資格を区分し、当該一定の年齢以上の従業員を企業型年金加入者とせずに、当該一定の年齢未満の従業員のみを企業型年金加入者とすることはできるものであること。

④ 「希望する者」

従業員のうち、「企業型年金加入者となることを希望した者」のみを企業型年金加入者とすること（この場合にあっては、企業型年金加入者がその資格を喪失することを任意に選択できるものではないこと。）。

（2）企業型年金加入者とすることについて「一定の資格」を定める場合、基本的には、

ア 上記（1）の①及び②に掲げる場合においては、企業型年金加入者とならない従業員については、厚生年金基金（加算部分）、確定給付企業年金又は退職手当制度（退職手当前払制度を含む。以下同じ。）が適用されていること

イ 上記（1）の③（注）ただし書及び④

に掲げる場合においては、企業型年金加入者とならない従業員については、確定給付企業年金（④に掲げる場合に限る。）又は退職手当制度が適用されていることとするとともに、これらの制度において企業型年金への事業主掛金の拠出に代わる相当な措置が講じられ、企業型年金加入者とならない従業員について不当に差別的な取扱いを行うこととならないようにすること。

（3）労働協約等における給与及び退職金等の労働条件が異なるなど合理的な理由がある場合にあっては、企業型年金加入者の資格を区分（グループ区分）することができること。

2．事業主掛金に関する事項

（1）「定額」の内容

　　事業主掛金について、「定額」とする場合には、基本的には、当該企業型年金加入者の全員が同額の事業主掛金額となるようにしなければならないこと。

（2）「給与」の具体的な内容

　　法第4条第1項第3号中の「給与」とは、以下の基準に該当するものとすること。

① 「給与」は、給与規程若しくは退職金規程又はこれらに準ずるものに定められたものを使用することを原則とするが、年金制度のために特別に定められた給与であっても、事業主による恣意性が介入するおそれがないと認められるもの（厚生年金基金及び確定給付企業年金において認められているポイント制により算出した給与を含む。）については、給与規程若しくは退職金規程又はこれらに準じるものに定めることにより、法第4条第1項第3号の給与とすることができること。

② 役職手当、特殊勤務手当、技能手当等毎月一定額が支給され本来基準内賃金と見なされる給与については、法第4条第1項第3号の給与とすることができること。

③ 厚生年金保険の標準報酬月額を法第4条第1項第3号の給与とすることができること。その際、標準報酬月額に標準賞与額に相当するものを加えることも可能とするこ

と。

④ 就業規則又は労働協約に日給者及び月給者の区分が明定されている場合において、日給の月給換算は就業規則又は労働協約の定めによるものとし、その定めがない場合は、20～30倍の範囲で換算するものとすること。

（3）「その他これに類する方法」の内容

　　法第4条第1項第3号中の「その他これに類する方法」とは、定額と給与に一定の率を乗ずる方法により算定した額の合計額により算定する方法をいうものであること。

（4）企業型年金加入者間で事業主掛金額に差を設ける場合にあっては、「短時間・有期雇用労働者及び派遣労働者に対する不合理な待遇の禁止等に関する指針」の「基本的な考え方」を踏まえ、労働協約等における給与及び退職金等の労働条件が異なるなど事業主掛金額に差を設けることにつき合理的な理由があること。

（5）労使合意により給与等を減額した上で、当該減額部分を事業主掛金として拠出し企業型年金の個人別管理資産として積み立てるか、給与等への上乗せで受け取るかを従業員が選択する仕組みを実施するに当たっては、社会保険・雇用保険等の給付額にも影響する可能性を含めて、事業主は従業員に正確な説明を行う必要があること。

（6）企業型掛金拠出単位期間（令第10条の2に規定する企業型掛金拠出単位期間をいう。以下同じ。）を同条ただし書の規定により区分した期間（以下この（6）から（8）までにおいて「拠出区分期間」という。）を定める場合は、拠出区分期間は月単位で区分けするものとすること。

（7）拠出区分期間は、企業型掛金拠出単位期間につき1回のみ変更することができるものであること。1回の拠出区分期間の変更において、あらかじめ翌企業型掛金拠出単位期間に係る拠出区分期間の変更を含めて指定を行うことは複数回の変更になるため認められないこと。

（8）企業型掛金拠出単位期間の途中で、既に事業主掛金を拠出した拠出区分期間（こ

の（8）において「既拠出期間」という。）を含めて拠出区分期間を変更する場合にあっては、当該企業型掛金拠出単位期間においては、既拠出期間は拠出区分期間の指定から除外されたものとみなすこと。

（9）企業型年金加入者がその加入者資格を喪失することに伴い事業主掛金を拠出する場合における事業主掛金の額の算定方法は、その拠出に係る期間の月数に応じ、企業型掛金拠出単位期間における事業主掛金の見込み額の総額を勘案して令第6条第2号に掲げる要件に従い不当に差別的なものでないよう定めなければならないこと。

(10) 事業主掛金を以下のいずれかにより拠出する場合、企業型年金加入者は個人型年金に加入することができないこと。

① 事業主掛金を企業型掛金拠出単位期間を1月ごとに区分した期間ごとに拠出する方法以外の方法により拠出すること

② 各拠出区分期間に拠出する事業主掛金の額が令第11条各号に掲げる企業型年金加入者の区分に応じて当該各号に定める額を超えて拠出すること

3．企業型年金加入者掛金に関する事項

（1）企業型年金加入者が企業型年金加入者掛金を拠出できることを企業型年金規約に定める場合は、当該掛金の拠出は、企業型年金加入者自らの意思により決定できるものでなければならないこと。

（2）企業型年金加入者が企業型年金加入者掛金を拠出できることを企業型年金規約に定める場合は、企業型年金加入者掛金を拠出するか、個人型年金に加入し個人型年金加入者掛金を拠出するかを自らの意思により決定できるものでなければならないこと。ただし、企業型年金加入者掛金を拠出する企業型年金加入者は個人型年金に加入することができないこと。また、個人型年金に加入し個人型年金加入者掛金を拠出する企業型年金加入者は企業型年金加入者掛金を拠出することができないこと。

（3）企業型年金加入者掛金の額は、複数の具体的な額から選択できるようにしなければならないこと。ただし、実施する企業型

年金が簡易企業型年金である場合は、企業型年金加入者掛金の額を単一のものとすることも可能であること。

（4）企業型年金加入者掛金の額を複数設定する場合は、加入者が拠出できる最大の範囲で企業型年金加入者掛金の額が設定できるよう努めなければならないこと。

（5）企業型年金加入者掛金の拠出の方法について、企業型掛金拠出単位期間を令第10条の4ただし書の規定により区分した期間（以下この（5）から（8）までにおいて「拠出区分期間」という。）を定める場合は、拠出区分期間は月単位で区分けするものとし、一以上の拠出区分期間を選択できるようにすること。なお、平成30年1月より前から企業型年金加入者掛金を拠出することができる企業型年金にあっては、当該選択として毎月の拠出区分期間を含めるなど、従来の毎月拠出による拠出方法を踏まえ、労使による協議を十分に行った上で定めること。

（6）企業型年金加入者掛金の額及び拠出区分期間の変更に関する取扱いは、以下のとおりであること。

① 企業型年金加入者掛金の額及び拠出区分期間は、企業型掛金拠出単位期間につきそれぞれ1回のみ変更することができるものであること。

② 令第6条第4号ハ中の「変更」は、実施事業所ごとに管理されるものであり、企業型年金加入者の移動前の実施事業所での企業型年金加入者掛金の額の変更は、移動後の実施事業所での企業型年金加入者掛金の額の変更には含まれないこと。拠出区分期間の変更も同様であること。

③ 1回の企業型年金加入者掛金の額又は拠出区分期間の変更において、あらかじめ翌企業型掛金拠出単位期間に係る企業型年金加入者掛金の額又は拠出区分期間の変更を含めて指定を行うことは複数回の変更になるため認められないこと。

④ 企業型掛金拠出単位期間の途中で、既に企業型年金加入者掛金を拠出した拠出区分期間（この④において「既拠出期間」とい

う。）を含めて拠出区分期間を変更する場合にあっては、当該企業型掛金拠出単位期間においては、既拠出期間は拠出区分期間の指定から除外されたものとみなす。

⑤　令第6条第4号ハ又は確定拠出年金法施行規則（平成13年厚生労働省令第175号。以下「施行規則」という。）第4条の2第1号から第3号に掲げる場合は、あらかじめ、企業型年金規約に定めるときは、加入者から事業主に対する変更の指図は不要であること。ただし、企業型年金加入者掛金の額を指図なしに変更を行った場合は、当該加入者に対し速やかにこれを報告するものであること。

⑥　施行規則第4条の2第5号に掲げる場合は、企業型年金加入者がその加入者資格を喪失することに伴い企業型年金加入者掛金を拠出する場合における企業型年金加入者掛金の額について、資格を喪失しなかった場合の当該期間を含む拠出に係る期間の拠出予定額から、当該額を資格を喪失した場合の拠出に係る期間の月数で按分した額に変更する場合であること。

（7）「不当に差別的なものでないこと」の内容

令第6条第2号及び第4号イ中の「不当に差別的なものでないこと」とは、例えば、次に掲げる場合について該当しないものであること。

①　一定の資格（職種・勤続期間・年齢）を設けて、企業型年金加入者掛金の額又は拠出区分期間の決定又は変更方法等に差を付けること。

②　事業主返還において、企業型年金加入者掛金の拠出があるにもかかわらず企業型年金加入者であった者への返還額が零であること。

（8）「不当に制約されるものでないこと」の内容

令第6条第4号ニ中の「不当に制約されるものでないこと」とは、企業型年金加入者の意思を正確に反映されないものであり、例えば、次に掲げる場合について該当しないものであること。

①　企業型年金加入者掛金の額又は拠出区分期間の指定がなかった者は、特定の企業型年金加入者掛金の額又は拠出区分期間を選択したものとすること。

②　企業型年金加入者掛金の額が毎年自動的に増加又は減少することを設けること。

4.　事務費の負担に関する事項

企業型年金規約においては、事務費の負担に関する事項として、次に掲げる事項を記載するものとすること。

（1）確定拠出年金運営管理機関に運営管理業務を委託した場合における当該確定拠出年金運営管理機関に係る事務費の額又はその算定方法、その負担の方法（事業主の負担割合と企業型年金加入者等の負担割合に関することを含む。）

（2）資産管理機関に係る事務費の額又はその算定方法、その負担の方法（事業主の負担割合と企業型年金加入者等の負担割合に関することを含む。）

（3）法第22条に係る措置に要する費用の額又はその算定方法、その負担の方法

（4）法第25条第4項に係る措置に関し、それに要する費用が必要な場合における当該費用の負担の方法（事業主の負担割合と企業型年金加入者等の負担割合に関することを含む。）

5.　厚生年金基金、確定給付企業年金等からの資産の移換に関する事項

厚生年金基金、確定給付企業年金、中小企業退職金共済法（昭和34年法律第160号）の規定による退職金共済（以下、「退職金共済」という。）又は退職手当制度から企業型年金に資産を移換する場合においては、企業型年金規約に、次に掲げる事項を記載するものとすること。

（1）企業型年金に資産を移換する厚生年金基金、確定給付企業年金、退職金共済又は退職手当制度の種別

（2）資産の移換の対象となる企業型年金加入者の範囲

（3）個人別管理資産に充てる移換額

（4）通算加入者等期間に算入すべき期間の範囲

（5）企業型年金への資産の受入れ期日

（6）退職手当制度から資産の移換を受ける場合にあっては、当該資産の移換を受ける最後の年度

6. 厚生年金基金等からの脱退一時金相当額等の移換に関する事項

企業型年金に厚生年金基金及び確定給付企業年金の脱退一時金相当額並びに企業年金連合会の年金給付等積立金若しくは積立金（以下「脱退一時金相当額等」という。）を移換する場合においては、企業型年金規約に、個人別管理資産に充てる移換額、加入者等が通算加入者等期間に算入すべき算定基礎期間の範囲を記載するものとすること。

7. 企業型年金から確定給付企業年金等への個人別管理資産の移換に関する事項

企業型年金から確定給付企業年金、企業年金連合会又は退職金共済に個人別管理資産を移換する場合においては、企業型年金規約に、次に掲げる事項を記載するものとすること。

（1）個人別管理資産を移換する制度の種別

（2）個人別管理資産の移換に伴い通算加入者等期間から控除される期間の範囲

（3）企業型年金から退職金共済へ個人別管理資産を移換する場合にあっては、法第54条の6に規定する合併等として施行規則第31条の5に規定する行為を行った期日及び当該合併等により個人別管理資産を移換する旨（個人別管理資産の移換期日を含む。）

8. 実施事業所が二以上の場合の簡易企業型年金の要件

事業主が同一である二以上の厚生年金適用事業所において使用する企業型年金加入者の資格を有する者の総数が300人を超える場合は、法第3条第5項第2号の要件に該当しないものであること。

9. 企業型年金規約の備置き及び閲覧に関する事項

法第4条第4項の規定に基づき、事業主は、企業型年金規約を実施事業所ごとに備え置き、その使用する第一号等厚生年金被保険者（法第9条第2項第2号に該当する者を除く。）の求めに応じ、これを閲覧させていること。

なお、

・施行規則第4条の3に規定する電磁的方法による規約の備置きとは、社内イントラネット等において規約を掲示するような方法をいうこと。

・同一の規約で複数事業主が加入する企業型年金の場合は、他の事業主に関する内容を開示すると、加入者が混乱することも考えられることから、事業主が企業型年金規約を開示する際には当該事業主の事業所に関わる部分のみ開示して差し支えないこと。

10. 規約の変更内容がすべての実施事業所に係るものでない場合の当該変更に係る事項

法第5条第3項ただし書の規定に基づき、当該変更に係る実施事業所以外の実施事業所について同意があったものとみなすことができる場合については、規約において、あらかじめ、当該変更に係る事項を定めているときに限るものとし、当該変更に係る事項としては、実施事業所の名称、加入資格、掛金又は運営管理手数料等の定めがあること。

11. 企業型年金規約の申請に当たって添付する書類に係る留意点

厚生年金適用事業所の第一号等厚生年金被保険者（法第9条第2項第2号に該当する者を除く。）の過半数を代表する者として正当に選出された者であることの証明書（施行規則様式第6号）に掲げる「5. 選出方法」については、投票、挙手、労働者の話し合い、持ち回り決議等の別、選出が行われた日時（期間）、選出の経過（結果）を記載するものであること。

第2 中小事業主掛金に関する事項

1. 中小事業主の要件

法第55条第2項第4号の2に規定する中小事業主の要件については、下記のいずれも満たすものであること。

（1）企業型年金、確定給付企業年金及び厚生年金基金を実施していない厚生年金適用事業所の事業主であること。

（2）同一事業主が2以上の厚生年金適用事業所において実施する場合は、全ての厚生

年金適用事業所において使用される第一号厚生年金被保険者の総数が300人以下であること。

2．中小事業主掛金の拠出の対象となる者についての「一定の資格」の内容

（1）中小事業主掛金の拠出の対象となる者について法第68条の2第2項の「一定の資格」を定めることができるが、当該資格を定めるに当たっては次のとおりとし、「短時間・有期雇用労働者及び派遣労働者に対する不合理な待遇の禁止等に関する指針」の「基本的な考え方」を踏まえること。

　「一定の資格」として定めることができる資格とは、次の①又は②に掲げる資格であり、これら以外のものを「一定の資格」として定めることは、基本的には特定の者に不当に差別的な取扱いとなるものであること。

①「一定の職種」

　「一定の職種」に属する加入者（厚生年金適用事業所に使用される第一号厚生年金被保険者であって、個人型年金加入者であるものをいう。）のみを中小事業主掛金の拠出の対象となる者とすること。この場合において、「職種」とは、研究職、営業職、事務職などの労働協約等において規定される職種をいい、これらの職種に属する加入者に係る給与及び退職金等の労働条件が他の職種に属する加入者の労働条件とは別に規定されているものであること。

②「一定の勤続期間」

　当該厚生年金適用事業所に使用される期間（いわゆる勤続期間）のうち、「一定の勤続期間以上（又は未満）」の加入者のみを中小事業主掛金の拠出の対象となる者とすること。なお、見習期間中又は試用期間中の加入者については中小事業主掛金の拠出の対象となる者としないことができるものであること。

（2）労働協約等における給与及び退職金等の労働条件が異なるなど合理的な理由がある場合にあっては、資格を区分（グループ区分）することができること。

3．「不当に差別的なものでないこと」の内容

　令第29条第4号イ中の「不当に差別的なものでないこと」については、「短時間・有期雇用労働者及び派遣労働者に対する不合理な待遇の禁止等に関する指針」の「基本的な考え方」を踏まえ、労働協約等における給与及び退職金等の労働条件が異なるなど中小事業主掛金額に差を設けることにつき合理的な理由があること。

4．中小事業主掛金の拠出に当たって届け出る書類に係る留意点

　厚生年金適用事業所の第一号厚生年金被保険者の過半数を代表する者として正当に選出された者であることの証明書（施行規則様式第16号）に掲げる「5．選出方法」については、投票、挙手、労働者の話し合い、持ち回り決議等の別、選出が行われた日時（期間）、選出の経過（結果）を記載するものであること。

第3　資産の運用に関する情報提供（いわゆる投資教育）に関する事項

1．基本的な考え方

（1）確定拠出年金は、我が国の年金制度において、個々の加入者等が自己責任により運用し、その運用結果によって給付額が決定される初めての制度である。確定拠出年金が適切に運営され、老後の所得確保を図るための年金制度として国民に受け入れられ、定着していくためには、何よりも増して加入者等が適切な資産運用を行うことができるだけの情報・知識を有していることが重要である。また、確定拠出年金制度の老齢給付金の受給時期等、制度に関する情報・知識を有していることも重要となる。したがって、法第22条の規定等に基づき、投資教育を行うこととなる確定拠出年金を実施する事業主、国民年金基金連合会、それらから委託を受けて当該投資教育を行う確定拠出年金運営管理機関及び企業年金連合会等（この第3の事項において「事業主等」という。）は、極めて重い責務を負っている。このため、事業主等においては、制度への加入時はもちろん、加入後におい

ても、継続的に個々の加入者等の知識水準
やニーズ等も踏まえつつ、加入者等が十分
理解できるよう、必要かつ適切な投資教育
を行わなければならないものであること。
（２）投資教育を行う事業主等は、（１）の趣
旨に鑑み、運用の指図を行うことが想定さ
れる加入者等となる時点において投資教育
がなされているよう努めること。
（３）投資教育を行う事業主等は、常時上記
（１）及び（２）に記した責務を十分認識
した上で、加入者等の利益が図られるよう、
当該業務を行う必要があること。
2. 加入時及び加入後の投資教育の計画的な
実施について
（１）加入時には、実際に運用の指図を経験
していないことから、確定拠出年金制度に
おける運用の指図の意味を理解すること、
具体的な資産の配分が自らできること及び
運用による収益状況の把握ができることを
主たる目的として、そのために必要な基礎
的な事項を中心に教育を行うことが効果的
である。事業主等は過大な内容や時間を設
定し、形式的な伝達に陥ることのないよう、
加入者等の知識水準や学習意欲等を勘案
し、内容、時間、提供方法等について十分
配慮し、効果的な実施に努めること。
（２）加入後の継続的な投資教育は、加入時
に基本的な事項が習得できていない者に対
する再教育の機会として、また、制度に対
する関心が薄い者に対する関心の喚起のた
めにも極めて重要である。このため、事業
主等は、加入後も定期的かつ継続的に投資
教育の場を提供し、加入者等の制度理解の
向上や、自身のライフプランの中で適切な
運用となっているかを確認するよう促して
いく必要がある。
　加入者が実際に運用の指図を経験してい
ることから、加入前の段階では理解が難し
い金融商品の特徴や運用等についても運用
の実績データ等を活用し、より実践的、効
果的な知識の習得が期待される。
（３）加入時及び加入後の投資教育について
は、それぞれ、上記のような目的、重要性
を有するものであり、その性格の相違に留

意し、実施に当たっての目的を明確にし、
加入後の教育を含めた計画的な実施に努め
ること。
3. 法第22条の規定に基づき加入者等に提供
すべき具体的な投資教育の内容
（１）投資教育を行う事業主等は、2で述べた
ように、加入時及び加入後の投資教育の目
的、性格等に応じて、（３）に掲げる事項
について、加入時、加入後を通じた全般の
計画の中で、加入者等が的確かつ効果的に
習得できるよう、その内容の配分に配慮す
る必要がある。
　また、事後に、アンケート調査、運用の
指図の変更回数等により、目的に応じた効
果の達成状況を把握することが望ましい。
（２）特に、加入後の継続的な投資教育にお
いても加入時とあわせて定期的に積極的に
行うよう努めることとし、次のような事項
について留意すること。
① 運用の指図を行う対象となる商品（以下
「運用の方法」という。）に対する資産の配
分、運用の指図の変更回数等の運用の実態、
コールセンター等に寄せられた質問等の分
析やアンケート調査により、対象となる加
入者等のニーズを十分把握し、対象者のニ
ーズに応じた内容となるよう、配慮する必
要がある。
　なお、確定拠出年金運営管理機関は制度
の運用の実態等を定期的に把握・分析し、
事業主に情報提供するとともに、必要な場
合には投資教育に関する助言をするよう努
めること。
② 基本的な事項が習得できていない者に対
しては、制度に対する関心を喚起するよう
十分配慮しながら、基本的な事項の再教育
を実施すること。また、加入者等の知識及
び経験等の差が拡大していることから、よ
り高い知識及び経験を有する者にも対応で
きるメニューに配慮することが望ましい。
③ 具体的な資産配分の事例、金融商品ごと
の運用実績等の具体的なデータを活用する
こと等により、運用の実際が実践的に習得
できるよう配慮することが効果的である。
（３）具体的な内容

① 確定拠出年金制度等の具体的な内容
ア　わが国の年金制度の概要、改正等の動向及び年金制度における確定拠出年金の位置づけ
イ　確定拠出年金制度の概要（次の（ア）から（ケ）までに掲げる事項）
（ア）制度に加入できる者とその拠出限度額（企業型年金加入者掛金を導入している事業所には、企業型年金加入者掛金の拠出限度額とその効果を含む。）
（イ）運用の方法の範囲、加入者等への運用の方法の提示の方法及び運用の方法の預替え機会の内容
（ウ）運用の指図は加入者自身が自己の責任において行うこと
（エ）指定運用方法を選定及び提示している場合は、指定運用方法の概要。また、指定運用方法により運用されたとしても、加入者自身の資産形成状況やライフプラン等に適した運用の方法が選択されているかどうかを確認し、自身に適さない運用の方法であれば他の運用の方法を選択すべきであること
（オ）給付の種類、受給要件、給付の開始時期及び給付（年金又は一時金の別）の受取方法
（カ）加入者等が転職又は離職した場合における資産の移換の方法
（キ）拠出、運用及び給付の各段階における税制措置の内容
（ク）事業主、国民年金基金連合会、企業年金連合会、確定拠出年金運営管理機関及び資産管理機関の役割
（ケ）事業主、国民年金基金連合会、確定拠出年金運営管理機関及び資産管理機関の行為準則（責務及び禁止行為）の内容
② 金融商品の仕組みと特徴
　預貯金、信託商品、投資信託、債券、株式、保険商品等それぞれの金融商品についての次の事項
ア　その性格又は特徴
イ　その種類
ウ　期待できるリターン
エ　考えられるリスク

オ　投資信託、債券、株式等の有価証券や変額保険等については、価格に影響を与える要因等
③ 資産の運用の基礎知識
ア　資産の運用を行うに当たっての留意点（すなわち金融商品の仕組みや特徴を十分認識した上で運用する必要があること）
イ　リスクの種類と内容（金利リスク、為替リスク、信用リスク、価格変動リスク、インフレリスク（将来の実質的な購買力を確保できない可能性）等）
ウ　リスクとリターンの関係
エ　長期運用の考え方とその効果
オ　分散投資の考え方とその効果
カ　年齢、資産等の加入者等の属性によりふさわしい運用の方法のあり方は異なり得るため一律に決まるものではないが、長期的な年金運用の観点からは分散投資効果が見込まれるような運用の方法が有用である場合が少なくないこと
④ 確定拠出年金制度を含めた老後の生活設計
ア　老後の定期収入は現役時代と比較し減少するため、資産形成は現役時代から取り組むことの必要性
イ　平均余命などを例示することで老後の期間が長期に及ぶものであること及び老後に必要な費用についても長期にわたり確保する必要があること。
ウ　現役時代の生活設計を勘案しつつ、自身が望む老後の生活水準に照らし、公的年金や退職金等を含めてもなお不足する費用（自身が確保しなければならない費用）の考え方
エ　現役時代の生活設計を勘案しつつ、老後の資産形成の計画や運用目標の考え方（リタイヤ期前後であれば、自身の就労状況の見込み、保有している金融商品、公的年金、退職金等を踏まえた資産形成の計画や運用目標の考え方）
オ　加入者等が運用の方法を容易に選択できるよう、運用リスクの度合いに応じた資産配分例の提示
カ　離転職の際には、法第83条の規定による

個人別管理資産の連合会への移換によることなく、法第80条及び第82条の規定により個人別管理資産を移換し、運用を継続していくことが重要であること。

（4）加入者等に、運用プランモデル（老後までの期間や老後の目標資産額に応じて、どのような金融商品にどの程度の比率で資金を配分するかを例示したモデル）を示す場合にあっては、提示運用方法に元本確保型の運用の方法（令第15条第1項の表の1の項イ若しくはロ、2の項イ、3の項イからホまで、4の項イ又は5の項イの区分に該当する運用の方法を指す。以下同じ。）が含まれるときは、元本確保型のみで運用する方法による運用プランモデルも含め、選定した運用の方法間の比較ができるように工夫し、提示するものとすること。

また、退職時期を意識しリスク管理を行うことが一般的であり、老後までに時間がある若年層は比較的リスクが取りやすく、老後を間近に控える高年層や資産を取り崩しながら受給する期間はリスクを抑えるといった投資の基本的な考え方を意識付けることが望ましい。

4．加入者等への具体的な提供方法等

（1）投資教育を行う事業主等は、次に掲げる方法により、加入者等に提供すること。

① 投資教育の方法としては、例えば資料やビデオの配布（電磁的方法による提供を含む。）、説明会の開催等があるが、各加入者等ごとに、当該加入者の資産の運用に関する知識及び経験等に応じて、最適と考えられる方法により行うこと。

② 事業主等は、加入者等がその内容を理解できるよう投資教育を行う責務があり、加入者等からその内容についての質問や照会等が寄せられた場合には、速やかにそれに対応すること。

特に、加入後の投資教育においては、加入者等の知識等に応じて、個別・具体的な質問、照会等が寄せられることから、コールセンター、メール等による個別の対応に配慮することが望ましい。

また、テーマ等を決めて、社内報、イン

ターネット等による継続的な情報提供を行うことや、既存の社員研修の中に位置付けて継続的に実施することも効果的である。

③ 確定拠出年金制度に対する関心を喚起するため、公的年金制度の改革の動向や他の退職給付の内容等の情報提供を併せて行うことにより、自らのライフプランにおける確定拠出年金の位置づけを考えられるようにすることが効果的である。

（2）事業主が確定拠出年金運営管理機関又は企業年金連合会に投資教育を委託する場合においては、当該事業主は、投資教育の内容・方法、実施後の運用の実態、問題点等、投資教育の実施状況を把握するよう努めること。また、加入者等への資料等の配布、就業時間中における説明会の実施、説明会の会場の用意等、できる限り協力することが望ましい。

加入後の投資教育についても、その重要性に鑑み、できる限り多くの加入者等に参加、利用の機会が確保されることが望ましい。

5．投資教育と確定拠出年金法で禁止されている特定の運用の方法に係る金融商品の勧奨行為との関係

（1）事業主等が上記3に掲げる投資教育を加入者等に行う場合には、当該行為は法第100条第6号に規定する禁止行為には該当しないこと。

（2）なお、事業主等が、価格変動リスク又は為替リスクが高い株式、外国債券、外貨預金等（この（2）において「株式等」という。）のリスクの内容について加入者等に十分説明した上で、老後までの期間及び老後の目標資産額に応じて株式等での運用を含んだ複数の運用プランモデルの提示を行う場合にあっても、当該行為は法第100条第6号に規定する禁止行為には該当しないこと。

第4 運用の方法の選定及び提示に関する事項

1．法第23条第1項の運用の方法に関する事項

（1）運用の方法の選定及び提示については、法第23条第1項において上限が定められているが、今後の運用の方法の追加等も念頭に、上限まで選定する（追加する）のではなく、加入者等が真に必要なものに限って運用の方法が選定されるよう、確定拠出年金運営管理機関（運営管理業務を営む事業主を含む。以下この第4から第6までの事項において「確定拠出年金運営管理機関等」という。）と労使が十分に協議・検討を行って運用の方法を選定し、また定期的に見直していくこと。その際、以下の点に留意すること。

ア　運用の方法の全体のラインナップが加入者等の高齢期の所得確保の視点から見て、バランスのとれたものであること。

イ　加入者等の効果的な運用に資するよう、個々の運用の方法の質（手数料を含む。）を十分吟味し、その選定理由を説明すること。

　定期的な見直しを行った場合は、加入者等に対し、見直しの結果及びその理由を示すこと。

（2）法第23条第1項の規定により選定及び提示する運用の方法には指定運用方法に選定した運用の方法を含めること。

（3）運用の方法の提示に当たっては、運用の方法を選定及び提示する確定拠出年金運営管理機関等が、個々の運用の方法の選定理由に加えて運用の方法の全体構成に関する説明を行うとともに、個別の運用の方法の推奨が禁止されていることに留意しつつ、例えば次のような提示の工夫をすること。

①　元本確保型の運用の方法と投資信託等に分けて表示し、元本確保型についてはその種類（預金、生命保険、損害保険等）、投資信託等については投資信託の種類（伝統的4資産（国内株式・国内債券・外国株式・外国債券）等）、パッシブ・アクティブ等の区分を示すこと。

②　一般的な指数によるパッシブ運用の投資信託を一括りにして「基本的な運用の方法」等、アクティブ運用やオルタナティブ運用

を一括りにして「応用的な運用の方法」等と示すこと。なお、運用の方法を括るに当たっては客観的事由に基づき一括りにし、その事由についても説明すること。

③　運用の方法の一覧表の中において、手数料（投資信託の販売手数料率、信託報酬率、信託財産留保（額）率、保険商品の解約控除等）を示すこと。

（4）運用の方法の選定及び提示に当たっては、加入者等の選択の幅が狭められることのないよう、リスク・リターン特性の異なる運用の方法から、令第15条第1項の表の中欄のうち3つ以上（簡易企業型年金の場合2つ以上）の区分に該当する運用の方法を適切に選定し、加入者等に提示すること。ただし、同項2の項ロ、3の項ヌ若しくはル、4の項ロ又は5の項ロの区分（以下「特定区分」という。）に該当する運用の方法から選定する場合には、当該特定区分に該当する運用の方法から資産の種類又は資産の配分が異なるよう留意して、運用の方法が適切に選定及び提示されていれば、特定区分から3つ以上（簡易企業型年金の場合2以上）選定することも可能であること。

　さらに、加入者等の分散投資に資するため、令第16条第1項第2号のとおり、元本確保型の運用の方法を1以上選定及び提示する場合は、当該区分以外の区分から2以上（簡易企業型年金の場合は1以上）を選定及び提示すること。

　また、令第16条第1項第1号のとおり、令第15条第1項の表の2の項ニ又は3の項レからウまでの区分（個別社債、個別株式、自社株ファンド等）から運用の方法を選定した場合は、他の区分から3つ以上（簡易企業型年金の場合は2以上）の運用の方法を選定及び提示しなければならないこと。

２．法第23条の2の指定運用方法に関する事項

　個人別管理資産の運用の指図のない状態を回避する方法として、加入者から運用の指図が行われるまでの間において運用を行うため、法第23条の2第1項により、企業型年金規約に定めるところにより指定運用方法を選

定及び提示する場合には、次の取扱いによるものとすること。

なお、指定運用方法については、法第23条の2第1項の規定により確定拠出年金運営管理機関等が提示を行うが、指定運用方法の選定及び提示に当たっては、労使が確定拠出年金運営管理機関等から必要な説明や情報提供を受けた上で、労使と確定拠出年金運営管理機関等が十分に協議し、労使協議の結果を尊重して決定する必要がある。

（1）指定運用方法の基本的な考え方と基準

指定運用方法については、指定運用方法で運用を継続する加入者が一定数存在することが想定されることから、加入者が自ら運用の方法を選択して運用する場合と同様に、確定拠出年金制度の趣旨を踏まえ、高齢期の所得確保に資する運用を目指すものであることが求められる。また、施行規則第19条に規定する指定運用方法の基準（要件）は、法第23条の2第2項の趣旨を踏まえ、高齢期の所得確保に資する運用として、運用の指図を行わない加入者がその運用の方法に対して運用の指図を行ったものとみなされた場合においても適切なものとなるよう定めたものであり、当該基準については、さらに以下に留意すること。

① 「物価、外国為替相場、金利その他経済事情の変動に伴う資産価値の変動による損失の可能性」

インフレリスク（将来の実質的な購買力を確保できない可能性）、為替リスク、金利リスク、信用リスク、価格変動リスク等のことを想定。

② 「加入者の集団」

当該企業における加入者の集合体のこと。確定拠出年金運営管理機関等は、労使と協議を行う際に、加入者属性や加入者ニーズ等加入者の集団に係る視点を踏まえる必要があること。その際、指定運用方法により運用されると見込まれる加入者の特徴について考慮・検討することが重要であること。

③ 「その他これらに類する費用」

販売手数料、信託財産留保額、保険商品の解約控除等のこと。

（2）指定運用方法の基準の留意点

① （1）の基準による指定運用方法の選定及び提示に当たっては、法の目指す目的を踏まえ、加入者の集団のリスク許容度や期待収益等を考慮・検討しながら、指定運用方法にふさわしい運用の方法を決定することが適当であり、その際の着眼点としては、例えば次に掲げる事項が考えられる。

ア 主に加入者の集団に係るもの

加入者の集団の属性（年齢別構成、退職までの平均勤続年数等）、金融商品への理解度、加入者のニーズ、想定利回りや掛金額等退職給付における位置づけ 等

イ 主に金融商品に係るもの（リスク・リターン特性）

期待収益率、価格の変動の大きさ、運用結果が拠出した掛金の合計額を上回る可能（確実）性、インフレリスクに対応し実質的に購買力を維持できる可能性、分散投資効果 等

② （1）の基準や（2）①の着眼点に基づき、リスク・リターン特性が異なる金融商品、具体的には、元本確保型の運用の方法から分散投資に資する運用の方法までの様々な選択肢の中から、指定運用方法を選定すること。

③ 指定運用方法に係る手数料、信託報酬その他これらに類する費用に関連し、指定運用方法から他の運用の方法へ指図を変更する際に、指定運用方法の解約等に伴う手数料（信託財産留保額、保険商品の解約控除等）が発生する運用の方法については、当該手数料の水準等によって、他の運用の方法への運用の指図の変更の妨げになる可能性があることにも留意すること。

（3）指定運用方法の選定のプロセス

① 指定運用方法を選定するにあたっては、（1）の基準や（2）①の着眼点に基づき加入者の集団の属性等を踏まえる必要があることから、事業主は、施行規則第19条の2第2項に基づき、確定拠出年金運営管理機関に対して加入者の集団の属性等に関する情報を提供するよう努めること。

② 確定拠出年金運営管理機関等は、事業主に対して、指定運用方法の候補となる運用の方法を示し、当該運用の方法が（1）の基準や（2）①の着眼点に適合する運用の方法である理由を説明すること。その際、確定拠出年金運営管理機関等は、労使に対して、具体的な金融商品のリスク・リターン特性等の指定運用方法の選定に必要な情報を、運用方針や手数料控除後の収益の見込み等を表示する等わかりやすい方法で提供すること。

③ 令第6条第8号ロを踏まえ、事業主は、②で示された指定運用方法の候補となる運用の方法が加入者の集団にとって適切であるかを労使で協議し、その結果を確定拠出年金運営管理機関等に伝達すること。この際、実施事業所が二以上であるときは、各実施事業所において労使で協議しなければならない。

④ 確定拠出年金運営管理機関等は、③の労使協議の結果を尊重して、（1）の基準や（2）①の着眼点に適合する指定運用方法を選定すること。

⑤ なお、指定運用方法については、実施事業所ごとに選定及び提示を行うことが可能であること。

（4）加入者への情報提供等

① 指定運用方法は、加入者が一定期間運用の指図を行わないような例外的な場合に、加入者の運用指図権を保護するために整備された規定である。加入者が自ら運用の指図を行うことを促す観点から、指定運用方法を運用の方法とする運用の指図を行ったものとみなされた場合においても、個々の加入者が、自身の資産形成状況やライフプラン等に適した運用の方法が選択されているかどうかを確認し、自身に適さない運用の方法であれば他の運用の方法を選択すべきであることを説明する必要がある。

このため、確定拠出年金運営管理機関等は、加入者に対し、自ら運用の方法を選択して運用を行うよう促した上で、指定運用方法の仕組みや当該指定運用方法を法令の基準に基づきどのような考えで選定したか（選定理由）を（1）の基準や（2）①に掲げた着眼点を踏まえながら、十分に説明すること。その際には、具体的な金融商品のリスク・リターン特性等について、運用方針や手数料控除後の収益の見込み等をイメージしやすいようにする等わかりやすい方法で提供すること。

② 指定運用方法については、本人の運用の指図がないにもかかわらず本人が運用の指図を行ったものとみなされるため、本人の運用指図権を侵さないよう十分留意する必要がある。このことを踏まえ、運用指図権に関する加入者保護を徹底し、受託者責任を果たす観点から、次の措置を講ずることが望ましいこと。

ア 確定拠出年金運営管理機関等は、加入者から指定運用方法を運用の方法とする運用の指図を行ったものとみなされる旨を理解したことの確認を得ること。

イ 確定拠出年金運営管理機関等は、指定運用方法の運用の結果（利益・損失）について、その責任は加入者本人に帰属することに加え、元本確保型の運用の方法などが指定運用方法に選定されている場合には、より収益を上げる投資機会を逃す可能性があることや、インフレになれば実質的な購買力を確保できない可能性があることについても、加入者へ情報提供すること。

③ 指定運用方法を運用の方法とする運用の指図を行ったものとみなされた後も、自ら選択して運用の指図を行うことは可能であるため、指定運用方法を運用の方法とする運用の指図を行ったものとみなされた後においても、資産額通知や継続投資教育等あらゆる機会を利用して、指定運用方法を変更して運用の指図を行うことができることなどについて、事業主と確定拠出年金運営管理機関がそれぞれの役割に従って、加入者に継続的な情報提供や働きかけを行っていくこと。とりわけ、中小企業においては、自ら選択して運用の指図を行っていない加入者の割合が高い傾向にあることから、投資教育等において積極的な働きかけを行うこと。

（5）あらかじめ定められた運用の方法

　確定拠出年金法等の一部を改正する法律（平成28年法律第66号。以下「改正法」という。）施行前より「あらかじめ定められた運用の方法」を企業型年金規約に規定していた場合においても、上記指定運用方法の基準等に沿って、改めて十分に労使で協議した上で、指定運用方法を定めること。

　なお、指定運用方法を運用の方法とする運用の指図を行ったものとみなされる対象は、改正法施行後の新たな加入者である。企業型年金規約に「あらかじめ定められた運用の方法」が規定されており、改正法施行前の加入者等であって自ら運用の指図を行なわず、「あらかじめ定められた運用の方法」により運用を継続している者については、別途、運用の指図を行わない限り、引き続き、改正法施行後も当該運用の方法により運用を継続することとなる。

　ただし、その場合であっても、（4）①と同様に、当該運用の方法が自身の資産形成状況やライフプラン等に適した運用の方法が選択されているかどうかを確認し、自身に適さない運用の方法であれば他の運用の方法を選択するよう、加入者等に促すとともに、その後の運用の指図が不要であるとの誤解を招くことのないよう、次に掲げる事項を加入者等に定期的に情報提供するものとすること。

ア　当該運用の方法により運用を行っている者については、いつでも運用の指図ができること

イ　当該運用の方法により損失が生じた場合には、その責任は加入者等本人が負うこと

第5　運用の方法に係る金融商品の情報提供に関する事項

1．運用の方法に係る金融商品について情報提供すべき具体的な内容

　確定拠出年金運営管理機関等が加入者等に対し運用の方法に係る金融商品の情報提供を行う場合の具体的な内容については、法第24条及び第24条の2に基づく施行規則第20条第1項及び第2項に規定しているところであ

るが、同条第1項第1号中「運用の方法の内容」に係る具体的な情報の内容及びその提供方法は、各運用の方法に係る金融商品ごとに、元本確保型の運用の方法であるか否かを示した上で、次に掲げる内容及び方法とすること。

（1）預貯金（金融債を含む。）について

　銀行法施行規則（昭和57年大蔵省令第10号）第13条の3第1項各号に規定する内容に相当するものについて、同条に準じた方法（電磁的方法による提供を含む。）により情報提供を行うものとすること。

（2）信託商品について

　次に掲げる事項を記載した書類の交付又は電磁的方法により情報提供を行うものとすること。

① 商品名

② 信託期間（契約期間、信託設定日、償還期日、　繰上償還の説明、自動継続扱いの有無）

③ 運用の基本方針、運用制限の内容

④ 信託金額の単位

⑤ 収益金の計算方法、支払方法

⑥ 予想配当率

⑦ 他の運用の方法への預替えの場合の取扱い

（3）有価証券（令第15条第1項の表の2の項ニに規定する運用の方法に係る金融商品を含む。）について

① 金融商品取引法（昭和23年法律第25号）第2条第10項に規定する目論見書の概要（商品名、信託期間、繰上償還の説明、ファンドの特色、投資リスク等）に記載される内容について、それを記載した書類の交付又は電磁的方法により情報提供を行うものとすること。

② なお、金融商品取引法第2条第10項に規定する目論見書に記載される内容については、少なくとも、加入者等から求めがあった場合に、次のいずれかの方法により速やかにその内容を提供するものとすること。

ア　書類の交付

イ　電磁的方法により内容を提供する方法

ウ　実施事業所の事務所又は確定拠出年金運営管理機関の営業所に備え置き、加入者等

の縦覧に供する方法
（４）生命保険、生命共済及び損害保険について
　次の掲げる事項を記載した書類の交付又は電磁的方法により情報提供を行うものとすること。
① 保険又は共済契約の種類
② 一般勘定又は特別勘定に属するものの区別
③ 保険料又は共済掛金の額
④ 保険金額又は共済金額の算定方法
⑤ 予定利率があるものについてはその率
⑥ 保険期間又は共済期間（予定利率があるものについては、当該予定利率が適用される期間を含む。）
⑦ 支払事由
⑧ 加入者等の運用の指図により保険又は共済の全部又は一部を他の運用の方法に変更する場合における取扱い
⑨ 特別勘定に属するものについては、当該財産の運用の方針、種類及び評価の方法

２．加入者等に情報提供すべき過去10年間の実績の内容
　確定拠出年金運営管理機関等は、施行規則第20条第1項第2号の規定に基づき、過去10年間における運用の方法に係る金融商品の利益又は損失の実績を加入者等に提供する場合には、少なくとも3か月ごとの当該運用の方法に係る金融商品の利益又は損失の実績を提供しなければならないこと。

３．規則第20条第4項の説明について
（１）確定拠出年金運営管理機関は、制度上もっぱら加入者等の利益のみを考慮して中立な立場で運営管理業務を行うものとして位置づけられているところであり、こうした趣旨に基づき、法第100条において、特定の運用の方法に係る金融商品について指図を行うことを勧める行為の禁止をはじめ、各種の禁止行為が規定されているところである。したがって、金融商品の販売等を行う金融機関が自ら確定拠出年金運営管理機関として運用関連業務を行う場合には、あくまでも中立な立場で業務を行い、当該禁止行為が確実に行われないようにするとともに、確定拠出年金運営管理機関に

対する国民の信頼が確保されるよう、法第23条第1項の政令で定める運用の方法に係る商品の販売若しくはその代理若しくは媒介又はそれらに係る勧誘に関する事務を行う者（いわゆる営業職員）が、運用の方法の情報の提供を行う場合又は営業職員以外の職員が運用の方法の情報提供を行う際に営業職員が同席する場合にあっては、加入者等に対し、書面の交付その他の適切な方法により、法第23条第1項の政令で定める運用の方法に係る商品の販売若しくはその代理若しくは媒介又はそれらに係る勧誘との誤認を防止するための説明を行うこととしたものであること。
（２）法第23条第1項の政令で定める運用の方法に係る商品の販売若しくはその代理若しくは媒介又はそれらに係る勧誘との誤認を防止するための説明としては、少なくとも、以下の事項を説明すること。
① 運用の方法の情報の提供は確定拠出年金運営管理機関として行うこと。
② 特定の運用の方法の推奨が禁止されていること。

４．情報提供に関する留意事項
　確定拠出年金は、個々の加入者等が自己責任により運用し、その運用結果によって給付額が決定される制度であることから、加入者等が適切に運用指図を行うことができるよう、加入者等が運用の方法の具体的内容について理解することが重要である。この趣旨に鑑み運用の指図を行うことが想定される加入者等となる時点において運用の方法の情報提供が行われている必要があることに留意すること。

第6 運用の方法の除外に関する事項
１．運用の方法の除外の具体的な手順について
　確定拠出年金運営管理機関等は、運用の方法の除外をしようとするときは、以下の手順により行うこと。
(1) 確定拠出年金運営管理機関等は、労使で十分に協議・検討された結果を踏まえ、
　① どの運用の方法を除外しようとするか

② 既に保有している運用の方法について、売却を伴う除外とするか又は売却を伴わない除外とするか（以下「除外の方法」という。）
を決定すること。

(2) 確定拠出年金運営管理機関等は、除外しようとする運用の方法を選択して運用の指図を行っている加入者等（以下「除外運用方法指図者」という。）に運用の方法を除外しようとする旨及び除外の方法を通知した上で、法第26条第1項の運用の方法の除外に係る同意を得ること。

(注) 確定拠出年金運営管理機関等は、再委託先である記録関連運営管理機関から、除外運用方法指図者の情報を入手する。

(注) 法第26条第2項に基づき、除外の通知をした日から規約で定める期間（3週間以上）を経過してもなお除外運用方法指図者から意思表示を受けなかった場合は、除外運用方法指図者は同意をしたものとみなすことができる旨、当該通知に記載すること。

(3) 除外運用方法指図者（所在が明らかでないものを除く）の3分の2以上の同意が得られた場合、除外することが決定したことを加入者等に周知した上で、他の運用の方法へ運用の指図を変更するよう、除外運用方法指図者に促すこと。

(4) 確定拠出年金運営管理機関等は運用の方法を除外した旨、除外運用方法指図者に通知する。

(注) 除外する運用方法について売却を伴わない除外とする場合、除外運用方法指図者に対する運用方法を除外した旨の通知は、(3)の周知にあわせて当該運用の方法を除外する日を通知することをもって代えることができる。

(注) 法第26条第3項に基づき、除外運用方法指図者の所在が明らかでないため当該通知をすることができないときは、公告を行う。

(注) 仮に除外時までに運用の指図の変更が行われなかった場合において、指定運用方法が提示されたときは、企業型年金規約で定める期間経過後、除外対象となっている

運用の方法に係る掛金に相当する個人別管理資産について、当該指定運用方法を運用の方法とする運用の指図を行ったものとみなされること。

2. 運用の方法の除外に当たって考慮すべき事項について

運用の方法の除外に当たっては、実務上、以下の点に留意すること。

・除外する運用の方法を決定する際には、次に掲げる要素を考慮すること
信託報酬等の手数料の水準、運用成績、運用の方法の除外後の運用の方法の全体の構成、当該運用の方法に対し運用の指図をしている者の数 等

・除外しようとする運用の方法を決定した確定拠出年金運営管理機関等は、除外運用方法指図者等へ情報提供を行う際には、上記考慮要素を踏まえて当該運用の方法を除外することになった理由を説明すること

第7 障害給付金の支給要件に関する事項

確定拠出年金の障害給付金については、令第19条の規定により、加入者等が国民年金法（昭和34年法律第141号）第30条第2項に規定する障害等級に該当する程度の障害の状態に該当することをその支給要件としている。

確定拠出年金運営管理機関等は、加入者等から障害給付金の給付の裁定の請求が行われた場合において、当該加入者が次に掲げる者であることを確認したときは、障害給付金の支給の裁定を行っても差し支えないこと。

（1）障害基礎年金の受給者

（2）身体障害者手帳（1級から3級までの者に限る）の交付を受けた者

（3）療育手帳（重度の者に限る）の交付を受けた者

（4）精神障害者保健福祉手帳（1級及び2級の者に限る）の交付を受けた者

第8 厚生年金基金、確定給付企業年金等から企業型年金への資産の移換に関する事項

1. 厚生年金基金等の加入員等が負担した掛金等を原資とする部分の算定方法等

令第22条第1項第1号及び公的年金制度の健全性及び信頼性の確保のための厚生年金保険法等の一部を改正する法律の施行に伴う経過措置に関する政令第3条第4項によりなおその効力を有するものとされた改正前確定拠出年金法施行令第22条第1項第1号に規定する「原資とする部分」とは、資産のうち、加入員等の負担に基づいて行われる給付であって、基準日（厚生年金基金等の規約変更日（解散又は終了にあってはその日））までに発生しているとみなすことが合理的である給付に相当する部分をいうこと。

なお、厚生年金基金等から企業型年金への資産の移換にあたり、加入員等が、当該加入員等が負担した掛金等を原資とする部分の移換に同意しない場合にあっては、当該部分を除いた資産を移換するものとすること。

ただし、確定給付企業年金の加入者等が負担した掛金を原資とする部分を移換する場合にあっては、確定給付企業年金の本人拠出相当額は拠出時に課税、給付時に非課税の取扱いとなっているが、企業型年金へ資産を移換した場合にあっては、給付時に課税されることとなることを当該加入者等に十分説明したうえで同意を取る必要があること。

2．退職手当制度から企業型年金に移換できる資産の内容

令第22条第1項第5号に規定する「相当する部分」とは、同号のイに掲げる額からロ及びハに掲げる額を控除した額に、移行日（同号に規定する移行日。以下同じ。）から資産の移換を受ける最後の年度までの期間に応ずる利子に相当する額を加えた額とすること。

なお、この場合に用いる利率は、移行日における確定給付企業年金法施行規則（平成14年厚生労働省令第22号）第43条第2項第1号の規定に基づいて厚生労働大臣が定める率（零を下回る場合にあっては、零）とすること。

第9　行為準則及び業務管理態勢に関する事項

1．事業主の行為準則

（1）忠実義務（法第43条第1項）の内容

事業主は、少なくとも次の事項に留意しなければならないこと。

① 確定拠出年金運営管理機関及び資産管理機関については、もっぱら加入者等の利益のみを考慮して、運営管理業務や資産管理業務の専門的能力の水準、提示されることが見込まれる運用の方法、業務・サービス内容（加入者等から企業型年金の運営状況に関する照会があったときは、誠実かつ迅速に対応できる体制を整備していることを含む。以下同じ。）、手数料の額等に関して、複数の確定拠出年金運営管理機関又は資産管理機関について適正な評価を行う等により選任すること。

特に、事業主が、緊密な資本関係、取引関係又は人的関係がある確定拠出年金運営管理機関又は資産管理機関（確定拠出年金運営管理機関又は資産管理機関と緊密な資本又は人的関係のある法人を含む。）を選任できるのは、当該機関の専門的能力の水準、提示されることが見込まれる運用の方法、業務・サービス内容、手数料の額等に関して適正な評価を行った結果、合理的な理由がある場合に限られるものであること。

また、法第3条第1項又は第5条第2項の規定に基づき、企業型年金に係る規約を作成する場合又は企業型年金規約に規定する事項のうち確定拠出年金運営管理機関若しくは資産管理機関の変更を行う場合にあっては、労働組合又は第一号等厚生年金被保険者（法第9条第2項第2号に該当する者を除く。）の過半数を代表する者の同意を得る際に、当該第一号等厚生年金被保険者又は加入者等に対し、当該確定拠出年金運営管理機関又は資産管理機関を選定した理由を示すこと。

② 事業主は、企業型確定拠出年金制度を実施する主体であり、もっぱら加入者等の利益のみを考慮して、確定拠出年金運営管理機関を選定する必要があることから、確定拠出年金運営管理機関に委託している運営管理業務のうち特に運用関連業務がもっぱら加入者等の利益のみを考慮して、適切

に行われているかを確認するよう努める必要がある。事業主は、少なくとも、下記事項について、確定拠出年金運営管理機関から合理的な説明を受けるよう努めること。

ア 提示された商品群の全て又は多くが１金融グループに属する商品提供機関又は運用会社のものであった場合、それがもっぱら加入者等の利益のみを考慮したものであるといえるか。

イ 下記(ア)～(ウ)のとおり、他の同種の商品よりも劣っている場合に、それがもっぱら加入者等の利益のみを考慮したものであるといえるか。

(ア) 同種（例えば同一投資対象・同一投資手法）の他の商品と比較し、明らかに運用成績が劣る投資信託である。

(イ) 他の金融機関が提供する元本確保型商品と比べ提示された利回りや安全性が明らかに低い元本確保型商品である。

(ウ) 同種（例えば同一投資対象・同一投資手法）の他の商品と比較して、手数料や解約時の条件が良くない商品である。

ウ 商品ラインナップの商品の手数料について、詳細が開示されていない場合又は開示されているが加入者にとって一覧性が無い若しくは詳細な内容の閲覧が分かりにくくなっている場合に、なぜそのような内容になっているか。

エ 確定拠出年金運営管理機関が事業主からの商品追加や除外の依頼を拒否する場合、それがもっぱら加入者等の利益のみを考慮したものであるか。

③ 資産の運用に関する情報提供に係る業務（いわゆる投資教育）を企業年金連合会、確定拠出年金運営管理機関又はその他の者に委託する場合においては、委託先の機関等が本通達第３の１から３まで規定する内容及び方法に沿って、加入者等の利益のみを考慮して適切に当該業務を行うことができるか否かを十分考慮した上で行うこと。

④ 企業型年金加入者等に対し、自社株式又は関連企業の発行する株式（主に自社株式又は関連企業の発行する株式で運用する投資信託などを含む。以下同じ。）を運用の

方法として提示することは、もっぱら加入者等の利益のみを考慮してその業務を遂行しなければならないという忠実義務の趣旨に照らし妥当であると認められる場合に限られるものであること。

また、自社株式又は関連会社の発行する株式を運用の方法として提示したときは、当該株式を発行する企業が倒産した場合には、加入者等の個人別管理資産のうち当該株式での運用に係る部分の資産が零となる可能性が高いこと（すなわち倒産リスクがあること）を、加入者等に対し、十分に情報提供するようにすること。

⑤ 法、令及び施行規則に規定された事業主の行為準則等を遵守すること。

⑥ 加入者等から企業型年金の実施状況に関し照会又は苦情があったときは、当該照会又は苦情に事業主自らが誠実かつ迅速に対応するか又は確定拠出年金運営管理機関に誠実かつ迅速に対応させること。

⑦ 事業主が選任した確定拠出年金運営管理機関及び資産管理機関から、その業務の実施状況等について少なくとも年１回以上定期的に報告を受けるとともに、加入者等の立場から見て必要があると認められる場合には、その業務内容の是正又は改善を申し入れること。また、当該確定拠出年金運営管理機関及び資産管理機関が事業主の申し入れに従わず、又はその業務の実施状況等により運営管理業務又は資産管理業務を継続することが困難であると認めるときは、法第５条に規定する手続きを経て、その委託契約等を取消し、当該運営管理業務を自ら実施するか又は他の確定拠出年金運営管理機関若しくは資産管理機関を選任すること。

(2) 個人情報保護義務（法第43条第２項）の内容

① 法第43条第２項中の「業務の遂行に必要な範囲内」には、例えば、次のアからウに掲げる場合についても該当するものであること。

ア 事業主が、退職により資格を喪失した者に対して、個人別管理資産額を踏まえた手

続きの説明を行うため、脱退一時金の受給要件の判定に必要な範囲内において、個人別管理資産額に関する情報を活用する場合

イ　事業主が、資格を喪失後一定期間を経過した後も個人別管理資産の移換の申出を行っていない者に対して、当該申出が速やかに行われるよう促すため、氏名や住所等の情報を活用する場合

ウ　事業主が、企業型年金運用指図者に影響を及ぼす規約変更を行う場合において、その内容を周知させるため、氏名や住所等の情報を活用する場合

②　事業主が加入者等の個人情報を取り扱うに当たっては、①によるほか、技術的安全管理措置については「私的年金分野における個人情報の技術的安全管理措置」（平成29年厚生労働省告示第211号）の規定によることとし、その他の個人情報の取扱いについては「個人情報の保護に関する法律」（平成15年法律第57号）その他関係法令及び「個人情報の保護に関する法律についてのガイドライン（通則編）」（平成28年個人情報保護委員会告示第6号）の規定によることとすること。

（3）自社株式の推奨等の禁止

事業主の禁止行為については、法第43条第3項及び施行規則第23条に規定しているところであるが、特に、

①　事業主が、加入者等に対し、自社株式又は自社債券（これに類するものを含む。）や関連会社の株式又は債券（これに類するものを含む。）などの特定の運用の方法に係る金融商品ついて指図を行うことや、指図を行わないことを勧めること（施行規則第23条第3号）、

②　事業主が、企業型年金加入者等に対し、自己（すなわち当該事業主）又は自己と人的又は取引関係のある関連会社などの第三者に運用の指図を委任することを勧めること（施行規則第23条第4号）

などは、いかなる場合であっても禁止されるものであり、こうした禁止行為に該当する、あるいは該当するおそれがあるような行為を行わないよう留意すること。

2．確定拠出年金運営管理機関の行為準則

（1）忠実義務（法第99条第1項）の内容

確定拠出年金運営管理機関は、少なくとも次の事項に留意しなければならないこと。

①　法、令、確定拠出年金運営管理機関に関する命令（以下「主務省令」という。）及び運営管理契約に従って運営管理業務を実施すること。

②　運用関連運営管理業務を行う確定拠出年金運営管理機関は、もっぱら加入者等の利益のみを考え、手数料等も考慮した加入者等の利益が最大となるよう、資産の運用の専門家として社会通念上要求される程度の注意を払いながら運用の方法に係る金融商品の選定、提示及びそれに係る情報提供を行うこと。なお、制度発足時点では、もっぱら加入者等の利益のみを考え、手数料等も考慮した加入者等の利益が最大となるよう、資産の運用の専門家として社会通念上要求される程度の注意を払いながら運用の方法に係る金融商品の選定、提示及びそれに係る情報提供を行っていたとしても、その後定期的に見直しを行わなければ、期間の経過により、そうでなくなる可能性があることから、確定拠出年金運営管理機関においても、事業主に対する説明責任を積極的に果たすとともに、事業主との意見交換等を踏まえつつ、定期的に、第10.2に記載する項目等、自己の運営管理業務の遂行状況を点検・確認し、必要に応じて見直しを行うこと。

③　確定拠出年金運営管理機関は、企業型年金加入者掛金の拠出を導入している実施事業所の加入者に追加的に企業型年金加入者掛金を拠出した場合の年金額等への効果について情報提供を行うこと。

④　加入者等に対し、株式（主に一の企業の発行する株式で運用する投資信託などを含む。以下同じ。）を運用の方法として提示することは、もっぱら加入者等の利益のみを考慮してその業務を遂行しなければならないという忠実義務の趣旨に照らし妥当であると認められる場合に限られるものであること。

また、株式を運用の方法として提示したときは、当該株式を発行する企業が倒産した場合には、加入者等の個人別管理資産のうち当該株式での運用に係る部分の資産が零となる可能性が高いこと（すなわち倒産リスクがあること）を加入者等に対し、十分に情報提供すること。

⑤　法、令及び主務省令に規定された確定拠出年金運営管理機関の行為準則等を遵守すること。

⑥　加入者等から確定拠出年金の実施状況に関し照会又は苦情があったときは、当該照会又は苦情に誠実かつ迅速に対応すること。

⑦　確定拠出年金運営管理機関が、その運営管理業務の一部を他の確定拠出年金運営管理機関に再委託する場合にあっては、委託先の選定基準を適切に定めていること。また、確定拠出年金運営管理機関が、その運営管理業務の一部を他の確定拠出年金運営管理機関に再委託している場合にあっては、当該再委託した確定拠出年金運営管理機関から、その業務の実施状況等について少なくとも年1回以上定期的に報告を受け、委託先の業務遂行能力や、法令及び契約条項の遵守状況について加入者等の立場から見て必要があると認められる場合には、その業務内容の是正又は改善を申し入れるとともに、その旨を事業主又は国民年金基金連合会に報告すること。また、当該再委託した確定拠出年金運営管理機関がその申し入れに従わず、又はその再委託した業務の実施状況により再委託を継続することが困難であると認めるときは、事業主又は国民年金基金連合会にその旨を報告し、法第5条に規定する手続きにしたがって、その再委託契約を取消し、他の確定拠出年金運営管理機関に再委託すること。

（2）個人情報保護義務（法第99条第2項）の内容

①　法第99条第2項中の「その他正当な事由がある場合」とは、次のア及びイに掲げる場合をいうものであること。

ア　法令の規定に基づき、裁判所、税務署等から個人情報提出命令等があった場合

イ　事業主からの依頼に基づき、当該事業主の企業型年金の実施に係る業務の遂行に必要な範囲内において、加入者等の個人情報を提供する場合

②　①イにおける場合とは、1（2）①に掲げる事項をいうものであること。

③　確定拠出年金運営管理機関が加入者等の個人情報を取り扱うに当たっては、①及び②によるほか、技術的安全管理措置については「私的年金分野における個人情報の技術的安全管理措置」の規定によることとし、その他の個人情報の取扱いについては「個人情報の保護に関する法律」その他関係法令及び「個人情報の保護に関する法律についてのガイドライン（通則編）」の規定によることとすること。

（3）「特別の利益を提供」の内容

　法第100条第2号中の「特別の利益を提供」とは、一般の場合と比較して有利な条件で与えられる利益又は一般には与えられない特恵的又は独占的利益の提供をいい、例えば、金銭の提供、有利な条件による物品等の譲渡、貸し付けその他信用の供与又は役務の提供等がこれに該当すること。

（4）法第100条第6号に関する事項

①　法第100条第6号中の「特定のものについて指図を行うこと、又は行わないことを勧めること」としては、例えば、以下の場合が該当すること。

ア　加入者等に対し、特定の金融商品への資産の投資、預替え等を推奨又は助言すること。

イ　加入者等に対し、価格変動リスク又は為替リスクが高い外貨預金、有価証券、変額保険等について、将来利益が生じることや将来の利益の見込み額が確実であると告げ、又は表示すること。

ウ　加入者等に対し、提示した他の金融商品と比較して、特定の金融商品が有利であることを告げ、又は表示すること。

エ　提示した運用の方法のうち一部の運用の方法について情報提供すること。ただし、加入者等から特定の運用の方法の説明を求められた場合において、運用の方法の一覧

を示して行うときを除く。
②　運用の方法に係る金融商品の「提示」の際の留意点

　加入者等への運用の方法に係る金融商品の「提示」とは、確定拠出年金運営管理機関が選定した運用の方法に係る金融商品の名称（例えば、「○○銀行の1年もの定期預金の預入」等）を加入者等に示すことであり、その提示の際に、確定拠出年金運営管理機関は、当該運用の方法に係る金融商品への運用の指図を行うことを推奨又は助言してはならないこと。

　なお、加入者等から質問又は照会を受けた場合にあっても、特定の運用の方法に係る金融商品への運用の指図を行うことを推奨又は助言してはならないこと。
③　「推奨」及び「助言」の内容
ア　「推奨」の内容

　運用の方法に係る金融商品に関する「推奨」とは、当該金融商品を評価し、当該金融商品への運用の指図を行うことは良いこと又は好ましいことであるということを加入者等に伝えること。

　例えば、「この○○会社の発行する株式は、将来値上がり確実でいいものであるので、当該株式で運用する方がよい」ということを加入者等に述べること。
イ　「助言」の内容

　運用の方法に係る金融商品に関する「助言」とは、当該金融商品への運用の指図を行うよう加入者等に伝えること。

　例えば、「この○○会社の発行する株式で運用すべきである」ということを加入者等に述べること。
（5）いわゆる営業職員に係る運用の方法の選定に係る事務の兼務の禁止
①　禁止の趣旨

　確定拠出年金運営管理機関は、制度上もっぱら加入者等の利益のみを考慮して中立な立場で運営管理業務を行うものとして位置づけられているところであり、こうした趣旨に基づき、法第100条において、特定の運用の方法に係る金融商品について指図を行うことを勧める行為の禁止をはじめ、

各種の禁止行為が規定されているところである。したがって、金融商品の販売等を行う金融機関が自ら確定拠出年金運営管理機関として運用関連業務を行う場合には、あくまでも中立な立場で業務を行い、当該禁止行為が確実に行われないようにするとともに、確定拠出年金運営管理機関に対する国民の信頼が確保されるよう、金融商品の販売等を行ういわゆる営業職員は運用の方法の選定に係る事務を兼務してはならないこととしたものであること。
②　運用の方法の選定に係る事務を行うことができる者について

　上記①の趣旨を踏まえ、運用の方法の選定に係る事務を行うことができる者は、運営管理業務の専任者が行うことを基本とし、やむを得ず兼任者で対応する場合にあっても、当該兼任者は、個人に対し商品の販売若しくはその代理若しくは媒介又はそれらに係る勧誘に関する事務を行う者であってはならないこと。
③　「役員、営業所の長その他これに類する者」について

　主務省令第10条第1号中の「その他これに類する者」とは、営業所の長が欠けたときにその職務を代理することとなる者であり、例えば、副支店長、副支社長、副支部長等をいうものであること。
（6）主務省令第10条第2号の内容

　主務省令第10条第2号に関し、（5）①の趣旨を踏まえ、（4）の内容に留意して、営業職員が、確定拠出年金の運用の方法として加入者等に提示した運用の方法のうち特定のものについて指図を行うこと又は指図を行わないことを勧めることのないこと。
（7）主務省令第10条第6号の内容

　比較表示に関し、例えば以下のような行為をした場合は、主務省令第10条第6号に該当すると考えられることから、これらの行為が行われないよう留意すること。
①　客観的事実に基づかない事項又は数値を表示すること。
②　運用の方法の内容について、正確な判断を行うに必要な事項を包括的に示さず一部

のみを表示すること。

③　運用の方法の内容について、長所のみをことさらに強調したり、長所を示す際にそれと不離一体の関係にあるものを併せて示さないことにより、あたかも全体が優良であるかのように表示すること。

④　社会通念上又は取引通念上同等の商品として認識されない運用の方法間の比較について、あたかも同等の種類との比較であるかのように表示すること。

（8）主務省令第10条第7号関係

主務省令第10条第7号の「運用の指図を行う際にその判断に影響を及ぼすこととなる重要なもの」としては、例えば、規則第20条第1項各号に掲げる事項が該当すると考えられるほか、以下のような行為を行った場合には、同号に該当すると考えられるため、これらに留意すること。

①　規則第20条第5項の「金融機関の業務及び財産の状況に関する説明書類」に記載された数値又は信用ある格付機関の格付（以下「客観的数値等」という。）以外のものを用いて、当該金融機関の資力、信用又は支払能力等に関する事項を表示すること。

②　使用した客観的数値等の出所、付された時点、手法等を示さずその意味について、十分な説明を行わず又は虚偽の説明を行うこと。

③　表示された客観的数値等が優良であることをもって、当該運用の方法の元本の支払が保証されていると誤認させること。

④　一部の数値のみを取り出して全体が優良であるかのように表示すること。

（9）主務省令第10条第9号関係

主務省令第10条第9号の「運営管理契約の相手方の判断に影響を及ぼすこととなる事項（法第100条第4号の政令で定めるものを除く。）」には、例えば、次のものが該当することが考えられる。

①　確定拠出年金運営管理機関である法人の信用及び財産の状況

②　当該確定拠出年金運営管理機関と運営管理契約を締結した場合に必要となる手数料その他の費用の内容及びその負担の方法に関する情報

（10）主務省令第10条第10号関係

主務省令第10条第10号の「当該企業型年金加入者等の判断に影響を及ぼすこととなる事項」には、例えば、次のものが該当することが考えられる。

①　令第51条各号に掲げる事項

②　確定拠出年金運営管理機関である法人の信用及び財産の状況

③　当該確定拠出年金運営管理機関を選択した場合に必要となる手数料その他の費用の内容及びその負担の方法に関する情報

（11）主務省令第10条第11号関係

主務省令第10条第11号の「当該個人型年金加入者等の判断に影響を及ぼすこととなる事項」には、例えば、次のものが該当することが考えられる。

①　令第51条各号に掲げる事項

②　確定拠出年金運営管理機関である法人の信用及び財産の状況

③　当該確定拠出年金運営管理機関を指定した場合に必要となる手数料その他の費用の内容及びその負担の方法に関する情報

（注）確定拠出年金の運用の方法以外の金融商品と異なり、個人型年金加入者等が、個人型年金加入者等である期間中、個別の運用の方法に係る手数料以外に、運営管理業務、事務委託先金融機関の業務及び国民年金基金連合会の業務に係る費用も負担することを明示すること。

④　確定拠出年金の老齢給付金の受給開始時期及び脱退一時金の支給要件

（注）確定拠出年金の運用の方法以外の金融商品と異なり、個人型年金加入者等は、60歳から老齢給付金を受給することができits前に脱退一時金を受給することはできないこと及び50歳超で個人型年金加入者等となった場合、通算加入者等期間に応じて、老齢給付金の受給開始時期が60歳より遅くなることを明示した上で、確定拠出年金制度は高齢期の所得確保を目的とした制度であることを説明すること。

また、その際には、確定拠出年金制度は高齢期の所得確保を目的とした制度である

ことから、個人の現役時代の生活設計を勘
案しつつ、老後の生活設計や資産形成の計
画等を踏まえ、確定拠出年金制度に加入す
るかは個人で十分に検討する必要がある旨
説明すること。
(12)　行為準則に関する留意点
　加入者等の権利が不当に侵害されないよう
運営管理機関の行為準則が設けられた趣旨に
鑑み、加入前の者に対して行為準則に反する
行為が行われることにより、その者が加入者
等となった場合、その加入者等の権利が侵害
されることのないよう留意すること。
3．確定拠出年金運営管理機関の業務管理態
勢
　確定拠出年金運営管理機関は、もっぱら加
入者等の利益のみを考慮し、加入者等の利益
が最大となるよう、法令及び社内規則等を遵
守し、健全かつ適切な業務運営を行うことが
求められることから、法令及び社内規則等の
適正な遵守を確保するための態勢を整備しな
ければならない。特に、下記の事項に留意す
ること。
(1)　運用関連業務が適切に行われるよう社
　内規則等を定めるとともに、運用関連業務
　を行う役職員（運用の方法の提示又は情報
　を提供する営業職員を含む。）への周知を
　行っていること。
(2)　法令及び社内規則等の遵守状況を検証
　する態勢を整備していること。
(3)　運用関連業務を行う役職員（運用の方
　法の提示又は情報を提供する営業職員を含
　む。）が、当該業務及びその前提となる確
　定拠出年金制度に関する十分な知識を有す
　るよう、研修等を行っていること。
(4)　加入者等から申出があった苦情等に対
　し、迅速・公平かつ適切に対処する態勢を
　整備していること。
(5)　第9.2(1)⑦の態勢を整備しているこ
　と。
　また、確定拠出年金運営管理機関が運営管
理業務に付随する事務の一部を他の者に委託
する場合に、委託先の選定基準が適切に定め
られていること。また、委託先の業務遂行能
力や、法令及び契約条項の遵守状況について

継続的に確認できる態勢が整備されているこ
と。さらに委託先の業務遂行能力に問題があ
る場合における対応策（業務の改善の指導、
委任の解消等）を明確に定めていること。

第10　事業主による確定拠出年金運営管理
　　　機関の定期的な評価
1．事業主による確定拠出年金運営管理機関
　の定期的な評価の考え方
　事業主は、企業型確定拠出年金制度を実施
する主体であり、もっぱら加入者等の利益の
みを考慮し、確定拠出年金運営管理機関を選
定することが必要である。
　この点、制度発足時点で評価した確定拠出
年金運営管理機関の体制や運用の方法がその
時点で望ましいものであったとしても、期間
の経過により、必ずしもそうでない体制や商
品になることがありうる。こうした点を制度
の実施主体として、自身で点検・確認し、確
定拠出年金運営管理機関との対話等を通じ
て、改善していくことが必要である。このた
め、事業主は、確定拠出年金制度を導入した
後も、法第7条第4項に基づき、少なくとも
5年ごとに、確定拠出年金運営管理機関の運
営管理業務の遂行状況について評価を行い、
運営管理業務の委託について検討を加え、必
要があると認めるときは、確定拠出年金運営
管理機関の変更その他の必要な措置を講ずる
よう努めなければならない。なお、第9.1
(1)⑦において、事業主は、確定拠出年金
運営管理機関等から、その業務の状況等につ
いて、年1回以上定期的に報告を受けること
等が記載されているが、これらの報告内容に
ついても、定期評価の際に考慮した上で、確
定拠出年金運営管理機関の評価を行うことが
望ましい。
　点検すべき項目や手法については、その企
業の規模や加入者等の構成、制度導入からの
定着度、投資教育の充実度等により、それぞ
れの事業主において異なると考えられるが、
少なくとも運営管理業務に係る下記2の事項
について報告を受け、確定拠出年金運営管理
機関の運営管理業務の遂行状況について評価
を行い、当該報告内容及び評価の内容を加入

者等に対して開示することが望ましい。

2．具体的な評価項目

確定拠出年金運営管理機関により運用の方法が選定された時点から時間が経過しても、なお、加入者等にとって最適な運用の方法が選定されているかを確認することが求められることから、以下の点が評価項目として考えられること。

① 運用の方法に関する第9.1（1）②の事項

② 確定拠出年金運営管理機関による運用の方法のモニタリングの内容（商品や運用会社の評価基準を含む。）、またその報告があったか

③ 加入者等への情報提供がわかりやすく行われているか（例えば、コールセンターや加入者ウェブの運営状況）

また、確定拠出年金制度を長期的・安定的に運営するには、運営管理業務を委託する確定拠出年金運営管理機関自体の組織体制や事業継続性も重要となることから、運営管理業務の運営体制、確定拠出年金運営管理機関の信用及び財産の状況等も評価項目とすることが考えられること。

なお、上記の通り、定期的な評価は、事業主が主体的・俯瞰的に再点検し、確定拠出年金運営管理機関との対話等を通じて、制度の是正又は改善につなげていくべきものであり、点検すべき項目や手法については、その企業の規模や加入者等の構成、制度導入からの定着度、投資教育の充実度等により、それぞれの事業主において異なると考えられることから、上記項目以外であっても、確定拠出年金運営管理機関から運営管理業務に付随して提供を受けているサービス（例えば、投資教育を委託している場合の投資教育の内容や方法等）で点検すべき項目があれば、当該項目についても評価することが望ましい。

第11　企業型年金の加入者の資格を喪失した者に係る個人別管理資産の移換に関する事項

1．事業主は、加入者が資格を喪失した場合には、当該資格喪失者に対して、次の事項

等について十分説明すること。

（1）法第80条及び第82条の規定による他の企業型年金若しくは国民年金基金連合会への個人別管理資産の移換、法第54条の4の規定による確定給付企業年金への個人別管理資産の移換又は法第54条の5の規定による企業年金連合会への個人別管理資産の移換を行う旨の申出は、資格を喪失した日の属する月の翌月から起算して6ヶ月以内に行うこと。

（2）上記（1）の申出を行わない場合には、①〜③のいずれかの取扱いがされること。

① 法第80条第2項の規定により、当該企業型年金に個人別管理資産があり他の企業型年金の加入者の資格を取得している場合には、新たに資格を取得した企業型年金へ個人別管理資産が自動的に移換されることとなること。

② 法第83条及び施行規則第65条の規定により、当該企業型年金に個人別管理資産があり個人型年金加入者等の資格を取得している場合には、個人型年金へ個人別管理資産が自動的に移換されることとなること。

③ 法第83条の規定により、個人別管理資産が国民年金基金連合会（特定運営管理機関）に自動的に移換され、連合会移換者である間、運用されることのないまま、管理手数料が引き落とされることとなること。その際、当該期間は通算加入者等期間に算入されないことから、老齢給付金の支給開始可能な時期が遅くなる可能性があること。

（3）企業型年金加入者の資格を喪失した者が、確定給付企業年金の加入者の資格を取得した場合には、資格を喪失した日の属する月の翌月から起算して6ヶ月以内であれば法第54条の4の規定により確定給付企業年金への個人別管理資産の移換を行うことができること。また、法第83条の規定により、個人別管理資産が国民年金基金連合会（特定運営管理機関）に自動的に移換されている者が、確定給付企業年金の加入者の資格を取得した場合には、法第74条の4の規定により確定給付企業年金への個人別管理資産の移換を行うことができること。

　なお、確定給付企業年金の本人拠出相当額は拠出時に課税、給付時に非課税の取扱いである。企業型年金の本人拠出相当額は拠出時に非課税の取扱いであることから、確定給付企業年金へ移換する個人別管理資産に企業型年金の本人拠出相当額を含む場合であっても、確定給付企業年金の本人拠出相当額としての取扱いではなく、給付時に課税されることとなること。

（4）法第54条の4又は第54条の6の規定による企業型年金から確定給付企業年金又は退職金共済への個人別管理資産の移換を行う場合にあっては、移換先の制度の制度設計上、確定拠出年金に加入していた期間（勤続年数を含む。）が移換先の制度設計に合わせた期間に調整される可能性があること。

　　また、企業型年金の個人別管理資産に係る期間（当該個人別管理資産に厚生年金基金、確定給付企業年金、企業年金連合会、国民年金基金連合会、退職金共済又は退職手当制度から移換してきた資産を含む場合は当該資産に係る期間を含む。）は通算加入者等期間から控除されることとなること。ただし、企業型年金及び個人型年金に同時に加入する者であって、企業型年金の個人別管理資産のみ移換する場合には、個人型年金の加入者期間に影響はないこと。

2．令第46条の2の規定により、資格喪失者に係る記録関連業務を行う記録関連運営管理機関は、資格喪失後一定期間を経過した後においても移換の申出を行っていない資格喪失者に対し、資格喪失者の個人別管理資産が移換されるまでの間、当該申出を速やかに行うよう適時に促すこととされているが、事業主においても、資格喪失者が当該申出を速やかに行うよう適時に促すべく努めること。

3．法第54条の6の規定による企業型年金から退職金共済に個人別管理資産を移換できる場合について、同条に規定する「合併等」とは、施行規則第31条の5の規定により企業型年金を実施する事業主が中小企業退職金共済法第31条の4第1項の規定による申出を行っていない共済契約者（同法第2条第3項に規定する退職金共済契約の当事者である事業主をいう。）との間で実施する施行規則第31条の5に定める会社法の規定による行為のほか、中小企業退職金共済法施行規則（昭和34年労働省令第23号）第1条に規定する国又は地方公共団体に準ずる者を除く法人の設立を定める特別の法律の規定に基づくものであって、当該行為と同等とみなされるものであること。

第12　企業型年金の加入者の資格を喪失した者に係る脱退一時金の支給の請求に関する事項

　企業型年金を実施する事業主は、厚生年金基金等からの資産移換又は脱退一時金相当額等の移換が見込まれる加入者が、当該資産の移換前に資格喪失した場合には、当該資格喪失者に対して、確定拠出年金制度が老後のための年金制度であることに鑑み、脱退一時金の支給を請求せずに、移換が見込まれる資産と合わせて引き続き個人別管理資産を運用することが望ましいことを十分説明すること。

＜執筆者紹介＞

秋津　和人（あきつ・かずと）
　　　　　執筆／Part2（A分野、C分野）
　年金問題研究会代表、日本年金学会会員。1級DCプランナー。大手家庭用品メーカー、出版社を経て独立、誰にでもわかりやすい年金の理解を広める活動を行っている。主な編著書として『女性の年金　得するもらい方・増やし方』（PHP研究所）、『いくらもらえるあなたの年金』（啓明書房）、『こんなに使える！個人型確定拠出年金』（日本法令）、『これならわかる日本版401k』（ソフトバンク パブリッシング）などがある。「年金そこが知りたい」（読売新聞）、「教えて年金」「年金質問箱」（毎日新聞）など新聞連載の実績もある。

東海林　正昭（しょうじ・まさあき）
　　　　　　　　執筆／Part2（A分野）
　特定社会保険労務士（社会保険労務士法人 FOUR HEARTS会長）、年金問題研究会主任研究員、日本年金学会会員、年金ライフ社チーフコンサルタント、商工会議所年金教育センター登録講師、年金コンサルタント。企業勤務を経て独立。社労士業務、コンサルティング業務をはじめとして、執筆、講演などでも幅広く活躍している。新聞・雑誌の執筆では、読売新聞「マネー」「定年Q&A」「年金そこが知りたい」欄、日本経済新聞「社会保障ミステリー」欄などに連載実績がある。月刊『ビジネスガイド』（日本法令）、『スタッフアドバイザー』（税務研究会）、『銀行実務』（銀行研修社）などにも執筆。著書としては、『女性の年金　得するもらい方・増やし方』（共著／PHP研究所）、『年金実践事務手引』（共著／日本法令）、『夫と妻の定年前後のお金と手続き』『年金暮らしでも生活が楽になる』（以上共著、文響社）などがある。

藤本　紀美香（ふじもと・きみか）
　　　　　　　　執筆／Part2（B分野）
　特定社会保険労務士（社会保険労務士藤本紀美香事務所所長）、1級DCプランナー、2級年金アドバイザー。大学院修士課程修了後、大手流通業に就職。退職後、社会保険労務士の資格を取得して現在に至る。企業顧問として労務管理業務に携わる他、年間およそ1,000件に及ぶ年金相談に対応。また全国各地で講演活動も多数行っており、一般企業だけでなく、官公署・独立行政法人他、地方自治体、地方団体などその対象は多岐にわたる。

旭　邦篤（あさひ・くにあつ）
　　　　　　執筆／Part2（A分野、C分野）
　特定社会保険労務士（社会保険労務士法人FOUR HEARTS代表社員）、青山学院大学大学院法学研究科修士課程修了（ビジネスロー修士）、第一種衛生管理者。大手電機メーカー、証券会社を経て現職。社労士業務、コンサルティング業務を中心に、就業規則作成・改訂のほか、問題社員への対応等の労務管理、さらに年金相談まで幅広く行っており、『プレジデント』（プレジデント社）などに執筆、読売新聞、朝日新聞、日本経済新聞、NHKなどにもコメント実績がある。著書としては、『女性の年金　得するもらい方・増やし方』（共著／PHP研究所）、『夫と妻の定年前後のお金と手続き』『年金暮らしでも生活が楽になる』（以上共著、文響社）がある。

〔編著者紹介〕
年金問題研究会

　公的年金・企業年金など年金制度全般にわたり、仕組みや制度のあり方を研究し、年金制度の健全な発展を促進することを目的としている。代表・秋津和人。研究会の編著書として『女性の年金　得するもらい方・増やし方』（PHP研究所）、『こんなに使える！個人型確定拠出年金』（日本法令）、『確定拠出年金がよくわかる本』（金融ブックス）、『図解でわかる日本版401（k）プラン』『めざせ！DCプランナー』（以上、日本能率協会マネジメントセンター）、『いくらもらえるあなたの年金』（啓明書房）、『これならわかる日本版401k』（ソフトバンク パブリッシング）などがある。

　研究会では、「DCプランナー2級試験対策通信講座」（通年開講）を実施しているほか、DC1級受験者のために年1回、重点対策講座（セミナー）を開催している。また、『DCプランナー1級合格対策問題集』（実践演習模試付き）も発売している。詳しくは下記の当会ホームページをご覧いただきたい。
（ホームページ）https://kpunenkin.site

※内容に関しては発刊前に慎重に確認しておりますが、発刊後に誤りが判明した場合には本ホームページにて正誤情報を掲載いたします

（Eメール）kpunenkin@parknet.ne.jp

〔2024年度版〕
DCプランナー2級 合格対策テキスト

2024年7月30日　第1版　第1刷発行

編著者 ——— 年金問題研究会
発行者 ——— 川栄 和夫
発行所 ——— 経営企画出版
　　　　　　〒169-0075　東京都新宿区高田馬場2-12-10
　　　　　　阿部ビル2階2号
　　　　　　電話 03-3204-5745　　FAX 03-3204-5743
　　　　　　Eメール kpu@parknet.ne.jp
　　　　　　ホームページ https://kpup.site
本文組版 ——— メディア・ワークス
印刷・製本 ——— モリモト印刷㈱